現代の
刑事裁判

渡辺 修 著

成文堂

はしがき

　21世紀は早くも1/10が過ぎ20年目の節目を目指す。この間,国家「日本」が世界史規模で「再生」の道へ転換できるか,少子・高齢化という時代の特徴を引きずったまま「衰退」の道を辿るか,国家の在り方に関する航路は見えない。ただ,19世紀の近代化以来国家社会のあり方を,政治家と官僚に委ね,民間企業に社会インフラの構築を任せた社会建設の方法は限界に来ていることが明白だ。市民社会の疲弊・枯渇・崩壊が始まっているからだ。だから,市民の政治経済社会への「参加」が強く求められている。「個人の復権」なしに日本の再生はありえない。

　時代のそんなトレンドが刑事司法の世界に反映したのが,「裁判員裁判」制度だ。本書はその裁判員裁判の在り方についてまず検討する（第1部）。これが,本書が扱う三つのコンセプトの一つ目である。

　裁判員裁判の導入は,手続運用における公判中心主義,事実認定における「合理的疑いを超える証明」の原則と「疑わしきは被告人の利益に」原則の活性化をもたらした。当事者主義が活きる刑事手続である。他方,今後も「職権探知主義」に立つ「必罰主義」への回帰がいろいろな場面で出てこよう。控訴審がその牙城となる危険もある。裁判員裁判制度を核とする「市民主義」と「可視化」原理,これらと調和する「当事者主義」の徹底が,刑事手続の世界の「再生」のシナリオであろう（第1部から第2部）。

　「市民主義」,これが21世紀刑事手続の基本原理である。市民が責任のある判断をする立場に立つ刑事手続だ。裁判員裁判がその頂点にある。「市民主義」により健全な刑事裁判を実現するには,被疑者・被告人が適切に防御活動を行い,事件について市民たる裁判員が耳を傾けるべき適切な証拠を公判廷に顕出しなければならない。「包括的防御権」の充実,発展が市民主義を豊かなものとする。平成7年（1995年）,阪神大震災直後に出版した『捜査と防御』では,次のように述べた。

　「いま必要なのは,被疑者・被告人の地位に内在する『包括的防御権』の

認知である。被疑者・被告人は，憲法構造上自己の防御のための活動を自由・合理的に行える包括的防御権を保障されているという認識である。憲法31条以下の規定は，まずその文理に従った意味とそしてその実質的な内容にそくした豊富な権利を保障している。が，明文から読み取りにくいがなお憲法上の価値がある諸権利も時代とともに自覚されてきている。そうした権利の源泉も憲法の構造の中にあるはずだ。憲法31条から39条に定める被疑者・被告人の刑事手続上の権利は，断片的に存在するのではない。その奥底により豊かな価値原理を読みとれる。それが包括的防御権だ。そして，憲法の明文で読み取れない権利もまた，包括的防御権から抽出できなければならない」。

次に，「可視化」原理の浸透が必要だ。「可視化」自体は被疑者取調べの「録音録画」措置として議論されている。だが，取調べの記録の残し方という技術レベルに留めるべき課題ではない。市民が審理に使う「事実」を記録するための基本「原理」である。捜査から公訴提起，さらに公判廷まで官僚機構が実施する手続を市民＝裁判員が事後に検証できるように記録することこそ「市民主義」による正義実現のための「手続の基本」である。そんな検討も本書では行っている（第2部13章参照）。以上のように，包括的防衛権と「可視化」原理が本書の二つ目のコンセプトである。

ところで，刑事手続の日常の運用は「判例」が支える。その射程を捉える判例評釈の重要性は注目されてよい。その射程のとらえ方には，学界からみた学説と判例の鳥瞰図作りだけでなく，とりわけ各事件の記録の分析に基づく掘り下げた検討方法の確立とこれを踏まえた判例の射程の理解など判例研究方法の工夫も常に必要である。方法論一般を示すことはできないが，いくつか判例評釈で工夫したものなどを収録することにした（第3部）。これが，本書の三つ目のコンセプトである。

さて，筆者は，昭和51年（1976年）3月に京都大学法学部卒業後引き続き4月から大学院に進み刑事訴訟法の研究を始めた。個別テーマに関する日米比較法研究から始めて，昭和59年（1984年）から昭和61年（1986年）にはコーネル大学ロー・スクールの修士課程に2年あまり留学しアメリカ法の全体を学んだ。帰国後は実際の事件が提起する理論的な課題を解明するなど，理論と実務の交錯するテーマに焦点を置いた研究を心がけてきた。21世紀に入っ

てからは，裁判員裁判制度に関心を寄せながら，「市民主義」構造と「包括的防衛権」の調和と発展，「可視化」原理による手続改革を目指した研究を続けた。

　平成16年（2004年）からは弁護士登録をして，捜査弁護，裁判員裁判の一審，控訴審それぞれに弁護人として関わる機会を得ており，上告審弁護も手がけて最高裁の法定での弁論も2度ほど経験した。こうして得た知見を加味した論稿等も公表してきた。

　かくするうちに，昭和28年（1953年）10月出生の筆者は，平成25年（2013年）に無事に「還暦」の年を迎えることとなった。そこで，60歳を超えないうちに研究成果を一書にまとめることとした。体型書についても，別途『基本講義・刑事訴訟法』（法律文化社）として相前後して出版する。

　むろん研究に終わりはない。今後も，大学研究室と弁護士事務所と両方の視座で刑事手続の観察と検討を継続し，「古稀」の年には次の研究成果をまとめたい。

　なお，本書の研究にあたり，甲南学園平生記念・人文社会科学研究奨励助成金（平成21年度から24年度）の助成を得た。記して感謝したい。また，成文堂代表取締役社長の阿部耕一氏にはかかるぶ厚な論文集の出版の機会を頂き，編集部の篠崎雄彦氏には編集の労をお取り頂いた。厚く御礼申し上げたい。

平成26年2月24日

　　　　　　　　　大阪パブリック法律事務所の執務机にて

　　　　　　　　　　　　　　　　　　　　　顗　　修

目　次

はしがき
初出一覧

第1部　裁判員裁判――「市民主義」の構造

1　導入――「市民主義」黎明

第1章　裁判員裁判の課題 …………………………………… 3
――共同研究「裁判員裁判について」
- Ⅰ　はじめに――共同研究の課題　3
- Ⅱ　「裁判員制度」導入の意義はなにか　3
- Ⅲ　裁判員裁判の目的はなにか　4
- Ⅳ　評議の形はどうあるべきか　5
- Ⅴ　評議で裁判員の良識は機能するか　7
- Ⅵ　「核心司法」はどうあるべきか　9
- Ⅶ　裁判員裁判に伴う整理手続の目的はなにか　10
- Ⅷ　「調書裁判」は克服できるか　12
- Ⅸ　21世紀刑事手続の理念はなにか　13

第2章　裁判員制度と公判前整理手続・証拠開示 …………… 15
――「司法改革」と被告人の防御権
- Ⅰ　なぜ司法改革が必要か――裁判員裁判の効果　15
- Ⅱ　なぜ公判前整理手続が必要か　17
- Ⅲ　なぜ証拠開示の改革が必要か　20
- Ⅳ　裁判員裁判は機能するか　22
- Ⅴ　混沌から秩序へ――21世紀「刑事司法」の形　24

第3章　裁判員制度実施を前にした諸課題 …………………… 26
　　──公判前整理手続，裁判員裁判，司法改革
　Ⅰ　21世紀の刑事司法──「市民主義」と「可視化」原理で捉える　26
　Ⅱ　公判前整理手続の現状と課題　28
　Ⅲ　裁判員裁判の展望　33
　Ⅳ　総括──「21世紀司法」のあり方　37

第4章　裁判員裁判で市民社会は変わるか …………………… 38
　　──「司法改革」と「市民主義」の時代
　Ⅰ　なぜ「裁判員」制度か──21世紀の刑事司法と「市民主義」　38
　Ⅱ　裁判員はなにをするのか──事実認定・法令適用・刑の量定　39
　Ⅲ　市民生活と裁判員は両立するか──制度に伴う「不安」解消（上）　40
　Ⅳ　市民に裁判はできるのか──制度に伴う「不安」解消（下）　41
　Ⅴ　「市民主義」と「市民力」──モラルの回復，社会の再生　43

　　2　展開──「市民主義」各論

第5章　模擬裁判員裁判から学ぶ ……………………………… 44
　　──「記録裁判」から「公判裁判」へ
　Ⅰ　模擬裁判のこと　44
　Ⅱ　法廷活動の疑問──「アイ・ライン確保」原則（1）　45
　Ⅲ　パワーポイント（PPT）の危険性──「アイ・ライン確保」原則（2）　47
　Ⅳ　裁判員裁判の「法廷作法」──「被告人・弁護人一体観」の原則　49
　Ⅴ　反対尋問──「クロス」の本当の意味　51
　Ⅵ　模擬裁判から学ぶもの──職権主義から当事者主義へ　52

第6章　「無罪評決の構造」 ……………………………………… 55
　　──2007年2月大阪三庁模擬裁判から学ぶ
　Ⅰ　学者の模擬裁判員裁判見学　55

Ⅱ　開示証拠の構造的欠陥　55
　Ⅲ　裁判員裁判と弾劾型弁護活動　56
　Ⅳ　裁判員と「合理的疑いを超える証明」　58
　Ⅴ　黙秘する被告人への質問　60
　Ⅵ　裁判員裁判と法廷技術　61
　Ⅶ　裁判員裁判らしい評議　62
　Ⅷ　調書裁判から公判裁判へ――自白調書の扱い　62
　Ⅸ　裁判員裁判と当事者主義の徹底　63

第7章　裁判員裁判と証拠法の基本課題 …………………… 64
　――調書裁判から公判裁判へ
　Ⅰ　裁判員裁判と公判中心主義――「裸眼による事実認定」　64
　Ⅱ　証拠決定と「証拠厳選の原則」――必要性要件の重要性　66
　Ⅲ　検察官作成供述調書再考――相反性・特信性，弾劾性　68
　Ⅳ　被告人の自白調書再考――任意性の厳格立証　73
　Ⅴ　まとめ――当事者追行主義と職権追行主義の新たな衝突　75

第8章　裁判員裁判のあり方について ……………………… 77
　――「材料限定・心証誘導」型から「材料説明・疑問共有」型へ
　Ⅰ　裁判員裁判の原理――「法律上の負担」から「憲法上の義務」へ　77
　Ⅱ　神戸地裁「法廷革命」――「法曹」主義から「市民」主義へ　82
　Ⅲ　「調書裁判」から「証拠裁判」へ――公判中心主義の実現　85
　Ⅳ　証人尋問と被告人質問
　　　――法廷技術革命と「材料説明・疑問共有」型立証へ　94
　Ⅴ　判決宣告と量刑相場――裁判員による「人情裁判」の実現　97
　Ⅵ　総括――裁判員裁判と法廷革命――「ケース・セオリー」を活かす　101

第9章　裁判員裁判と「誤訳えん罪」…………………………104
——ガルスパハ・ベニース事件
Ⅰ　「誤訳えん罪」——問題の所在として　104
Ⅱ　一審公判における英語通訳——「誤訳」の諸相　106
Ⅲ　控訴審「事後審」の審理回避——裁判員法65条記録媒体問題　115
Ⅳ　控訴審判決の「司法通訳」論批判　117
Ⅴ　「司法通訳」プロフェッショナリズムの確立　121

第10章　裁判員裁判と控訴審の機能…………………………124
——「破棄」された裁判員裁判
Ⅰ　ある外国人殺人事件と「破棄」された裁判員裁判——問題の所在　124
Ⅱ　殺人罪の「故意」と「共謀」
　　　——一審での食いちがい，控訴審での見逃し　126
Ⅲ　誤った「行為責任」論
　　　——証人尋問実施と示談の努力を非難する量刑判断　135
Ⅳ　裁判員裁判の「破棄」
　　　——控訴審と「2項取調べ」「2項破棄」の意義　140
Ⅴ　裁判員裁判と控訴審の役割——「ヤヌス神」と「ミネルバの梟」　144

③　展望——「市民主義」検証

第11章　裁判員裁判全般と3年後検証…………………………149
——「市民主義」の充実・発展のために
Ⅰ　裁判員裁判の総括——「調書裁判」から「法廷糺問」裁判へ　149
Ⅱ　裁判員裁判型「調書裁判」の克服　153
Ⅲ　裁判員の「負担」について　157
Ⅳ　被告人の裁判体選択権について　159
Ⅴ　制度の全般的な見直しについて　161
Ⅵ　総括——「市民主義」による刑事手続の構造改革　163

第12章　裁判員裁判対象事件と3年後検証……………………164

第2部　刑事裁判──「包括的防御権」と「可視化」原理

第13章　被疑者取調べ「可視化」立法への道………………179
Ⅰ　被疑者取調べ「可視化」立法案──包括的防御権と効果的立証　179
Ⅱ　密室での「恫喝取調べ」──大阪府警東警察署事件　180
Ⅲ　密室での「作文調書」──郵便不正事件　182
Ⅳ　自白による事件処理──官僚的「一件落着」手法　184
Ⅴ　「可視化」実験──警察・検察における自白再確認場面の録音録画　185
Ⅵ　立法化への動き──警察・法務の研究会　188
Ⅶ　国会と議員立法の道　190
Ⅷ　まとめ──「可視化」原理の立法化　191

第14章　被疑者取調べ「可視化」……………………………193
　　　──取調べのビデオ録画と「正義」の実現
Ⅰ　被疑者取調べ「可視化」とはなにか　193
Ⅱ　警察が取調べで「虚偽自白」をさせることはあるか　193
Ⅲ　「密室取調べで虚偽自白をさせる運用」は何故長年続いているのか　195
Ⅳ　では，被疑者取調べは反省の場になっているのか　195
Ⅴ　何故，今，被疑者取調べ「可視化」か　196

第15章　「防御の秘密」と被疑者取調べの法的限界………199
Ⅰ　問題の所在──志布志町公選法違反事件と接見内容の取調べ　199
Ⅱ　「秘密交通権」概念の登場と「防御の秘密」保護　204
Ⅲ　「秘密交通権」概念の確立と「防御の秘密」保護　207
Ⅳ　ニューヨーク州における「防御の秘密」の保護　211
Ⅴ　被疑者取調べと「防御の秘密」保護──日米法の架橋　219
Ⅵ　まとめ──「包括的防御権」の原理と「防御の秘密」保護　227

第16章　弁護人の「有罪証拠」提出行為と「弁護人による実質的な援助を受ける権利」……………………………… 229
　　――被告人の包括的防御権の保障のために
　Ⅰ　問題の提起――弁護人の「敵対行為」　229
　Ⅱ　弁護人の「敵対行為」と「不適切な弁護」　231
　Ⅲ　アメリカ連邦判例の動向　233
　Ⅳ　カリフォルニア州判例の動向　241
　Ⅴ　「効果的な弁護を受ける権利」から「実質的な援助を受ける権利」へ
　　　　――アメリカ法と我が国法制度との架橋　248
　Ⅵ　訴訟指揮権と司法の「公正」さの維持――一審・控訴審の問題点　253
　Ⅶ　結語――「弁護人による実質的な援助を受ける権利」と
　　　　　　被告人の「包括的防御権」　257

第17章　公訴時効と刑訴法254条2項「共犯」の実質解釈について――明石歩道橋事故に寄せて ………………… 259
　Ⅰ　はじめに――明石歩道橋事故と刑事裁判　259
　Ⅱ　明石歩道橋事故と被告人Ｓに対する公訴時効の不成立（概要）　262
　Ⅲ　公訴時効制度の現時点における意義
　　　　――公訴時効積極主義から，公訴時効消極主義へ　265
　Ⅳ　公訴時効制度の沿革（概観）　274
　Ⅴ　判例の動向（概観）――審判対象に関する当事者（処分）主義の重視　279
　Ⅵ　公訴時効の正当化事由の再検討――実体法説・訴訟法説の総合　288
　Ⅶ　法254条の解釈一般について　295
　Ⅷ　本件の場合について――過失の共同正犯，過失の競合事犯について　303
　Ⅸ　結　語　306

第18章　被告人の証人喚問・審問権と所在尋問の限界 ······ 307
　　——元オウム真理教信者の事件を契機に
　Ⅰ　所在尋問の違憲性——検察官申立書反論骨子　307
　Ⅱ　公序良俗侵害の虞はないこと
　　　　——本件での所在尋問は憲法に違反すること（1）　308
　Ⅲ　本件被告事件は「政治犯罪」であること
　　　　——本件での所在尋問は憲法に違反すること（2）　310
　Ⅳ　被告人の公開裁判を受ける権利を二重に侵害すること
　　　　——本件での所在尋問は被告人の憲法上の権利を侵害すること　315
　Ⅴ　被告人の公開裁判を受ける権利と証人の市民としての権利
　　　　——刑訴法上の諸措置の先行を欠如する所在尋問は憲法違反であること　317
　Ⅵ　死刑確定者たる証人の裁判所出頭と拘置所の責務
　　　　——被告人の権利，裁判員裁判の公正さ，証人本人の出頭意欲の優先　322
　Ⅶ　裁判員裁判と所在尋問の問題点　325
　エピローグ——最近の新聞記事から　327

第19章　証人審問権と伝聞例外 ·································· 329

第3部　刑事手続——判例法と判例評釈の「方法」

第20章　昭和42年12月21日最判 ······························· 337
　　——補強証拠

第21章　昭和56年11月26日広島高判 ··························· 343
　　——別件捜索差押

第22章　平成12年4月21日最決 ································· 349
　　——刑の執行猶予取消し手続と憲法34条

第23章　平成12年6月27日最決 ……………………………… 363
　　──刑事訴訟書類の送達と被告人の「裁判を受ける権利」

第24章　平成14年6月5日最決 ………………………………… 382
　　──軽微事件と長期の身柄拘束の救済

第25章　平成17年10月12日最決 ……………………………… 389
　　──麻薬特例法と業態犯の訴因の特定

第26章　平成20年3月14日最決 ………………………………… 403
　　──横浜事件再審請求事件と大赦による免訴事由

第27章　平成20年6月25日最決 ………………………………… 414
　　──公判前整理手続における捜査メモの証拠開示命令

第28章　平成21年5月15日大阪地決 …………………………… 428
　　──別件逮捕勾留と余罪取調べの限界
　Ⅰ　別件起訴後勾留と本件取調べ──事件の概要と今回の決定　428
　Ⅱ　今回の決定の争点と評価　429
　Ⅲ　学界の動向と本決定について　438
　Ⅳ　出頭滞留義務，事件単位，取調べの任意性
　　　　──「包括的防御権」の原理　442
　Ⅴ　結語──「包括的防御権」の原理　445

初出一覧

各部毎に年代順に列挙している。

第1部　裁判員裁判──「市民主義」の構造

(1) 「模擬裁判員裁判について──『記録裁判』から『公判裁判』へ」（2007年）甲南法務研究3号……第5章
(2) 「無罪評決の構造──2007年2月大阪三庁模擬裁判から学ぶ」（2007年）月刊大阪弁護士会29号……第6章
(3) 「裁判員裁判の課題──はじめに──共同研究の課題」（2007年）刑法雑誌47巻1号……第1章
(4) 「裁判員裁判と証拠法」（2007年）刑事弁護49号……第7章
(5) 「裁判員制度と，公判前整理手続・証拠開示」（2008年）部落解放591号……第2章
(6) 「裁判員裁判で市民社会は変わるか」（2009年）月間地方自治職員研修586号……第4章
(7) 「裁判員裁判制度実施を前にした諸課題──公判前整理手続，裁判員裁判，司法改革」（2009年）刑法雑誌48巻3号……第3章
(8) 「裁判員裁判について──『材料限定・心証誘導』型から『材料説明・疑問共有』型へ」（2010年）甲南法務研究6号……第8章
(9) 「裁判員裁判と『誤訳えん罪』──ガルスパハ・ベニース事件」（2012年）三井誠先生古稀祝賀論文集（有斐閣）……第9章
(10) 「裁判員裁判について──3年後検証と『市民主義』の充実・発展のために」（2013年）甲南法務研究9号……第11章
(11) 「裁判員裁判対象事件」（2014年）刑事法ジャーナル39号……第12章
(12) 「『破棄』された裁判員裁判と控訴審の機能」（2014年）甲南法務研究10号……第10章

第2部　刑事裁判──「包括的防御権」と「可視化」原理

(13) 「被疑者取調べ『「可視化」とは」（2007年）公明（公明党機関誌）21号……第14章

(14)「『防御の秘密』と被疑者取調べの法的限界」(2007年) 鈴木茂嗣先生古稀記念祝賀論文集下巻（成文堂）……第15章
(15)「弁護人の『有罪証拠』提出行為と『弁護人による実質的な援助を受ける権利』」(2009) 甲南法務研究5号……第16章
(16)「被疑者取調べ『可視化』立法への道」(2012年) 法律時報83巻2号……第13章
(17)「公訴時効と刑訴法254条2項『共犯』の実質解釈について」(2012年) 甲南法務研究8号……第17章
(18)「証人審問権と伝聞例外」別冊ジュリスト刑事訴訟法の争点 (2013年)……第19章
(19)「被告人の証人喚問・審問権と所在尋問の限界」(2014年) 曽根威彦先生・田口守一先生古稀祝賀論文集（成文堂）……第18章

第3部　刑事手続──判例法と判例評釈

(20)「刑の執行猶予取消し手続と憲法三四条」(2001年) 判例評論506号……第22章
(21)「刑事訴訟書類の送達と被告人の『裁判を受ける権利』」(2001年) 判例評論510号……第23章
(22)「軽微事件と長期の身柄拘束の救済」(2003年) ジュリスト1246号……第24章
(23)「補強証拠」(2005年) ジュリスト刑事訴訟法判例百選（8版）……第23章
(24)「麻薬特例法と業態犯の訴因の特定」(2006年) 刑事法ジャーナル4号……第25章
(25)「再審公判の裁判と大赦による免訴事由──いわゆる横浜事件再審請求事件」(2009年) 刑事法ジャーナル19号……第26章
(26)「公判前整理手続における捜査メモの証拠開示命令」(2009年) 判例評論610号……第27章
(27)「別件捜索・差押え」(2011年) 別冊ジュリスト刑事訴訟法判例百選（9版）……第21章
(28)「別件逮捕勾留と余罪取調べの限界──大阪地裁平成21年5月15日決定を素材にして」(2011年) 甲南法務研究7号……第28章

第 1 部

裁判員裁判
―― 「市民主義」の構造

1　導入──「市民主義」黎明

第1章　裁判員裁判の課題
──共同研究「裁判員裁判について」

I　はじめに──共同研究の課題

　裁判員裁判は2009年から実施されるところ，本研究ではふたつの目標を設定した。(1) 公判前整理手続を伴う裁判員裁判において法曹三者が直面すると予想される問題点を整理し今後の学界における議論の材料を提供すること。(2) 学界サイドから「あるべき裁判員裁判」を考える視点を提示し実務家が運用モデルを構築していく作業に意味のある関わり方をすること。以下，オーガナイザーの問題意識を提示する。

II　「裁判員制度」導入の意義はなにか

　2009年に裁判員裁判が始まる。この法史上の大きな変革の意味は次の点にある。太平洋戦争後，戦後改革の一貫として新刑訴法が制定されて実施に移された時から半世紀以上を経て，21世紀の初頭に「司法改革」が始まった。「戦後改革」に匹敵する刑事手続の改革だ。
　これには，法史上の必然性がある。社会構造の変化だ。20世紀型刑事司法が前提にした社会構造は今や変化し変質している。20世紀は，血縁・地縁を基礎とする職・住接近社会，家族・地域・学校・自治会など地縁を基盤とする共同体意識を保てた社会を（仮に，ある時期からは「幻想」ではあっても）前提にした。しかし，21世紀に入り，これは崩壊する。代わって，私生活と社会生活の完全分離，私生活における個人中心，時間と場所を限定した公的社会的生活を特徴とする21世紀型社会が出現する（国際化，IT化，少子高齢

化などもこの傾向を強める)。

　社会構造の変質は，犯罪の原因，発生する被害の質・量，被害者救済のありかた，加害者の摘発と更生など刑事司法による正義実現の前提条件の変質も意味する。そして，刑事手続が実現すべき「正義」の質は，今しばらく動かないとしても，その「かたち」は社会の変容を吸収して修正して行かなければならない。

　その変容の方向性をひと言で言えば，「市民参加」であり，手続の「可視化」である。その意味で，市民が犯罪に関する事実の認定と量刑に関与し責任を負う裁判員裁判は，21世紀型刑事司法制度改革のシンボルであり，その本質を規定する制度でもある。

Ⅲ　裁判員裁判の目的はなにか

　裁判員法1条は，「国民の中から選任された裁判員が裁判官と共に刑事訴訟手続に関与することが司法に対する国民の理解の増進とその信頼の向上に資する」ことが裁判員裁判導入の根拠であり，また実現すべき目標でもあることを示す。但し，刑事手続の基本構造は修正されていない。裁判所法と刑事訴訟法のもとで培われた運用が前提となるから，原理的には職権主義と当事者主義が一定の調和を実現している運用に裁判員が参加するものとなる。その上で，裁判員と裁判官の共同関与とこれを通じて国民の理解の増進，信頼向上を実現することとなる。

　その趣旨をどう理解するのかについては，裁判員制度の設計段階では裁判官と裁判員の適正人数，そのバランスとして論じられた。が，すでに3名の裁判官と6名の裁判員を原則とする立法がすみ，各地でこの人数バランスによる模擬裁判が実施されている。この現状を前提にしたとき，9名の構成による審理と評議をどう運用するかが，裁判員裁判によって法がめざす正義の形を決めることとなり，今は制度自体の当否ではなく，個別・具体的な事件に沿った制度の意義の検証作業の段階になっている。

　その際，裁判権を担う裁判官と市民を代表する裁判員を対立的に捉えて審理・評議を構想することもひとつの視点であろう。この場合，力点は，裁判

官の権威・見識が事実上審理と評議を支配する裁判官独断型の運用にならないように抑制することに置かれる。

　しかし，民主主義の定着，市民意識の向上・改善，法曹三者の意識構造の変化などに鑑みると，裁判官と裁判員を対立的にみる必要もないしこれを必要とする事実面での懸念がある訳でもない。裁判員法が刑訴法と裁判所法の特別法として位置付けられていることもこれを示す。裁判所法75条2項前段も，「評議は，裁判長が，これを開き，且つこれを整理する」と定める。市民の優位性を認める趣旨ではない。

　また，アメリカ型陪審のように，国家権力に対抗する民衆代表による刑罰権の抑制的な実現の場でもない。参加すべき市民は地域などの属性を代表する必要はなく，適宜に市民生活の一部を司法手続に割くことが可能な者であって法定の資格要件を満たせば足りる。場合により，退職した者が多数を占めたり，専業主婦が多数であるなどの特徴があっても，市民良識の発露に本質的な妨げが生じない限り，是認できる。

　要は，専門法曹として養成される裁判官の判断力と社会経験を踏まえた市民の良識を協働させ，裁判官のみでは構想しにくい事実認定・量刑判断を実現することに制度の意義を見いだすべきである。そうであれば，今後，審理・評議における裁判官と裁判員の間の一種の異文化コミュニケーションのノウハウの確立が肝要である。

Ⅳ　評議の形はどうあるべきか

　平成19年2月14日から16日にかけて大阪三庁の模擬裁判員裁判が実施されたが，16日の評議を主催した担当部長の構想した評議室内は参考図のようであった（大阪地裁の模擬裁判ではこの方式がすでに定着していると聞く）。

　これは，学界の関心から言えば，平成18年5月の刑法学会のワークショップ，今回の関西部会共同研究において，森本助教授らのグループの開発にかかる「自発的に発言できる場のデザイン」と類似する。模擬評議の模様を確認しつつ，右デザインの効果を検証する作業が学界としては重要である。森本ら提案のデザインと大阪の評議モデルの特徴を整理すると次のようになる。

6　第1部　裁判員裁判

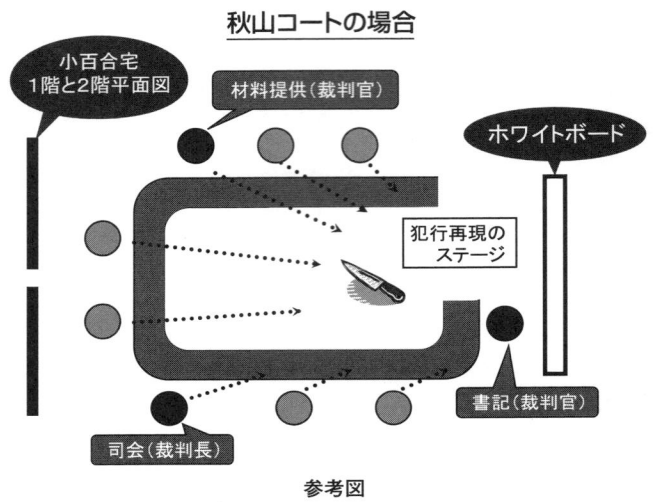

参考図

　まず，(ア) 裁判官だけのグループ形成を避ける（2名の裁判員おきに裁判官が座る）。(イ) 裁判官の役割を分担する（今回の場合，裁判長が司会と意見の集約を担当し，右陪席裁判官が審理記録などから証拠を材料として提供し，左陪席裁判官がホワイトボードに裁判長のまとめた意見なり裁判員の出した意見を直接書き込んで争点ごとに議論のチャート図をつくり整理する）。(ウ) 裁判員の意見を全員が共有する客観的な情報に形をかえ，多様な発言を引き出せるデータベースにする。特定の意見が議論の中で否定され批判されてもホワイトボード上の情報がターゲットなので，感情的なリアクションを和らげることができる。逆に，特定の人の意見が説得性を増すことを防ぎ，裁判官の意見にも優位性を与えないことができる。

　現に，上記の模擬裁判の評議をビデオ中継でみていると，裁判官が裁判員をはさんで交互に座っているので，裁判官が集団として存在する物理的圧力がないことがわかる。また，評議における裁判官の役割もそれぞれ異なる。その上で，議論に参加しているため，これも裁判官のグループとしての圧力を感じさせない理由になっている。

　裁判長も，議論の各局面では裁判員と同等の視線で証拠を評価し議論に参

加している。審理を終えた直後の評議の場合，裁判長は訴訟指揮に集中しているから，審理の細部まで必ずしも記憶しているとは限らない。この点についても，裁判員とともに互いに審理ででた情報を補いあい，右陪席裁判官の補足説明を耳にしながら，争点について検討をしている。

　右陪席裁判官は評議の模様ではかなり克明にメモをとっていると推測される。議論の随所で証人の証言を再現するなどデータ提供の役割を果たしている。その結果，評議が憶測や推測に走ることなく，取調べられた証拠に基づく事実の有無の判断を土台とするものとなっている。

　また，左陪席裁判官が，いろいろな意見をボードにいったん書き込む作業を担当している。こうして情報の重みを平準化し，「誰の意見か」を気にせずボードをみて意見を戦わせることができる。これはいろいろな年令・性別・立場を感じさせることなく，意見を言える雰囲気を作るのに重要な役割を果たす。特定の意見が批判され支持されなくなっても，ボード上の意見が消去されるだけであって，裁判員への批判にならない。自分の意見へのこだわりも捨てやすい。

　こうした評議の場を構想すれば，裁判員と裁判官が相互に自由闊達な意見交換を行い，まさに裁判員の「ふつうの感覚」「通常の良識」「あたりまえの常識」で有罪の証拠構造を点検し直す作業が十分に円滑にできる。裁判員制度のもとでは，こうした場作りができる力量が，プロたる裁判官に求められる資質となる。

V　評議で裁判員の良識は機能するか

　裁判員裁判制度の設計関与者らの思惑・意図を離れて，大局的・法史的にみたとき，制度導入を促した要因は法曹三者が担う刑事裁判のある種の金属疲労の解消にある。ひと言で言えば，事実認定の硬直化である一例えば，アリバイを否定し，犯行可能な時間帯の算出にあたり，社会生活のリズムを無視して物理的・観念的に犯行現場に所在できる状態を説明可能とする証拠があれば，裁判所が犯行関与を認める例は少なくない。検察官が提出する有罪の証拠構造に弱点があっても，裁判官が証拠書類を裁判官室で整理・精査・

解釈して有罪を説明する作業がなされる側面もある。

　これに対して，公判中心主義は，書類の整理・操作による事実認定を許さない。評議で使うべき証拠は，まさに公判廷で証拠調べにより顕出された情報自体であって，記憶喚起の場合を除き，再度評議室で調書を再読・吟味・点検することはない。6名の市民の参加は，社会常識，市民良識に反する非常識な事実認定や有罪認定を正当化するための無理な説明づけを排除する。

　例えば，先の大阪地裁でなされた模擬裁判は，深夜に妻と小学生の子供がふたりしかいない家にそれまで親しく出入りしていた若者が侵入し台所の包丁を持ち出して妻にケガをさせた強盗致傷事件をテーマとする。犯人が玄関から逃走した後も妻は1階の居間に呆然としていたといい，電話連絡を受けて帰宅した夫の第1声は「誰にやられた」であった。心配して家に集まった夫の知人複数名も夫婦が車で病院にでかけた間1階居間のこたつ周辺に座り，特に事件について話すでもなく時を過ごす。証拠上こうした情景しか明らかにならない場合，良識ある市民であればきわめて不自然なもの─検察官主張の態様の犯罪であれば，あるべき事実を裏付ける証拠の欠落などを感じる。母親と父親が真っ先にやらなければならないことは子供の安全を確認することであり，大人達の関心もまずそこに向けられる。その場面が欠落している。裁判員2名が妻と夫の証人尋問のとき問い質したが，子供の無事を確認した記憶がないことも明らかになった。

　つまり，強盗致傷事件とされた若い男と妻との間のできごとでは，子供は安全圏にいて危害が及ばないことを事件に関係する大人達は暗黙のうちに了解していた節が検察官の有罪立証の構造から自ずから明らかになった。弁護側は，脆弱な証拠構造を踏まえた弁論として，若い妻と出入りの若い男性の間になにがしか男女関係的なもの，恋愛感情的なものがあって，その関係のありかたをめぐる感情のぶつかりあいから妻の自傷行為に発展した可能性を証拠構造を読み解く本件特有の経験則・合理則として示唆した（証拠の「読み筋」と言ってもよい）。裁判員は，評議では，弁護人の摘示を待つまでもなく，良識に基づく判断から生まれる疑問点を順次摘示し検察官の有罪の立証構造の弾劾を徹底した。検察官の冒頭陳述のような事件の「読み筋」には疑問が大きくなり，証拠の矛盾を再確認して無罪評決を下すこととなる。

検察官の主張と証拠の矛盾，検察官の主張に照らしてあるべき事実を裏付ける証拠の欠落－有罪証拠の構造的弱点を率直に認識し，社会生活の常識に照らして想定可能な証拠評価を率直に取り込めるのは，裁判員ならではのことである。従前の証拠評価の文化なり癖を共有するプロの裁判官のみであれば，かかる見地から証拠を評価することにはかえって困難を伴ったのではないか。

裁判員裁判では，検察官の有罪立証も裁判員に「合理的疑い」を持たせないものでなければならない（比較は難しいが，裁判員の「合理的疑い」と裁判官の「合理的疑い」にはずれがある）。検察官は，証拠に基づく立証構造自体の重みで犯罪の形を明確にしなければならない。被告側の反証も，証拠構造の問題点－「合理的疑い」に至る筋道を証拠（その欠落）に沿って明確にナビゲートできれば，裁判員は良識に基づく判断に至る。

鍵となるのは，双方が「わかりやすい立証」を行うことであり，これこそ裁判員の良識を機能させる前提である。

Ⅵ 「核心司法」はどうあるべきか

プロ裁判官裁判から裁判員裁判への変化を「精密司法」から「核心司法」への転換と表すことは，学界・実務界で合意されているようだ。ただし，「核心司法」論については注意を要する。

第1に，「核心司法」論は「争点中心主義」の運用に直結する。公判前整理手続を通じて，裁判所と検察官が被告側にいわば防御の手の内すべてを早期に明らかにすることを強く求め，しかも争点の削ぎ落としを早期の段階から迫る（例えば，「そんなことも争点にするのですか」という姿勢で裁判所が手続に臨む）。他方，検察官側は，被告側提示の主張・争点に応じて補充捜査を行える。送致段階の証拠構造の弱点と欠点を補充する機会を持てる。被告側は，人的経済的な基盤が弱いから検察官側の立証準備に対応した組織的効率的な反証準備を継続的には実施しにくい。

とすれば，整理手続は，被告側が事実上検察官の有罪立証の手助けをする場になる一方，被告人の言い分をていねいに主張し立証する機会が削減され

る危険をはらむ（ラフ・ジャスティスの危険）。

　第2に，「核心司法」論は，被告側が主張と争点を摘示しなければ，検察官の有罪立証の水準を事実上緩和してよいとする運用を導きかねない。「主張と争点が提示されなければ，有罪の立証のしようがない」といった検察側の姿勢を生むと，挙証責任が事実上被告側に転換されることとなる。また，争点については反証を準備するが，そうでない部分については証拠の質量を縮減することにもなりかねない。刑事裁判の鉄則である「合理的疑いを超える証明」の原理が事実上掘り崩される危険がある（証明度緩和の危険）。

　しかし，検察官は，被告側の主張と提示する争点がなんであれ，証明予定事実ないし冒頭陳述記載事実を証拠によって証明し，「合理的疑い」のない有罪証明をする責務を本来負っている。被告側が提示する主張・争点如何によってはさらに手厚い立証を準備することとなるのであって，構成要件該当性を証明すべき責務に変化はない。

　第3に，裁判所は裁判員にわかりやすい裁判の実現を名目にして証拠の概要をあらかじめ詳細に知り，裁判官が整理した証拠評価上の問題点を後に選任される裁判員に共有させた上で審理と評議を迅速に実施させようとする傾向がうまれやすい。裁判員に対する事前説明，中間評議を通じて，プロの裁判官と同質の問題意識と事実認定をする姿勢へと誘導する傾向といっていいし，審理と併行して短期間で促成の司法修習を実施し，ミニ裁判官として審理・評議に臨ませようとする働きかけと言ってもいい。この傾向は有罪認定に直結しやすい。この結果，市民参加の意義が損なわれる危険が常に伴う（必罰主義の危険）。

Ⅶ　裁判員裁判に伴う整理手続の目的はなにか

　裁判員裁判では，被告側の主張如何に関わらず，検察官において「合理的疑い」を超える証明を支える証拠構造—構成要件の各要素を裏付ける事実と証拠の関係など—を的確に示すべきである。したがって，整理手続においても，検察官は被告側の主張如何に拘わらず，構成要件を充足し量刑の基礎となる証明予定事実とその立証に必要な証拠全体を示すこととなる。他方，被

告側が示すことのできる事実面・法律面の主張の具体性・個別性は，被告人の防御に関する姿勢によって変容せざるをえない。

場合によっては，事件性・犯人性を争うという概括的な主張に留めざるを得ないこともある（例，弁護人にも黙秘をする場合等）。具体性・個別性の有無・程度自体から直ちにその主張提示の是非は判断できない。仮に被告側が証拠請求を伴わない単なる主張の提示に留まらざるをえない場合には，公判廷では反対尋問などを通じて弾劾による反証によって防御活動がなされることとなる。その場合に，有罪の立証構造が崩れるようであれば，それはもともと証拠構造に「合理的疑いを超える証明」の水準に到達できない内在的な弱点・欠落・矛盾があることが確認されたことを意味する。

逆に，被告側が主張関連の証拠開示を求め，さらに反証のための証拠調べを積極的に行なう前提としては，検察官の証拠構造のどこに疑義を持つのか主張を明らかにし争点を具体的に示す必要がある。後の公判で取り上げるべき争点とこれに関する被告側の主張，証拠調べを求める証拠が，検察官の証拠構造といかなる関連性を有するのか明示されないと，検察官は主張関連の証拠開示の要件の充足を判断できず，裁判所は的確な審理計画を立てられない。その結果，公判廷で十分な反証を行えないリスクは，被告側で負わざるを得ない。

もっとも，整理手続の段階で，裁判所は将来公判廷に入る裁判員にとっての「わかりやすさ」と「負担軽減」を観念的な理由として被告側に個別具体的な主張または争点の提示を強く促し，さらに争点の絞り込みも求めることが予想される。しかし，防御の必要性と裁判員の負担軽減は本来比較考量の対象にすべき事由ではない。合理的かつ相当の防御に必要な審理期間はこれを確保すべきである。それに耐えられる裁判員裁判体を選出することこそ裁判員制度の運用面での要となる。

むろん，裁判員に被告側が無罪を説得したいのであれば，裁判員のいろいろな意味での力量を超える防御活動がマイナスになることも，被告側において十分慎重に検討するべきだ。したがって，整理手続において被告側が明示すべき主張の範囲・程度は，検察官が反証の要否・可否を判断できる程度であるか否かを基準とすることも，重要な間接事実までの提示といった事項に

よる形式的な画定も妥当ではない。各事案ごとに，被告側の防御の必要自体により決定するしかない。これとの関連で，規定の文理上被告側が主張を提示すべき義務があるように規定されているが (316条17第1項)，この条文が意味するのは，被告側が負担することとなる自らの防御方針を策定すべき内在的な義務ないし責務の宣言であって，裁判所や検察官との関係で主張明示を義務づけられているものではない。

Ⅷ 「調書裁判」は克服できるか

　プロの裁判官による金属疲労の主たる原因は，事実認定を捜査機関が作成した供述調書など書証に依存していることにある。他方，裁判員裁判の場合，従前通りに証拠決定した書証について要旨の告知しか行わないときには，評議の中で裁判員が書証を読了する時間を確保しなければならない。だが，裁判員が証拠採用された「調書」を評議の枠内で再読・精読して情報をきめこまかく整理して事実を認定する作業は事実上できない。また，評議の場を離れて，裁判官のみが書記官保管の書証を克明に読み，裁判員にはその機会を与えないという事実上の情報格差を意図的に作ることも違法不当である。

　結局，裁判員裁判の円滑な実施のためには，証拠として必要不可欠な書証を作成して，これを公判廷で全文朗読し，公判廷で顕出された情報＝証拠を基に，評議を遂げることを求めるしかない（公判中心主義・口頭弁論主義の徹底）。

　次に，被告人が公判廷で否認している場合，自白調書の証拠採用を検察官は求めるのが従前の運用であるが，この場合にも，なによりも調書の内容の再現を被告人質問の中で行うべきである。公判段階での言い分との食いちがいや，取調べ時の真意など信用性の問題はさておき，検察官の立証に必要な事項について，調書に記載された内容を認識・理解して署名指印した事実を確認していくべきであろう。およそ記憶喚起ができず，被告人が調書記載内容自体を確認できないため，調書内容の再現が不可能なのであれば，調書自体を証拠とする必要性が生じる。そうでなければ，弾劾の徹底によって，必要な調書の内容を公判廷で顕出すれば十分であって，あえて調書自体の採用にこだわる必要はない。逆に言えば，裁判所も安易に322条による証拠採用

をするべきではない。最近，法289条に内在する証拠厳選の原理が規則で明文化されたが（規則189条の2），裁判員裁判においては任意性の要件と別に証拠の必要性要件の厳格な適用が求められる。

証人尋問を経てから実務上よく行われる，321条1項2号後段による検察官作成供述調書の証拠調べ請求についても同様である。証人尋問の段階で十分に弾劾尋問を行い，調書の記載内容を述べたか否か確認をしていき，その内容の再現が実現できれば，さらに調書自体を証拠とする必要性は乏しい。従前通りの運用では，評議室で裁判官・裁判員が調書全体を閲読してはじめて本来の証拠とすべき情報を得ることができるという公判中心主義に反する事態を招く上，事実上の負担も重いものとなる。

裁判員裁判は，プロの裁判官が捜査機関作成の調書に基づいて有罪を説明する型の事実認定を脱却するきっかけとなろう。

IX　21世紀刑事手続の理念はなにか

20世紀末にかけて一連の立法により，刑事手続は，戦後改革以来の大規模な構造改革を行い，今その運用の定着をみつつある。2009年に裁判員裁判が開始されてしばらくしてその定着度も明確になろう。その段階で，21世紀の我が国の刑事司法の特徴も明らかになっていく。立法レベルでみる限り，整理手続を伴う裁判員裁判は，裁判所の職権追行の強化が顕著であるし，それなくしてかかる制度の円滑な実施はありえない。

しかし，注意を要する。かつて「精密司法」が，実は捜査機関の設定したストーリーを裏付ける調書ととりわけ密室での強引な被疑者取調べによる虚偽自白に基づく有罪認定の構造―「えん罪の危険」を常にはらむ司法であったのと同じように，「核心司法」が，裁判所の糾問的な職権追行と裁判員の市民感情を巧みに利用した，ラフ・ジャスティスによってやはり「えん罪の危険」を構造化するおそれがある。ただ，証拠開示の大幅な拡大，捜査段階からの国選弁護人の保障，裁判員としての市民の介在などは，手続の「可視化」を伴う当事者主義の拡大と発展という特徴も伴う。

評議の場で，6名の裁判員が法律の専門家である3名のプロの裁判官に飲

み込まれて，裁判官の有罪説明を鵜呑みにすることとなれば，市民参加の意味が薄れるが，各地で法曹三者が実施している模擬裁判をみていると，証拠と事実の不一致を前にして裁判官が6名の常識をもつ市民をいわば押さえ込み，有罪の結論に誘導することは実際上想定しにくいし，かなりの困難を伴う。

　もっとも，模擬裁判といえども証拠と事実の矛盾を示し，それが法的規範的な意味で「合理的疑い」に至っていると裁判員に確信させ，その場合には，「疑わしきは被告人の利益に」の原則に従い無罪としてよいと判断させるのには，質の高い弁護活動が要る。弁護人が，市民である裁判員に「わかりやすい公判審理」・「理解しやすい弁論」を実現することが，市民良識を十分に機能させる大前提だ。

　この前提があれば，職権追行と当事者追行の衝突，すなわち，評議の効率化を見込んだ争点の絞り込みと具体化を求める裁判所と，豊かな防御活動を十分に遂げようとする弁護人の真剣なぶつかり合いが続きながら，やがて一定のバランスのある運用に落ち着く。

　結局，被疑者取調べ段階を含む刑事手続の「可視化」のさらなる実現と捜査から公判まで全般にわたる当事者追行の浸透・徹底が「あるべき裁判員裁判」を支えよう。

第2章　裁判員制度と公判前整理手続・証拠開示
―― 「司法改革」と被告人の防御権

　刑事裁判の世界で，歴史が急流となって動いている。2009年5月までに裁判員裁判が始まる。市民が裁判員となってプロの裁判官とともに事実認定と量刑を決める。制度開始をにらんだ多様な補充的な制度改革と運用準備が各方面で急速に進んでいる。そこで，「司法改革」全体を鳥瞰しつつ，2007年11月現在の「流れ」の読み方を示しておく。

I　なぜ司法改革が必要か――裁判員裁判の効果

　1　2001年，司法制度改革審議会の最終報告書，『21世紀の日本を支える司法制度』の一節は，「訴訟手続は司法の中核をなすものであり，訴訟手続への一般の国民の参加は，司法の国民的基盤を確立するための方策として，とりわけ重要な意義を有する。すなわち，一般の国民が，裁判の過程に参加し，裁判内容に国民の健全な社会常識がより反映されるようになることによって，国民の司法に対する理解・支持が深まり，司法はより強固な国民的基盤を得ることができるようになる」と提言し，ここに「国民が，裁判官とともに責任を分担しつつ協働し，裁判内容の決定に主体的，実質的に関与する」，「裁判員」制度の制度設計が始まった。

　2　裁判員裁判制度導入という一石は，政府―審議会サイドの問題意識とその目指した改革の方向性・枠組みを超えた波紋を呼び起こしつつある。それは，より大局的・法史的視野で捉えておくべき事態である。
　第一に，無罪判決の増加だ。今年7月9日の朝日新聞（朝刊）33頁は，「無罪急増，証拠に厳格　裁判員制を意識　昨年126人，10年で倍」と題して，次の指摘をしている。

「刑事裁判で無罪判決が急増している。最高裁によると，昨年は全国各地の裁判所で計126人（速報値）に無罪が言い渡されており，10年前の2倍以上にのぼる。市民が裁判官とともに重大事件の審理にあたる裁判員制度のスタートまであと2年。『だれもが納得できる裁判員裁判に向けて，裁判官が証拠をより厳しく評価するようになった表れだ』との見方が出ている。一方，検察内部には『捜査能力の低下』を懸念する声もある」。

今まで検察官の有罪を立証する証拠は，一審ではプロの裁判官しかみなかった。控訴審の裁判官は自らを「事後審査官」と位置付け，被告人の視点で「事実そのもの」に関心を持つことを嫌っている。だから，一審が真相を解明する大切な場だ。だが，一審に「金属疲労」が現れている。有罪の「説明判決」だ。証拠の重みで合理的疑いの余地なく「犯罪」が浮かび上がる状態を確認するのではなく，証拠になった書類の山を上手に整理し有罪部分をつまみ出す判決だ。弁護人が弁論で証拠の構造的な欠陥を摘示しているのに，個別の論点毎に分断して観念的抽象的な反論を対峙させ，この対抗軸の形成過程を有罪の立証過程に組み込む独特の弁証法も定着している。いずれも「有罪説明判決」である。

それが，裁判員を意識することにより修正されつつあるのではないか。証拠を市民の良識に従い平明に立体的に構造的に位置付けて有罪を推認できる状態かを見極める，あたりまえの事実認定が一審に戻りつつあるのではないか。

「調書裁判」克服の兆しといっていい。

第二に，保釈請求に対する許可率の微増だ。

全国の地裁で2001年に49.5％であったものが，2005年には54.3％となっている（「平成17年における刑事事件の概況（上）」法曹時報・59巻2号17頁以下）。保釈率・保釈数にはめだった変化はないが，被告側が申し立てた保釈請求が認容される例は増えた。これは重く見てよい。弁護人は，被告人の逃亡の可能性と防御活動準備上の必要性，被告人と家族の心情安定などを総合考慮しながら適宜に保釈申請を行う。裁判官がこれに耳を傾けるようになっている。裁判員裁判は，連日・継続開廷になるだけに，被告人の身柄が拘置所の戒護

権の管理下におかれたままでは迅速適確な防御準備は無理だ。防御準備の不足は証拠構造のすき間を摘示する反証の不備につながる。それで有罪になるのでは，裁判員裁判導入の意味がない。むしろ，プロの裁判官だけの世界で，月に１回１時間から最長３時間程度の公判を五月雨方式で開き，じっくり審理するほうが真相解明―無罪の証明につながる。それがゆっくり変化しているのではないか。そこに「人質司法」脱却の兆しがあるのかもしれない。

　3　意見書は「刑事裁判の現状」の問題点を一部の国民注目事件における審理長期化という特異な事態に注目してその改革を旗印にした。
　しかし，意見書が健全に作用しているとみた国家の刑罰権行使のプロセスにはプロのみが担っていることに伴う金属疲労が累積している。それを市民の力で除去することが，司法改革の大局的な課題である。裁判員裁判実施を前に，すでにその成果がでているとみていいのかもしれない。この健全な改革の芽を大切にしなければならない。

Ⅱ　なぜ公判前整理手続が必要か

　1　現行刑事訴訟法316条の２第１項は，「裁判所は，充実した公判の審理を継続的，計画的かつ迅速に行うため必要があると認めるときは，検察官及び被告人又は弁護人の意見を聴いて，第一回公判期日前に，決定で，事件の争点及び証拠を整理するための公判準備として，事件を公判前整理手続に付することができる」と定める。公判の前に裁判所と検察官，被告側が審理の準備をするシステムである（整理手続と呼ぶ）。
　検察官は刑事裁判で何をするのか復習しておこう。検察官は，証拠調べの最初に読み上げる冒頭陳述書記載の事実を証拠で立証する責務を負う（起訴状記載の公訴事実ないし「訴因」を直接立証するのではない）。これに成功すると，起訴状記載の「訴因」（犯罪を構成する重要な事実とその法的な意味をまとめた検察官の主張）が法的に推認できる状態になる。
　ところで，従来であれば，第１回公判期日が始まり，証拠調べ手続になってから，検察官の証拠調べ請求と証拠採用決定手続が始まる。それまでは，

基本的に検察官と被告側は特段の意見交換を行うことなく,双方単独で準備を進めていき,裁判所が審理の段取りを積極的に準備することはむしろ嫌われた。「起訴状一本主義」の原理が働く。第1回公判期日が始まるまで,裁判所が当事者の主張や証拠の内容に接することは「予断と偏見」を生むおそれがあるものとして回避するべきものと扱われていた。

2　ところが,整理手続はこの哲学を根本から変える。検察官はまず証明予定事実記載書を提出し,証拠で証明する事実を個別的具体的に示す。これと相前後して,証拠調べ請求も一括して行ない,後述する証拠開示にも順次応じていく。そして,検察官と被告側双方が公判廷で争うべき事実上,法律上の主張を明らかにし,証拠で証明すべき内容もあらかじめ示すこととなる。そして,裁判所が主催する整理手続において,(ア)訴因の変更もこの段階で済ませてしまい,審判の対象を確定する一方,両当事者の主張がぶつかり合う法律上事実上の争点を整理する,(イ)証拠開示が円滑に進んでいることを確認する一方,滞りがある場合には証拠開示の命令や方法の指定などの裁定を行なう,(ウ)以上を踏まえた上で,双方請求の証拠の採否の決定をし,審理計画の策定を行なう。

3　最高裁の下に2003年から設置されている「裁判の迅速化に係る検証に関する検討会」の本年5月第20回の議事録をみると,2006年中終局した75,370件中,336件で公判前に整理手続が,56件で同旨の期日間整理手続が実施されたと報告されている。うち否認事件の処理期間をみると,公判前整理手続に付された事件では事件受理から第1回公判期日まで平均4月かかり,整理手続にうち2.4月かかっているが,第1回公判から終局までは1.8月となっている。他方,整理手続を伴わない事件では受理から第1回公判期日までは1.8月であるが,その後終局までは7.1月かかっている。

例えば,2006年2月,滋賀県長浜市で,幼稚園児殺害事件が起きた。保護者が園児の送迎を当番制で担当していたところ,被告人は自己の娘とともに送っていく途中の園児二人を殺害したものである。同年3月,大津地裁に殺人などで起訴されたが,6月12日に公判前整理手続きが始まった。終了

は 12 月である。第 1 回公判が 07 年 2 月にあり，一審判決は 10 月 16 日に宣告された。弁護人は責任能力の有無を争い，整理手続段階で鑑定を申請して採用されている。心神耗弱状態であるとの鑑定結果は公判廷で明らかにされた。この結果，検察官が死刑を求刑したが，裁判所は無期懲役を宣告した。

　整理手続に 6 月，審理手続に 8 月，事件受理から 19 月で終局したこととなる。整理手続で処理された鑑定の採否決定とその実施，その他の争点の整理と証拠，特に証人の採否決定などを整理手続を伴わない審理手続で実施した場合，これよりも長くなることはあっても短い期間で終局することはなかったと思う。かくして，おおまかに言えば，起訴後第 1 回公判期日までは整理手続においてじっくりと事件の準備をするが，審理が始まれば連日的継続的審理を行って迅速かつ効率的に処理していると言えそうである。

　4　こうした整理手続の導入を中核とする刑事手続の改革について，「精密司法」から「核心司法」への転換と表すのが学界・実務界で合意されつつある。審理期間短縮・集中審理，無駄のない立証の側面は評価もできるが，他方疑問も残る。

　第 1。公判前整理手続は，裁判所が被告側にいわば防御の手の内すべてを早期に明らかにすることを強く求め，しかも争点の削ぎ落としを早期の段階から迫る場になりやすい。他方，検察官側は被告側提示の主張・争点に応じて補充捜査を行えるから，送致段階の証拠構造の弱点と欠点を整理手続の期間を通じて補充・補強する機会を持てる。整理手続は，事実上検察官の有罪立証の手助けをする場になる一方，被告側の言い分をていねいに主張し立証する機会が削減される危険をはらむ（「必罰主義」の危険）。

　第 2。「核心司法」論は「争点中心主義」の運用に直結する。被告側が整理手続で主張と争点を摘示しなければ検察官の有罪立証の水準を事実上緩和する運用を導きかねない。争点については反証を準備するが，そうでない部分については証拠の質量を縮減することにもなりかねない。かくして，刑事裁判の鉄則である「合理的疑いを超える証明」の原理が事実上掘り崩される危険がある（証明度緩和による「ラフ・ジャステイス」の危険）。

　第 3。整理手続について，当事者には開始を申し立てる請求権（したがって

取りやめを求める権利権限）はない。職権で決定される。事柄の性質上，裁判所が積極的に事案解明のための争点整理，立証計画策定に向けたイニシアティブを取る手続である。裁判所は証拠の内容自体には接しないが，当事者双方の主張を詳細に聞いてその概要を推測しつつ，証拠の採否，証拠調べの順序・範囲・方法を決定する。また，被告側が争点としない点については検察官の証明予定事実記載書通りの事実があるものとの前提にたつ。有罪・無罪自体の心証ではなく，審理計画の策定に必要な限度での事案に関する心証と説明することとなるが，実のところ区別は付けにくい。しかも，従来の我が国の「調書裁判」の傾向も加味すると，全体として有罪を立証しやすくする方向で整理手続が運用される危険を否定できない。公判廷では，有罪立証の設計図を描いた裁判官が，その通りに個々の証拠＝部品を組み立てて有罪判決を導くことになりかねない（「新たな糾問主義裁判」）。

Ⅲ　なぜ証拠開示の改革が必要か

1　整理手続は，検察官手持証拠を被告側に幅広く開示する手続をもたらした。以下のように三段階の証拠開示が組み込まれている。

①第1段階－請求予定証拠開示　検察官は証拠調べ請求予定証拠を開示する（被告側は閲覧と謄写ができる）。

②第2段階－類型証拠開示　被告側は，検察官の請求予定証拠の証明力を判断するために重要であると認められる資料であって，法定された類型に該当するものについて開示を請求できる。検察官は，証拠としての重要性，防御準備上の必要性，開示に伴う弊害の内容・程度を考慮し相当と認めるときこれを開示しなければならない。

法定の類型としては，証拠物等の他，被告人の供述録取書等，被告人の取調べ状況を記録したもの，証人や検察官が証拠調べを請求した供述録取書等の供述者の他の供述録取書などが規定されており，その範囲はかなり広い。

③第3段階－主張関連証拠開示　被告側が証明予定事実，事実上法律上の主張を開示したとき（法316条の17），これに関連する証拠の開示を検察官に請求できる。

2　整理手続導入まで，検察官は手持資料を被告側に開示する法律上の責務はなかった。このため，捜査段階で被告側に有利な資料が収集され検察官に送致されていても，検察官が任意に開示しなければ埋もれたままになる。ただ，実際の運用上，多くの事件では，被告側が無罪を争う場合であっても検察官は手持資料の開示には柔軟に対応してきていた。第一回公判期日の前に，被告側の申立に応じて相当の証拠開示がなされる例も少なくない。ただ，検察官の裁量に委ねられているだけに運用に安定性が欠けていた。

他方，最高裁は，訴訟指揮権に基づく個別の証拠開示命令を出すことを法解釈上是認した（最決昭44・4・25刑集23-4-248）。ただ，要件は複雑である。

（ア）証拠調べの段階に入った後，弁護人から具体的必要性を示して一定の証拠を閲覧させるよう検察官に命ぜられたい旨の申出をなすこと，（イ）事案の性質，審理の状況，閲覧を求める証拠の種類および内容，閲覧の時期，程度および方法，その他諸般の事情を勘案し，その閲覧が被告人の防御のため特に重要であること，（ウ）これにより罪証隠滅，証人威迫等の弊害を招来するおそれがなく，相当であること。

しかし，明文のない強制処分を判例で作り出すことになるので裁判所自身が開示命令を発することに慎重になった。また，被告側は開示証拠を個別に特定する作業を求められることとなるが，これは困難を極めるものであった。このため，判例の認める証拠開示命令が実際に多用されることはなかった。

この結果，「埋もれた無罪証拠」の危険を構造的にはらみながら刑事裁判が運用されてきた。

これを大きく変えたのが整理手続である。被告側は法律上権利として三段階証拠開示を請求できるようになった。第1回公判期日までに開示される証拠の質と量は従前に比べられないくらい充実してきている。しかも，現在のところ，検察庁は，類型証拠開示請求の段階で法定の要件には厳密には該当せずとも，整理手続の趣旨・目的に沿った任意の開示も実施している。

3　ただ，なお問題もある。

例えば，捜査段階で捜査官が事件解明のために各種の書類を作成するが，その中に「捜査報告書」がある（特定事項について捜査を命令されたときにまとめ

る場合には「捜査復命書」という)。これ自体内容は多様だが,目撃者の割り出しのため事件現場周辺を聞込み捜査をし,聴取した事項をまとめておくことがある。この場合,「供述録取書」として相手方に聴取内容の確認を求めた上署名押印をもらっていれば,他の要件を充足すると類型証拠開示の対象になる。しかし,捜査が流動的な段階であり各種情報を収集しているときや特に聞込みが重要視されていない人の場合などには捜査報告書の形で残されることもある。被告側からは特定証人の証言の弾劾のため関係する者の供述の突き合わせ上これを開示させたい場合,形式的要件を充足しないので類型証拠としては開示が認められない(例,大阪高決平成18・10・6判時1945号166頁,東京高決平成18・10・16判時1945号166頁など)。このため,被告側主張を調えて,主張関連証拠としての開示を求めることとなる。

　また,警察は捜査終了後全記録を検察官に送致することが義務づけられているが,警察段階で事件との関連性なしと判断するなどして手元に残したものについて,これを検察官が取り寄せた上開示させる運用の確立も必要になろう(広島高決平成18・8・25は検察官に開示の裁定手続のため一覧表を提出させることのできるのは検察官の保管する証拠に限るとする)。

　4　今のところ,被告側の無罪等の主張にとってきわめて重要な証拠が検察官の手元にあると推認されるのにその開示ができないといった極限的な事例の指摘はない。全般的には健全な開示実務が定着しつつあるが,制度の評価には今少し時間が必要である。

Ⅳ　裁判員裁判は機能するか

　1　まず,制度としての定着が問題になるが,これは,ふたつの問題がある。
　第1。企業と裁判員裁判制度の調和である。我が国の大小の企業が経営サイド,従業員サイド問わず裁判員に選ばれた者を業務のラインから一旦外し,裁判終了後円滑に復帰させることが可能かどうかが最も重要なハードルになる。裁判員選任手続,裁判員裁判参加について特別休暇とする就業規則の改正だけでなく,担当業務の代替と再引継ぎの円滑化などきめ細かな対応が必

要になろう。ノルマが給与に反映する企業では休業補償も問われる。「忙しいサラリーマン」であることを強いる我が国の企業体質が裁判員裁判を受容するかどうかが制度定着の試金石である。展望はまだ見えない。

　第2。裁判員法16条8号は「政令で定めるやむを得ない事由」があれば裁判員選任を辞退できるが，今法務省はその案を示して市民から意見を聴取している。政令案六号は「自己又は第三者に身体上，精神上又は経済上の重大な不利益が生ずると認めるに足りる相当の理由があること」と規定する。これについて，朝日新聞07年10月24日（夕刊）は，次のようにコメントを付している。

　　「今回の政令は『やむを得ない事由』を個別に定める内容。国会での同法の審議過程で自民党内から「『良心に照らして人を裁くのは嫌だ』という人に裁判員を無理やりさせることは思想信条の自由を侵すことになる」といった意見が出たため，法務省は『思想信条』を理由とした辞退の項目を盛り込むかどうかを検討していた。ただ，単に『思想信条に基づいて引き受けたくない』との理由で一律に辞退を認めると，辞退希望者が大幅に増えて幅広い市民の声を裁判に反映させるという制度本来の趣旨を損ないかねないことから，『思想信条』という言葉を使った規定は見送った。一方で，裁判員裁判への参加で『自分や第三者に身体上，精神上，経済上の重大な不利益が生ずると認めるに足りる相当の理由がある場合』との項目を盛り込み，その中で『思想信条』を理由とした辞退申し立てにも対応が可能な形にした」。

　被告人となる市民は，国家が否応なく裁判の場に引きずり出す。被害者としての市民も，自らの主張を刑事裁判の場で戦わせるために基本的には勇気を持って登場しよう。問題は，市民と市民の犯罪を巡る争いを「裁く」側に立つ市民である。
　市民が，負担感を覚えつつも，刑事裁判の正義を自己の手で担う意識がごく自然に広がるのか，それとも，裁判員候補が次々と辞退する事態に至るか否かは，「公けへの責任感」が決め手となる。
　かくして，「刑事裁判のかたち」は，国家の文化度，社会の文化度，市民の民度等など「この国のかたち」のレベルが正面から問われる。これも行方はなお不分明である。

2　次に，個々の事件毎に現に裁判員が選任されて審理がすすめられる段階が問題となる。このとき，市民六名の裁判員が法律の専門家である三名のプロの裁判官に飲み込まれて，裁判官の有罪説明を鵜呑みにすることとなれば，市民参加の意味が薄れる。裁判員裁判が健全に機能するかどうかは，各事件毎に選ばれる裁判官と裁判員両方の力量にかかる。

　裁判官が裁判員裁判を主宰するのにあたり「必罰主義」の意識に支配されていると，整理手続で自ら整理した証拠評価上の問題点を後に選任される裁判員に共有させようとする。プロの裁判官と同質の問題意識によって事実認定をする姿勢へと誘導する傾向といってよく，審理と併行して短期間で促成の司法修習を実施し「裁判員＝ミニ裁判官」として審理・評議に臨ませる働きかけが意識的・無意識的になされる。これが裁判員裁判特有の必罰主義の危険性につながる。

　ただ，この間の模擬裁判等をみていると，証拠と事実の不一致を前にして裁判官が六名の常識をもつ市民を押さえ込み，有罪の結論に誘導することは，かなり困難とも思う。それには，証拠から浮かび上がる事実では，検察官が主張する冒頭陳述書記載事実，とりわけ犯罪に関わる事実が浮き彫りにならないことをわかりやすく語る弁護が不可欠だ。そうであれば，市民良識が自然と働く。この点は信頼できそうだ。

V　混沌から秩序へ——21世紀「刑事司法」の形

　こうして現段階では，裁判員裁判が円滑に，しかし被告人にとって公正なものとして定着するかどうかはまだ見極めがつかない。被疑者取調べの「可視化」も，裁判員裁判成功の不可欠の条件であるが，民主党提案の法案の行方は定かではない。最高裁サイドは，自白の証拠採用については裁判員の参加する評議で検討し，その同意ないし納得を得られなければ証拠能力を認めない運用を固めたとも聞く（サンケイ新聞07年11月11日（朝刊））。検察庁が始めた部分的な取調べの録画（DVDによる証拠化）の効果や今後の展開も未確定である。

　この混沌はまだ続く。それは，21世紀の我が国の有り様を探る生みの苦

しみでもある。ただ，大局的，法史的な方向性は明白だ。市民が，捜査，公訴提起，裁判に積極的に関与すること，その意味での「可視化」原理であらたな刑事裁判のかたちを調えることが課題である。

第3章　裁判員制度実施を前にした諸課題
——公判前整理手続，裁判員裁判，司法改革

I　21世紀の刑事司法
——「市民主義」と「可視化」原理で捉える

1　私に与えられたテーマは，「裁判員裁判実施を前にした諸問題」について，学会における議論の素材を提供することである。以下，新しい制度をどうみていくのか，その視点の設定を試みる。

今般の裁判員制度導入の意義は，「司法制度改革審議会意見書－21世紀の日本を支える司法制度」(平成13年6月12日。以下，意見書)の次の言葉が端的に示している。

>「訴訟手続は司法の中核をなすものであり，訴訟手続への一般の国民の参加は，司法の国民的基盤を確立するための方策として，とりわけ重要な意義を有する。すなわち，一般の国民が，裁判の過程に参加し，裁判内容に国民の健全な社会常識がより反映されるようになることによって，国民の司法に対する理解・支持が深まり，司法はより強固な国民的基盤を得ることができるようになる」。

この摘示を踏まえつつ，裁判員制度導入の理由について，制度設計者の意思とは幾分異なる角度から眺めてみる。

裁判員制度導入の背景は，我が国が刑事裁判における正義の実現の担い手を代えざるを得ない時代状況に直面していることであろう。裁判官，検察官はもとより，弁護士もゆるやかながらこの国を支える巨大な組織として存在している。その組織としてのプロが，明治維新以後20世紀末まで刑事裁判を形作ってきたが，21世紀に入り，刑事裁判における正義の実現のプロセスに，市民がその個性をそのままにして参加することが必要な時代になって

きた。

　その理由をひと言で言えば，社会を支える組織がそのモラリティーを喪失しつつある一方，その陰で，個々人としての国民，つまり市民の個性ある生活が押しつぶされる状態になっていることである。このままでは，プロ，別な言い方では，広義の官僚組織が支配する正義と，市民社会が求める正義にいつのまにか大きなズレが生じる危険がある。また正義の担い手がプロのみであっても社会を守れる時代ではなくなっている。組織の論理に巻き込まれる個々人のモラリティーを社会的に強化するメカニズムが必要である。

　市民の正義観と刑事司法における正義観のズレを防ぐ一方，市民社会のモラリティーを維持する上でも，市民が自ら刑事司法手続に参画するシステムが不可欠となっている。かかるセーフガードなしには，この国における刑事手続の正当性は保てない。

　そして，裁判員制度こそ司法の機能自体に市民が参加する中核的な装置である。

　2　裁判員制度は，必然的に，法律のプロの担う手続と異なり，まずもって市民にとってわかりやすいものにせざるをえない。そのことは，刑事手続のあり方を変えることになる。当事者主義の骨格は維持される。しかし，実質的な担い手は，法曹ではなく市民となる。

　別な表現をすると，法律家が独占する当事者主義ではなく，「市民主義」を内容とする当事者主義へと変容しなければならない。

　被告人たる市民は，弁護人の援助を得ながら，自己の言い分を充分に裁判に反映させる権利と地位を保つ。被害者である市民は，被害の重みを正当に裁判に反映させるため，同じく弁護士の援助を得て関与し，時に検察官に対してその措置に意見を述べることとなる。そして，事実の認定・法令の適用・量刑については，市民が裁判員として責任を負う。裁判官は対等のパトナーであるとともに，裁判員の補助者でもある。

　つまり，裁判員裁判とは，個性のある市民がそれぞれの立場にたって，その価値観と利害関係を刑事裁判のフォーラムで正面からぶつけ合うことを意味する。裁判員制度は，法曹主義にたつ当事者主義の変容を迫るものであり，

これとの整合性によってその正当性を説明するべきではない。

3　したがって，裁判員裁判の時代が求める刑事手続における正義の形も変容する。手続の「適正さ」(憲法31条，刑訴法1条参照) は，従来法律家が担う手続の適正さとそのもとでの実体的な価値とのバランスを意味した。しかし，市民主義の適正手続は，まず，担い手である市民が手続の内容をわかることを求める。そのために，手続の性質と市民の利害関係に応じた手続への関わり方を保障することが肝要となる。

例えば，公訴権については検察審査会を通じて市民が監視する。刑事裁判の審理については，被告人たる市民と被害者たる市民が参加する。裁判については，市民が裁判員として有罪・無罪と量刑の判断を担う。

かくして，実現すべき正義のありかたは，手続が市民にとって「わかる状態であること」を不可欠の前提とする。その意味での「可視化」が手続の構造の基本的な前提となる。

つまり，裁判員制度を分析する基本視座は，「市民主義」と「可視化」原理でなければならない。

II　公判前整理手続の現状と課題

すでに裁判員制度を準備する大切な手続が始まっている。公判前整理手続 (以下，整理手続) である。最高裁の統計を見ると，否認事件であって整理手続を伴う場合，終局までの期間は確実に短縮化されている。新聞報道を見ても，社会が注目する重要な事件について整理手続を踏まえた裁判の迅速化が実現している。その公判前整理手続の現段階での重要な機能は，審判の対象と内容，これを審理する証拠調べの内容の事前確定である。ここでの課題を3つ摘示する。

1　「審判」の対象と内容の事前形成と職権探知強化の関係を整理する必要がある。

公判前整理手続は，訴因の特定や変更に関わる手続もおこなう。このため，

訴因変更に関する運用はおそらく従前のものと一変することとなろう。整理手続のはじめに，検察官は，起訴状とともに証明予定事実記載書を提出し，証拠調べ請求もする。被告側は証拠開示によって検察官の公訴提起の土台を知ることができ，裁判所を交えて，裁判で取り上げるべき争点と調べるべき証拠をスクリーニングする。

例えば，共謀共同正犯の事件で，被告人が共謀関与を否認し，謀議の存否が主たる争点となる場合，検察官は，共謀と規範的に評価しうる事実状態―謀議の日時・場所，方法・参加者等―について整理手続の過程で内容を明らかにせざるを得なくなる。各事実に対応する証拠がどれであるのかも（そしてそれ以上はないことを）明らかにすることとなる。かかる争点の整理のプロセスの中で，訴因変更も処理されよう。

したがって，従前のように，公判における証拠調べが相当程度進捗してから検察官がおもむろに訴因変更を申し立てることも，結審直前になってから裁判所が訴因の変更を勧告したり，検察官が訴因変更を求める事態はほぼありえなくなる。ありえるとすれば，裁判所が争点と異なる局面で事実認定をする争点逸脱認定の問題であろう。その場合，期日間整理手続を開く必要が生じよう。

ところで，現在の公判前整理手続を概観すると，裁判所が独自の視点で争点の絞り込みを図りすぎる面がないではない。今は，公判審理も同一裁判所が主催するので大きな離齬は生じないが，将来，裁判員が審理評議に関与する場合，裁判所がプロの視点で整理した争点の枠組みに捕らわれない，自由な発想方法で証拠と事件を観察して証拠と争点の過不足を判断することが十分にありえる。その場合に，これ自体を直ちに不相当として裁判長において検討の対象から除外することが相当とも思われない。

場合によっては，弁論再開の上争点の拡張（期日間整理手続の実施），証拠調べの追加も検討すべき場合があり得る。少なくとも，争点の顕在化手続がなされないまま，評議室において評議評決がなされて判決が宣告されると，当事者（ことに被告側）は控訴審で争わざるを得なくなる（訴訟手続の法令違反を構成する）。

不測の事例はさておき，基本的に，公判前整理手続の導入によって，審判

対象と内容の設定について当事者主義と職権主義が交錯することとなる。訴因の設定自体が検察官の専権であることに変わりはない。しかし，被告側も争点の整理を介して審判対象の具体的な対象の確定に深く関与できることとなる。

　他方で，裁判所が強力な職権発動によって争点の整理と証拠調べの範囲順序方法を決定するから，職権探知に基づく審判内容の形成もなされることとなる。

　両者がバランスのとれた運用が確立するのか，裁判員の負担軽減を正当化根拠として裁判所が職権による争点絞り込みを強く主導するのか，慎重に見守る必要がある。

　2　証拠開示の質と量も問題である。公判前整理手続における裁判所の職権探知が，新しい型の糺問主義になることは防がなければならない。その歯止めが，被告側に大幅に認められることとなった証拠開示である。

　これこそ，訴追の土台を被告側が充分に点検吟味して，問題点を摘示する武器となる。証拠開示に対する検察庁の姿勢はやや流動的のように見受けられる。類型証拠，主張関連証拠の要件充足について厳格厳密に判断する場合が主流のようでもあるが，整理手続の制度の趣旨を踏まえて，任意の証拠開示についても積極的な運用があってよい。強力な捜査権限を駆使して収集した証拠について，双方が十分に点検して真相が埋もれることのないよう，任意開示も含めた健全な運用が今後確立することが望まれる。

　その証拠開示について，最高裁の2つの裁判例に注目しなければならない。最決平成18・11・14判時1947号167頁は，取調べ状況報告書の開示にあたり，検察官が不開示希望調書の有無，通数の欄を一律に塗りつぶして開示する運用を認めなかった。決定は，検察官不開示の理由は個別的具体的であることを求め，その疎明のない限り開示を要するとした。また，最決平成19・12・25刑集61巻9号895頁は，警察官の取調べメモの開示を命令した原審判断を是認したものである。その際，検察官が開示の対象とすべきものとして，公務員が通常業務の過程で作成・入手・保管などする書面であって検察官が容易に入手できるものも開示の対象になると宣言した。ふたつの裁

判例には3つの意義がある。

第1。証拠開示の範囲の拡大それ自体は見逃せない点である。整理手続に関する立法以前には，最高裁は裁判所の訴訟指揮権による特定証拠の開示命令の権限を法解釈上是認することによって，検察官の証拠調べ請求対象外の証拠の開示を認めるものとした（最決昭44・4・25刑集23巻4号248頁，最決昭44・4・25刑集23巻4号275頁）。しかし，運用上，裁判所が積極的に証拠開示命令を出すことはなかった。大局的にみれば，（ア）立法によらない強制処分であり非常救済的措置の面が強く日常の運用の指針にはなりにくいこと，（イ）検察官固有の権限に対する司法権の介入への消極性があること，（ウ）ある限度までは検察官が任意の証拠開示に応じていたこと等を理由としてあげることができよう。従って，昭和44年の決定にも拘わらずここ40年あまり判例によって証拠開示の範囲を着実に拡大することはなかった。これに対して，整理手続に関する法制度が整ったことが主たる要因であろうが，それにしてもその運用にあたり，整理手続の趣旨を踏まえ，判例によって証拠開示の範囲を相当程度拡大する運用が定着しはじめていることは注目に値する。

第2。最高裁が証拠開示手続を介して「取調べの可視化」に前向きの姿勢であることが読み取れることである。2裁判例に共通するのは，被疑者または参考人取調べに関する捜査機関の手控えメモの開示であったり，取調べ時に作成する調書の存否に関わる事項であるなど，取調べ過程を事後に明らかにすることなく，供述の任意性・信用性は判断できないというごく自然な理由に基づいて証拠開示を是認している点である。最高裁の一連の裁判例をみていると，最高裁は，証拠開示の範囲拡大を通じて，取調べを適正化し適正自白による事実認定を行なう土台作りを進めていると評価してよい。密室取調べにおける供述の任意性・信用性は将来的には取調べの全過程録音録画によって裏付ける運用が確立するであろうが，最高裁の姿勢はこれと矛盾しないものである。

〈参考〉学会後に出た最決平成20・6・25刑集62巻6号1886頁（証拠開示決定に対する即時抗告棄却決定に対する特別抗告事件）は，犯罪捜査に当たった警察官が犯罪捜査規範13条に基づき当該捜査状況等を記録した備忘録は刑訴

法316条の26第1項の証拠開示命令の対象となり得ることを認め，さらに，特定のメモが証拠開示命令の対象となるものか否かの判断は，裁判所が行うべきものであるから裁判所はその判断のために必要があるときは検察官に対し，同メモの提示を命ずることができるとした。最決平成20・9・30刑集62巻8号3753頁（証拠開示決定に対する即時抗告棄却決定に対する特別抗告事件）も，警察官が私費で購入したノートで作成したメモであっても捜査の過程で現に利用しており検察官が証人尋問を請求した証人に関する供述調書作成にあたりこれを利用する等の事実がある以上，公務員が職務上現に保管し，かつ，検察官において入手が容易な証拠であって，弁護人の主張する同証人の信用性判断の必要性と同メモの記載の間には一定の関連性が認められるから，開示の必要性も肯認でき，他方，本件のようなメモを開示することにより特段の弊害が生じるおそれも認められないので証拠開示を命じた判断は是認できるとする。

第3。最高裁が，司法積極主義の姿勢を示し，「公共性の空間」としての役割を十分に発揮した点である。すなわち，平成13年に公表された司法改革に関する意見書は，このように宣言している（司法制度改革審議会『司法制度改革審議会意見書－21世紀の日本を支える司法制度』（平成13年6月12日））。

　「法の支配の理念に基づき，すべての当事者を対等の地位に置き，公平な第三者が適正かつ透明な手続により公正な法的ルール・原理に基づいて判断を示す司法部門が，政治部門と並んで，『公共性の空間』を支える柱とならなければならない」。

裁判例は，証拠開示の場面で，司法の場が，検察官と被告側の対立する点を裁くフォーラムとしての役割を十分に果たしていることを示している。土台設定はすでに立法によってなされたが，上述のようにその場で証拠開示の範囲を条文解釈により拡張することによって，公判の継続的計画的迅速な進行を可能にする争点と証拠の整理を積極的に実施しようとしている。すなわち，大局的・歴史的には，20世紀における司法消極主義から21世紀におけ

る司法積極主義へのシフトがみられるといってよい。

3　整理手続を踏まえた裁判では，受訴裁判所がその職権を軸として争点の整理と証拠の整理を行うため，3つの病理の危険が伴う。

第1。個々の裁判官の善意はさておき，大局的・法史的に観察したとき，組織としての裁判官の法意識が，秩序維持，必罰，検察官立証への信頼，こうした方向に傾いている，という観察を不合理とは決めつけられない。この法意識が継受されたまま，争点の整理と必要な証拠の取り調べが行われた場合，必罰主義と特徴づける運用になる危険をはらむ。

第2。争点の絞り込みを被告側に強く求める過程で，争わない点は検察官の立証をそのまま尊重してしまい，そこに有罪立証の程度の緩和が蓄積されるおそれが出てくる。証拠厳選の原則が，刑訴規則で明文化されたことも，薄い立証による有罪認定の危険を高める。

第3。整理手続は職権主導の手続である。しかも，訴因を立証する争点自体の枠組みを裁判所が主導して決定し，証拠調べの範囲も定める。事実上訴追機能と審判機能が一致することを認容する手続の構造となっている。これが，必罰主義と有罪証明度緩和の危険が相伴ったとき，あらたな糺問主義をもたらす。

Ⅲ　裁判員裁判の展望

裁判員裁判は，かかる整理手続をつねに前提にする。それだけに，市民が正義の形をきめる主人公になる制度の運用の確立が求められる。ここでは，3つの課題について触れる。

1　第1の課題は，調書裁判を克服し，口頭弁論主義，公判中心主義を徹底することである。つまり，裁判員が心証を形成する材料と場を変える課題である。結論から言えば，裁判員裁判では，同意書証の取調べは，基本的にありえず，証人の証言によって事件全体を立証することをモデルとすべきである。検証調書，鑑定書等であっても捜査機関または鑑定人の公判廷での口

頭での説明を求めこれ自体を証拠とするべきである。すべての情報は，証言で公判廷に顕出すること，これが原則となるべきだ。書証とは，図面，写真，鑑定書添付のデータ部分，帳簿などなどに限るべきである。念のため，この提言の前提として，事実認定の基礎となる証拠とは何か再確認をしておく。裁判官裁判では，事実上，裁判官室で記録を読んで得る情報が中心になった。しかし，裁判員裁判では，公判で見分する情報による裁判でなければならない。その理由は，いくつかある。

（ア）職業裁判官が，執務時間内外を問わずまた職場・自宅を問わずに，自由に書面を読んで公判廷の「証拠」を随時引き出して事実を認定する方法，つまり，書面を利用した心証形成は「文章への反論，書面の可能な説明」によって有罪を説明する作文を容易にする構造を伴う（職権探知，「作文司法」）。これを是正しなければならない。（イ）裁判官は，整理手続を通じて，当事者の主張と証拠の関わり，多様な証拠の存在，その概要など争点と証拠の整理に必要な情報に触れる。この限度での有罪または無罪もしくはその中間に位置する心証など実体判断を事実上行っている。これがそのまま評議室における情報格差として表れないないようにするのが，裁判員裁判での証拠調べ，評議に求められる課題だ。法の原理に戻って，公判廷で証拠調べにより顕出された証拠資料たる情報そのもの，裁判員と裁判官が共有する情報のみが証拠になるという原則を運用上も堅持するべきだ。（ウ）評議室で裁判員が書証を精査する時間の有無，その面の負担の軽重は些末な問題だ。むしろ，市民が，書証を個別に自由に読み返すことを是認すると，当事者の介在しない評議室で各自が各自の判断で独自に証拠調べを行うことになる。これは，当事者のいる公判における証拠顕出を求める公判中心主義・当事者主義の理念を潜脱する。

2　第2の課題は，こうした公判中心主義を実現するためにも，刑事弁護の充実が不可欠となる点である。一例として，特に大切なこととして，反対尋問の方法を是正しなければならない。前提たる認識は，裁判官裁判の場合のように，裁判記録を作るための尋問であってはならないことである。公判記録に編綴される膨大な供述調書を再読精査して裁判官が事実認定を行な

う時代を終了させるのは，弁護人の力量だ。その基本戦略は，裁判員にわかりやすい情報の提供だ。裁判員は公判廷で耳で証拠を聞き，目で証拠を見る。ただ，証拠の取扱いについては経験がない。法と事実を結びつけることにも不慣れだ。その裁判員にわかりやすい情報の提供がいる。「わかりやすさ」がことに求められるのが弁護人の反対尋問だ。陪審裁判の場合，公判廷に顕出される証言自体がストレートに心証形成の材料となる。この原理が定着しているから，これに応じた豊かな反対尋問の技術が開発されている。我が国では，これから，これを確立する必要がある。その場合にも，課題が２つある。

(1) 主尋問の上塗りではなく，証人と証言の信用性の弾劾に徹した反対尋問の技法を確立しなければならない。裁判員は，尋問と証言を聞きながら情報を整理する。弁護人の反対尋問とこれに答える証人の証言が被告側主張との関連でいかなる意味をもつのか裁判員が聞きながら解る，そうした高等なテクニックが必要である。これを身につけた弁護士の養成が課題となる。今，弁護士会サイドでアメリカ型の法廷技術を研修する動きがあるが，これに期待したい。

(2) 但し，我が国では，裁判官・裁判員は独自の尋問権限を持つ。したがって，反対尋問で証人に不要な説明をさせない止め方をした場合であっても，「壇上からの介入」がある。被害者の被害状況に関する捜査段階の説明に変遷があることを誘導尋問に徹して確認し，「何故」を聞かずにとどめを刺すといった米国流の反対尋問技術は，我が国では一裁判員が「どうして刑事さんに話したことと検事さんに話したことが食い違っているのですか」と発問すれば効果を失う。裁判員が持つ疑問点を先取りする，より高度の尋問技術が必要になる。これをひと言で言えば，アメリカの陪審を前にした反対尋問の目的は，「材料限定／心証誘導」型であるのに対して，裁判官・裁判員が事実認定者であり発問の権限をもっていることを前提にするのであれば，「材料説明／疑問共有」型の尋問を要しよう。

3 評議の在り方は一層問題になろう。裁判員の良識と裁判官の専門性が巧みにブレンドされた事実認定を期待したいが，それにふさわしい情報を提供することが，公判中心主義の新しい実践的な課題になる。それを踏まえて

も，裁判長が評議室における評議をどうとりまとめるのかによって公判中心主義の成果が活きるかどうかが決まる。評議が，裁判官の形成した心証を裁判員に説明し承認を得る場になるのか，市民の良識を活かした事実認定の場になるのか，裁判長の力量が影響する。大阪で行われたいくつかの模擬裁判の評議の模様を概観したが，裁判長を中心とする裁判官の発言量と6名の裁判員全員の合計の発言量を比べると，ラフに見て6対4ではないか。というのも，評議の形が裁判官の発問または介入と裁判員の応答が固定したパターンとなっており，あたかも，日本型の教室における先生・生徒の間の問答を再現した質疑がメインとなるからだ。複数の裁判員が意見の交換をする，一定の争点について複数名での質疑や意見交換がなされて法廷での情報が十分にシャッフルさせるような討論は希だ。「集団による証拠の吟味」，そこに裁判官の経験と市民の良識が活きる評議の方法の開発はこれからの課題である。

4　以上を含めて，裁判員裁判を適正に公正にそして円滑に実施するのに当面克服すべき課題は3つある。

第1。取調べの可視化は，自白の任意性立証という証拠法の技術論からも必要だ。根源的には，市民主義の徹底の観点からも原理的に求められている。早晩実現すべきだ。第2。刑事弁護を担う弁護士の質改善は，取調べの可視化と同程度に急がれるべき課題だ。第3。評議室の可視化が必要だ。とりわけ，裁判官が，従前のプロ組織で共有していた証拠評価の基準，「合理的疑いを超える証明」の水準について，見直しを図るべきこととなる。

幸い，今，統計上無罪率が顕著に上昇していることにも示されているが，すでに，裁判官は，模擬裁判の経験を通しつつ，市民が証拠をどう評価するのかという視点から証拠評価を行っているとみていい。個々の裁判官が意識する・しないに関わらず，証拠評価のありかたに裁判員裁判導入の事実が影響を与えているとみるのが大局的には妥当だ。裁判員とともに行なう証拠評価の過程では，裁判官は，必罰・治安維持・真相解明へのこだわりを捨て，事実認定における審判機能の徹底を職責とし，しかも，裁判員の良識的な判断に耳を傾ける姿勢が求められる。市民が一応の理由に基づいて疑問を呈しているとき，権威と法知識，整理手続で得た当該事件に関する情報によって

強引に裁判員を説得する場面はあってはならない。市民の理由のある疑問こそ「合理的疑い」だ。これを尊重する姿勢が求められる。

Ⅳ　総括——「21世紀司法」のあり方

　今，刑事手続の各場面に市民がストレートに関わり始めている。公訴の提起と検察審査会，審理進行と被害者参加などである。21世紀の刑事裁判における正義の形は，組織化され官僚化されたプロの法律家ではなく，個性豊かな市民自身がぶつかり合いながら形成していくこととなる。こうした事態を予定し予言していたのも，司法制度改革の意見書ではないか。

　　「21世紀の我が国社会において，国民は，これまでの統治客体意識に伴う国家への過度の依存体質から脱却し，自らのうちに公共意識を醸成し，公共的事柄に対する能動的姿勢を強めていくことが求められている。国民主権に基づく統治構造の一翼を担う司法の分野においても，国民が，自律性と責任感を持ちつつ，広くその運用全般について，多様な形で参加することが期待される」。

　つまり，市民が，「自律的，社会的責任を負う主体」となること，そして相互協力によりあらたな意味での「自由かつ公正な社会」を構築していくことが求められている。21世紀の刑事裁判も，その社会の重要な構築物である。そうであれば，その形を決めるのは，訴訟構造における「市民主義」と正義を実現する基本原理としての「可視化」原理でなければならない。

第4章　裁判員裁判で市民社会は変わるか
――「司法改革」と「市民主義」の時代

I　なぜ「裁判員」制度か――21世紀の刑事司法と「市民主義」

　09年5月から刑事裁判が変わる。市民が裁判員として裁判官とともに裁判の主人公になる。裁判員制度導入の意義は,「司法制度改革審議会意見書－21世紀の日本を支える司法制度」(平成13年6月12日。以下,意見書)の次の言葉が端的に示している。

> 「訴訟手続は司法の中核をなすものであり,訴訟手続への一般の国民の参加は,司法の国民的基盤を確立するための方策として,とりわけ重要な意義を有する。すなわち,一般の国民が,裁判の過程に参加し,裁判内容に国民の健全な社会常識がより反映されるようになることによって,国民の司法に対する理解・支持が深まり,司法はより強固な国民的基盤を得ることができるようになる」。

　この摘示を踏まえつつ,裁判員制度導入の理由を歴史の大局から眺めてみよう。これをひと言で言えば,我が国のモラルの再生であろう。
　裁判官,検察官,弁護士など今の刑事裁判を支える法曹三者は,司法試験合格,司法修習のプロセスを経て国家日本を支える巨大な組織に組み込まれていく。組織としてのプロが,明治維新以後20世紀末まで刑事裁判を形作ってきた。だが,21世紀に入り刑事裁判における正義の実現のプロセスに,市民がその個性をそのままにして参加することが必要な時代になってきた。何故なら,社会を支える組織全体が広くモラリティーを喪失しているからだ。「組織」犯罪の主体は暴力団など反社会的勢力だけでなく一部上場企業まで含む時代になってしまった。市民社会のモラリティーを回復・維持す

る上でも個々の市民が自ら刑事司法手続に参画するシステムが不可欠となっている。幸い市民「参加」自体が「正義」の重要な一部と認識されている時代でもある。

　市民が裁判員として司法の中核的な機能に参加すること。かかるセーフガードなしに，この国の刑罰制度・刑事手続の正当性はもはや保てない。

Ⅱ　裁判員はなにをするのか──事実認定・法令適用・刑の量定

　裁判員は，衆議院議員の選挙権を有する者の中からまず候補者を抽選で選びさらに各事件毎に補充裁判員を含めて6名を選ぶ。但し，法律上裁判員になれない理由として，①欠格事由（義務教育未修了者，禁固以上の刑に処された者，裁判員の職務遂行が著しい支障を生じる心神の故障がある場合），②就職禁止事由（政治家や法律家，警察官，法律学者などをあらかじめ除外するもの。逮捕・勾留中の者，禁固以上の刑が定められている刑事裁判が継続中の者も含む），③辞退事由（70歳以上の人，会期中の地方議会議員，学生や過去1年以内に裁判員候補者として裁判所に出頭した者の他，病気や著しい損害を生む用務，父母の葬式など社会的に重要な用務のある場合など）が定められている。さらに，予定されている事件の被告人や被害者の親族など事件関係者，証人・鑑定人など裁判関係者等も資格を認められない。裁判所が不公平な裁判をするおそれがあると認める場合も除外される。この他，裁判員を選任する際，被告側と検察官は，特に理由を示すことなく4名まで裁判員候補を除外することができる。

　2008年12月，最高裁は全国で約29万5千人の市民に裁判員候補者選任を通知した。5月21日以降に起訴される事件の中から裁判員裁判対象事件があれば，公判前整理手続を踏まえた後，通知を受けた者の中から事件毎に正式に裁判員を選ぶ手続が行われる。早ければ6月末から7月はじめには我が国初の裁判員裁判が行われる。

　裁判員が裁くのは，（ア）「故意の犯罪行為により被害者を死亡させた罪」と（イ）「死刑又は無期の懲役若しくは禁錮に当たる罪」である。故意の犯罪行為で人が死亡した事実を成立要件の一部とする犯罪はかなりある。典型例は殺人罪だが，傷害致死，強盗殺人や強盗致死等など。他方，死刑または無

期懲役など重い刑罰を科すことが法律上認められている犯罪も多い。薬物事件で無期刑が定められている場合にも裁判員が裁く。

　例えば，2007年に全国の裁判所が受理した刑事事件の数が約9万7千件であるが，うち裁判員裁判対象事件は2643件である。ただ，殺人事件をみると，毎日の新聞には時に残酷な事件が報道されたりするが，起訴されて裁判になる数は2003年819件から2007年556件と大幅に減少している。対象事件は時代とともに動く。

　裁判員の責務は，裁判官とともに有罪・無罪を決め，法律の適用を判断して，量刑を決めることである。その各プロセス毎に，市民としての良識を活かす役割が期待されることとなる。例えば，深夜に若い妻が子どもふたりを寝かせつけた後に，夫の友人でおりおり出入りしていた土建業に従事する若い青年が強盗に押しかけ，包丁で脅したのでこれを素手でつかんで奪い返してケガをした，後から調べるとルイヴィトンのカバンから千円現金を盗まれた，といった事件を思い浮かべてみよう。検察官の並べる証拠の隙間に市民の良識が及ぶことが期待されている。刃体を素手でつかんで奪い返せるか，左手だけ浅く縦方向にのみ付いたケガはリストカットとみたほうが自然ではないか，犯人逃走後も2階で寝ている子ども達を心配して様子をうかがうこともしない母親がいるか等々，証拠が示す事実関係の中に，法律のプロである裁判官とは異なる奥深い人間模様を読み取る人間力を市民に期待したい。こんな筋の事件を裁いたある模擬裁判員裁判では，市民達は被告人を無罪とした。なんらかの「男女間のもつれ」が証拠の端々に表れているのを見逃さなかった。

III　市民生活と裁判員は両立するか
——制度に伴う「不安」解消（上）

　最高裁が2008年始めに依頼して実施した「裁判員制度に関する意識調査」調査結果報告書が最高裁のホームページで閲覧できる。10500名に対する調査で複数の項目から該当するものをすべて選ぶ質問形式で答えるものだ。中でも「裁判員として参加する場合の心配及び支障」の質問事項が興味深い。裁判員になる環境整備との関連では，トップが「身の安全が脅かされるのではないかという不安」（54.6％）であり，次いで「仕事に支障」（36.7％），「養育

や介護に支障」(16.6%)となる。

　ただ，身の安全への不安を完璧に払拭することはできまい。しかし，法は，裁判員裁判実施に伴う刑罰規定を用意した。①裁判員・補充裁判員に「請託」をしたり，審判に影響を及ぼす目的で意見を述べたり情報を提供することは許されない（2年以下の懲役または20万円以下の罰金）。②検察官・弁護人・被告人等が裁判員候補者の氏名などの情報や手続上行なう陳述等の秘密を開示することも処罰される（1年以下の懲役か50万円以下の罰金）。③裁判員・補充裁判員またはその親族に対する威迫も処罰対象だ（2年以下の懲役か20万円以下の罰金）。加えて，被告人や所属する団体の言動などに照らして裁判員などに対する危害のおそれや生活の平穏が侵害されるおそれがあるなどの場合には，裁判員裁判ではなくプロの裁判官のみによる裁判に切り替えることもできる。なにより，裁判員裁判の公正さを阻害する妨害行為には，警察・検察・司法があげて厳しく迅速に対処するであろうし，弁護人も被告人の利益を守る責務の枠内で被告人に節度ある言動を取らせるであろう。

　次に，世界的不況が続く中で始まる裁判員制度について，時間を取られることに抵抗を覚える会社員，人手を取られて困る経営者は多かろう。だが，たじろぐ訳にはいかない。経済界には理解を仰ぐしかなく，社員を裁判員に送り出すことこそ企業の「社会的責任」であり社会貢献であると受けとめる企業風土を長期的に作るべきだ。それ自体が会社ぐるみの「組織犯罪」を断つことになる。裁判員制度導入の間接効果でもある。

　他方，介護・育児など家庭にかかる負担を肩代わりする制度と運用を最高裁を軸に今後工夫するべきだ。市民が刑事裁判に関与する以上，裁判所に市民のための保育所，学童保育があったり，ヘルパーの臨時派遣の制度があることが望ましい。個人と家庭を犠牲にし経済重視でここまで来た日本を振り返るには，公の仕事と家庭が両立する社会生活のモデルを示す必要がある。

Ⅳ　市民に裁判はできるのか──制度に伴う「不安」解消（下）

　上記調査で，裁判員の職責に関する心配・支障として，「判決で被告人の運命が決まるため責任を重く感じる」(75.5%)，「素人に裁判が行えるのか

不安である」(64.4%)「裁判官と対等な立場で意見を発表できる自信がない」(55.9%),「冷静に判断できる自信がない」(47.8%) 等がある。守秘義務への懸念もある (26.1%)。

　かかる心配・不安の解消は法律家の責務だ。実は, 証拠から事実を推認すること自体は市民の通常の生活に根ざす経験である。事件にそって注意点を必要な段階で法律家が説明すれば良識ある市民は充分に対応できる。とりあえず, 大小2つのルールがある。①検察官が犯罪の証明をする責任を負いそれが充分でないとき―つまり市民の良識に照らして被告人を犯人とし検察官の主張する通りの犯罪があると認めるのには理由のある疑問 (「合理的疑い」) が残るとき, 躊躇なく「無罪」とすればよい。②「証拠」から勝手に「物語り」を作文してはならない。例えば, 現場に血の付いたナイフが落ちていた傷害事件で, このナイフが証拠になったとき, ナイフ自体からは「血の付いたナイフが存在していること」しか推認できない。「凶器」であるとか, 被告人が使ったとか, 被害者の傷口はこのナイフでできたかどうか等は, まだわからない。他の証拠で補充しないと「傷害罪」は立証されない。こんな証拠による事実認定の鉄則が分かればよく, これは市民良識の範囲内のことだ。

　ただ, 量刑は難しい。犯罪の重さに適切な量刑。しかも今まで法律家が培ってきた「量刑相場」とは一線を画した「市民主義」の量刑を作り上げるその第一歩が始まる。裁判官は全国的統一と量刑相場との一致を強く押し付けるだろうが, ここでも新たな「正義」の姿が求められている。市民6人, 裁判官3名が全人格をぶつけて議論し漕ぎ着けた結論が妥当な量刑なのだ。死刑を選ぶことも, 法律家がゆるぎない有罪証拠をした場合には決断を迫られる。

　やっかいなのは, 裁判官との付き合い方だ。裁判官は, プロのプライドをかけて事実認定・法律の適用・量刑と全てにわたり優位に立とうとするおそれがある。時間がないことを理由に議論を制約したり, 市民が気づく新たな争点を無視することもありえる。市民の側も萎縮して裁判長の「ご託宣」を待つ意識にならないとは限らない。そんな「職権主義」裁判は裁判員の理念に合わない。刑事裁判における「市民主義」は, 評議の場で市民が自由闊達に証拠の捉え方見方を議論して事実をまとめ, 法の適用を工夫し, 量刑を決めることを期待している。法律家もそうなるようにことのほか気を遣うべき

だ。「わかりやすい裁判」が今の法律家の合い言葉になっているのも肯ける。もし裁判長が強引な訴訟指揮をしたのであれば，守秘義務の範囲外の「感想」として公表し批判してよい。反省を迫るためにも評議の秘密にあたらない裁判所の対応などは広く公表すべきだろう。

V 「市民主義」と「市民力」──モラルの回復，社会の再生

　裁判員制度とともに，被害者が手続の主人公として参加する運用も本格化する。検察官が独占していた起訴するかしないか決める手続にも，検察審査会を構成する市民がチェックをかける。検察官が不起訴にしても二回目には「起訴議決」ができるのだ。かくして，刑事裁判における「正義」は「市民」が主人公になって形成する時代になった。長期的にはそれが社会全般のモラルの回復，そのインフラ整備につながる。裁判員裁判はぜひとも成功させたい。

裁判官・裁判員9名の席が並ぶ法壇（甲南大学法科大学院法廷教室より）

② 展開──「市民主義」各論

第5章　模擬裁判員裁判から学ぶ
──「記録裁判」から「公判裁判」へ

I　模擬裁判のこと

　2006年7月5日，6日と神戸地方裁判所で行なわれた模擬裁判員裁判を傍聴した。学者の学術目的での傍聴なので，あらかじめ地裁総務課に申請の上許可を得た。2日間の公判前整理手続，2日の公判と判決宣告，そして講評（裁判員との意見交換会）までフルで出席できた。はじめて目の当たりにした裁判員裁判。学ぶことは多々あった。

　事件名は強盗致傷罪である。被告人が深夜に青空駐車場に車で乗り付けて駐車してあった他人の車に乗り込んで助手席にいたところ，車両の持ち主である被害者に発見されたものである。ふたりは車外でもみ合いとなり，被害者が溝に落ちて負傷した。検察官の求刑は6年の懲役であった。

　被告人は無罪を主張した。争点は，以下4つである。(1) 窃盗の着手の有無，(2) 逮捕免脱目的の有無，(3) 被告人による被害者の反抗抑圧的暴行の有無，(4) 被害者が溝に落ちた際の被告人の有形力行使が正当防衛にあたるか否か。

　結局，裁判所は，窃盗未遂のみ認定し懲役1年，執行猶予5年とした。弁護人の防御活動が功を奏した。

　では，防御が適切であったポイントはなにか。さらに，「あるべき裁判員裁判」を考える上で，学ぶべき教訓・残された課題はなにか。以下，思いつくままにまとめておく。

II 法廷活動の疑問──「アイ・ライン確保」原則（1）

1 裁判員をみない法律家たち

　1日目の法廷をみて驚いた。検察官も弁護人も，冒頭陳述，証人尋問，被告人質問と続く法廷での弁論の間に，裁判員が何に関心を持ち，どんな表情をしているのか観察しようとしない。机上の資料を眺め，手元のメモをみ，証人や被告人をみて尋問し質問している。しかし，彼らが語るメッセージは誰に届けなければならないのか。9名の裁判体，ことに6名の裁判員達だ。だが，法律家はその6名の市民に関心を払う様子が全くない。

　その理由は明白だ。

　今の裁判の運用が影響している。プロの裁判官は，書記官・速記官がまとめた調書を読む。そして事実認定をする。これを「記録裁判」方式と呼ぶこととしよう。1日目の法律家の行動原理は，「記録裁判」方式のままであった。

2 チームワーク不存在──「コート・マネジメント」確保の原則

　事前の尋問の分担などは3人の弁護士，3人の検察官はやっていると思う。しかし，「コート・マネジメント」「コート・コントロール」をする役割は誰も負っていない。みんなが同じ関心で同じ視線で同じことをしている。これではだめだ。法律家の尋問，証人や被告人の答えが裁判員の心に届いたのかどうか，不明瞭なまま終わっている。

　裁判員が疲れた表情になりはじめていないかどうか，疲れていても聞いてもらわなければならない場面であればどうするか。

　その意味で，法廷の「危機管理」＝「リスク・マネジメント」を担当する法律家が不可欠だ。チームの一人は，法廷全体ごとに裁判員の動向を把握しつつ，尋問のタイミング，速度などについて，適宜助言をするようにしなければならない。

3 尋問追加の危険性──「思いつき尋問」禁止原則

　弁護人が複数いる事件で，反対尋問をすると，主たる尋問担当の弁護人が

終了した後に，聞いている限りでは，「思いつき」尋問を次々と別の弁護人が足していく場面に出会うことがままある。むろん，無駄な尋問ではないこと，後に記録をみると，確かに意味のある証言を引き出していることもあるのだろう。

しかし，裁判員裁判では危険が伴う。

補充・追加尋問は，それを行なう弁護人の思いこみにそって尋問する。それまでの尋問の順序にしたがって形成されているであろう裁判員の証言に関する印象や受けとめ方などを全く無視することとなる。弁護人の主観に従い，あれを聞き，これを聞くパターンになる。しかも，実際のところ，主たる弁護人の尋問が終了して，裁判員が「もう終わりだ，やれやれ」と思っているところで，裁判官が「相弁護人は他にありませんか」と促す。これに応じて，「では，私から2，3質問します」とやる。裁判員の疲労感が一挙に表にでる。悪いことに，弁護人がそれを観察もしていないで，尋問に夢中になってしまう。しかも，そうした尋問はなんのために聞くのか裁判員にはわかりずらいことが多い。結局，弁護人が「記録裁判」方式であれば期待できる効果が生まれることはほとんど望めない。

4 尋問のタイミング――「間合い」の原則

「記録裁判」方式では，尋問のとき，尋問者の頭の中にあるのは，「調書にどう残るか」である。速記官が入るため，微妙なところで，言葉の端々が省略され，きれいな日本語にまとめられる。だから，それを避けるのには，尋問と証言をクリアに速記官に聞かせることを念頭においた尋問をする。その場合の「間合い」は，そうしたリズムで考える。

しかし，裁判員裁判の場合，証人と証言の信用性を揺るがすインパクトを，裁判員の心証にダイレクトに与えることを目指すこととなる。

そうであれば，「間合い」がきわめて重要になる。聞かせたい尋問はゆっくりと，印象づけたい証言の後には，間をあけて次の尋問をする，，，などなど「間合い」の詰め方を意識しなければならない。ここでも，「記録裁判」方式からの脱却がいる。

5　法廷での犯行再現——実況見分実施の原則

検察官が被害者に尋問しているとき，犯人＝被告人がどのような形で胸ぐらをつかみ，最後にひねるようにして溝に投げたのかを口で説明させ，被害者が動作でしめした部分をまた口で説明し直して確認する場面がしばらく続いた。これも「記録裁判」方式の典型的な尋問方法だ。もともと記録を読んで理解させることを目的とする聞き方であって，公判廷での証言自体から理解させることは目的ではない。そして，それは，裁判員裁判での尋問としてはもっとも避けるべきやり方だ。

ごく自然に検察官が被害者になりかわり，被害者が体験のままを再現してもらうのでよい。むろん，こんなこと位あらかじめ予想できるから，ビデオカメラを用意し，法廷での実況見分として録画すればよい。

III　パワーポイント（PPT）の危険性
——「アイ・ライン確保」原則（2）

1　法廷の様子から

今回は，弁護人側は冒頭陳述を除いてPPTを使っていない。検察官側が多用した。そして……失敗した。理由は簡単だ。PPTを使う基本ルールを全く解っていないからだ。

(1)　「読ませる」ではなく，「みせる」　　PPTのスライドは，語りの補助である。語りの印象を深めるためにスライドを示す。「読ませる」スライドは，無意味だ。何故なら，聞き手は，結局，情報を聞いて得るべきか，読んで得るべきかとまどう。注意力が散漫になる。わからなくなる。

(2)　アニメーションの利用　　みせる効果が，アニメーションを入れると高まるかどうか慎重な判断を要する。語りにあわせて，ポイントとなる言葉なり，文章を流す位の工夫はできたほうがいい。ただ，「語り」を印象づけるのには，簡潔に「見出し」を示しておいたままスライドを使うほうがよい。

(3)　レーザーポインターの利用　　不思議なことに，今回の検察官のPPTプレゼンでは，手元にレーザーポインターがあるのに，スライドのメインな箇所を指し示したり，重要な箇所を摘示するのに，この小道具をまったく使わなかった。だから，裁判員はスライドのどこに注意をするべきかわ

からず，視線が泳いでいるか，最初から読もうと努力していた。

(4) 写真や図の利用　では，写真や図を示すのであればスライドは有効か？実はこれも大変慎重でなければならない。同じ写真を親切にもあらかじめ裁判員に配布している場合には，なおさらである。裁判員がなにに関心と注意を払うべきなのか，法律家がいつもコントロールしなければならない。それなのに，スライドに写真を示し，裁判員の手元に同じ写真を与え，しかも，証人には写真や図の位置に書き込みをさせる……法廷の空間に重要な情報が漂っているだけで，これらを届けるべき裁判員のところに流れていくフローができていない。法律家は，裁判員に見聞してほしい情報へとその「アイ・ライン」をコントロールし確保する工夫がいる。

2　総括——「情報のビジュアル化」

公判廷の「空間」に「情報」を浮き彫りにすること。これを裁判員が見て確認できること。そのために，PPTは有効に活用できることは確かだ。

冒頭陳述，弁論などの「語り」のポイントをビジュアル情報としても同時に示し，聴覚と視覚によるインパクトを同時に与えること，これもそのひとつである。

しかし，PPTが「視角情報提供ツール」であることを忘れてはならない。殊に，繰り返しになるが，スライドに，「読む」情報を入れ込むことは危険だ。これでは，裁判員が自らスライドの文字情報を読んだ上で理解する2段階思考に注意が傾き，「聞いて理解する」ことはおろそかになる。

PPTでのプレゼンでは，語りの情報の重要なポイントを「見る文字情報」で「図示する」ことがこつだ。

次に，裁判員の手元に現場見取り図などがあるとき，裁判員の「視線＝アイライン」を弁護人がコントロールしなければならない。

「はい，裁判員のみなさん，スクリーンのここに注目してください」，「はい，裁判員のみなさん，スライドをみてください。さて，証人に確認します。ここに被害者が立っていたのですね（レーザーポインターで指す）」，このように裁判員に声をかけて，レーザーポインターを使って注目点を示す，そんな当たり前のプレゼン技法が不可欠だ。

裁判員の関心は法律家がコントロールしなければならない。そうでなければ，裁判員の心を一点に絞り込んで，心証を形作らせることはできない。

むろん，プロジェクター，OHC等のハードウエアの基本操作に習熟していることも，弁護士が心得ておくべき法廷技法だ。機械音痴を自慢できる時代はとっくに終わっている。

Ⅳ 裁判員裁判の「法廷作法」
―――「被告人・弁護人一体観」の原則

1 「被告人抜き裁判」禁止

模擬裁判の限界とは思うが，被告人と弁護人は，法廷でまったく疎遠であった。被告人は，審理の間，弁護人前のベンチの傍聴席側端にぽつんと座っている。弁護人が声をかけ，質問がないか確かめるといった「一体観」は全くない。裁判員に配布された資料は被告人には渡されない。モニターが見にくくて，裁判員向けモニターをみたり，傍聴席モニターを後ろ向きに見たりするなどしていても弁護人はサポートしようとしない。むろん，初日にＴシャツ・ジーンズ姿で被告人が裁判員の前に立ったのも「模擬裁判」ならではのこととはいえ，気になる。

2 裁判員の入廷・出廷と「起立送迎」の原則

裁判員が裁判官とともに入廷する，あるいは休廷のときに法廷をでる，そんな場面が多々あった。

私であれば，壇上裏から靴音が響いたときには，被告人にも促して，先に起立して，裁判員を法廷に迎える。むろん，裁判員ひとりひとりに目をやり，アイコンタクトをとり，目礼をする。廷吏に「起立！」と促されるまで，机上の書類をいじくり回し，裁判員が入ってきてもちょこと礼をしてさっさと座ろうとする態度はとらない。裁判員の表情を確認し，会釈する……裁判をともに支えているメッセージを裁判員に送るように工夫する。

休廷のときも同じだ。被告人を促して起立させ，主任弁護人はその横にたってともに見送る。「お疲れ様でした，あとでまたよろしくお願いします」，そうした気持ちを込めた姿勢を示す。裁判官と裁判員が法廷をでてドアが閉ま

るまで見送る。それが礼儀であり，法廷戦術だ。

3　罪状認否──「横並び」原則 (1)
　被告人の意見陳述のとき，弁護人は弁護人席に座ったまま。このときも，次に弁護人の述べるべきことのおさらいに余念がない様子。
　しかし，私なら，被告人の隣か，その後ろ一歩引いたところに立つ。そして，被告人が語ることが裁判員の心に届いているかどうか，同じポジションで確認する。むろん順に裁判員とアイコンタクトを採るようにする。裁判員に「語りかける」意見陳述。被告人と弁護人の一体観のデモンストレーションだ。

4　被告人の着座位置
　裁判員裁判で，被告人を裁判官席正面に座らせていた場面がしばらくあった。また，裁判長に促されて，弁護人前椅子に移動した。それも，傍聴席の端近く，3人の弁護人とはあたかも話すのもいやであるかの態度……。
　私なら，今のところ，弁護人の机前の椅子に最初から座らせる。そして，弁護人の一人がおりおり説明，相談，質問をする場面を作る─意識して作る。特に，検察官が主尋問をしている場面では，ことさらそうする。

5　判決宣告の聞き方──「横並び」原則 (2)
　このときも裁判長が「被告人前へ！」と促されたときに，証言台にいったのは被告人一人。裁判員の判断を聞こうという大事なときに，弁護人は自分たちの席に座ったまま。
　私なら，すくなくとも主任弁護人を被告人の横に立たせる。一緒に宣告を聞く。むろん，裁判員とのアイコンタクトを採る。

6　まとめ──法廷「一期一会」の原則
　今，法律家はプロの裁判官のみの法廷に慣れきっている。その感覚で裁判員裁判に臨むのはきわめて危険だ。
　裁判員は，人生で一回きりの裁判だし，被告人も多くは人生一回切りの裁判だ。その裁判に共感をもってもらわなければならない。であれば，なによ

りもまず，弁護人が確かに被告人を支えている「一体観」を示すこと。それにふさわしい信頼感を得られるだけ接見など防御準備を遂げていることが要る。そして，裁判員と被告人，ともに法廷を離れれば一市民に帰る，その出会いの場を巧みに演出することを考えなければならない。

V 反対尋問──「クロス」の本当の意味

1 主尋問に続く反対尋問は，今回の裁判の見せ場であった。公判廷での証人の供述によって，裁判員に心証を採らせる，この決意が，弁護人の側にあることが尋問の構成から伝わってくる。

理由は簡単だ。現在多くの法廷で繰り返される悪しき証人尋問を乗り越える尋問がなされたからだ。そのポイントは，ごくごく簡単だ。

主尋問への答えを「再確認」する作業はしないこと。一見すると，鋭く「反対」尋問をしたつもりなのに，調書を見返してみると，主尋問と同じ答えしか得られなかったり，かえって再度の弁解，補充説明の機会を与えたことになっている場合が多い。文字通り，同じ答えを目指して，主尋問とは「反対」側から聞くだけの「反対」尋問は無意味だ。

2 今回の反対尋問にはこれがなかった。

弁護人の反対尋問の目的は，当然ながら被害者の被害状況に関する尋問をつぶすことにある。物証が乏しい中で，開示された記録を最大限駆使して，被害者の証人としての信用性，主尋問に対する証言の信用性を崩さなければならない。その攻撃のポイントを見つけて掘り崩さなければならない。

今回の反対尋問はみごとにこれを実現した。

3 被害者が，車のダッシュボードに不倫相手の女性の写真と妻に内緒のへそくりの通帳とこれを下ろすのにこともあろうに実印を使っており，これら3点を隠していた事実。これが，反対尋問でさらけだされた。しかも，へそくりとの関係があるのかどうか，被害者は妻に内緒で，サラ金に借金がある。その取り立てをおそれなければならない立場にいたことも反対尋問で告

白した。

　被害者は，深夜に自分の車の中に座っている犯人＝被告人をみたとき，心中は実は穏やかではなかったのだ。あわてた被害者は，子供を抱いて見送りに来た妻にとんちんかんな指示をする。「シートのゴム，とってきて」。妻と子供を危険から遠ざけるでもない，おかしな指示。被害者のうろたえた様子が証言で明白になる。

　いずれも主尋問ではふれることもなかった事実だ。それらが次々と暴露された。むろん，その種自体は，検察官の開示記録の中にすべて潜んでいた。そして，検察官もさして重視しなかった事実。そこに，被害者証言をつぶすごく自然な根拠があった。

　模擬裁判の後に，裁判員との意見交換会があった。検察官が質問した。「なぜ被害者である土井さんの証言がまったく信用されなかったのでしょうか」。答えは共通であった。不倫写真，へそくりの話をしだしたあたりからおかしいぞと思ったという。「クロス」尋問が，被害者証言の信用性を突き崩したことが解る。

　4　反対尋問 =cross-examination。

　その本当の意味は，「交錯させること」だ。主尋問で立て板に水のように流れる情報に対して，横から板を挟み込み，棒を差し，堰を作って「情報の流れ」を変えてしまう。「クロス」の意味は，同じ供述を「反対」側から聞くことではない。尋問を「交錯」させて，情報のフローを変えてしまうことを言う。

　裁判員裁判でこそ，真の「クロス」尋問が必要になる。今回の弁護人側反対尋問はそのお手本であった。

Ⅵ　模擬裁判から学ぶもの——職権主義から当事者主義へ

　裁判員裁判についてもっとも避けたいのは，プロの裁判官3名がいち早く事実認定・量刑の結論を形成し，これを裁判員にも承服させて判決をまとめる形だ。「職権追行型裁判」だ。それを避けるためにはどうするべきか。

評議室内の運用ルールも大切だと思う。例えば，裁判官が先に意見を言わないとか，裁判官3人が一緒に座らないとか，思い切って司会は市民にするとか種々の技法はあろう。裁判官が協力して，市民が自由闊達に意見を述べやすい雰囲気作りも大切だ。

しかし，模擬裁判を2日間傍聴して気がついた。結局，評議室に裁判員と裁判官が引きこもる前，法廷こそが最大の歯止めの場である，と。

法廷での法律家の言動が不可解であり，複雑であり，意味不明であればあるほど，裁判官が裁判員に場面を説明し，情報を整理し，判断を誘導する機会が多くなる。自ずから職権主導の評議となる。

だからこそ，検察官であれ，弁護人であれ，伝えたい情報を分かりやすく，裁判員一人一人の心にしっかりと届けることが大切だ。

裁判員が法廷で自らの判断，自らの事実認定，自らの選択を自信をもって語れるように準備すること。その材料を料理する方法も，論告，弁論でしっかりと伝えること。

これが，法廷における当事者の仕事だ。それが充実すれば，評議室内で裁判官が裁判員をコントロールするのではないか，と疑心暗鬼にとらわれる必要はなくなる。

「裁判員にわかりやすい裁判」。裁判員裁判における真の意味の当事者主義の徹底が，裁判員が活躍する裁判を生む。

7月6日，模擬裁判2日目。

一日目とうってかわり，弁護人らは法廷でのポジションの取り方に注意をはらうようになった。そのポイントは，裁判員に関心をもってもらいたいところに視線を集めることである。その場所に弁護人が立つことだ。その集大成が，弁護人弁論であった。

裁判長が「では弁護人，弁論をどうぞ」と促す。女性弁護士が，法廷の端にある弁護士席から，ゆっくりとそして堂々と証言台に歩を進める。裁判員は「なにがはじまるのだろう？」という視線を女性弁護士に集めるのが見て取れる。裁判官も「おや？」という表情をみせる。そして，9名の視線がみな女性弁護士に集まる。

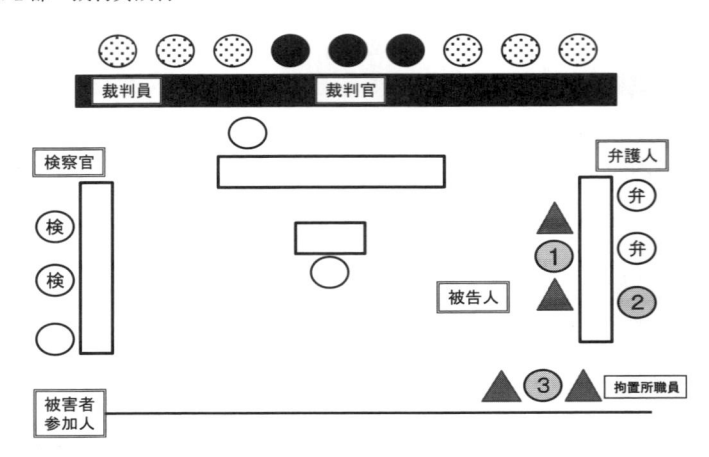

参考図　裁判員裁判と被告人の着座位置

　その視線の中心点，証言台。そこに弁護士が立つ。そして，9名の顔をひとりひとりゆっくりと順にみつめながら，弁論を始める。諄々と被告人の人となりについて，証拠と事実について語る。
　判決では，裁判官・裁判員が強盗致傷罪の訴因に対して窃盗未遂しか認定せず，しかも傷害については審判対象から外した。この思い切った結論を導いたものは，裁判員に「語りかける弁論」であったと思う。
　有意義な2日間であった。

　　追記（2014年4月7日）―「被告人の着座位置」について
　　　本論文公表時には参考図の①が被告人の着座位置として適当と判断していたが，その後自らも裁判員裁判の弁護人を経た今は，③を着座位置としている。理由は，被告人の全身が裁判員・裁判官から観察できること，弁護人も被告人の表情を見ながら訴訟運営に関与できること，被告人の関心が傍聴席に向かないこと，被害者参加人が居た場合には対面を避けること等である。弁護人と並ぶ②の位置はアメリカの陪審裁判の定位置であるが，強くは推奨しない。

第6章 「無罪評決の構造」
――2007年2月大阪三庁模擬裁判から学ぶ

Ⅰ　学者の模擬裁判員裁判見学

　冒頭陳述によると，被告人高橋一郎（20歳）は，親交のある小学生ふたりのいる若い夫婦（長沢正人・小百合）の住む町営住宅に，深夜夫がスナックのアルバイトで留守中であることを知りながら，庭に面した居間のサッシ戸から土足で侵入した。1階居間のバック内の財布から千円を盗み，台所から包丁を取り出した上，2階子供部屋に潜んだ。トイレにいて気づかなかった妻・小百合が不審に思い2階へ上がったところ，一郎は包丁をふりかざしこれを奪おうと手で握った小百合と引っ張り合いの末負傷させ逃亡した。被告人は，住居侵入，強盗致傷で起訴されたが裁判員裁判では無罪評決を得た。この裁判で旧刑事こうせつ法律事務所が弁護団を構成した。そこで同事務所客員弁護士であった関係から弁護人の準備状況を参観し裁判当日は事務担当として弁護人席に座った。以下，学者の視点から感想を述べる。

Ⅱ　開示証拠の構造的欠陥

　開示された記録を点検すると，検察官の訴因・証明予定事実と証拠の間に顕著な構造的不一致があった。事件は検察官の主張とは異なる流れで生じたのではないか疑問が湧いた。「事件の読み筋」をどう捉えるかは，公判廷における立証の方向性に影響する。ただ，これが公判前整理手続で提示すべき主張ないし争点とできるかは慎重でなければならない。本件が強盗致傷事件であるならば，本来あるべき事実・あるべき証拠が検察官開示証拠にはなかった。その理由として，例えば，妻・小百合と被告人一郎の間のなんらかの恋愛感情があり，その整理を巡るトラブルとみたら説明できる。狂言強盗，

自作自演劇だ。しかし，被告人は，事件前に夫が勤めるスナックで飲んでいたこと，事件後現場に駆けつけた小百合一家に紹介してくれた職場の先輩の呼出しに従い出向いたことは弁護人に説明したが，その間の出来事については黙秘した。自作自演を主張する根拠はない。二人の人間関係も弁護人側の憶測に留まる。といって，被告人はアリバイの主張も特にはしない。このため，整理手続段階での弁護人の予定主張はラフにならざるをえない－犯人性の否認と傷害の発生原因不明というものである。裁判長は「犯罪の存在自体を否定し又は疑わせる何らかの事情を主張するのか」求釈明をしたが，二人の人間関係に関する推測は本件では主張ないし争点として提示できない。むしろ，検察官の有罪証拠を評価する社会経験・人間経験に基づく経験則・合理則，要は社会常識に留まる。ただ，整理手続では法曹三者の間に緊張があったようが，これはどこまでを主張ないし争点とみるのかに関するニュアンスの差が原因だったと思う。

Ⅲ　裁判員裁判と弾劾型弁護活動

　弁護人の防御の基本は，「事件の読み筋」を背景におきつつも，弁護の基本に戻り検察官の提示する証拠の構造上の欠陥を指摘し，「合理的疑いを超える証明」のレベルに至っていないことを裁判員に明確にすることに置かれた（弾劾型弁護）。結果として，裁判員は証拠を常識的に観察して検察官主張の犯行態様と証拠があわないことを確認し無罪評決に至った。裁判長が，証拠の評価の枠内で評議を進行させ，筋書きのおもしろさで評決がなされないように慎重な評議の進行をしたことは高く評価される。裁判員も，なにがしかの人間模様の存在を意識しつつもあくまで検察官の主張事実と証拠との一致・不一致について分析的評価を積み重ねて無罪に至っている。その意味で，今回の無罪評決は，検察官の力量不足や弁護人の奇策が効を奏したものではない。模擬裁判資料が提供した証拠群の構造的な弱点が，結局公判廷での立証でも補正できずそのままであったことが理由であり，弁護人は裁判員にこれをおりおり摘示する原則的活動をしたのに留まる。実際の事件の送致記録が本件程度であれば，検察官は，弁護人の主張・争点の提示を待つまでもな

く自ら整理手続の前またはこれと併行して補充捜査を遂げ，後に指摘する有罪証拠の構造的弱点を克服しただろう。ところで，証拠構造上の欠陥についてここでは顕著な事例を二つ示す。

1　検察官は，土のある庭に面したサッシ戸から，雨の日に，犯人が土足で侵入したと主張し，サッシ戸外側の庭から採取した足跡痕に関する捜査報告書と被告人が事件当夜に履いていた靴と痕跡が一致することに関する鑑識報告書を証拠とした（被告側は同意）。しかし，①足跡痕は家を背にした方向で右足・左足が配置されていた（靴の向きを示す他の証拠がない限り，一般常識として家に背を向けたときの足跡となる）。②住居侵入時の足跡であることについて証拠上争いの余地がある（事件後みんなが集まって庭に様子を見に行く機会があったなど）。弁護人は，検察官が要旨の告知段階で①についてなんら説明をしなかったので，裁判員の注意を向けるためパワーポイントを用いて書証の該当部分を明示した。裁判所は，中間評議と弁護人の摘示を踏まえ検察官に「足跡の向き」について求釈明したが，検察官は証拠上不明と答えた。かくして，足跡痕はそれ自体として「侵入」を裏付ける有力な証拠になりにくい「弱さ」が露呈された。評議ではさらに足跡がついた時期にも種々疑問が出されて証拠としての価値を失った。

2　実況見分調書添付の小百合宅の写真を拡大すると，検察官が侵入口とするサッシ戸の外側に踏み台があり，その前に自転車が踏み台に寄せられて置かれていた（雨の日だったのでぬれないようにしている）。また上段にサンダルがきちんと置かれたままであった。とすれば，大柄な被告人が深夜テレビの音がなる居間に誰もいないわずかな隙をねらって急いで侵入するとき，自転車もサンダルもある踏み台を前にしたサッシ戸を選ぶかどうか，さらにそれらの位置を乱さないまま侵入できるかどうか，証拠それ自体に内在する疑問が生じる。これは，弁護人があえて主張・争点として取り上げるべき事項ではなく，検察官の立証した侵入口の状態が，後に被害者に傷害まで負わせることとなる強盗犯の入り方と一致するのかどうかという事実認定の問題，裁判員の自由心証に委ねるべき事項である。弁護人は，立証の各段階で，現場

写真の一部拡大写真をモニターに示し裁判員の注意を喚起するようにした。入り口の不自然さに裁判員の注意が向けば，次に，雨の日に土のある庭から土足で侵入したのに，室内にその足跡がないこと，しかも，サッシ戸のすぐ内側にふとんがあるのにそこにも痕跡があるとの証拠がないことなど検察官の主張を前提にすれば本来容易にあるべき事実とこれを裏付ける証拠の不存在に裁判員が気づく。裁判所も，実況見分調書の趣旨として室内足跡はないのかどうか明らかにするよう求釈明し検察官は証拠上不明と答えざるをえなかった。

裁判員は，検察官が提出した証拠に内在する構造的欠陥を踏まえて住居侵入について「合理的疑いを超える証明」に至っているとは認めなかった。

IV　裁判員と「合理的疑いを超える証明」

裁判所は，裁判員に対する事前説明（裁判員法39条1項）でシンプルに手続の流れを説明するのに留め，職務についても「常識によって疑問があれば，無罪にしてよい」というわかりやすいものに留めた。検察官が有罪の立証責任を負うこと，被告人が無罪推定を受けることという抽象的法原理をそれ自体として説明するのは困難であるし，基本的には裁判員が上記の説明に忠実に職責を果たすことが自ずからかかる法原理に従うこととなる。より詳しい解説は不要という訳ではないが，個々の裁判体が裁量で様々な説明をすることに伴う混乱は避けるべきだ。だからシンプルな説明がかえって本件にあった説得的なものであった。弁護人も冒頭陳述で同程度のことしか触れなかった。弁論でも，市民良識で納得できない具体的な疑問点を摘示した後，総括として，「市民の常識が生む疑問に従って被告人を無罪にすることを『疑わしきは被告人の利益に』の原則として法が求めるところであり，こうした疑義を『合理的疑い』といい，これを生じないようにしっかりとした立証をすることを検察官による『合理的疑いを超える証明』の責任という」と説明した。法原理それ自体を裁判の初期に抽象的一般的に説明するよりも，事件に沿って法原理の説明をすることが，裁判員にもっともよく理解してもらうこととなる。

第6章 「無罪評決の構造」 59

　結果からみると，今回の裁判では市民の良識が健全に機能した。プロの裁判官であれば，証拠と立証の構造上「有罪を説明できる状態」があれば「合理的疑い」はないとみなす傾向が強い。しかし，裁判員が関与すると，市民常識に照らして「おかしい」と思う状態のまま，被告人を有罪にすることはできなくなる。大切なのは，法原理の一般的な説明ではなく，検察官の証拠構造・立証構造のどこにそうした疑問をもつべき「すき間」があるのか裁判員に理解してもらうことである。例を二つあげる。

　1　犯人は子供の寝ているふとんの側に包丁をもってしゃがんでいた。これに小百合が気づき，部屋からでてくる犯人ともみあいになる。小百合は犯人が出入りの若者・一郎と気づきつつ，彼が右手でもつ包丁を小百合がとっさに伸ばした左手で取り上げようとする。柄をつかんだり，次に刃を握って引っ張り合い，奪い取る。その時，左手手掌部と前腕部内側に縦長の傷が数カ所生じる。これが検察官の主張だ。弁護団は，準備段階において，負傷状況，右手に全くケガがないこと，刃体の長さが相当ある鋭利な包丁なのにうっすらとした表面的な縦長の傷しかないことから自傷行為（リストカッターの写真をみれば一目瞭然である）と判断したが，証拠による裏づけはできなかった。そこで，小百合の証人尋問では，土木作業員の若い男が利き手で柄を握る包丁を，それより小柄な女性が刃を左手で握って思いっきり奪い合った，という状況を証言で明確にさせることで，負傷状況との不自然さをより鮮明にした。弁論では，ここに意味があることをごく手短にしかし印象深く摘示した。評議では，裁判員らは現に模擬包丁を使い数回実験をし，小百合証言でも証拠写真通りの傷がつく可能性を否定はできないが，だからといって，大の若者がその利き腕で包丁の柄をもっている上，そもそも小百合の反抗を抑圧するために攻撃しようとしているとすれば，小百合が刃を左手でつかんで引っ張り合いの末，奪い取る，という経緯が不自然であることを確認した。自傷説はごく自然に出てきており，リストカットの言葉も出てきていた。

　2　小百合は，逃走する犯人を見送った後，家に戻り，玄関の鍵はかけて（侵入口であるサッシ戸の鍵の確認をしたか証言時には忘れている状況）居間と台所の

間あたりに座り込んでいる。そして，夫・正人に電話連絡をする。ここから異様な状況が出現する。小百合が事件直後，子供の様子を見に行く場面，正人が帰ってきて子供を気遣う場面がまったくない。正人の友人で沢家のことを知っている石田ほか大人2名，合計3名，一郎を入れて4名の大人が事件後長沢家の居間でこたつにはいって小百合夫婦が病院から戻るのを待つが，子供の心配を全くしていない。審理過程で，さゆりと正人にそれぞれ別の裁判員がこの点を確認したが，ふたりとも様子をみにいっていないことを証言した。あるべき事実を裏付ける証拠がないことになる。かくして，「この騒動の間，子供ふたりは，すやすやと2階で寝ている」。つまり，子供にはまったく危害が及ばない事態であることを前提で夫婦を含む事件関係の大人達は行動していたと推認できる。評議でも，複数の裁判員がこの点を何度も指摘して母親の行動としてきわめて不自然と評価された。

V 黙秘する被告人への質問

弁護人は，公判廷における立証の構造を経たとき，当初の証拠構造に潜む弱点が一層明らかになったと判断した。さらに，被告人質問では，被告人は事件時については沈黙するという弁護人にも不合理な態度を示した。以上の立証構造を踏まえた上で，被告人質問の最後に，「小百合を庇うために，なにがあったのか話さないのではないか」という趣旨の質問をぶつけた。あるべき事実を示す証拠がない立証状態を説明するのは，検察官の冒頭陳述とは異なる事実の流れが潜んでいる可能性しかない。これを被告人質問の限度で，しかも事件時の行動を黙秘する姿勢を示させた後に，最後の質問として提示した。これに対して，検察官は証拠に基づかない予断を裁判員に植え付ける質問として異議を出した。裁判長もそうした捉え方をして弁護人の質問を制した。だが，的外れである。有罪の立証構造の明白な欠落を説明できない状態で検察官は立証を終えた。被告人が部分的に黙秘したことも不合理である。立証状態の不自然を弁護人が問い質すのはまさに証拠に基づく合理的な質問である。予断ではなく「合理的疑い」を裁判員がもつように促すことこそ防御活動である。

Ⅵ　裁判員裁判と法廷技術

　検察官と弁護人が「箱庭」の精緻さを争う法廷技術は，裁判員裁判には向かない。例として，尋問の技法について触れる。
　弁護人は，小百合達は救急車をすぐに呼ばず，深夜なのに近くの病院へ自家用車で赴いている不自然さを正人の証人尋問で追及した。このとき，夫婦二人ですごす時間ができたことも裁判員に理解できるようにした。二人は，二軒の病院とも医師がいなかったのに病院で救急車の手配を頼まず，家に一度もどってから救急車を呼ぶ。弁護人の反対尋問で，正人はすぐに救急車を呼ばなかった理由をまともに答えられずにいた。夫婦でなにごとか相談する時間があったこと，事件をおおごとに公にしたくない様子であったことが証言全体からごく自然に浮き彫りになった。そこで，検察官が再主尋問で助け船を出した。

　　検察官：「病院をまわろうと決めたのは，ご主人である正人さんの判断であって，その点について小百合さんがそうしたいと積極的にいったわけではないですよね。ふたりで相談してまず病院にいこうときめたのではないですよね」。
　　証　人：（ほっとした感じで）「はい，そうです」。

　しかし，この質疑は家から救急車を呼ばず，二人で車に乗って出向いたことがきわめて不自然であることを一層くっきりとさせる効果しかなかった。このとき，裁判員の中に「この人たち，なに勝手なこといってるの」といった表情が漂っていた。プロの裁判官のみであれば，こうしたやりとりを調書に残すと，それなりに合理的な説明がつくものとして救済しかねない。しかし，裁判員を前にしたとき，とりつくろった答えを引き出す尋問はむしろ避けるべきだ。

Ⅶ　裁判員裁判らしい評議

　今回の模擬評議でも従前の大阪地裁の方式に従い「あるべき評議モデル」が示されたので，その特徴を整理しておく。

1　裁判官の集団形成の排除

　評議の模様をみていると，裁判員2名毎に裁判官1名が座り，司会＝裁判長，材料・専門知識提供＝右陪席，書記＝左陪席と役割を分担していた。裁判官の位置が異なるから，裁判官集団の物理的圧力がない。裁判官が異なる役割を担いながら，議論に参加している点も裁判官グループの圧力を感じさせない理由になっている。裁判長も司会をしつつも裁判員と一緒に議論をしている。審理の内容について忘れたことは忘れたこととしして他の裁判員や材料等提供裁判官に補足してもらい，争点について裁判員と同じ目線での検討をしている（本書1部1章6頁の図を参照）。

2　意見形成の客観化

　書記役裁判官が出される意見を争点毎にボードにいったん書き込んだ。情報の重みを平準化し，「誰の意見か」を気にせずに，ボードをみて意見を戦わせることができる。これは年令・性別・立場を感じさせることなく，意見を言える雰囲気を作る土台となる。また，裁判官・裁判員の意見とその人格を切り離すといってもいい。裁判官の意見にも優位性が生じない。こうして，賛成・反対・批判など自由闊達な意見交換が「ふつうの感覚」でできる条件が整う。こうして有罪の証拠構造を点検し直す作業が行われた。こうした場作りができたのは，今回の裁判長の力量である。

Ⅷ　調書裁判から公判裁判へ——自白調書の扱い

　検察官は，検察官作成供述調書を322条で証拠調べ請求した。裁判所は結果としてはこれを採用した。ただ，検察官は，被告人質問の予定時間が相当

残っているのに調書の内容を再現するための質問を十分にせず，調書の記載事項と今の言い分の対比をしっかりさせることもなく，自白調書の採用を前提にした粗雑な被告人質問しかしなかった。かかる場合，証拠採用に反対する意見を直ちに述べるべきである。例えば，裁判員裁判制度の本質と公判中心主義に照らして検察官の証拠調べ請求権限の濫用であること，また，審理の具体的な経過に照らしても立証に役立つ調書内容の法廷再現は終了していること等。裁判員裁判の場合，自白については任意性論と別に証拠採用の必要性要件に関する意見を出す準備が要る。なお，弁護人側が調書採用を求めることも慎重にすべきだ。結局，評議で使ってほしい部分を法廷で適切に再現しておかない限り，評議の中で調書を熟読する時間などとれないし，また裁判官のみが裁判官室で熟読することを許すこともできない。模擬裁判の限りでは，評議の中で調書が十分に参照されることなどない。公判中心の証拠調べの徹底が必要だ。

Ⅸ　裁判員裁判と当事者主義の徹底

　公判前整理手続を伴う裁判員裁判は，職権追行を強化する制度だ。6名の裁判員が法律の専門家である3名のプロの裁判官に飲み込まれて，裁判官の有罪説明を鵜呑みにすることとなれば，市民参加の意味が薄れる。しかし，証拠と事実の不一致を前にして裁判官が6名の常識をもつ市民を押さえ込み，有罪の結論に誘導することはかなり困難だ。ただ，証拠と事実の矛盾が「合理的疑い」のレベルになることを裁判員に理解してもらうには，質の高い弁護活動が必要だ。結局，市民に「わかりやすい審理と弁論」こそが「あるべき裁判員裁判」を形作り，そこに真の当事者主義が実現する。

第7章　裁判員裁判と証拠法の基本課題
　　　──調書裁判から公判裁判へ

Ⅰ　裁判員裁判と公判中心主義──「裸眼による事実認定」

　1　今回の特集で取り上げる及川事件では，2名の共犯者による強盗致傷罪の成否が問題となったが，被告人の捜査段階での自白調書と共犯者の検察官作成供述調書の証拠採否がひとつのテーマとなっている。裁判員裁判の導入にあたり，かかる供述調書を証拠にする場合，裁判員が評議の一内容として供述調書を閲読することが公正かつ迅速な真相解明につながるのかどうか検討しておかなければならない。

　いうまでもなく，被告人の自白調書であれ検察官が作成した共犯者の供述調書であれ，これらが証拠採用されたとき，事実認定の材料（証拠資料）は，公判廷で調書を朗読しまたは要旨を告知して顕出された情報自体である。物理的存在としての調書（証拠方法）ではない（立証趣旨が調書の存在自体を証拠資料とする場合を除く）。

　しかし，現在のように，審理が長期間にわたり断続的に実施される場合，裁判官が事実上裁判官室で供述調書の記載内容を仔細に検討して事実を認定する運用はやむを得ない。証拠をいわば「顕微鏡でみる事実認定」がプロの裁判官による事実認定の正当性のよりどころでもある。

　他方，裁判員が評議室で大量の調書を再読しつつ事実を認定する運用はできない。司法制度改革審議会意見書の段階から裁判員裁判が直接主義・口頭主義の実質化を伴って導入されるべきことが摘示されている（同書107頁）。裁判員の参加する刑事裁判に関する法律（以下，裁判員法）を含む一連の司法改革立法は2004年の第159回国会で審議・可決されたが，当時の最高裁事務総局長は衆議院法務委員会で次のように総括している。

第7章　裁判員裁判と証拠法の基本課題　65

「現在の刑事裁判の一つの問題は，口頭主義が徹底されていないところで，調書に余りにも依存しているところがあるのではないだろうか。裁判所の中では，同意された書証を読み返して丹念に読み，あるいは，証人が，そういった供述は違うというようなことの供述があったということで，調書を採用してそれをまた克明に読む，こういうようなことをやってきて，これがいわゆる行き過ぎた精密司法になっているのではないかな，こういうようなところもありますけれども，裁判員制になりますれば，これは裁判員に回し読みで調書を読んでもらうというようなことはほとんど不可能であります。証人尋問を中心にしたものにせざるを得ないだろう。しかも，その証人尋問も，反対尋問を次回にやる，日を置いてやるというようなことにはなりませんで，その主尋問で非常に心証が明らかなときに直ちに反対尋問をやっていただく，こういうふうなものを仕組んでいかなければならないだろう」（最高裁判所事務総局総務局長／中山隆夫第159回国会衆議院法務委員会3号／平成16年03月12日）。

2　ただ，裁判員裁判で調書依存の事実認定をすることにどのような問題があるのか，再確認はしておくべきだ。いくつかある。

(1)　裁判員になることが市民生活に大きな支障・負担にならないよう，公判廷の審理は集中・継続，早期完結としなければならない。だが，真相解明を疎かにできない。ふたつの利益は異質である。調整は困難だ。にも関わらず，裁判員裁判の制度維持という法政策に照らして裁判員関与の妙味を活かせる時間的限界を承認せざるを得ない。その意味で，裁判員に各種供述調書等の精査を踏まえた事実認定を期待するのは時間面から限度がある。

(2)　供述調書の量が増えると，公判廷での顕出方法は要旨の告知になる。その場合，裁判員は公判廷では本来の証拠資料に触れないことになる。評議室で各自が閲読する作業を強いられる。「証拠⇒事実」という事実認定本来の責務を尽くす前に，その土台となる証拠構造の構築の責務も負わされる。公判廷で全文朗読をしたところで，読み上げられる調書を耳で聞いて理解できる量には限界があるから，おなじ事態に至る。裁判官は執務時間内外を問わず調書を読み込む時間をとれるし，その作業に習熟している。裁判員との間に読解力の点で実力差がある。自ずと評議では裁判官が指導・主導するこ

ととなる。裁判官と裁判員の協働による事実認定の基盤が崩れる。

(3) 法原理の面からも評議室での調書閲読に依存した事実認定は是認できない。裁判員と裁判官が評議室で調書を事実上証拠資料と扱いその記述内容の比較検討によって事実を認定するありかたは，実は職権探知主義につながる。当事者が立会し当事者の弁論（主張と立証）の枠内で検察官が主張する訴因事実の有無を吟味するのが，当事者主義・弾劾主義の求める事実認定のかたちである。だから，法は口頭弁論主義をとる（法43条1項）。「事実の認定は，証拠による」（法318条）と定める趣旨も，裁判員裁判制度導入を前提としたときには，当事者による口頭弁論を経た厳格な証明手続によって公判廷で顕出された証拠によって裁判員・裁判官が事実を認定することを求める点にあるとみるべきだ。

3 かくして，裁判員裁判では公判中心・口頭弁論・直接主義という法原理に従った証拠調べを実施しなければならない。

裁判員が市民生活をひととき抜け出て法廷の裁判官席に座ったとき，市民生活の良識をそのまま駆使して事実の有無と量刑を判断できる質と量の材料を調えるのが法律家の役割だ。

市民の裸眼で真相を解明する場，それが裁判員裁判でなければならない。

II 証拠決定と「証拠厳選の原則」——必要性要件の重要性

1 裁判員裁判制度のもとで公判中心・口頭弁論主義・直接主義を実現するとすれば，再考すべき法解釈・法運用も少なくない。そのひとつが，証拠調べの範囲である。

従前から裁判所には証拠決定の裁量権があると解されている（法298条，規190条）。

例えば，高松高決昭和30・5・26高裁特2巻10号496頁は，「刑事訴訟における証拠調の限度については刑事訴訟法に明記しないところであり採否の判定は原則として裁判所の裁量に委ねられている」としつつ，「当事者主義を強化した現行刑事訴訟法の性格から考えて証拠能力があり，事件と関連性

があり，既に取調べた証拠と重複せず，当事者の攻撃，防御に必要にして欠くことができないと認められるものについては証拠調べを行わなければならない」とする（ほぼ同旨，福岡高判平成5年4月15日判例時報1461号159頁）。

しかし，運用上，検察官・弁護人双方の申立を尊重する厚めの立証がなされてきた。被告人の証拠調べ請求を裁判所が制限することについても，有罪の予断による防御の抑制とも映るからこの面からも裁判所は必要性要件による証拠調べの制約には慎重であったのかもしれない。

この結果，同種の立証趣旨について複数の証拠が取り調べられることも少なくなかった。証人や被告人の捜査段階調書についても同内容のものが複数請求されて取調べをされることも少なくない。

2　裁判員裁判導入に先立ち，刑訴規則では「証拠調べの請求は，証明すべき事実の立証に必要な証拠を厳選して，これをしなければならない」と定められた（刑訴規則189条の2）。「証拠厳選の原則」である。

これが裁判員裁判導入の前提として明文化された点には大きな意義がある。現に，大阪の模擬整理手続や模擬裁判では裁判所が必要性要件を大胆に判断して当事者の証拠調べ請求を却下している。注目に値する。

証拠調べにおける必要性要件自体は判例上も認められている。

例えば，「相当数の証拠を取調べた結果・・・裁判所はその双方の信用力を十分に斟酌した上，どちらかの心証を得た場合において，それ以上申出られた他の証拠を取調べてみても，その心証の覆らないことについて客観的に相当な理由があるならば，更に同等の証拠を取調べる必要がない」とされている（大阪高判昭和29・11・27高裁特1巻11号500頁）。

今後は，その適用は厳格になされる。裁判所は公判整理前手続段階から各請求証拠の立証趣旨と当事者の主張，これを支える証拠構造をていねいにみて，重複，過剰，周辺立証か否か判断し，釈明などを通じて立証趣旨や必要性を明らかにさせて，相当でなければ証拠調べ請求を端的に却下することとなろう。また，当面決定を留保して公判審理を先行させた上，最終的に証拠調べの要否を判断することもありえる。

一般の裁判でも，証拠調べの必要性要件を職権によって厳密に判断し，証

拠を整理する運用が広がるであろう。

3 今のところ，模擬裁判のレベルでは，裁判所による必要性判断は捜査段階調書を評議室から可能な限り排除する役割を担っている。

しかし，被告人側から見ると，捜査から公訴提起にいたる紆余曲折の存在が防御上重要な意味を持つこともある。重複証拠に潜む微妙な食いちがいが事件の異なる様相を語り，反証の手がかりとなることもありえる。

ところが，必要性判断の重視は，裁判所から見たときに，争点の有無を判断するのに相当な範囲に証拠を限ることを意味する。当事者の追行する攻撃・防御の範囲と裁判所が職権で整理する証拠の範囲に相当のずれが生じるおそれがでてくる。被告人からみると，検察官の主張通りの有罪をラフに描く骨だけの証拠しか公判廷にでてこないことにもなりかねない。これは，従前の「合理的疑いを超える証明」の水準低下にもつながる。その結果，事実上被告人側に反証の負担を重くすることになりかねない。

「証拠厳選の原則」は，当事者の整理し合意する争点と主張を裏づけ，反証する上で過剰な立証を回避するように裁判所が消極的に調整するためのルールとして機能させなければならない。

III　検察官作成供述調書再考——相反性・特信性，弾劾性

1　証拠の採否手続と裁判員

及川事件では，公判前整理手続段階で共犯者の検察官作成供述調書の取調べ請求がなされている。ただ，被告人側が不同意とすれば，検察官において新たに証人尋問を申請し，裁判所はその採用を決定することとなる。2号後段書面の証拠調べが問題になるのは，公判廷での主尋問（実際上は希ではあろうが，反対尋問）の機会に，証人が当該書証と異なる供述をするときである。

だから，法321条1項2号後段書面に限り，整理手続段階ではその採否は決定できない。公判手続での証言を俟つしかなく，この場合については類型的に整理手続で証拠調べ請求ができない「やむを得ない事由」を認めることとなろう（法316条の32第1項）。

さて，検察官は，証人が主尋問に対して捜査段階供述と異なる証言をはじめたとき，相反性・特信性に関する事項を証人に問いただすことになる（厳密にはこの部分は証拠能力の要件の有無に関する事実の取調べと重なる）。

裁判員裁判の場合，証拠能力の有無の判断は構成裁判官の専権事項である（裁判員法6条2項）。しかし，2号後段書面は，特信性も要件とするところ，これは有罪・無罪の判断にも密接にかかわる。裁判員も重大な関心を示す。また，裁判員は現に公判廷で証人の証言を聞き，取調官の証言も聞く。

市民を代表する裁判員の刑事裁判の理解を踏まえて裁判官と裁判員との協働によって裁判を実現するのが，裁判員裁判導入の趣旨であるが（同法1条），ここまで審理に関与させておきながら，当該調書の証拠としての採否の審理からは裁判員を除外することはこの趣旨に照らしても不適切である。

むしろ，裁判員とともに評議を行った上，構成裁判官によって採否を決定するのが適当であろう。

かかる運用は司法制度改革推進本部における検討会段階でも予想されていたところである（特に「裁判員制度・刑事検討会（第14回）」）。国会でも，これを健全な運用として是認する政府筋の答弁がなされている（第159回国会衆議院法務委員会17号／平成16年04月21日，山崎潮・司法制度改革推進本部事務局長答弁）。

2 相反性と必要性の要件

かくして，証拠能力の要件に関する事実の取調べのありかたは裁判員裁判にふさわしい方法が確立しつつあると思う。問題は，採否の要件である。

大阪の模擬裁判で，共犯者は公判廷では「被告人が被害者の肩をついた位は覚えているが，それ以外は記憶にない」旨述べ，検察官取調べの際には「覚えていない」と述べたというが，検察官の記憶喚起のための誘導尋問では検察官作成供述調書に要旨「左手平手で顔を一回殴った」旨記載があるという。

また，公判廷の証言では，犯行現場となった日雇いの集まる公園における「カンパ」の特殊な意味（検察官の主張では，酒代を強制的に徴収し，逆らえば暴力などふるってでも出させること）について，検察官に説明した記憶はないという。おおまかに言えば，共犯者は，取調べ当時酒によっていてよく覚えていないと言ったのに，検察官の執拗な追及に根負けして検察官作成供述調書等に署

名指印をしたという。

　かかる場面では，今までは，検察官取調べが特に違法不当でもない限り，相反性と特信性が認められて検面調書の証拠採用が認められている。

　しかし，裁判員裁判では，評議室が調書閲読の場になるのを可能な限り防ぎ，公判廷顕出証拠による心証形成を実現しなければならない。とすると，2号後段書面の証拠能力の要件については再構成を要する。

　まず，調書内容の公判廷における再現の有無を基準に相反性を考えるべきであろう。

　公判中心主義のもとでは，証拠になるのは，公判廷で顕出された情報である。証人が現に捜査段階供述の存在と内容を認めるとき，その内容は尋問の形をとるか，証人の説明によるかは別にして，公判廷に顕出される。これを事実認定の材料にすることには問題はない。

　だから，検察官が公判廷で証人に十分な弾劾尋問を実施し，捜査段階での供述の存在とその内容を証人が肯定する状態にできればよい。裁判員からみて，公判廷証言を聞き，これと異なる捜査段階供述が確かに存在することも明確に理解できればよい。

　いずれを信用するのかは，裁判員を含む裁判所の自由心証に委ねればよい。捜査段階供述が公判廷で再現されている限り，証拠として採用の必要がある性状の相反供述は存在しないとみてよい。

　これを必要性の面からも説明できる。公判廷で捜査段階供述が十分に再現されているのであれば，同一内容の供述調書をさらに証拠にする必要性は乏しくなる。

　結局，調書自体を証拠とする必要があるのは，証人が捜査段階供述の存在と内容自体を全く否認している場合である。その場合には，相反供述の存在と内容を立証するのには，証人の署名指印の入った調書が現に存在することも含めてその記述内容を裁判員に知らせるしかない。

3　特信性の要件

　現状では特信性の要件について，裁判員の理解を得るのは困難ではないか。今後，特に共犯者や被害者など重要な参考人の取調べについては，録音録画

第7章　裁判員裁判と証拠法の基本課題　71

による記録方法も含めて，公判廷での立証にはさらなる工夫が要る。理由は5つある。

(1) **要件自体の難解さ**　証拠能力の要件としての特信性とは，公判廷証言と比較したとき，検察官取調べ時の供述を有罪・無罪の判断材料にすることは是認してよい程度には信用できるというものである。この場合には証拠能力を認め，他の証拠とともに，さらに信用性を個別具体的に吟味していくこととなる。

だが，公判廷と検察官取調べとで異なることを述べているが，両方ともそのまま証拠には一度加える，という法技巧的な状態を裁判員がうまく理解できるか疑問なしとしない。

(2) **取調べ状況の事後検証の困難さ**　共犯者（被疑者）の取調べは録音録画（可視化）されていない。共犯者が公判廷で取調べ時の模様を思い出して再現する説明と，取調べ検察官などの説明とは水掛け論になる。しかも，証人側に記憶の減退が生じるのはやむを得ない。取調べ状況を確認し特信性を推認する材料に乏しい。

(3) **公判廷の立証活動の難解さ**　大阪の模擬裁判では，公判廷における共犯者に対する検察官役の尋問を見ていても，捜査段階供述の再現部分の確認と，当時の取調べ状況の再現（特信性の要件の確認）とが入り乱れていた。法的な要件を熟知している法律家でない限り，尋問の意図，証言の価値はきわめて理解しづらかったのではないか。裁判員に特信性を理解させる証人尋問の技法については，改善の余地がかなりある。

(4) **証拠決定のための提示命令**　模擬裁判では，規則192条による証拠調の決定をするための証拠書類の提示命令は，共犯者供述調書との関係では発動されていないようである（金沢では被告人の自白調書で発動されている）。

ただ，判例は2号後段要件の確認のため，調書の内容自体も判断材料にすることを是認する。今後，裁判員裁判でも提示命令が発動されることは十分に予想される。

しかし，その運用には問題が多い。裁判員は，証拠能力の有無の判断のために行なう提示に基づく供述調書の内容点検と，証拠決定後に証拠調べとして実施する調書の内容の朗読ないし要旨の告知の法的な意味を区別しなけれ

ばならない。それに従った心証形成の抑制を裁判員に求めることは極めて困難なこととなる。証拠が不採用になった場合には，なおのこと供述調書の残す印象を消去することは困難だ。

　結局，特信性（自白調書の場合は任意性，被告人の一般供述の場合には特信性）については，調書の内容に触れずに外形的外部的な取調べ状況によって判断すべきであろう。裁判員裁判では，調書の内容も特信性判断の材料にしなければならない場合，検察官はその立証に失敗している状態と扱うべきではないか。裁判員裁判が予想される事件では，共犯者はもとより重要な参考人について，取調べの録音録画を徹底すべきであろう（刑訴規198条の4については，後述4参照）。

　(5)　**法律家の意見の難解さ**　　大阪では模擬裁判の特殊な事情なのか，検察側は取調べ検察官の証人尋問はしないまま検察官作成供述調書の取調べ請求をし，検察官・弁護人双方の口頭での意見によって相反性と特信性の有無を説明した。しかし，すこぶるわかりにくいものであった。結論としては裁判所は，「特信性がない」との理由で証拠採用は見合わせた。評議には裁判員も参加した。裁判員は，公判証言と捜査供述のどちらの説明を信用するかは判断できたであろう。だが，特信性という法技巧的な概念の理解とその適用がどこまで可能であったか疑問なしとしない。

4　弾劾証拠と相当性要件

　埼玉の報告では，2号後段書面としては不採用となったのに，328条の弾劾証拠として採用したという。これはかなり問題を含む。

　(1)　法律家であれば，実質証拠と弾劾証拠の差異を理解するが，裁判員がかかる法技術上の区分に従い，弾劾の限度での利用を的確に行えるか疑問が残る。

　なにより実質証拠としての特信性がないのに，自己矛盾供述の限度で信用性を減退させるものとしてのみ考慮しなければならないことを理解するのは困難ではなかったか。

　(2)　心証形成上相当の困難を来す。相反供述が実質証拠として採用されたのであれば，信用性を吟味しその程度に応じて事実認定の基礎にしてよい。

しかし，弾劾証拠の意味は，矛盾供述が存在する状態では，いずれの供述も信用できないことにある。どちらの供述も心証形成上考慮できないこととなる。手元に資料として置かれているのに，それは心証形成に使ってはならない戒めにするためのものである。きわめて法技巧的な状態を裁判員に理解させ，かつ現にその枠組みにしたがって心証形成を期待するのは難しい。

　特信性のある相反供述であれば，公判供述を弾劾する効果だけではなく，さらには事実認定の基礎にもできる。しかし，特信性がないと判断された捜査段階供述によって公判証言を弾劾する目的を実現させることは，相当性を欠く。この点については，裁判員裁判のもとでは，法律的関連性（予断・偏見禁止）による証拠能力の制限が働くとみてよい。

Ⅳ　被告人の自白調書再考——任意性の厳格立証

　1　及川事件では捜査段階で作成された否認調書と自白調書が数通あるが，被告人は公判廷では謀議の事実，被害者への殴打の事実を否認した。かかる場合，自白調書自体の証拠調べ請求の取扱いについては，慎重でなければならない。

　整理手続で被告人側が自白調書について不同意であった場合，検察官は公判廷における被告人に対する反対質問の場で，捜査段階の自白・不利益事実の承認（以下，自白等）の再現を試みるべきだ。被告人が捜査段階の取調べで自白等をした理由はさておき，調書記載の説明をしたこと，あるいは調書記載内容を認識理解していることを認めさせて，取調べ時における説明と公判廷での異なる説明とがどちらも併存する状態にすればよい。その上で，どちらを信用すべきかは裁判員と裁判官の自由心証に委ねればよい。

　もっとも，捜査段階の自白等について被告人側が任意性を厳しく争う予定であれば，弁護人の助言を受けた被告人は「捜査段階の自白等は任意性がないものなので，ここで説明することはできない」と応答するだろう。

　検察官が重ねて供述調書を引用するなどして被告人を誘導しようとすれば，弁護人が異議をはさんで裁判員の面前で捜査段階の自白等の内容が明らかになるのを防止するであろう。

そうであれば，捜査段階供述が公判廷で全く再現されなくなるので，自白調書自体を証拠にすべき必要性がでてくる。

2　その場合でも，自白調書の証拠の採否とその取調べについてはいくつかの理由から慎重でなければならない。
(1)　現段階では，取調べの状況を公判廷で再現できる客観的証拠が乏しすぎる。取調べ状況報告書など取調べの実施・時間・調書の有無などの外形的事実がわかる資料はある程度証拠開示がなされるが，自白の任意性の判断にとってもっとも重要なのは，取調官と被告人の質疑の状況そのものである。
取調官のいかなる発問に対して被告人がいかなる言動をしたのか，事後にそのまま再現できなければ，虚偽誘発・黙秘権侵害・不当取調べなど任意性の有無を総合的全体的に判断できない。
(2)　任意性概念も難解である。
裁判員が評議に参加する場合，自白の証拠能力の要件である任意性を過不足なく理解させることには困難が伴う。特信性と同じく，自白の信用性自体とは区別しなければならない。類型的一般的に虚偽自白を生む状況であったか否か等を含めて，総合的に見て有罪無罪の判断資料にするのにはふさわしくない態様で自白がなされているのかを判断することとなる。
模擬裁判では自白調書が不採用となった例が多いが，裁判員が評議に関与している場合，自白が信用できないことと任意性の要件とが明確に区別されていたか否か疑問がある。
(3)　自白調書を評議室に持ち込むと，予断・偏見を生みやすく事実認定面の公正さに疑問が残る。評議室で自白調書をいつでも見れる状態になっていると，裁判員は一種の安心感と予断を持つ危険が生じる（実際の評議では意外なほど調書を見返すことはなかったようだが）。書き言葉の持つ重みが，有罪の心証を形成しやすくなるといってもよい。

3　ではどう扱うべきか。
第1に，刑訴規則198条の4が検察官に取調べ状況の立証にあたり「迅速・的確立証」の責務をあらたに規定した趣旨を重視すべきだ。

本規程は，裁判員裁判の安定的な運用上，取調べ状況自体について不毛の証拠調べがなされることを防ぐことを目的とする。被疑者取調べは，捜査機関が時間・場所・方法を決める。あらかじめ録音録画を準備することは容易だ。被疑事実に照らして裁判員裁判が予定されているのに録音録画を避けるには，正当な理由が要る。取調べが適正であることを立証する主たる証拠が取調官の証言に留まるとき，検察官は取調べ状況立証に関する「迅速・的確立証」責務に反している。その場合，録音録画なき自白調書は任意性の「疑い」（法319条1項）があると推認してよい。

裁判員裁判の元では，関連法規に基づきかかる新たな証拠法上のルールを確立させるべきだ。

第2に，自白調書の任意性が承認された場合，その証拠調べの方法は，全文朗読（ないしこれにほぼ近い要旨の告知）でなければならない。

何故なら，評議室で調書閲読の時間を確保することはできないからだ。討議を続けつつ一部裁判員が調書に集中するという評議のあり方は適切でないし，評議の一部として一定時間を区切り黙々と調書を読む時間を設けることも不効率の上，裁判員によって読書力に差がある以上適当でない。

第3に，捜査段階から，検察官は，将来公判廷で全文朗読であっても裁判員と裁判官が容易に理解できる調書の作成を心がけておくべきこととなる。通常，捜査のまとめとして，検察官取調べが行われて，自白の再確認がなされるが，その段階で，項目別・時系列・場面別等など後の公判廷立証を想定した調書作成技法を確立しなければならない。

V　まとめ——当事者追行主義と職権追行主義の新たな衝突

1　刑訴法281条の6は，「連日開廷・継続審理の原則」を定める。また，整理手続に関する規程にも，手続を効率的に迅速に確実に進めていくため，裁判所の期限指定に関する権限が随所に明記されている（法316条の6第3項，316条の13第4項，316条の16第2項，316条の17第3項，316条の19第2項，316条の21第3項，316条の22第3項など）。

全体として司法の効率化のため職権追行が強化されているとみるべきだ。

これに加えて，裁判員法51条は裁判員の「負担加重禁止」と「迅速・明解審理」という新たな刑訴の原理も規定した。これを代弁するのも裁判所であって，裁判員の市民生活を守る利益と刑事裁判における真相解明の利益，そして被告人の防御の利益の調整が裁判所に委ねられることになる。

司法改革に伴う一連の刑事手続改正法は，大局的にみると職権主義強化と特徴づけなければならない。

2 とすれば，特に裁判員が裁判官とともに評議室へ籠もったとき，職権主義に支配されるのを防がなければ，制度の正当性が揺らぐ。

そのため法技術的な歯止めを用意することはできないではない（例えば，公判廷の被告人の座席を弁護人横とする，当事者の論告・求刑と弁論の他にさらに裁判所自身の自己抑制のため公判廷での説示を行なう，評議の司会を裁判員に委ねる等々）。

しかし，大切なのは，評議に先行する公判廷で被告人・弁護人が裁判員にわかりやすい弁論を徹底することである。特信性，任意性などの法概念を裁判員の裸眼の事実認定力でも把握可能にすることである。さらに，「合理的疑いを超える証明」の原則，無罪推定の原理についても抽象論を展開するのではなく，当該事例の証拠状態に沿って具体的にわかりやすく説く弁論ができれば，市民の良識が機能し，「合理的疑い」がわき起こる。

そうするためにも，整理手続段階で十分に時間をかけて，証拠開示を踏まえた争点整理，主張明示を行い，証拠調べの範囲・順序について防御方針に従って実施できるように粘り強く，入念に準備することである。

また，整理手続で，争点と主張を的確に煮詰めるのには，捜査弁護が重要だ。捜査機関が将来任意性に疑義が生じる自白調書を作成しないよう監視する弁護活動は当然のことだ。さらに訴追に先立って，積極的に事件と被告人周辺の調査を進めていくべきだ（接見弁護から調査弁護へ）。

3 当事者主義の徹底，弁護の質向上が，21世紀における刑事司法のありかたを決める。裁判員裁判のあり方がその到達点となる。

模擬裁判を通じて，さらに問題点を洗い出して，職権追行主義に流されず，当事者主義を徹底する運用の確立をめざすべきだ。

第8章　裁判員裁判のあり方について
―― 「材料限定・心証誘導」型から「材料説明・疑問共有」型へ

Ⅰ　裁判員裁判の原理
―― 「法律上の負担」から「憲法上の義務」へ

　1　2009年9月7日午後1時27分，神戸地裁の101号法廷に裁判員が裁判官とともに入廷した。正面に9名の裁判員と裁判官が座る法壇が設置されているが，この同じ法廷で甲山事件，神戸高塚高校事件等など数々の事件の審理がなされ判決が宣告されている。そこに今回は法服姿の3人の裁判官とともに，男性2名，女性4名合計6名の裁判員が座った。また裁判長席向かって左側奥に2名の補充裁判員が座る。ポロシャツ，スーツ，ブラウスにカーディガンなどなど普段着の市民が座る。「法服の裁判」から「普段着の裁判」が始まった。

　その後，審理は9月7日から9日まで3日続いた。3日目9月9日の午前9時57分，裁判長が被告人を証言台に呼び寄せて宣告した。「では，判決を言い渡します」と告げて，主文を朗読する。

　　「主文。被告人を懲役3年に処する。この裁判確定の日から4年間，刑の執行を猶予する。但し，保護観察に付する」。

　2009年5月に裁判員裁判法が施行されたが，年末までに相当数の裁判員裁判が現に各地で実施された[1]。概ね良好な運用であり，量刑についても裁

---

(1)　2009年12月末までに全国で138件，142名の被告人について裁判員裁判による判決宣告がなされている（読売新聞09年12月24日（朝刊），朝日新聞09年12月29日（朝刊）参照）。なお，2010年1月13日段階で最高裁判所のHPにアップされている「裁判員裁判の実施状況の概要」は09年5月21日から10月末日までの状況を紹介しているが，これによると，裁判員裁判対象事件の新受人員は828名であり，他方，このときまでに終局した人員は47名とされている。殺人14名，強盗致傷14名，覚せい剤取締法違反被告事件4

判官裁判時代と比べて悪しき意味での不均衡を感じさせる例はない。むしろ，上記紹介の事例のように，これまでプロ裁判官が活用を控えていた保護観察付き執行猶予を裁判員が選択する例が多く見られるなどいわゆる「量刑相場」の見直しが進んでいる[2]。市民の健全な良識が量刑にも適確に反映している。

　そこで，裁判員裁判が始まった時代をどう捉えるのか。本稿では，その意味をあらためて確認したい。

　　名などである。なお，09年10月末までに宣告された判決の量刑に関しては，「裁判員裁判の実施状況について（制度施行～10月末・速報）」（最高裁判所ホームページ）参照。手元にある次の各判決をみても，量刑相場からの大きな逸脱は認められない。
　　　東京地判平成21年8月6日（平成21合（わ）199，殺人被告事件，懲役15年），さいたま地判平成21年8月12日（平成21年（わ）殺人未遂被告事件，求刑6年に対し懲役4年6月），山口地判平成21年9月9日（殺人未遂被告事件，求刑4年に対して懲役3年・執行猶予），大阪地判平成21年9月9日（平成21（わ）2607，覚せい剤取締法，関税法違反被告事件，求刑懲役10年，罰金500万円に対して懲役5年，罰金350万円），さいたま地判平成21年9月11日（平成21（わ）890，強盗致傷被告事件，求刑懲役6年に対して懲役5年），福岡地判平成21年9月11日（平成21（わ）723，覚せい剤取締法・関税法違反被告事件，求刑懲役9年，罰金200万円，追徴金約765万円に対して，懲役7年，罰金200万円，求刑と同額の追徴金），高松地判平成21年9月17日（平成21年（わ）225号，271号，現住建造物放火，傷害，窃盗被告事件，求刑7年に対し懲役6年），福岡地判平成21年9月18日（平成21（わ）613，殺人被告事件，求刑10年に対し懲役66年。被告人の控訴棄却判決として福岡高平22年1月15日，平成21（う）464参照），徳島地判平成21年10月9日（平成21（わ）181，現住建造物放火，殺人被告事件，求刑懲役18年に対して懲役11年），大分地判平成21年10月16日（平成21（わ）143，殺人，銃刀法違反被告事件，求刑懲役16年に対して懲役14年），大津地判平成21年10月29日（平成21（わ）324，326，強盗致傷被告事件，被告人2名に対してそれぞれ求刑6年，7年に対して懲役3年と5年），長野地判平成21年12月10日（平成21（わ）95，殺人，窃盗被告事件，懲役22年）。
　(2)　朝日新聞09年12月29日（朝刊）は，142名全員が有罪であるが，執行猶予付であった者は32名で，さらにうち20名が保護観察付きであると紹介している。これに関連して，本件神戸地裁判決も保護観察を付けたことについて，09年09月09日朝日新聞（夕刊）において，筆者は，「保護観察，裁判員ならでは」との見出しの下に次のようなコメントを掲載した。「量刑はプロの裁判官でも同じだったかも知れないが，最初の執行猶予判決で保護観察をつける例は少なく裁判員ならではの判断だ。罪を犯した人を市民社会で見守る保護観察の仕組みを採用した『人情裁判』とも言える。市民の力が加わったからできた解決方法ではないか」。また，読売新聞09年11月23日（朝刊）は「裁判員裁判／保護観察付き猶予判決7割／被告更生見守る手段に」と題する記事で，プロ裁判官による保護観察の活用がほとんどみられなかったのに対して，09年11月末現在で裁判員裁判による10件の執行猶予付判決中7件に保護観察が付されたことを紹介しているが，これに関連して筆者は「被告と一緒に社会が更生を考える，手を差し伸べるという裁判員らの意思表示。裁くのも市民だが，更生を手助けするのも市民，ということだ」，「裁判員裁判を通じて保護観察に光が当たることで，制度自体も改善され，良い影響が出るだろう」とのコメントを掲載した。

2 裁判員裁判時代を読み解く「視座」はいくつかある。この際これらを整理しておこう[3]。

第1。裁判官が訴訟関係書類，証拠書類・証拠物等を法廷から裁判官室や自宅等へ持って帰り，自由気ままに各自の証拠調べをして証拠を勝手に確認し事実を認定する時代が終わる。証拠とは法の原理に従い，厳格な証明手続により公判廷で確認された情報のみとなる。だから，裁判員は裁判官と対等平等に事実認定に取り組める。「調書裁判」から「公判裁判」への転換，古典的な「公判中心主義」の実質化である。

第2。「職権主義」の居所が変質した。公判前整理手続の導入により，裁判官が争点と証拠の整理に今まで以上に強い権限を持つようになった。事実認定の骨格が精緻に公判前整理手続で形成され，後の公判廷は，裁判官が期待するように証拠の内容をこれに肉付けするだけの場になる危険がある[4]。新糾問主義であり，その特徴は「整理手続」中心主義と言える。これに対向して，市民主義の精神を生かすのには弾劾主義，当事者処分権主義を前提にした「公判中心」主義を貫くしかない。

第3。「法廷技術革命」が必要である。法廷技術は古くから英米でさかんである[5]。陪審は法廷で証拠調べがなされた証拠＝情報のみで心証を形成するからである。裁判員裁判の導入定着に伴い，我が国もその技法を学ぶ必要がある[6]。

ただ，公判廷の証拠調べの戦略目標は全く異なる。理由は簡単だ。陪審員は証拠調べに介入する権限はない。つまり，証人に自ら発問する権限はない。英米では，検察・弁護の任務を負う法律家は，陪審員がみれる証拠を法廷技術で限定できる。だから，陪審員が形成できる心証の範囲が限定される。そ

---

[3] 基本的な問題提起として，拙著「裁判員裁判の課題」刑法雑誌47巻1号（2007年）101頁，同「裁判員裁判制度実施を前にした諸課題」刑法雑誌48巻3号（2009年）380頁参照。
[4] 公判前整理手続の問題点に関する基礎資料としては，さしあたり，長井秀典「公判前整理手続の運用の現状と課題」判タ1294号（2009年）53頁，岩倉広修「公判前整理手続の実施（進行）に関する問題」判タ1295号（2009年）5頁以下。
[5] 例えば，A.H.Robbins, A Treatise on American Advocacy (1913) は「ケース理論」，つまり，法の原理に従えば，一定の結果に至るように事実を整理することができる「理由」の構築を軸に事件準備を行なうことを説いている（at 38pp.）。
[6] 現段階の到達水準については，日弁連編『法廷弁護技術』（2007年）が参考になる。

こで，「材料限定・心証誘導」が法廷戦術の戦略目標となる。

　日本の裁判員は，裁判官とともに自ら事案解明のための証拠調べ権限を持つ。証人尋問権がそのシンボルだ。裁判員は証人に尋問し被告人にも自ら質問する。だから，法律家は市民良識を活かすために証拠調べのねらいを「材料説明・疑問共有」とするべきだ。

　第4。事実認定の水準訂正も起きる。

　「合理的疑いを超える証明」，「疑わしきは被告人の利益に」は刑事裁判の鉄則である。しかし，官僚組織の一員である裁判官は一般に「有罪の確信」を形成するとき「治安維持のための処罰実現」というイデオロギーを組み込んでいる。だから，裁判官は，検察官の証拠上「有罪の影」を見いだせば「調書裁判」の技法によって証拠を巧みに料理して容易に「有罪の作文」を書くことができた。官僚としての裁判官は日本の治安を維持する機構に組み込まれている。

　同じように，一審裁判官が証拠による事実認定に徹して無罪を宣告しても，控訴審裁判官が再度の点検によって事実誤認を認め有罪を自判できる。その陰に「白⇒黒」えん罪，「小⇒大」えん罪が無数に埋もれている。

　裁判員裁判はこれを修正する。

　裁判官の総合評価によって犯人を有罪と断定することはできなくなる。「理由ある疑い」が残れば被告人は無罪となる法廷が今始まっている（「有罪の印象」基準から「理由ある疑い」基準へ）。裁判員が裁判官とともに認定した事実を，プロの裁判官のみで構成される控訴審が「事実誤認」を摘示することは事実上できなくなる。

　第5。「犯罪」観・「刑罰」観が変わる。例えば，「殺意」など故意の広がりについて，裁判員は裁判官と異なる見方をする。市民は殺意について動機・意欲・願望などを底辺に置く。裁判官は一般に法益侵害の可能性のある実行行為の認識または予見を基準として認定する。そこにズレが生じてくる[7]。

---

(7) この点について，さしあたり，朝日新聞2010年1月13日（朝刊）「続裁判員元年②─『事実認識』潜む危うさ」は架空事件での実験で，殺意の認定にあたり凶器の形状を重視する弁護士と事件の動機を重視する市民との間にズレがあったことを紹介しており，興味深い。大阪地判平成21年11月13日（平成21（わ）2491，覚せい剤取締法違反，関税法違反被告事件。現在控訴中）は，外国籍の女性被告人の覚せい剤密輸事件で，薬物の認識がな

第8章　裁判員裁判のあり方について　81

だから，両者が加わる評議の中で裁判官のみで構想する「犯罪」で捉えるべき裾野が，裁判員の良識によって修正されることとなる。但し，裁判官より狭くなるのか広くなるのかは不明である。

裁判官を軸に法曹三者が形成してきた「量刑相場」も修正されていく。例えば，一定量以上の覚せい剤所持について，営利目的によるものとする認定を裁判所は簡単にしてきたが，これは「裁判所に顕著な事実」をもって実際の証明に代えて運用してきた面を含む。それが裁判員裁判ではできなくなる。覚せい剤の害悪も証拠によって裁判員に説明しなければ量刑に反映されない[8]。

刑罰権によって実現すべき「正義」の質と量は確実に変化する。法曹の「犯罪と刑罰」観から市民の「犯罪と刑罰」観へ価値観の土台が変容しつつある。「刑事司法における正義」がかたちを変える。行方はまだ見通せない（法曹「犯罪」から市民「犯罪」へ）。

3　最後に，以上の構造改革は刑事手続における「正義」観を注入する担い手の交代を前提にする。裁判員裁判の展開が進むにつれて，「裁判員」観も変わる。

　　く無罪を主張した被告人に対して，営利目的の覚せい剤所持の故意を認め，検察官の求刑12年，罰金700万円に対して，懲役9年，罰金350万円を宣告した。裁判員の感想として，朝日新聞09年11月14日（朝刊）は，「記者会見した裁判員の40代男性は『頭の真ん中に『無罪推定の原則』を置きつつ，審理に臨んだ。常識と照らし合わせ，結論を導いた』と明かした。60代男性は『3日間の審理では非常に難しい』と話した」と紹介している。

（8）　09年9月8日に大阪地裁で共犯者3名が合計1.8キロの覚せい剤を中国から密輸した事件の審理で，「証拠調べでは，中山検事は『これがその覚せい剤です』とポリ袋入りの現物を裁判員1番の男性に手渡した」と紹介されている（読売新聞09年9月9日（朝刊））。しかし，覚せい剤の社会的害悪を証拠では裏付けなかった。そのことも影響してか，翌日宣告された判決では，検察官の求刑10年に対してこれを大幅に下回る懲役5年（他に罰金500万円）を宣告した。被告人が実際に持ち込んだ約1キロ分を量刑の基礎とした点も含めて従来の量刑相場からみるとかなり軽い（大阪地判平21年9月9日（平21（わ））2607，最高裁判所ホームページ判例検索システム内保存）。

　　他方，大阪地判平成21年10月7日（平成21（わ）2597）は，ポーランド人が国際薬物組織と推測される人物等にそそのかされて南アフリカ経由で覚せい剤990グラムを密輸した事件で，検察官が覚せい剤の末端価格，中毒の状況など社会的害悪を具体的に説明する捜査報告書を証拠としたことも踏まえ，求刑10年に対して懲役7年（他に罰金300万円）を宣告した。

(1) 今, 裁判員法51条は「(裁判員の負担に対する配慮)」の見出しのもとに,「裁判官, 検察官及び弁護人は, 裁判員の負担が過重なものとならないようにしつつ, 裁判員がその職責を十分に果たすことができるよう, 審理を迅速で分かりやすいものとすることに努めなければならない」と定める。

加えてそもそも同法1条の「趣旨」規定の趣旨が不分明である。「この法律は, 国民の中から選任された裁判員が裁判官と共に刑事訴訟手続に関与することが司法に対する国民の理解の増進とその信頼の向上に資することにかんがみ, 裁判員の参加する刑事裁判に関し, 裁判所法・・・の特則その他の必要な事項を定めるものとする」。市民に勉強の機会を提供し, 裁判官の職務遂行が正しいものであることを確認させることで司法への信頼を増加させる, これが現行法の趣旨であろうか。

(2) 現行法は, 市民が裁判員となるのは生活上の「負担」と捉える。しかし, 国家日本が正義を維持するのに, 市民の良識が不可欠であり, 民主主義の担い手であるべき市民は裁判員となって司法に関与すべきである。そこに「国民の義務」が新たに生成されつつあるとみるべきだ。憲法は21世紀に入り変遷した。市民主義に基づく司法の構造改革等の進行に伴い, 裁判員就任は「法律上の負担」から「憲法上の義務」へと変容しつつある(「法曹」主義から「市民」主義へ)。

こんな読み取りの視座を設定した上で, 今回の神戸地裁の裁判員裁判を振り返り, 次の時代につなげたい。

II 神戸地裁「法廷革命」――「法曹」主義から「市民」主義へ

1 「被告人は, 平成21年5月24日午前3時13分ころ, 兵庫県〇〇市〇〇〇の自宅において, 就寝中の父 V (当時73年) に対し, 殺意をもって, 左手に持ったガラス製灰皿 (重量約570グラム) で同人の頭部を2回殴り付けたが, 同人に加療約10日間を要する後頭部挫創の傷害を負わせたにとどまり, 同人殺害の目的を遂げなかったものである」。

これが，2009年9月7日，東京方面に続き関西でも始まった全国で4番目，関西では第1号の裁判員裁判が審理の対象とした訴因の概要である。

少し事件の背景を傍聴メモから拾っておく。被告人は，長年無職・無為に過ごしてきたことを悔やみ自殺を決意したが父親，実子二人を残すのは忍びないと思いこんで，心中をしようと決めて，まず父親をガラス製の灰皿で殴りつけたというものである。幸い，灰皿が砕けたため未遂に終わった。

被告人は昭和43年生まれである。実子二人（高校3年の娘と中学2年の息子）とともに父母と同居中であった（但し，母は病気入院中で，認知症も進行中）。被告人は，数年来職場を失って無職ですごし，パチンコで小遣い稼ぎをしては生活をしのいできたが，借金が170万円弱になり，返済のめども立たず，ついに将来を悲観して自殺を決意した。事件当日，自殺準備を始めたところ，今度は，後に残す父母と，実子二人が気になる。自殺後に，父親には，実は無職でバイトもなかったのに仕事がある振りをしては毎朝外にでてパチンコなどしてすごしていたことがばれる。借金もばれる。隣近所のうわさにもなり，世間にもいろいろ言われる。子供は学校でいじめられる。その結果，父母もとくに子供もかわいそうなことになる。そんなことを慮って，無理心中をしようと決意した。

2　凶器には，自室にあったガラス細工の灰皿を使うことにする。まず，1階で寝ている父親を1度殴った。これでテレビドラマであれば苦痛を感ずることもなく死ぬはずと被告人は信じていたという。案に相違して，父親はよつんばいになって「○○○，○○○」と自分の名前を呼ぶ。むろん，父親は犯人が息子とは思ってもいない。助けを求めるつもりでいた。しかし，被告人は死ぬはずの父が起き上がりしかも自分の名を呼ぶのにうろたえて，また灰皿でなぐったものの，粉々に砕けた。あわてて逃走した。その後，緊急配備を敷いた警察の検問にひっかかり，検挙されたものだ。

3　公判前整理手続段階では，被告人との相談を踏まえたものであろうが，罪体については弁護側も争わないことにした。情状のみが争点の審理となった。被告側は，事件の性質に鑑みて執行猶予がつくかどうかを争点に絞った。

(1) 鍵となるのは,「家庭内の悲劇」を裁判員がどう受けとめるのかである。同じ家族である犯人＝被告人と被害者＝父親,ふたりの子ども,入院している母親で構成される家族にとっては歴史に残る一大事である。その被告の目線で事件を見るのが裁判員達だ。そして,結果としては二日の審理はみごとに裁判員裁判に期待したものが実現されていたといえる。

裁判員6名中女性が4名,男性が2名。補充裁判員が2名。男性は,50代と60代〜70代。女性は,40代,30代〜40代前後2名,50代1名かと推測してみていた。

服装はまちまち。男性は,ポロシャツ姿,開襟シャツ姿,ネクタイスーツ姿等など。女性も,スーツを着たビジネススタイルからカジュアル風の外出着といった辺りか。

(2) 「普段着の法廷」が実現したといっていい。ささやかな例であるが,被害者でありながら被告を思う父親が証言のときに,「自分も加害者なのかもしれない」と述懐した。その真意は,証言の時にはわかりにくかった。ある老齢の裁判員が問いかけた。

「あなたの心境を勝手に憶測で理解することはできないし,私はあなたと同年代のようなので尋ねたいが,『自分も加害者である』とはどういう意味ですか」

証人は,被告人が幼い頃,ほとんど単身赴任しており十分に面倒をみれなかったといった事情をとぎれとぎれに話した。

また,被告人が「自分で頑張ってなんとか仕事を見つけて,家族を支えたい」といった話をしたのに対して,ある女性裁判員は「甘い」と叱りつけるように質問を発した。

また,父親は捜査段階で検察官に起訴してくれるなと頼んだのに結果的に起訴されたが,「検察官が起訴したことに怒っているか」と水を向けると,「怒っています」とひと言。

証人にも,被告人にも,裁判員ならではの質問が続いた。裁判官に遠慮したり,法廷の雰囲気に飲まれている様子などない。

ある裁判員が被告人に問いかけた。

「貴方の生活の今後に問題がないのであれば刑を軽くすることもできる。

我々もそこに責任を持ちたい。無責任なことはしたくない。」。こんな前置きをして，再度，就職してきちんと収入を得なければならないができるかどうか，と問う。被告人は「自分をすてるつもりで，甘えをなくして，自分で頑張るつもりです。こんなことは二度とやらない，，，」と真剣に応じた。裁判員がさらに諭す。「その気持ちがないようだと，被告人にはかなり重いことになります」。裁判官では聞けない内容の質問を裁判員はさらりと突っ込む。

(3) 裁判員は，真剣に，市民としての目線で，しかも自己の体験に重ね合わせながら，証人への尋問，被告人への質問を重ねた。信頼できる刑事裁判のあたらしい「かたち」，市民が主人公となって事実認定，法令適用，量刑を行なう裁判へと司法の構造改革が，確実にはじまった。

Ⅲ 「調書裁判」から「証拠裁判」へ——公判中心主義の実現

裁判員裁判に伴う法廷の変化を様々な角度から観察してみよう。

1 被告人の席

勾留中の被告人は拘置所職員に伴われてあらかじめ入廷する。腰縄・手錠のままである。裁判員が入廷する直前に，書記官の指示によって，拘置所職員が手錠，腰縄を外す。服装については，今回は特にスーツ，ネクタイ，革靴仕様のスリッパを着用することはなかった。カジュアルな服装であったが，その後展開する被告人の人生と事件時における生活状況に照らすと，無理にビジネスパーソンを装うこともない。

裁判官，裁判員の入廷後，人定質問がなされる。被告人はこのときに証言台に移動する。そこで検察官による起訴状朗読を聞く。黙秘権の告知を踏まえて，事件に関する意見を陳述する機会がある（罪状認否）。事実を認める旨述べた後，被告人は弁護人席横に座った。すでに東京の第1号事件のときから，審理が始まると被告人は，弁護人のすぐ左側の席に付くこととなっている。神戸地裁でも，これを踏襲している。

被告人の「居場所」という何気ない法廷運用の変化は，被告人を法廷の主人公として扱い，弁護人と相談しつつ手続に関与する主体であることを再確

認する意味が込められている[9]。

2 検察官の冒頭陳述

(1) 検察官は，A3用紙に冒頭陳述の骨子をまとめてこれをあらかじめ裁判官・裁判員に配布した[10]。その上で，主任検事が証言台に歩み寄り，法廷中央から裁判員を見回して冒頭陳述をゆっくりとはじめた。このときには，パワーポイント・モニターは使っていない。最初に，冒頭陳述の意味について，裁判員に大要次のように説明をした。

「どのような事件なのかを説明する。
　検察官がどんな証拠によって証明しようとするのかを説明する。
　手元にA3の資料を配布している。これは，証拠の説明や証拠物，被告人質問などで，事件の内容を理解するのに役立ててほしい」。

(2) 検察官は，最初に何故今回の事件が起きたのかを説明する。事件に至るまでの被告家族の様子，被告人の生活ぶりなどが紹介される。さらに，何故犯行を思いついたのか，説明。事件は，平成21年5月24日に起きたが，25日には携帯電話の料金2万円が引き落としになるが，これを用意する都合がつかなかった。パチンコで少し稼いで，借金を返し，負けるとまた借金をする繰り返し。そんな自分に嫌気がさす。また，今回の被害者である父親が自分に対して仕事をもってほしいと期待しているのもわかる。しかし，無職になって6～7年がたち，そのことはようやくうちあけたものの，その後もバイトに行く振りをして家をでながら，そのあてもない状態であった。両親は年金で生活を支えているのに，自分は恥ずかしい生活であることに自己嫌悪に陥る。

---

[9] 法廷における被告人の居場所の変遷とともに，弁護人の横に座る権利があることについて，さしあたり，拙著『刑事法入門』(2002年) 5頁以下参照。

[10] 検察官冒頭陳述の方法も模擬裁判の経験を経て改善がみられるが，現在は概ねどの事件でもA3・カラー印刷のチャート式図を使っている。一見「わかりやすい」と思えるが，細かな事実を詳密に書き込んでいるので，ていねいな読解を要する。裁判員に検察官主張を冒頭手続段階で理解させるよい方法かはさらに検証を要する。

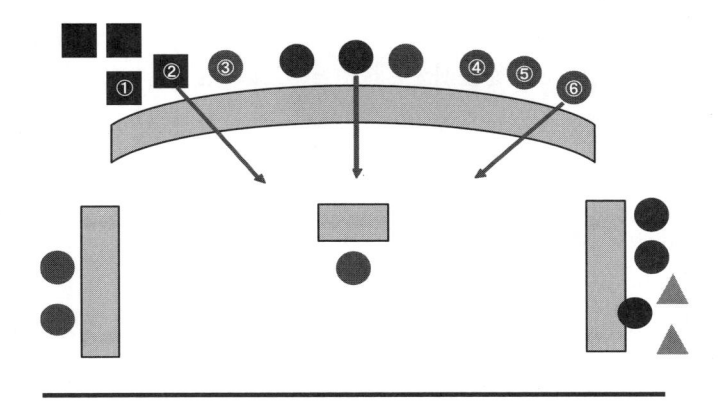

図1 検察官冒頭陳述

　こうしてまず自殺したいと思い，その準備をした。23日には，ロープを買い，お別れにと思って子供二人をつれて映画にいき，父には好物の料理を作って出した。この日，午後9時に自室にもどり，自殺後発見された場合にはずかしい格好であるのはいやなので，外出着に着替えた。このときに，残る家族のことを考えた。肩身が狭い思いをする。子供は学校でいじめられる。実は，無職がながかったこと，バイトもないこと，借金があることも父親に知れる，，，そんな思いが重なって父と子供を殺害して無理心中をしようと決意し，凶器として自室にあったガラスの灰皿をとりあげた。
　次に「犯行状況」の説明に入る。
　(3) 検察官は，このように，説明の節毎に，見出しを明示して，裁判員が冒頭陳述の流れを掴みながら話を聞く工夫をしている。また，ゆっくりとした話し方で，語りかけるトーンであった。裁判員は確かに耳を傾けつつ，手元資料を見て，事件の展開を聞いている。
　検察官の冒頭陳述は約12分間であったが，次の特徴点があった。
　(ｱ) 裁判員の手元にわかりやすい鳥瞰図がある。
　(ｲ) 冒頭陳述の意味の説明と項目の提示を経てから，内容の朗読を行っている。常に内容のアウトラインを知らせておき，全体像を掴ませておく方法である。

(ウ)　わかりやすい文章を基礎に棒読みではなく，ゆっくりとした語りかけ。
　(エ)　事件の概要とこれを証明する証拠との対応の説明が簡潔で分かりやすい。
　以上を総括すると，誠にわかりやすい「物語式の冒頭陳述」であった。

3　被告側冒頭陳述

　(1)　これに対して，弁護側冒頭陳述には疑問が残った。
　(ア)　弁護人の立ち位置，声量等について裁判員裁判を意識しない旧来の方法で臨んでいた。まず，弁護人は，弁護人席でたって朗読をはじめた。基本的には「語りかける」のではなく「読み上げる」方法であった。
　(イ)　また，「後に書面を渡す」と前置きし，裁判員の手元には，弁護側冒頭陳述の概要を知ることのできる資料はなにも渡っていない。しかし，弁護人の声が小さい。裁判員には声が届いているのかも知れないが，傍聴席も交えて被告側のストーリーを展開する堂々たる主張にはなっていない。
　(ウ)　弁護人の冒頭陳述の間，裁判員の目線は，あちらこちらへと泳いだ状態であった。弁護人に釘付けになって話を聞いている状態にはなっていない[11]。
　例えば，弁護人から遠い裁判員1番，2番はそのまま遠くを眺める目，しかも位置関係上横目で弁護人を眺めているだけであった。
　裁判員の様子を気遣う姿勢はどちらにもなかった。弁護士が二人もついているのに検察官冒頭陳述の場合と異なり，裁判員の視線は明らかに鈍い。真剣に耳を傾けているとは言えないものであった。弁護人には「コート・マネジメント」の視点が欠落していた。
　「公判裁判」主義を意識した検察官冒頭陳述と，「調書裁判」主義を引きずった弁護人の冒頭陳述の違いが出てしまったものだ。
　(2)　弁護人は，事件の概要を説明した後に，「本件の争点は，量刑にあり

---

　[11]　今回の弁護人は，陳述にあたり，とくに裁判員との「アイ・コンタクト」を取る姿勢を全くみせていない。口頭弁論主義における初歩の法廷技術であるだけに，残念であった。この点も含む「コート・マネジメント」の必要性について，拙著「模擬裁判員裁判について」甲南法務研究3号（2007年）1頁以下参照（本書5章）。

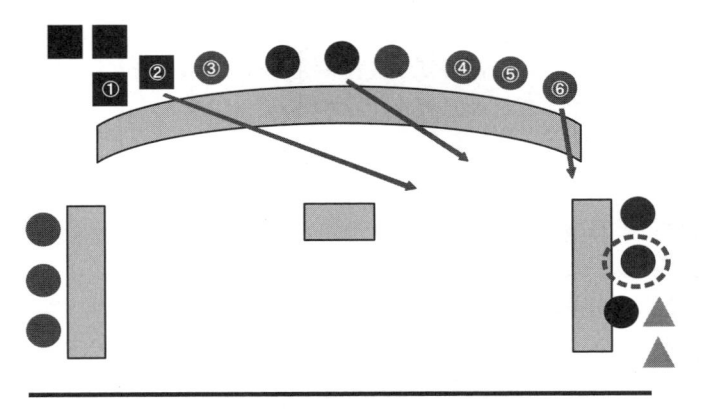

第 8 章　裁判員裁判のあり方について　89

図 2　弁護人冒頭陳述

ます。弁護人としては執行猶予を望みます」と結論を明確に述べて，引き続き「被告人に有利な事情があります」とし，以下概要次の 9 点を列挙した。

　①計画性がないこと。家族を道連れにすることは，当日思い立ったことであること。②父親に対する怨恨などによるものではないこと。被告人の自殺後，世間体，肩身が狭い思いをさせたくないということが動機で，憎しみなどではないこと。③未遂に終わっていること。④二針縫う程度の怪我で終わり入院の必要もなかったこと。⑤被害者である父も処罰を求めていないこと。⑥前科がないこと。⑦長期間勾留されていること。その間に反省を深めていること。⑧謝罪と反省の気持ちがあり，二度とこのようなことをしないと決意していること。⑨被告人を待っている家族がいること。

　(3)　もっとも「プレゼン」のありかたについて疑問が残った。

　(ア)　まず，以上をほぼ棒読みして，それから書面を配布した。しかし，単に同じ内容を読み上げただけであるのならば，先に配布しなかった理由がまったくわからない。

　もっと問題なのは，以上掲げた事情が被告人に「有利な」事情であると弁護人が断定して，整理したことである。従来の裁判官裁判では，こうしたラフスケッチでも，裁判官がほどほどに整理し直して，量刑上考慮するであろう。しかし，例えば，未遂に終わったこと，前科がないことが，どのような

意味で被告人に有利になるべきなのか，なんの説明もない。ましてや，長期間の勾留自体が被告人に苦痛で，有利な事情になるといった短絡的な整理は，市民感情を逆撫でするだけである。

　(イ)旧態依然たる弁論の焼き直しを冒頭陳述で行っても，裁判員にはなんら訴える力はない。

　本件は結果的に，執行猶予になりやすい事件であろう（旧来の量刑相場では）。しかし，今後，思いもかけない量刑がありえる。

　例えば，殺人未遂の法定刑に照らして，5年以上の有期懲役刑を選択して，未遂減刑，酌量減軽両者を適用し，1年3月まで下げてしばらく服役させることとする。但し，未決は全部算入するといった実刑も考えられる。しばらくはつらい環境で反省させるという意味である。

　そうすると，従来の量刑相場を前提にした執行猶予相当事案が実刑になる余地も出てくる。

　それだけに，安易に，「被告人に有利な事情」列挙では，裁判員を説得できない。今回の弁護人冒頭陳述は，守旧型冒頭陳述であって，裁判員裁判には不相当である。

　(4)　では，どうすべきであったか。

　(ア)弁護人冒頭陳述は，証言台で裁判員全体を鳥瞰し，アイコンタクトをとりつつ行うべきである。

　(イ)冒頭陳述の概略を示すレジュメまたはパワーポイントを用意すべきである。

　(ウ)何よりも，執行猶予相当と判断する材料を並べるが，「こうした事情について慎重に検討してほしい」と摘示するのに留めて，「有利だ」と断定しないことである。事実を摘示し有利・不利の判断は，裁判員の良識に委ねればよい。

4　同意書証等の証拠調べの実施

　(1)　今回は罪体について争いはない。検察官の当初の請求書証について，弁護側がどのような意見を述べたのか公判廷では不明であるが，8点の書証が同意され，物証について取調べに異議がなかったとして採用されている。

ところで，同意書証の取調べは，検察官にとっては鬼門であろう。

　双方争いのない前提事実について，裁判員に理解してもらい，現場の様子，凶器など物証の確認をし，そうした各証拠の検察官の有罪立証構造全体の中での位置付けを明確にもってもらうこと，さらに，供述調書については，その朗読を通じて，被害者である父親の心情，被告人の認める犯行状況などについて印象を強くもってもらう必要がある。

　他方，書類を使った説明は，長くなり，退屈しがちであって，検察官に対する印象を悪くする原因になる。相当の工夫がいる。

　今回の検察官の書証の取調べはそうした弱点を巧みに回避し，むしろ裁判員の気持ちを引き込んだ形で，書証の内容を理解させる迫力があった。

　(2)　被害者の負傷状況に関する写真などの展示は巧みであった。検察官は，モニターに大きなタイトルをまず示してから，写真などを見せている。例えば「被害者の負傷状況」と題するスライドがあり，続いて，父親の全身写真，上半身，頭部の写真を見せる。次に「被害者の傷害の部位，程度」とのタイトルを示して，医師の診断書を示している。あらかじめ強調したい箇所に赤のアンダーラインを付けている。アニメーションは使わない。

　(イ)　なお，各スライドともに，下地を青にし，字は白抜きとしている。これは，もっとも見やすい色の組み合わせである（白地に黒もシンプルであり，くっきりと見やすい。他の配色はやめたほうがよい。強調は，赤のシンプルラインに留めるのがよい。アニメーションは特にそうしなければならないやむをえない理由がない限り，作成者の趣味と好みが入るだけに厳禁である）。

　(3)　もっとも注目すべきなのは，「犯行直後の犯行現場の状況等」というタイトルを踏まえて示された実況見分調書の内容である。事件直後に実施された実況見分であり，血痕もなまなましく残っている。この実況見分の内容検出のときに，パワーポイントの機能が十分に活用された。

　検察官は，基本となる見取図をまず示した。赤色で血痕の残っている場所も書き込みをしている。

　次に，特に強調したい箇所について，図面を背景に置きながら，ポップアップ機能を使って右下に写真を示した。その写真がどの角度からどこを撮影したものかも図面上明示されている。

傍聴席では，大型スクリーンでみるので，近眼の筆者には細かな点がややわかりにくかった。しかし，裁判員は目の前にある液晶モニターで食い入るようにみているのがわかった。

(4) 凶器となった現場遺留のガラス破片の展示についても納得のいくものであった。検察官は，現場に残った灰皿が砕け散った残りの破片と，これと同種の灰皿を物証として展示を行った。破片は，プラスティックの平底のざる2箱にわけて整理されており，これを順に裁判員に示し，さらに，被告人を証言台に呼んで示した。

裁判官裁判でも普通に行われる作業であるが，裁判員にわかりやすく目に付きやすい展示を一工夫していることが遠目にもわかる。

5 供述調書の朗読

(1) やや大げさであるが，検察官にとって裁判員の関心を引きつける上で，調書朗読が最大の山場になる。今回は，被害者である父親の検察官作成供述調書と被告人の検察官作成供述調書が読み上げられた。検察官は，モニター画面に，パワーポイントのスライドを用いて朗読する調書の大きなタイトルを示し，その下に読み上げる書証の番号等を記載しておく方法をとった。裁判員の大きな関心を引きつけつつ，冒頭陳述段階で配布した証拠と事実の対応表を裁判員がみながらどの証拠を今聞いているのか，その情報が検察官の主張の中ではいかなる位置付けになるのかを常に鳥瞰できるようにしていた。

タイトルとしては，例えば，「被害の状況など」，「被告人の生い立ちや経歴など」，「動機や犯行状況など」等である。

さらに被告人供述調書の朗読によって犯行状況を説明する場面では，実況見分調書添付の犯行再現写真をモニターに映し，音声と画像一体となって犯行態様が浮き彫りになるようにしていた。検察官の朗読の一節が法廷に響いた。「思い切り灰皿で力を込めて殴ると苦しまずに死ぬと思った。ゴンとあたったのでこれで死ぬと思った。ところが，父親は四つんばいになって立ち上がり，○○○，○○○と低い声で呼んで，起き上がった。自分の名を呼ばれてこれはたまらん，死んだ人間がこっちに来ると思い，ゾンビがやってくるような思いがしてまた殴った。思い切り力を込めた。スコーンとホームラ

ンの手応えのように父の頭にあたった。ところが，灰皿が割れて，破片しか手に残らなかった。一撃で殺せると思い，3人ともこれで殺せると思っていたのに，予想してないことが起きてしまった。……それで我に返り，この場には居られないと思って玄関から靴を履かずに外に出て車で逃げた……」。

　写真画像とのコンビネーション，抑揚のよく聞く検察官の声，イントネーションにも気を配り，物語り風に語る口調での朗読……そうした諸要素が総合して，「退屈させない」調書朗読が行われた。

　(2)　裁判員裁判では，書証の全文朗読が不可欠である。「調書裁判」を許さず「公判裁判」を実現すること，古典的な近代刑事裁判の原則である「公開の法廷で，口頭で行う弁論」による証拠調べと意見の主張，「公判中心主義」を貫く必要がある。

　というのも，裁判官は，公判前整理手続を通じて，検察官・被告側双方の主張内容を相当詳細に知っている。これを元に争点と証拠調べすべき証拠の整理，その順序，範囲，方法等審理計画の策定ができる。

　その限度で，本案に関する心証も形成せざるを得ない。ただ，公判が始まり，最終評議の場に入っても，争点と証拠の整理の手続上形成した心証を表立たせることはないし，してはならないという法の拘束が働く。

　裁判員裁判における「自由心証主義」を定める裁判員法62条は「裁判員の関与する判断に関しては，証拠の証明力は，それぞれの裁判官及び裁判員の自由な判断にゆだねる」とする。

　ここでいう「証拠」とは，公判廷において厳格な証明手続によって内容を顕出した情報をいう。

　採用された調書についても，公判廷で被告人，弁護人が在廷し書記官が居て裁判官，裁判員が壇上に居るときに，検察官が読み上げたその内容が証拠となるのである。信用性等疑義が生じる場合には，被告側はその場で異議を申し立てることができる。その状態で確認した情報であるから，信用性を認めてよい。かくして裁判員と裁判官の情報格差を解消できる。裁判官も公判前整理手続での印象を持ち出すことは禁止されている。

　書証は証拠調べ実施後，裁判所に提出する。評議において，公判廷で顕出された証拠を確認するため，記憶喚起などの目的で，裁判員がこれらを読み

返すことは法的には禁じられていない。しかし，その場であらためて読み込んで法廷と異なる印象を持つなど実質的に評議室における証拠調べとなるような利用は許されない。

　だから，調書朗読は，裁判員が退屈しないようにし，各調書の意味内容がなにであるのか印象に残る方法を実施せざる得ない。

　(3)　さらにひと言加えれば，事実に争いのない事件であるのに，被告人の供述調書が証拠として採用され朗読されることについて，疑問が残る。

　例えば，「犯行に至るまでの経緯」について，今のところ，被告人の捜査段階の供述調書等については弁護人も安易に「同意」をしてしまい，裁判所も採用を決定してこれを公判で朗読する例が少なくない。しかし，「口頭弁論主義」「公判中心主義」そして「直接主義」に照らして，争いのない事件では，場合によっては検察官による被告人質問によって被告人自身に語らせる方がよいのではないか。

　その意味で，特に被告人供述調書など書証取調べの「必要性」の有無について，裁判員裁判では慎重な判断を用する。

Ⅳ　証人尋問と被告人質問
——法廷技術革命と「材料説明・疑問共有」型立証へ

　1　父親の証人尋問では，裁判員が何を質問するのかに関心があった。裁判官と対等に事実の認定，法律の適用，量刑の判断をすることができるかどうかは尋問・質問の内容と被告人への対応で読み取れる。そして，結論を言えば，今回の裁判員はそれぞれの個性も活かしながら裁判官では聞きにくい質問等にも踏み込んで発問し，的確な判断材料を集めていった。我が国の裁判員が事実認定者・量刑判断者として適格であることを示した。以下，問答のいくつかを紹介する。

2　裁判員の尋問，質問から
(1)　**父親への尋問**
　【Q】捜査段階でも検察官に不起訴を望んだということですが，現実にこうして起訴されたことについては，怒っておられるのでしょうか。

【A】怒っています。結果がどうでも，これから新しく活きていこうと思う。被告人も同意してくれている。結果がよければいい。でも，検事さんには怒りをぶつけました。

【Q】証言を聞いていると，息子さんを守ってあげようという感じを受けますが，息子さんのことを思ってのことか，孫のことを思ってのことですか。

【A】両方でございます。

(2) 被告人への質問

【Q】あなたには子どもが二人いるが，事件を起こした翌日から二人はそのまま世間にさらされることになっている。学校に行く，近所を歩くそのたびに世間にさらされることになる。いろいろな負担がかかると思うが，どう考えているのか。

【A】つらい思いをさせていると思い，子どもに，家族に対して申し訳ない，つらい思いをさせていると思います。

【Q】あなたの名前がこのようにマスコミなどにでており，就職はむずかしいと思う。えり好みをしないで仕事につく覚悟はありますか。検察官には父の知り合いに頼るようなことはしたくないと言っていたが，甘いと思う。もし私が被告人の立場なら，プライドすてて，お金を稼ごうと思う。

【A】ごもっともです。プライドにこだわっているつもりはないです。愛媛の知り合いがいますが，遠方です。人に甘えたくない。高いハードルを設定して自分に対して本当にやるという気持ちを持とうと思っている。

【Q】父親以外に相談できる相手はいないのか。

【A】今はいない。会社を離れてからも連絡はとれていない。

【Q】父によく相談するといっていたが，どういった相談をするつもりか。

【A】自分がどうにもならないときにこういう事件になった。逃げて，逃げて，つもりつもったため，がまんできるところまでできるところまで自分でやる。そこで相談する。

【Q】量刑を判断するときに，あなたに今後のことについて問題がないなら刑を軽くすることができる。我々も自分の判断に責任をもたなければならない。無責任なことはしたくない。まず，お父さんには借家があり自宅もある，

自動車も持っているとすると，あなたは就職しないと収入がまったくなくなるのか。
【A】自分をすてるつもりで甘えをなくしていきたい。自分でがんばるつもりである。こんな事は2度とやらない。

(3) 裁判員裁判導入が検討された頃に，裁判員は補充尋問，補充質問が適切に行なえるか問題になったが，実際に運用を開始すると，いずれの地域の裁判員裁判でも裁判員はいわば活発に質疑を重ねることが明白になった。今回のように，家庭内の無理心中がテーマであれば，なおのこと身につまされることもあるのか，市民の目線で事件を見る発問がみられた[12]。

同時に，事実認定者である裁判員が自ら疑問を問い質して心証形成に必要な証拠＝証言そのものを引き出そうと熱心に職権を行使するものであること，つまり，「職権探知主義」の姿がはっきりと表れていることも意味する。

本件は，無罪を争うものではなく，被告人に有利・不利な各種事情をどこまで公判廷に顕出して，裁判員と裁判官の判断材料を豊にするのかが基本的な課題であったから，職権探知主義と当事者主義とが正面からぶつかることはなかった。

だが，事実を争う場合や量刑事情については争いがある場合には，証人尋問等で被告側が精緻に組み立てた反対尋問で証人の信用性について利害関係・偏見・予断の有無から，証言の信用性に関しては観察・記憶・表現の正確性の観点からそれぞれ弾劾することとなる。通常は，供述の変遷が不合理であること，客観証拠との矛盾があることなど「矛盾の存在」を証拠にすることにより弾劾の目的を達成する。しかし，裁判員が介入する。

「警察官に話したことと検事に話したことに矛盾があるが，なぜですか」。

この"WHY"を聞く職権探知の権限を裁判員は保障されている。英米型

---

[12] 朝日新聞09年11月30日（朝刊）「(check！裁判員時代）制約のなか，積極発言／動き出した市民参加」は裁判員による積極的な尋問，質問の様子を伝えている。ある強姦致傷事件では「むかつくんですよね」と感情をぶつける裁判員も登場している。

陪審との大きな違いだ。だから，証人の供述には矛盾があることを確認して被告側が反対尋問をやめても，裁判員は「なぜ矛盾したことを話したのか」を壇上から聞く。つまり当事者の法廷技術で裁判員の心証形成の「材料限定」はできない。証拠の「かたち」と「量」をコントロールして「心証誘導」をすることもできなくなる。

そうであれば，矛盾した供述が存在していることを確認するとき，法廷技術の戦略目標をかえねばならない。つまり，被告側が抱く疑問を裁判員自身が育むように尋問を組み立て直さなければならない。最終的にも，被告側が「合理的疑い」が残ると判断するのであれば，これをそのまま示すのではなく，裁判員が自ら疑いを抱き，これを重んじ，疑いにも理由があることを確信させることが必要となる。反対尋問を通じて「疑いの種」を蒔かねばならない。これを育てて「理由のある疑い」へ成長させるのが裁判員である。「材料限定，心証誘導」型の証拠調べではなく，「材料説明，疑問共有」型の証拠調べが必要となる。

V　判決宣告と量刑相場——裁判員による「人情裁判」の実現

1　論告・求刑，弁論

(1)　本件では検察官は懲役5年が妥当であるとの求刑を行った。論告では，その妥当性に関する理由について，説明した。

その中で，特に，犯行の態様と結果の重大性を重視すべき事を強調した。また，動機面では，被告人の自殺後残る家族を心配したのは「思いやり」ではなく勝手な「思いこみ」であると断罪し，動機面で同情の余地はないと切り捨てた。故意についても「強い殺意」があったと説明した。情状面では，被害者である父が被告人を庇う証言をしているが，指導監督が有効に働くのか逆に疑問がでてくること，中途半端な被告人の性格はこのままでは変わらないこと，甘えの構造は事件当時も今も変わっていないこと，父も被告人の借金は自分が肩代わりするなど鍛え直すという証言と裏腹に甘さが目立つことなどを指摘した。

被告人の反省や被害者が許していることを踏まえても「いたずらに軽い刑

を与えるべきではない」として5年を選んだものだという。

　この求刑は，検察の責務をよく示す適切なものであった。本件では，検察官も直ちに実刑に服させることを妥当とするのが真意ではない面もあったと思う。しかし，検察の責務は，被告人に犯罪の重みを十分に理解させることにある。情状面で親が被害者で宥恕の意思表示をしていたとしても，人を殺害しようとし実行行為に着手したことの重みを明確にする必要がある。同時に，裁判員・裁判官が情状酌量の余地を認めて減軽すれば，執行猶予が可能な範囲での求刑でもある。その点の判断を裁判員と裁判官に委ねたものだ。

　(2)　被告側の弁論は，従来型のものであり，プロ裁判官であればほどほどに考慮してくれる事情を列挙しただけのものであった。逆にそれは，裁判員の納得を本当に得られるのか疑問が残るものでもあった。

　例えば，弁護人は次の事情を量刑を軽くすべき事情としてなんの理由もなく摘示している。(ア)灰皿で頭を殴る方法は殺人の方法として残虐ではない，(イ)負傷の程度は重大ではない，むしろ軽微である，(ウ)前科がない，(エ)逮捕勾留されて不自由な生活を強いられてきている，(オ)家庭で子どもが待っているが，その子どもの面倒を見る人がいない等など。

　しかも，父親，被告人が法廷で述べたことを弁論に十分に組み込む作業，特に裁判員が質問を発した関心事へ答える弁論にはなっていなかった。あらかじめ記録に基づき，また証人テスト，被告人との打合せで得られた情報をもとに組み立てたものをそのまま読み上げたものであろう。「公判裁判」の趣旨を活かさないものであった。

　裁判所は懲役3年執行猶予5年を宣告し，弁護人の弁論と同じ結論に至ったが，これは弁護人の弁論が活きたものとは思いにくい。賢明な裁判員の良識が働いたからではなかったか。

2　「説諭」の意味

　(1)　最高裁が作成した裁判員裁判宣伝用の映画に『評議』と題するものがある。これをみると作成当時における最高裁の考える裁判員裁判のあり方を伺える。『評議』の被告人も殺人未遂で起訴された。被告人とその友人でもある被害者と，被害者と一度だけ不倫をした美しき恋人。結論は，執行猶予付

第 8 章　裁判員裁判のあり方について　99

であったが，最後に，裁判長が「この裁判は，被告人にたちなおってほしいという全員一致の思いをこめたものです」と高らかに訴えかける名場面がある。

　神戸地裁の法廷における判決公判は，まさに『評議』の再来であった。裁判長が被告人を証言台に呼び寄せて前掲の主文を朗読した後，裁判長は，先に，保護観察付き執行猶予の意味について説明する。まず，すぐに釈放されて社会に戻れることを告げ，但し，保護観察に付されるので，保護司のもとで月に何回か相談にいって仕事面のことなど話をして指導監督を受けることになると説明をした。むろん，保護観察の遵守事項を守らないと，執行猶予が取り消されることもあるし，また，執行猶予期間中に別の犯罪を犯して裁判になると，今回の執行猶予も取り消されて今回の刑も一緒に服することになるといった説明を分かりやすくした。

　その後，「では，理由を述べます」とし，裁判員裁判ならではの執行猶予を付けた理由を説明した。

　まず犯行態様の点では，検察官はガラス細工の灰皿で 2 度思いっきり殴った点に「強い殺意」があると主張したが，さらに攻撃を加えようとはしていないこと，包丁など持ち出していないこと等を指摘して，強固な殺意があったという点は賛同できないとした。

　また，父親が証言台で，被告人を甘やかしたことを認め，自分も加害者かもしれないと告白していること，その父親が被告人がはやく戻ってくることをねがっていることを指摘し，さらには，18 歳，14 歳の子供達も同じ思いであることを指摘した。

　「こうした家族の気持ちは最大限尊重するべきであり，今，被告人を刑務所に入れることは，家族の心に与える打撃はかなり大きく，これは避けるべきである」という。

　本人の反省，前科のないこと，40 才と若いことなど考慮し，被告人を立ち直らせるのには，服役させて厳しい規律のある生活をさせることも考えられるが，むしろ，父の監督とともに保護司，保護観察官の監督に服させて，社会で更生する機会を与えるのが相当である，という。

　(2)　裁判員裁判の妙味が表れたのは，3 点ある。

　(ｱ)　まず，刑法 66 条「酌量減軽」規定の積極的な活用である。同条は「犯

罪の情状に酌量すべきものがあるときは，その刑を減軽することができる」と定めるが，運用上は法定刑の下限での量刑であってもなお重いと認めるべき事情が特に認められるときに慎重に適用されてきている。しかし，本件では，裁判員は事件全体の事情に照らして「酌量事由」を認めたものであろう。

（イ）次に，執行猶予に保護観察を付した。これも一般には初回の執行猶予にはつけないというプロの裁判官が形成してきた量刑相場から逸脱する選択である。家庭で起きた事件を社会がその後も見守るための措置を発動すること等の効果が見込まれる。保護司と定期的に話し合いをする機会を被告人に提供し，社会，地域，人間関係からの孤立を避けること。市民が加わったことがこうした量刑判断を導いたものであろう。

その意味でも，市民良識が活きた法廷であったと言える。

（ウ）最後に，判決宣告後の説諭であった。規則221条は「裁判長は，判決の宣告をした後，被告人に対し，その将来について適当な訓戒をすることができる」とされている。

プロの法律家同士の裁判では，こうした訓戒がないことも多く，なにかひと言あっても，ごく杓子定規な味気ない一般論であったりする。しかし，今回は違った。裁判長は次のような心のこもる説諭を行った。

「あなたに対して，裁判長，裁判員，裁判官はどのようなことばをかけるか，話をするか，話し合いました。その内容は次のようなものです。

人間誰しも弱さがあるが，あなたも自分に弱さがあるとの自覚を持ち続けて，それを克服していってほしい。生まれ変わるほどの気持ちになって欲しい。あなたにはプライドがあるようであるけれどもなりふりかまわずに立ち向かって欲しい。お父さんがあなたのことを大事に思っていることは痛いほどよく感じます。また長女，長男が思春期にあってこれからいろいろ大変な苦労，困難があると思いますが，家族を大切にし，みんなで幸せに活きていってほしい，というのが，みんなの思いです。

あなたが拘束されているのは夏の暑い間でしたが，今日は青い空，秋空です。空気も澄んでいます。秋の空気を思いっきり吸って，新しい生活に進んでく

ださい」[13]。

執行猶予の宣告とともに，勾留の効力はなくなる。傍聴席にいた父親が，弁護人に促されて法廷側に入り，被告に近づく。腕をなで「よかった，よかった」と頷く。息子である被告も深く頷き返していた。

ウ　判決宣告，特に説論を聞いて「人情裁判」という言葉が浮かび上がった。テレビドラマのような世界を実現したのは，補充裁判員を含めた8人の市民と，彼らの良識を十分に活かせるように配慮した裁判長ではなかったか。みごとな裁判であった。かくして，裁判員裁判定着のめどはたったと思う。

もっとも，事件全体をみたときに，「ケース・セオリー」がこれでいいのか幾分の疑問がある。というのも，ガラス細工の灰皿を凶器とする3人の殺人計画を立てて実行に移したというのであるが，どこか違和感がある。しかも，自殺の準備中に一家心中を思いついたというのも犯行の動機として唐突すぎる。父から殺すつもりになったというが，次に，実の子二人を本当に手にかける決意がついていたのかどうかも定かではない。本人が殺すつもりであったと認めたとしても現実の行動はそこまでのものではない面がある。実行行為のもつ危険性が故意を超えられないのであれば，やはり殺意の有無も争うべきではないか。

Ⅵ　総括——裁判員裁判と法廷革命
　　——「ケース・セオリー」を活かす

1　本件では，結果として執行猶予を求めた刑事弁護の方針は功を奏したこととなった。その決め手となる情状として何を裁判員・裁判官に説得できたのかは，その弁論を見ていると疑問の余地なしとしない。

情状のみ争う事件であっても，刑事弁護の側のいわゆる「ケース・セオリー」は重要である[14]。これは事実上の主張と法律上の主張，これを支える証拠構造によって構成される当該事件について被告側が裁判員・裁判官に立証すべ

---

(13)　説論については，さしあたり，読売新聞09年9月9日（夕刊）参照。
(14)　Thomas, Sentencing : Where Case Theory and the Client Meet, 15Clinical L. Rev. (2008) 187.

きいわば「物語り」である[15]。いくつかの要素で成立する。

①まず，本件で生起した事実を被告人の目で説明すること，その裏づけとなる証拠を法廷で顕出すること。

②事実に潜む無理のない法律上の争点を抽出すること，これを被告人の有利に解決できる判例・条文・原理原則を摘示すること。

③そして最後に，事実の経過と法律上の主張が社会の道徳観が是認する範囲のものであること。

「ケース・セオリー」の構成上，特に弁護人に求められるのは「事件の底辺にある道義上の課題（moral theme）を正確に摘示すること」であろう。「市民は道義的非難を高めていき，これに併せて法的な判断をすることに強く惹かれる」[16]。

「ケース・セオリー」の最後の選択は被告人が行なう。これをサポートするのが，法曹＝弁護人の任務である。

2　裁判員裁判では，いわゆる「口頭弁論主義」原理がそのまま法廷で実現されることとなる。法廷技術の善し悪しが，裁判員に伝えるべき「証拠＝情報」が的確に届くか否かを決める。連続的開廷，即日評議，迅速判決のルールで裁判員裁判は進行する以上，有効な情報のプレゼンが不可欠となる。市民の良識が十分に活きる審理と評議を作出するのが法曹の任務となる。

従来は，運用上「法曹」（裁判官，検察官，弁護士）が手続を主導し判断し決定していた。実質的な意味で被告人たる市民が「参加」する場でもなかった。傍聴席にいる市民と同じく法曹の動かす刑事裁判を見守るしかなかった。

---

(15)　See, Miller, Give Them Back Their Lives：Recognizing Client Narrative in Case Theory, 93 Mich.L.Rev.485, 492. 他に，「ケース・セオリー」について，M.J.Berger, J.B.Mitchell, R.H.Clark, Trial Advocacy（2008, 2nd）, 33ff. また，日弁連・法廷弁護技術（2007年）69頁以下（河津博史）参照。但し，T.A.Mauet, Trial Advocacy（2007）, 23-29pp は "theory of the case" といい，Steven Lubet, Modern Trial Advocacy（2004, 3d）8-14ff は "trial story", David Ross（QC）, Advocacy（2007, 2nd）12p は "concept of the case" と表現する。「物語り」として被告人の主張を取りまとめることはほぼ共通しているが，事実認定，法律構成，証拠構造そして道徳観との整合性等強調すべき点が幾分異なっている。

(16)　C.H.Rose Ⅲ, Fundamental Trial Advocacy（2007）, pp33-39. 裁判員裁判との関連で「ケース・セオリー」を元に裁判員を説得するにあたり，本文引用のように「法律，事実，道義」を三位一体で構成することが必要であると摘示する。

だが，21世紀は政治・経済・社会・福祉すべてにわたり市民が主体となって我が国の構造改革をすすめなければ国が衰退に向かう時代となっている。司法改革も国家「日本」を立て直す大切な改革のひとつである。事実認定，法律適用，量刑を介して刑罰権行使の要否・当否を判断するプロセスの主体を，プロの「法曹」から「市民」に置き換えるべき時代となっている。

　その理由は，大局的・法史的に言えば，我が国を内治の面で支えてきた「官僚機構」の疲弊，社会経済システムの金属疲労とこれに伴う「市民社会」の崩壊が極限に来ているからであろう。その再生を果たす担い手は，市民自身であるしかない。

　刑事裁判に裁判員が登場することにより，プロの法律家が大量処理すればよい事件の一つずつに個性が生まれてくる。今まで，官僚裁判官は，独自の治安維持の観点から「疑わしきは被告人の利益に」「合理的疑いを超える証明」等の刑事裁判の鉄則を歪めてでも刑罰権を行使してきたといってよい。その全体的な歪みを，個々の事件にのみ責任を負う裁判員が修正することが可能となる。量刑についても個性を活かした判断がなされやすくなる。

　今回の神戸地裁の裁判員裁判は，「市民主義」裁判の未来に展望を感じさせるものであった[17][18]。

---

(17)　関連して，拙著「裁判員裁判で市民社会は変わるか―『司法改革』と『市民主義』の時代」地方自治職員研修586号（2009年）21頁。

(18)　なお，筆者は，神戸地裁における本件裁判員裁判については，神戸新聞（夕刊）09年9月9日に「真実を聞く場に近づいた」と題して以下のコメントを掲載した。
　「市民が主役の裁判で，分かりやすい立証に変わった。検察官の供述調書朗読は見事だった。モニターで視覚的に主張を示し，リズミカルに物語を読むようだった。裁判員の胸に響いたと思う。
　一方，弁護側は旧来の刑事弁護の枠を超えておらず，工夫の余地がある。検察と違って，弁護は当番や国選により個人で事件を受け持つ構造的な弱点がある。組織的研修で力量を高めてほしい。
　検察も弁護側も，どのような刑が妥当かを正直に裁判員に伝えるようにしないといけない。「（判決は求刑の）8がけ」という司法の常識はわかりにくい。時間に追われる「効率司法」の裁判も避けてほしい。
　裁判員は，厳しく叱るように，優しく諭すように，市民の目線を活かしながら本質を突いた質問をし，被告人の本音を引き出していた。
　判決後の裁判長の説諭は，市民による賢明な評議，思いをくんだ味わいのあるものだった。被告の立ち直りにも有効では。保護観察を付けた判決は，社会全体で被告人を見守ろうとした市民の英知が生かされ，画期的だ」。

第9章　裁判員裁判と「誤訳えん罪」
——ガルスパハ・ベニース事件

> An interpreter must use his or her best skills and judgment to interpret accurately without embellishing, omitting, or editing. When interpreting for a party, the interpreter must interpret everything that is said during the entire proceedings. When interpreting for a witness, the interpreter must interpret everything that is said during the witness's testimony. — California Rules of Court, rule 2.890（b）

I　「誤訳えん罪」——問題の所在として

1　2010年11月13日，大阪地方裁判所は，ドイツ国籍を持つ，南アフリカ出身の女性被告人（氏名は一審段階で新聞で報道された。以下，これに従いベニース被告という）が，関西国際空港に到着した際，2,988グラムの覚せい剤をスーツケースにいれて持ち込んだとし，覚せい剤取締法違反被告事件（営利目的覚せい剤所持）および関税法違反被告事件について，3日に及ぶ裁判員裁判の末，懲役9年，罰金350万円（未決勾留日数中80日算入）とする実刑を宣告した（求刑は懲役12年，罰金700万円であった。大阪地判平21・11・13，平成21（わ）2491）。2010年10月22日，大阪高等裁判所は，被告側の控訴を棄却し，一審判決を是認した（大阪高判平成22・10・22，平成22（う）100）。翌5月18日，最高裁も，被告人の上告を棄却し，事件は確定した（最決平成23・5・18，平成22（あ）1927）。ベニースは今ある刑務所で服役している。

＊本章で「誤訳」とは広義に使っている。白（white）を黒と訳し間違える単純な白黒型の「語彙の誤り」だけではない。コミュニケーション論の専門家が「通訳エラー」と総括する，原語からの多様な逸脱状態を伴う通訳をいう。他に，省略（訳し落ち），追加，編集，文法ミス，文の意味の誤訳，レジスター（register）不一致，言い淀み追加などを含む（Cf., Judicial Council of California/Administrative Office of the Courts, Professional Standards and Ethics for California Court Interpreters, 4th Ed., 2008）。

第9章 裁判員裁判と「誤訳えん罪」 105

　筆者は，本件控訴審および上告審の弁護人として関与した。一審の記録を閲覧し驚くべき問題点に気付いた。「誤訳えん罪」の可能性である。さらに驚くべきことに，これを摘示した控訴趣意書を大阪高裁担当部に提出したが，その審理の中では控訴審は事後審査審であることを隠れ蓑にして司法行政に関わるこの重大問題を隠蔽する審理に終始した。

　2　以下，事件を紹介する。被告人は，事件当時50才代の女性である。南アフリカの公用語である英語を身につけている。イギリス英語系である。ドイツ人男性と結婚し，娘一人がいるが，その後離婚した。事件当時は，ふたりでヨハネスブルグとドイツに各1軒のエステサロンを経営していた。事件当時，ベニースが経営するヨハネスブルグの店もそれなりに生徒を集めていた。
　2009年初め，ヨハネスブルグの店に今から思えばなんらかの国際的な薬物犯罪組織のメンバーと思われる夫婦を装う男女がベニースにアプローチをしてきた。さかんに渡日をもちかけてきたのである。
　被告人は一度目は，指圧などの勉強に行ってはどうかと誘われる。被告人は裕福そうに見える夫婦との関係を保ちできればサロンの生徒に登録をしてもらいたいという思惑が働く。しかも渡日の費用は負担するという。そこで，出向くことにした。被告人の話では，大阪界隈にしばらく滞在したものの，指圧などの業務に関わる情報などは得ることなく特段の所在もなく戻る。2度目は，日本にいる夫婦の知り合いから，現金を預かって持ち帰ってくれと依頼された。スーツケースを渡され，これに知人が現金を詰めて渡すからそれを持ち帰ってくれと言うことであった。被告人は，渡日して友人にスーツケースを渡すが，お金の準備ができないので，待ってくれと言われて戻ってきた。スーツケースはその友人に預けたままであった。そして，3度目の渡日となる。
　夫婦は，集金が確実にできることとなったので，もう一度渡日してほしいと被告人に依頼した。片割れである女性（以下，シンディ）が，出発日当日，家を離れる直前頃，ベニースの家にきた。そして，スーツケースに白色結晶をビニールにいれたものを詰め込んだ。本人も，真空パックにするのを手伝っ

た。これをスーツケースにざっくりといれた。一部は下着でくるんだりしたが，多くは服の合間に入れただけで「隠す」などというものではない。彼女の説明では，夫から日本の友人に渡してくれと言われたというのみで被告人が中味を聞いても自分も知らないと言われた。フライトの時間も迫っていたので，そのままスーツケースを持って空港に向かった。その白色結晶が覚せい剤であり，関空で摘発された。

では，一審の法廷では何があったのか。

II 一審公判における英語通訳――「誤訳」の諸相

1 質の低い通訳人とペア通訳の運用不備――「司法通訳」の現状

(1) 控訴趣意書では，被告人が，シンディーがスーツケースの中に白いものをビニール袋に入れたことは認識しているが，それがなにであるか，現に説明を求めていないし，その点について特に認識を深めることなく，そのままスーツケースを持参して来日したというのがことの真相である，と事実誤認を主張した。より重要な問題として取り上げたのが，一審通訳人による「誤訳」である。被告人の英語による説明が不適切ないし誤った通訳のため，十分に信用されなかった可能性があることである。

一審の公判では，英語を話す被告人のため，男女2名の英語通訳人が選任された。うち男性通訳人一名（以下M通訳人）は関西の某大学の教授で司法通訳に関する研究論文も多く手がける専門家だ。以下もう一方の女性通訳人をFとする。Mは，アジア地域のある言語を介した地域研究も手がけていると聞く。ただ，今回の一審公判の録音は，同人の貧弱な通訳を記録に残している。もっとも疑問であったのが，"I feel bad." を巡る混乱である。

(2) 弁護人は，被告人質問において，被疑者取調べ段階で故意に密輸したのではないかと追及を受けた場面について質問したが，その際，次のような質疑応答となっている。

　　弁護人：あのー，叱責されたということで，あなたはどういう気持ちになりましたか。

F 通訳人：So, since you were accused so many times, ah, how did you feel?
被告人：You feel bad, you know. I feel, felt really bad during the whole time there.
M 通訳人：悪い気持ちがしました。とても悪い気持ちがしました。ずっとでした。
弁護人：これ以上，話をしても仕方がないと思ってね，あのー，もう自分の言い分を主張するのをあきらめてしまったということはないですか。
F 通訳人：Have you ever given up telling your story because you felt it wasn't worth it anymore?
被告人：That I did.
M 通訳人：ええ，そのとおりでした。

＊＊＊

弁護人：それで取調べの時のあなたの心の状態をお聞きしますけれど，自分が覚せい剤を持ち込んでしまったということを知って，どういう気持ちになりました。
F 通訳人：And may I ask you about your state of your mind at that time? And after you found out that was the stimulant drug that you brought, and how did you feel?
被告人：I felt very bad, you know. I felt that, um, that everything was just slipping away from me, that my life was, had slipped away, you understand, because I didn't want to hurt anybody, and I didn't want to do any harm to anybody, you see.
M 通訳人：とても，あのー，悪い気持ちがしました。
F 通訳人：申し訳ないということです。
M 通訳人：bad は。
F 通訳人：罪悪感を感じるとか。
M 通訳人：とても……。bad をどうしましょう。
F 通訳人：とても申し訳ないというふうに感じました。私はだれを傷つける意志もありませんでしたし，だれも傷つけようとは思っていませんでした。

そして私の人生が手から，あのー，滑り落ちて行くような感じがしました．

弁護人：えーと，申し訳ないという気持ちと，そのー，人生が手から滑り落ちて行くというのは，将来に対する何か絶望のようなものを感じたんですか．

F通訳人：What you just mentioned is that you felt really bad, and you thought oh, the life is slipping away. That means you had, you heard, you thought some devastating feeling towards your future?

被告人：I'm so worried about my future, you know. And I was told I wouldn't see my family again, and all that kind of thing. So you just give up on everything, you see.

M通訳人：はい．あのー，えー，将来のことを考えました．えー，家族に会えなくなってしまうというようなことを含めて，とても，あのー，つらい気持ちになりました．

F通訳人：会えないと言われて．

M通訳人：家族に会えないと言われて，えー，絶望の気持ちになりました．

* * *

弁護人：で，最後に若干お聞きしますけれど，今回，あなたの認識はともかくとして，結果として自分自身が覚せい剤を日本に持ち込んでしまったと．このことについて，あなたは今どういうふうに考えていますか．

F通訳人：Finally, I'll ask you a question. Regardless of your acknowledgement toward this act being an illegal one, but, what do you feel after you found out about..?.. drug that you bring into Japan?

被告人：I felt, as I said before, I felt very bad, you know, because I was told how many people, you know, young people were going to become addicted. And, I mean, I'm a mother myself, you see. So these, these are things I didn't want to get involved with, and I don't want to add to other people's pains and all that, you see. So it really brought me down.

M通訳人：えー，非常に深く反省しています．えー，あのー，今回聞いたことですが，何人も多くの若い人たちが，えー，この薬物の影響を受けてい

第 9 章　裁判員裁判と「誤訳えん罪」　109

　　ることを知りますし，知りましたし，私も母親の1人として，えー，そのようなことがあってはならないと思います。たいへん，えー，つらい気持ちになりました。
　F通訳人：ちょっと訂正なんですけど，以前も言ったとおりに，申し訳ないという気持ちになりました。そして若い人たちがこの薬物によって中毒になるということを聞き，私も母親として，そのように人をつらい思いに遭わすということをしたので，すごく落ち込みました。

(3)　被告人主質問の段階で被告人が故意に覚せい剤を密輸したことを前提にして事件について「反省」することはない。何故なら，被告人が述べているのは，白色結晶が覚せい剤であるとの認識はないという点に尽きる。控訴審において，筆者との接見を通じて，「結果としては大量の覚せい剤を持ち込んだことについては，謝罪すべき事態を招いたものである」旨供述するに至っている。しかも，取調べで捜査官の追及にあって追い詰められている心境を説明する描写として，"I feel bad." と述べている。これは，自分が追い詰められており，大変まずい事態に立ち至っている，という心理的風景を表すものだ。小説などにもおりおり出てくる。特殊な表現でも難解な表現でもない。しかし，上記のように，F通訳人がまず誤った通訳を提示し，のみならず，自ら訂正をはじめ，しかも全体としては正しい通訳が何であったのかまとめていない。M通訳人は，自らの自信のなさを露呈して，法廷で「生徒が先生に質問をする」英会話教室を作り出してしまった。
　この後，被告人は弁護人の質問にも検察官の反対質問にも，覚せい剤密輸の故意を明確に否定する。こうして，「反省」と「否認」が混在するいい加減な供述をする被告人像がくっきりと裁判員と裁判官の前に現れることとなった。理由は，誤訳とペア通訳運用の原則を逸脱した運用にある。

2　「誤訳」と被告人の人格・供述の信用性
　他にいくつか例を示す。
(1)　フランク等の依頼内容について
　　【Q】1：検察官：あなたの昨日のお話によれば，前回よりも報酬が倍，要する

に，5万ランドから1万ユーロに今回増えた理由が，確実にお金を回収することにあるということであれば，確実に回収すべき金額が一体いくらなのかということを，あなたが知らないと，確実に回収なんてできないのではないですか。

被告人：They didn't tell me the amount I was supposed to collect, you know.〔(訳) 私が回収することになっている金額については，彼らは私に話しませんでした，お判りですか。〕

M通訳人：私が回収すべきお金の金額について，彼らは私に言ってくれませんでした。じゃないですか。

被告人：And they did want to make sure that I return with their, with their bag.〔(訳) そして，彼らは，実際，私が彼らの，彼らのかばんを持って必ず帰ってくることを望みました。〕

M通訳人：えー，バッグを返すっていうことも，えー，確かに期待していました。

F通訳人：ちゃんと鞄を持って帰るということも。

【Q】2：検察官：あなたの昨日の公判でのお話によれば，シンディらは大金を持ち逃げするのを恐れ，あなた以外には頼めない，あなたの住んでいるところを知っているなどとおっしゃっていたんであれば，なおのこと，わざわざあなたに頼まずに，直接口座振替の方法によったほうが安全なわけですよね。

被告人：I said that the time when Frank asked me that the bank will be safer, you see, but Cindy said, you see, they can't use somebody else, because me they know where I stay and work.〔(訳) 私は，フランクが私に頼んだときに，銀行のほうが安全だろうと言いました。お判りですか。でも，シンディが言ったんです。お判りですか。他の人は使えない，なぜなら，私に関しては，どこに住み，働いているか知っている，ということでした。〕

M通訳人：私もそう言いました。あー，でも，銀行のほうが安全だと言いました。でも……。

F通訳人：フランクに対して。

M通訳人：え？

F通訳人：フランクに対して。

M通訳人：フラ，フランクに対して，え，そう言いました。えー，しかし，私の住んでいるところも知っているし，他の人に頼めないし，私のほうがっていうことになりました。
F通訳人：と，シンディが言いました。

　(イ) 被告人の供述は，具体的に明確である。被告人の主張は，「マイケルが日本で自分に渡すスーツケースに現金が入っている。これを確実に，フランクに届けるのが，自分の引き受けたことである。自分としては，金額がいくらであるのかなどにはなんら関心もなかったし，フランク等は説明もしなかった。但し，フランク等は，被告人はヨハネスブルグで仕事をしているし，職場も知っているので，信頼して任せることができる。また，高額の報酬を約束すれば間違いなく持って帰ってくれると思ったのだろう」。
　ところが，通訳人の介在が裁判員に「歪んだ被告人像」，「歪んだ弁解」という次々と事実認定の土台を崩す情報提供を行っている。なぜそうなっているのか，再度整理しておく。第1に，M通訳人がしどろもどろになることで，被告人の供述の明快さが損なわれている。第2に，F通訳人の介在が中途半端である。結局，M通訳人の通訳の何処を補充したのか，明確でない，全体として，被告人が何を言ったことになるのか，法律家は誰も問いただしもしていない。第3に，F通訳人の介入訂正にも不正確な表現が見られた。
(2)　フランクフルト国際空港でのシンディーに対する電子メール
　(ア) 裁判所は，空港での検査状況をメールで連絡したことが，輸入してはならない貨物を輸入しているとの認識を裏づける事実であると位置付けた。だが，裁判員と裁判官は，法廷における次のような通訳人の誤った通訳情報を前提にしながらこの点に関する評価を行っている。裁判員2番が質問した際に次のやりとりがあった。

　　裁判員2：メールのチェックの所で，モア　セキュリティ　チェックス　ザン　ビフォア　アラート　フォー　サムシングというこの文章ですが，ここは，長い列をなしているので，そういう状況ですよということを伝えるためだけに，このメールを打たれたという理解で間違いございませんか。

被告人：It was a long line, and I didn't have, you know, much to do, just standing in the line, so I just sent a mail to say that it was a more security check. It was only for hand baggage and all that anyway, you see. It wasn't, It hadn't got nothing to do with the rest of my bags.〔(正確な訳) 長い列がありました。そして，私は，そうですね，あまりすることがなく，ただ列に立って並んでいるだけでした。そこで，ただ，セキュリティ・チェックが厳しくなっているということを言うためにメールを送っただけです。それは手荷物に対してだけだった，どっちみちそれだけだったんですよ。私の他のかばんには関係ありませんでした。〕

M通訳人：えーと，長い列があったので，あのう，他にすることがなかったので，えー，そういう，あのう，メールを送りました。えー，えー，えー，……私は，それ，ただし，それは，あのう，えー，えーっと，携行品，手で持っているものについてのことで，あの，それ以外のことを意味していたわけではありません。

　(イ) 被告人は，乗り継ぎ口に向かう途中のパスポートチェックのポイントで，手荷物検査とともにパスポートのチェックを受けたが，そのときに，長い列になっていたのをみて，なにげない感想を洩らしたのみである。

　ヨーロッパのハブ空港では，乗り継ぎ便搭乗のために，ゲートを移動するときに，空港内でパスポート・チェック・ポイントがあることは一般常識である。

　ここで，列ができてそれなりに時間がかかることを計算に入れて，移動をしなければならないことは，旅行者の常識である。

　他方，その待機時間に，何気なく携帯電話で無事に到着したことを連絡したり，空港の様子を携帯電話の写真で撮影して，送ったりするなど，退屈を紛らわせるために，空港の様子を知らせることもよくある。

　ましてや，ここでは手荷物の検査しか行われない。被告人が正確に述べているように，スーツケースのこととは全く関係しないことである。

　むろん，フランクフルト空港でのパスポートチェックに時間がかかることと，関西国際空港で最終的にスーツケースを受領した後に，税関検査を通過

するときの状況が関わることも全くあり得ない。

　本件で，問題になるのは，被告人がその点について明確に説明をしたのに，通訳人のしどろもどろの通訳を介して，あたかも裁判員にいい加減な，ごまかしを述べてる印象を与えたことである。

　そのことが，裁判員の「誤解」「偏見」を潜在的に呼び覚まして，被告人のこの点の説明は虚偽であるとの判断に結びついた可能性を否定できない。

　かかる歪められた通訳情報に基づく裁判員と裁判官の判断は，誤りである。

(3) **関西国際空港での税関検査における被告人の言動**

　(ア) 税関職員にスーツケース内の白色結晶について問い質された瞬間に，事実と異なる説明をした点を根拠に，一審判決は輸入してはならない物の輸入の認識があったと推認した。控訴審もこれを是認している。しかし，ここでも，「歪められた通訳」が，被告人の説明に関する信用性について，裁判員があやまった判断，評価をしている可能性を否定できない。それが，事実誤認の主要な原因になっている可能性，危険性を否定できない。

　すなわち，スーツケースの内容について嘘をついているかどうかについて，次のようなやりとりがあった。

【Q】1：**裁判長**：なぜこんな風に言ったんですか。

被告人：At first, I was just shocked, you know, it's the reaction, the first reaction.［(正しい訳) 最初，ただショックを受けましたよ。その反応です。最初の反応です。］

M通訳人：まあ，最初の，私の最初の反応としてショックを受けたことがあります。

【Q】2：**裁判長**：ショックを受けたので，嘘をついたのですか。

被告人：No, I didn't lie that I know what it was. I didn't know what the substance was.［(正しい訳) いいえ，それが何だったかを知っているという嘘をついたのではありません。その物質が何か知らなかったのです。］

M通訳人：いえ，嘘をついているわけではないです。あの，知らないっていうこと。中に，中にあるものが何か分からない，中身が何かわからないと言ったんです。

被告人：But I, about someone putting it there, that's what I didn't say right. [（正しい訳）でも，誰かがそこに入れたということについては，私は正しいことを言いませんでした。］
　　M通訳人：えー，誰かが入れたのかもっていうことを言ったっていうことは，あの，えー，えー，間違ってたことだと思います。
　　【Q】3：裁判長：それは嘘だったということですか。
　　被告人：I could have said that that lady had helped to put it there that I didn't do.〔（正しい訳）その女性が，それをそこに入れるのを手伝った，だが私がやったのではない，と言うこともできたでしょう。］
　　M通訳人：（沈黙）
　　F通訳人：ある女の人がいて，その人が荷造りをするのを助けてくれたと言った方が良かったのかもしれません。

　（イ）誤訳の構造について指摘する。この部分は，被告人の英語での発言の趣旨がわかりにくい。それだけに，どうわかりにくいかを通訳することこそ求められている。ところが，通訳人は，裁判長の【Q】1の質問に対する被告人の発言について，関係を逆にして通訳した。また，「物質」が「中身」と誤訳されている。【Q】2の被告人の供述について，M通訳人は言い淀みを加え，文全体の意味を誤り，英語の語順を活かした意味を伝えていない。さらに，【Q】3の質問への被告人の発言について，M通訳人は無言であった。通訳ができなかった。理由は不明だ。F通訳人があわてて補う。だが，F通訳人の通訳も必ずしも正確ではない。被告人が自ら覚せい剤の荷造りをするのを「ある女の人」が助けたという趣旨が強くなっている。しかもいままでの説明にでてこない新たな女性が被告人を助けたことになる。だが，被告人が述べたのは「その女性（that lady）」，シンディがスーツケースに荷物を詰めた，これは被告人本人がしようとしたことではないという趣旨である。「ある女の人」と訳すと，ここで新たに作り話を始めた印象を残す。F通訳人は，M通訳人が訳すべきものと期待をもちつつ，それまでの経過から常に自分が介入しなければならないかも知れないとの不安も持って待機していた。現にM通訳人が沈黙したため，介入を余儀なくされたが，その不安状態での

第9章 裁判員裁判と「誤訳えん罪」 115

通訳が不正確な通訳を促す原因となっている。

　この結果，裁判員・裁判官には，被告人が述べたことをそのニュアンスにそって伝える通訳はなされていない。極めて難解な文学的表現や文化的宗教的背景の違いが意味の違いを生むような高等なレベルでのニュアンスの差の問題ではない。M通訳人の「誤訳」の理由は，単に，聞き取れていない，聞き落としがある，通訳脱落をしている，それを防ぐ正確なメモ取りなどがなされていない可能性があるという次元にある。プロの通訳人であれば考えられない初歩的な次元での誤訳である。

　かかる「誤訳」が生じた背景はなにか，以下で分析する。

III　控訴審「事後審」の審理回避
　　　──裁判員法65条記録媒体問題

　1　一審の誤訳の状況は，一審弁護人が保管していた記録更新用の音声録音媒体を引き継いだので正確に確認できた（なお，これは裁判員法65条による記録媒体ではない）。但し，筆者は，この記録媒体の英語，日本語をすべて反訳して控訴審で事実の取調べを請求したが，裁判所は証拠採用を拒んだ。

　2　さらに，裁判員法65条の記録媒体の扱いについても問題が生じた。前提として，裁判員裁判導入にともない，裁判員法65条1項により，被告人質問，証人尋問などは，音声録音，画像録画が同時になされ，かつ音声録音の反訳ソフトも開発されている。これらは，一審審理中，弁護人には，検索ソフトとともにCDにコピーして手交される（ただし，画像は除く。裁判所で閲覧する。以下，65条記録媒体という）。とくに法規上の根拠に基づく開示閲覧ではなく，裁判員法で明記された記録媒体の活用について，同法の趣旨を活かし，法曹三者の信頼に基づいて，裁判員裁判の円滑かつ公正な運用を実現するための措置と理解すればよい。

　ところで，裁判員裁判の判決に対して，控訴がなされたとき，この記録媒体はどうなるのか。実は，明文規定はない。事実上事件記録とともに，控訴審が司法行政上管理する扱いになる（このことも控訴審の準備過程で知った）。当職は，控訴趣意書を準備しつつ，公判廷における雰囲気，被告人の表情など

裁判員が見分した状況を確認し，これを通じて，誤訳問題の広がりを確認する必要を感じ始めた。そこで，65条記録媒体の裁判所における閲覧と，音声部分のコピーの提供を裁判所に上申した。むろん，特段の問題もなく，両方とも認められると思っていた。

しかし，裁判所は，両方とも拒否した。その理由は，（ア）訴訟記録ではないので，閲覧の対象にならない。（イ）事実上音声記録が手元にあるのなら，それで充分で，裁判員が評議室でみた記録媒体まで弁護人が見る必要などないというものであった。

「コミュニケーション」の本質を理解しない暴論である。しかも，法的に見て閲覧を拒むべき正当な理由にもならない。

3　「裁判員がみたものを控訴審の弁護人もみたい」。これを3人の高裁の裁判官が平然と拒んだ。結局，結論的には，誤訳問題が拡大するのを恐れた官僚的措置以外のなにものでもない。このため，次の措置をとった。（ア）司法行政上の措置発動のため，a　高裁長官宛開示命令の申立，b　措置発動されないことを確認後，最高裁長官宛にも同旨の申立をした。また，（イ）刑訴法上の措置発動のため，a　端的に事実行為としての開示申立（2回実施。）。b　記録媒体の管理の性質を変えるため，提出命令申立，c　存在の確認に関する照会実施申立等など。しかし，職権発動を求める上申に対しては，職権を発動せずとの意思表示がなされた（電話連絡か，記録へのゴム印）。また，これに対する異議申立（309条2項）については，予想されたところであるが，不適法却下（裁判長の処分なし）となり，さらにこれに対してした，さらなる職権発動を他の部の高裁裁判官に求めるために行った，抗告に代わる異議申立（428条1項，2項に基づく）についてもことごとく不適法棄却となった。むろん，特別抗告も効を奏しなかった。

4　記録媒体開示拒否の問題点を整理する。（ア）裁判所は事実上これを閲覧している。しかし，弁護人はみれない。「公正な裁判」に反する。（イ）裁判員法の趣旨に反する。控訴審で裁判員裁判の問題を確認する上でも，記録媒体を閲覧することは不可欠だ。公判廷がいかなる印象を与えるもので

第9章　裁判員裁判と「誤訳えん罪」　117

あったか検討するベストエビデンスだ。評議室で裁判員と裁判官が現に利用した記録媒体こそ、事実誤認、量刑不当の有無、程度、理由を検討する素材になる。証拠として事実取調べをする必要があることは当然だ。逆に、本件の場合、一審における音声媒体のコピーを筆者が一審弁護人から事実上引き継がなかったら、「誤訳」問題は検証できなくなっていた。むろん、被告人供述調書を書記官が作成するが、裁判官が読んで分かりやすいようにきれいにまとめる。本件でも、上記で引用したふたりの通訳人の誤訳とその訂正方法などの混乱振りはまったく記録していない。円滑スムーズな通訳がなされたように取り繕った記録が作成されている。これが正式の訴訟記録であり、控訴審はここに表れている限りでの問題点しか問題にしなくてよいこととなる。現に本件控訴審はこの選択をした。記録上「誤訳」は不存在となる。かくして、「誤訳えん罪」の構図が固められることとなった。

Ⅳ　控訴審判決の「司法通訳」論批判

1　控訴審判決は、司法通訳のあり方について独自の見解を述べている。

> 「そもそも一審の被告人質問の結果を子細に検討しても、その内容は、控訴趣意書において弁護人が主張する被告人の弁解内容の骨子とほぼ一致するものとなっており、このことのみから考えても、一審裁判所が被告人の弁解内容について十分に検討して判断をすることができたことは明らかであって、弁護人が通訳の誤りを指摘する点が、判決に影響を及ぼすことが明らかとはとうていいえない」。

しかし、前述のように、かかる高裁の通訳論もなんら説得性がない。高裁は、65条記録媒体を証拠にして映像を含めて通訳状況を確認することを弁護人が求めたが、これを拒んだ。一審の手続更新用の音声記録を証拠にして耳で確認することも拒んだ。弁護人が明白な通訳のあやまりが連続していることを摘示し、その事実自体は否定できないのに、「一審の通訳人の水準が社会通念に照らしてあまりに低く、誤訳が多発した」と事柄の本質を語ろう

としなかった。さらに，通訳人の誤訳が被告人の人格と供述の信用性判断に影響を与えている可能性は経験科学上否定できない。が，高裁の３名の裁判官はこれにも耳を傾けなかった。この結果，世界に対して，英語であっても正確・迅速な通訳人を保障できない日本の刑事裁判という事実を残した。

2　判決は，さらに，独自の通訳論を述べる。

「そもそも法廷通訳は，通訳人により原供述が記憶，記銘され，通訳人がその意味合いを把握した上で別の言語でそれを即時誤りなく表現するという性質のものであるから，長く複雑な構文による質問や答え，あいまいで趣旨の分かりにくい質問や答えなどを含め，すべてを事後的に見て一言一句誤りのないといえるように正確に通訳することには困難が伴うことは避けられない。特に，本件においては，一審の被告人質問の結果をみれば明らかなように，被告人の弁解には不自然・不合理な部分が多くあり，その趣旨が分かりにくい上，問われたことに対し正面から答えずに言い逃れをしようとしていると見られる部分もあると認められることから，通訳人において，その趣旨を正確に把握することには相当の困難が伴うものであったことは容易にうかがえる。

そうすると，前記のような法廷通訳の性質を踏まえて考えた場合に，特に，本件のような事案において，弁護人が主張するように，通訳人の通訳が，その細部においても言いよどむことなく，事後的に見て一言一句正確に直訳されていなければならないのだとすれば，事実上通訳人に不可能を強いることになりかねないのであって適当とはいい難い。この意味でも，弁護人の主張には賛同できない」。

しかし，本件のペア通訳のあり方に関する評価として基本的に誤っている。
(1)　M通訳人の日本語通訳は，次の問題点を伴う。a：被告人の趣旨を正確に伝える通訳になっていない。正確なメモ取りに基づく再現をする技法がうかがわれない。b：勝手な言葉の並べ替え，省略，脱落が継続的に行われる。被告人の英語＝原語の情報量を保持できていないことが明白である。c：「あ

の〜，え〜」といういわゆる「言い淀み」を頻繁に挿入するため，被告人があいまいで，言い逃れをしようとしながら，供述をしている印象を残す。d: 訳文としての日本語がきわめて貧弱であり，時に直訳をしてかえって意味がとりにくくなっている。

　要するに，M通訳人が犯した誤訳は，プロの通訳人の訓練を経ている場合にはありえない初歩的なものである。かかる質の低い通訳人を任命した裁判所の責任は免れない。

　そもそも，被告人質問も含め法廷では，長く複雑な構文による質疑応答がなされる。そのニュアンスと情報量，原語の文化的社会的意味をほぼ正確に置き換えるのが通訳であり，当初からそれができないことを前提にした立論は誤りである。現に，外交，企業など様々な面で正確な通訳を介したコミュニケーションが行われており，これを支える質の高い通訳人が我が国にはいる。上記立論は，司法の世界のみ，ボランティア程度のアマチュアがカタコト英語で会話すれば足りるという特異な見解を述べたのに留まる。

　(2)　筆者は，かかる状況を言語学の視点で専門的に分析した鑑定書を証拠調べ請求しこれは高裁段階で採用された（水野真木子作成，「鑑定書」）。

　同書は，F通訳人の通訳状況を分析した上で，「男性通訳人の訳し落としの多さは，本通訳人が，ノート・テーキング（メモ取り）の訓練を受けていないことを示唆する」，「男性通訳人は言語変換に困難を抱えており，クイック・レスポンスなどの素早い言語変換のためのトレーニングを受けていないことを示唆する」，そして，結論として，「男性通訳人は，プロの通訳者として仕事をするのに十分な能力や資質を欠いている」と摘示した。

　(3)　2名の通訳人の役割分担が適切に機能しなかった。M通訳人は，男性で髭のある顔立ちで，女性被告人の英語を日本語に通訳する役割を分担し，女性のF通訳人が関係者の日本語を英語に訳す役割を担当した。それ自体奇妙なペアリングである。ペアで通訳をする場合には，メインな通訳人がすべての通訳を担当し，15分程度で機械的に交替する一方，サブ通訳人も通訳が円滑に行われるようにサポートするものである。本件一審の通訳のあり方は2名の通訳人がプロとして会議通訳などを体験したことがない疑いを強くさせる。

これを端的に示すのが，M通訳人の犯した誤りについて，F通訳人の行なう訂正手続の中途半端さである。この結果，通訳情報が混在し，裁判員はなにが正しい通訳であったのか把握できていない。加えて，裁判所が，通訳人に通訳訂正手続の正しい方法を指示していない。つまり，例えば，F通訳人は，「訂正します。○○の部分が誤りです。正確には，□□と訳すべきです。したがって，今，被告人は，『……』と述べました」と的確に訂正手続をとるべきだ。そして，裁判所こそそうした訂正手続を通訳人に指示するべきである。そうした通訳介在の基本的な作法すら一審の裁判官は守っていない。そして，控訴審はかかる運用が被告人の人格と供述の信用性に関する裁判員と裁判官の評価に影響を与える可能性を疑問視することはなかった。

3　筆者は，「事後的に見て一言一句正確に直訳している状態」でないことを控訴理由にしていない。
(1)　通訳の誤りの摘示を，「一語一句」，「直訳」でないことと理解すること自体が，控訴審裁判官の見識不足を露呈している。原語とターゲット言語との価値が同一であり，情報量がおおむね同一であること，話者が伝える骨

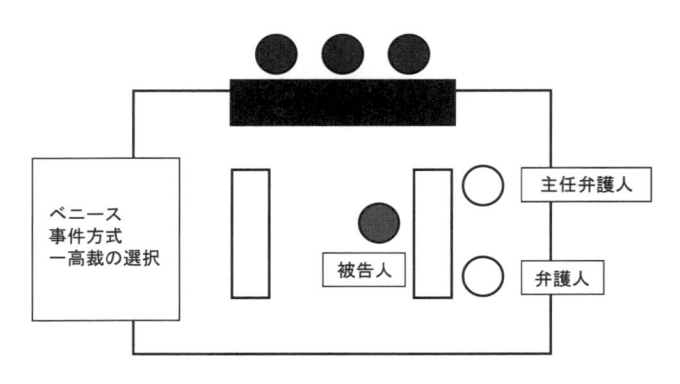

図　大阪高裁控訴審の被告人の居場所

2010年8月以降，大阪高裁の多くの法廷で，被告人は弁護人席の前の椅子に座っている。これは筆者がベニース事件控訴審審理にあたり，筆者自身が法廷通訳人の通訳をチェックしつつ，被告人と英語で会話する必要上，弁護人の横に座らせる裁判員裁判方式を要求したのに対して，控訴審が示した妥協案であった。ようやく東京高裁と同じ配置になっただけのことであるが，今回の裁判を通じて，「司法通訳」のあり方に関連して大阪高裁が示したささやかな改善策である。

格となる意味が伝わること，これらが「通訳」である。「一言一句の直訳」などありえない。が，問題なのは，M通訳人は，「事実上通訳人に不可能を強いる」ようなレベルで誤訳を繰り返しているものではないことだ。単純な聞き落とし，再現メモ欠如，単純な英語構文の理解不足などなど初歩の誤りである。控訴審はかかる「誤訳」を仰々しい飾り言葉で正当化しただけだ。

(2) かかる控訴審の「通訳」論に対して，筆者が上告審に提出した新たな鑑定書，水野真木子「ベニース事件の法廷通訳に関する高裁判決についての意見」(2011年2月10日付け)は，次のように指摘している。

「今回の判決は，『一言一句正確に訳すことは不可能』であるという考えのもと，極めて不正確な通訳をも是とし，通訳に高度の正確性を求めることを非としているように思われる。もしこれが日本の裁判所の基本的な考え方であるとすれば，通訳の正確性について掲げる理想があまりに低く，最初からプロの通訳者を起用することが想定されていないのではないかという懸念を抱かざるを得ない」。

V 「司法通訳」プロフェッショナリズムの確立

以上が一審の通訳事情であった。にも関わらず，一審の法律家(弁護人も含め)も，傍聴席のマスコミも，「誤訳えん罪」が起きつつある過程を見ながら誰もこれを指摘しなかった。「真昼の暗黒」が公開法廷で起きた。控訴審は「司法通訳」しかも英語通訳の「質保障」ができなかったことを公にするのを回避し，この「真昼の暗黒」を放置した。その一方，被告人の人格と供述の信用性は，通訳人の介在によって明白に減退させられ，被告人に懲役9年，罰金350万円(1日換算額1万円)が宣告される土台ができた。しかし，そこに「誤訳えん罪」の危険性が濃厚に潜む。では，かかる状態をどのようにして解消するか。

(1) **通訳人の能力査定**　ア　通訳人として裁判所に登録させるにあたり，語学力と通訳力を専門家が査定し評価を明確にするべきである。イ　通訳人任命にあたり，必ず通訳人尋問を実施して，まず語学力・通訳力を学習した

過程を確認するべきである。なお，留学，海外生活体験では足りない。これらは「通訳技法」の修得とは異なる。「会話」と「通訳」は異質である。「通訳」経験，特にビジネスに関わる民間企業の会議・交渉等の通訳，特に賠償責任を伴う通訳業務の経験，ペア通訳の経験の有無を確認するべきである。司法通訳の経験例も確認を要する（なお，本件控訴審で筆者は裁判所が任命予定の英語通訳人を同行して接見した。その結果，通訳力に疑問をもったので，通訳人尋問を求め，語学力・通訳力に関する情報提供を求めた。だが，裁判所は尋問自体を実施しない職権発動をした）。

(2) **通訳人名簿登録と継続研修**　裁判所が事実上作成する通訳人名簿の運用は2年程度で無効とし，名を残すには語学査定，模擬裁判を含む研修参加を義務づけるべきだ。

(3) **複数選任とペア通訳のルール**　ア　特に裁判員裁判では，複数名の通訳人選任が不可欠だ。ビジネスシーンでは当然のことであるが，15分程度で機械的に通訳人が交代するべきである（便宜的に「主たる通訳人（メイン）・従たる通訳人（サブ）交代方式」とする）。この交替のリズムは通訳人に委ねるべきだ。専門外の裁判所は介入を控えるべきだ。イ　複数通訳人についてはともに質の高い通訳人であることが必要であり，本件のように通訳人間のレベルに極端な差があると法廷があたかも「英会話教室」の観を呈することとなる（前述）。ウ　「本人訂正」の原則の確認を要する。これは会議通訳を専門とするプロの通訳人であれば訓練課程のいずれかで学ぶことだ。但し，訂正を必要とする誤訳にならないようにサブの通訳人が誤りやすい表現がなされたとき（数字，地名，年号，氏名などなど）メモを提示する技法は当然のことである。なおサブが誤りに気付いたときはメモでこれをメイン通訳人に示し，本人が「訂正です。○○ではなく，□□です」等と述べるべきだ。サブの通訳人が「今のは誤りです」と介入するべきではない。

(4) **65条記録媒体の複製保管**　弁護人は裁判員裁判の場合65条記録媒体の複製を必ず入手し，被告人が控訴する場合これを控訴審弁護人に引き継ぐべきだ。これを妨げる規定もないし，実質的な弊害もない。裁判所が，司法行政上の管理を口実にして控訴審段階での証拠としての取扱いを含めて弁護人への開示を拒む措置をとる以上，公正な裁判を実質的に実現するため，

一審弁護人は謄本の消去または破棄，返却の前に，上訴審での利用を含めて手元保管の必要性を判断するべきだ。

(5) **「通訳環境」の確保**　通訳人は，審理中に通訳の実施に関する支障や疑義があれば，審理の妨げになることを恐れることなく，手を上げるなりして「裁判長，裁判員の声が小さく聞き取れません」「弁護人の説明が早口すぎてメモを正確にとれません」等と問題点を的確に摘示し，職権による是正措置を求めるべきである。

(6) **法律家と通訳人の協議**　特に裁判員裁判の場合，法律家と通訳人が事前に打ち合わせを行い，上記の各事項について綿密に確認を採るべきである。総じて通訳運用はいわゆる「会議通訳」を標準とするのが妥当である。かかる打合せを求めるのも，プロたる通訳人の責務である。

　法律家と通訳人が共同して「司法通訳」プロフェッショナリズムの運用を確立することこそ「誤訳えん罪」を防ぐ。

第10章　裁判員裁判と控訴審の機能
―――「破棄」された裁判員裁判

I　ある外国人殺人事件と「破棄」された裁判員裁判
―――問題の所在

　平成24年1月，大阪府内の私鉄某駅付近路上でネパール人男性を日本人男女が襲撃し殺害した事件が発生した。男性甲と乙ふたりは殺人罪に問われ，うち甲について大阪地判平成25・3・28（平成25年（わ）621号　殺人，窃盗被告事件，裁判員裁判）は検察官の求刑通り懲役20年を宣告した。だが，控訴審である大阪高判平成25・11・27（平成25（う）621）はこれを破棄して（但し，法397条2項による破棄である。以下「2項破棄」），自判し，懲役19年とした[(1)]。一審の未決勾留日数の算入が300日であり，被告人控訴の結果破棄されたから法495条1項，2項により上訴後の勾留日数は全部刑期に算入されるので約8月が算入される。実質的には，18年4月程度の懲役である。殺意を上告審まで争った共犯者乙が，検察官の求刑18年を上回る19年で確定したことと比較すると，被告人が後に述べる意味で控訴審で事実を認め反省したことを反映した妥当な結論であった（甲は事件時に被害者から財布を盗んだとして窃盗罪でも有罪とされているが以下では省略する）。

　一審が認定したのは，大要次の「罪となるべき事実」である。

---

(1)　平成25年11月28日毎日新聞（朝刊，大阪）「大阪・阿倍野のネパール人殺害：2審，懲役19年判決　高裁，反省考慮し1年減刑／大阪」は次のように紹介した。「大阪市阿倍野区でネパール人の飲食店経営者を殺害したとして，殺人罪などに問われた建築工，甲被告（23）の控訴審判決が27日，大阪高裁であった。米山正明裁判長は，求刑通り懲役20年とした1審・大阪地裁判決を破棄し，懲役19年を言い渡した。遺族と刑事和解が成立して弁償金が一部支払われたことを考慮し，『被害弁償の努力は軽視できず，反省が深まったと認められる』と判断した。判決によると，甲被告は昨年1月16日，乙被告（23）＝1・2審で懲役19年，上告棄却で異議申し立て中＝らと共謀し，阿倍野区の路上でDさん（当時42歳）を倒し，殴る蹴るの暴行を加えて殺害。さらにDさんの財布を盗んだ。1審で甲被告は殺意を否認していたが，控訴審では殺人罪を認めていた」。

「被告人甲は，平成 24 年 1 月 15 日夜から近鉄大阪阿部野橋駅南にあるバーで乙，丙子及び丁とともに飲食し，翌日午前 4 時 18 分頃，大阪市阿倍野区阿倍野筋 1 丁目 2 番 34 号付近路上（以下，「第 1 現場」という）を，乙及び丙子と歩いていたところ，乙が通りすがりの D（当時 42 歳。以下，『被害者』という），R，M を見つけ，『おもしろいことしたろか。』などと言って，いきなり，被害者らに殴りかかった。その際，乙と丙子は，丙子が R から反撃されたなどと感じて腹を立て，乙の近くにいた被告人は，被害者から押されたなどと感じて腹を立てて，被告人は，被害者の首に自分の腕を回して絞めた。乙と丙子は逃げる R と M を追い掛け，被告人も，その場から逃げ出した被害者を追い掛けた。被告人は，同日午前 4 時 19 分頃，大阪市阿倍野区松崎町 2 丁目 3 番 60 号所在の三喜駐車場西側路上（以下，「第 2 現場」という）で，逃げる被害者を捕まえて道路上に引き倒し，間もなく追い付いてきた乙及び丙子と共に，被告人及び乙は，被害者の顔を殴ったり，蹴ったり，横たわった被害者の頭を踏み付けて路面に打ち付けたり，被害者の顔に自転車 1 台……を投げ付けたりするなどの暴行を加え，丙子は，被害者の顔や体を数回蹴る暴行を加え，ここに被告人，乙及び丙子は暗黙の内に被害者を殺害する意思を相通じ，さらに，同市阿倍野区松崎町 2 丁目 3 番 47 号先路上（以下，「第 3 現場」という。）においても，被告人及び乙は，被害者の顔を殴ったり，蹴ったり，別の自転車 1 台を投げ付けたり，重りの付いたカラーコーン 1 本で被害者の頭部を殴ったりするなどの暴行を加えた。以上の第 2 現場及び第 3 現場での暴行により，被告人らは，被害者に頭部，顔面の多発皮下出血，鼻骨骨折，硬膜下血腫等の傷害を負わせ，同日午前 4 時 49 分頃，第 3 現場において，被害者を外傷性急性脳腫脹により死亡させて殺害した」。

本件は，日本と友好関係にある平和を愛好する国ネパールから来た被害者が日本人女性と結婚しレストランの経営をはじめて静かな生活を送っている最中に，なんのいわれもなく殺害されたものである。マスコミも数次にわたり取り上げている[2]。その犯人の一人に対する裁判員裁判と控訴審裁判の結

---

(2)　「友人ら『死を無駄にしない』／ネパール人暴行死，現場に献花／大阪・阿倍野区／大阪府」朝日新聞 2012/01/29（朝刊），「大阪・阿倍野のネパール人殺害：あなた，どうして／

末が上記のようなものであった。その控訴審の弁護人の一人が筆者であった。以下，関係者のプライバシーに配慮しつつ，事例を紹介し，裁判員裁判と控訴審の関係を考察する材料とする。

II 殺人罪の「故意」と「共謀」
── 一審での食いちがい，控訴審での見逃し

　被告人は，一審裁判員裁判では「殺意＝故意」，共犯者との「共謀」を否認したが，裁判所は共謀による故意の殺人罪を認定した。が，控訴審では被告人はこれらを認めた。その間に，一審弁護人の主張する「殺意＝結果の認容ないし意欲不可欠」説，「共謀＝明示の意思連絡不可欠」説と裁判所が拠って立つ「殺意＝結果の認容も含む実行行為の認識」説と「共謀＝明示または黙示の意思連絡」説の対立と被告人の「誤解」があった。そして，一審関与の法律家達は被告人の「誤解」を放置し，控訴審も裁判員裁判に審理の指針を示す任務を放棄した。ここに裁判員裁判と法律概念の扱い方及び控訴審のあり方に関する現段階の問題点がある。以下，説明する。

1　まず，一審判決は「殺意＝故意」を次のように認定した。
(1)「弁護人は，殺人事件について，被告人は，被害者が死んでも構わないと思ったことはなく，殺意は認められないと主張し，被告人もそれに沿う供述をしている」。しかし，防犯ビデオ映像のDVDや目撃者の公判供述によれば，「被告人らは，第2現場において，被害者の頭や顔に，的確にと表現してもいいくらいに殴る，蹴るなどの暴行を加えている。被害者の頭を路面に打ち付ける音は，数メートル離れた室内にいたHにもはっきりと聞こえたとのことであって，非常に激しいものであったと推測される。そして，証人Sの証言によれば，被告人らは，第3現場において，第2現場の暴行により既にぐったりとなっている被害者に対し，第2現場と同様の暴行を加

夫は無抵抗のまま命を奪われた」毎日新聞 2012/01/30（大阪朝刊），「『日本を愛してくれたのに…』／ネパール人殺害，大阪・法善寺で追悼会」朝日新聞 2012/02/26（朝刊），「無抵抗の夫，なぜ命を／知りたい。でも怖い／ネパール人殺害，あす初公判【大阪】朝日新聞 2013/02/19（夕刊），「味と遺志，妻が継いだ／暴行死ネパール人男性の店，再開／大阪・天王寺【大阪】」朝日新聞 2012/03/17（朝刊）等多数。

えたと認められる」。「被告人らが第2現場で暴行を加えてから，第3現場での暴行が終わるまでの時間は，10分程度と認められる一方……被害者に認められた傷害は，頭と顔に集中しており，その他の部分には致命傷となり得る傷害がない……。すると，被告人らは，被害者の頭と顔を狙って攻撃を加えていたと認められる」。「以上のような攻撃が，被害者の死の結果を生じさせる危険性が高いものであることは明らかである。特に，被告人が第2現場において被害者を引き倒した上で殴る蹴るした行為は，被害者の頭にダメージを与えやすい非常に危険なものである。そして，防犯ビデオ映像により認められる犯行時及び犯行前後の被告人の行動からすると，被告人は，犯行時に，自分の行為を認識できていたと認められる。したがって，被告人は，自分の行為によって被害者が死亡する可能性が高いことを明らかに認識していた」。

(2) また「弁護人は，被告人には被害者を殺害する動機がないと主張する。しかし，動機がなければ殺意は認められないものではない」。

(3) さらに，「被害者の死の結果を生じさせる危険性が高い激しい暴行に及ぶほど，被告人は立腹していたと認められるから，被告人が，自分の行為によって被害者が死亡するという結果を全く望んでいなかったなどとは認められない」。

2　被告人は一市民であり，法律家の助言なしに「殺意＝故意」の正しい理解はできない。一審では，法律家達は，被告人の「殺意＝故意」に関する「誤解」を放置した。その状況を，控訴審は「共謀」の点も含めて是認する。次のようにまとめた。

「原審の公判前整理手続においては，検察官が説明案として『殺してやろう』と積極的に考えての行為だけでなく，『こんなことをすると相手が死ぬかもしれないが，それでもかまわない』との気持ちを持っての行為であれば，それも殺意のある行為と評価される。『犯罪をすることの意思を通じ合わせるには，必ずしも言葉でそれぞれの意思を相手に伝える必要はないと考えられている。』などを提案し，裁判所は，『殺意とは，自分の行為によって，①相手が死ぬ可能性が高いことをどれくらい認識していたか，②相手が死亡す

る結果をどれくらい望んでいたか，という二つの要素を総合して検討する。』などの説明案（共謀については，検察官の説明案と同旨）を提示したのに対し，原審弁護人は，『死ぬ可能性の高い行為であっても，そのような可能性が高い行為であるという認識がなかったり，死の結果を望んでいなければ，殺意は認められない』などの説明をするよう求めた（共謀については，AがBの犯意をBが気付いていなければ，意思の相互連絡がないので成立しないことを付加するように求めたにとどまる）。そして，原審裁判所は，第8回公判前整理手続期日において，争点整理の結果として，殺人事件の争点は，①共犯者らと共同して暴行を加える意思連絡が明示あるいは黙示にでもあったか，②被害者が死亡する危険性が高い行為であると分かってその行為をしたかであると確認した上，争点である『殺意』『共謀』という法律概念の説明については，前記の裁判所による説明案で統一できなかったため，『共謀』及び『殺意』について法曹三者それぞれの説明が異なっていることはやむを得ないという認識だけを共有することとして，これ以上整理手続を行わないことを表明し，終結した」。

3　まず，「殺意＝故意」について振り返る。

(1)　一審裁判所は，相手が死ぬ可能性の認識と死亡の結果の「認容ないし意欲」を総合考量するとしたが，あわせて「例えば『相手方が死ぬ危険性の高い行為（アパートの10階から下のコンクリート面にめがけて人を突き落とす行為など）をそのような行為であると分かって行った』場合には，普通は殺意が認められるといってよい」と付け加えている。例示も含めて理解すると，裁判所は，事案によっては相手が死ぬ可能性のある実行行為の認識があればこれに伴う程度の犯罪実現への意思的態度（表象）も認められるので，故意を認める余地を残す。むろん，「結果の認容ないし意欲」という心理状態まで認められれば「実行行為の認識」もこれに伴う表象は当然にあるから故意が成立する（その意味で，「殺意＝結果の認容も含む実行行為の認識」説とする）[3]。

---

[3]　一般的にも，実行行為の認識が認められれば，故意を否定しないのが裁判所の運用である。例えば，神戸地判平成24年07月20日（平成22（わ）204，殺人未遂）は，「殺意の有無について検討すると，本件木槌の形状，犯行態様，傷害の部位・程度，被告人が転倒した被害者を放置して逃走していることなどを総合すれば，被告人が，人が死ぬ危険性のある行為を，そのような行為であると分かって本件犯行に及んだことは明らかであるから，

(2) だが，これと一審弁護人の主張は明らかに異なる。弁護人は，公判前整理手続段階で，上記①②の説明を前提としながら，実は，②に関連して，「死ぬ可能性が高い行為であっても，その行為が死ぬ可能性が高い行為という認識がなかったり，死の結果を望んでいなければ，殺意は認められない」という点を強調することを求めた。つまり，実行行為の認識だけでは足りず，死の結果の「認容ないし意欲」を積極的に認定できなければ「殺意＝故意」を否定するべきであると主張するものであった。この食い違いは，一審弁護人による冒頭陳述で鮮明になった。「殺意＝故意」について次のように裁判員と裁判官に説明した。

　　「殺意は，検察官が主張するように，死ぬことがわかって，もしくは死ぬかもしれないと思って暴行を行うだけでは認められません。その結果を容認すること，すなわち，死んでもかまわない，と思うことが必要です。そして，被告人は当時，被害者が死んでもかまわない，と思ったことは一度もありません」。

　その上で，被告人に被害者殺害の動機がないこと，酩酊していて身体枢要部を狙って暴行しようと考えていなかったこと，死の危険性のある行為との認識もなかったことなどを摘示した。
(3) この後，弁護人は，被告人質問で，「相手方の死亡という結果をどれくらい望んでいたか」という角度から，被告人に当時の心境（記憶に残るもの）を説明させた。被告人は，事件当時，酩酊のさなかであり，記憶が定着しなかった。自己の行った暴行などについて記憶に残っている場面もあるが，細部までは覚えていない状況であったし，そのときの被害者殺害の意欲といった感情面の記憶も残っていなかった。ただ，そうした状況そのものについて

被告人に殺意があったことは十分に認められる」とする。また，神戸地判平成23年03月24日（平成21（わ）369）も「本件暴行の態様，被害者の創傷の部位，程度及びその数，並びに，犯行に至る経緯及び動機等を総合すると……被告人は，本件暴行という被害者の生命に対する危険性が高い行為をそのような行為であると分かって行ったものと認められるから，被害者の死の結果に対する認識・認容があったと推認できる。したがって，被告人には，少なくとも未必的殺意が肯認できる」とする。

は被告人質問でも正直に答えている。そして，被告人は，弁護人の主張する「殺意＝結果の認容ないし意欲不可欠」説にたって気持ちを整理した。次の質問・応答にこのことが明白に出ている。

弁護人と被告人の「殺意」を巡る質問応答は，すべてこれと同様である。事実としておこなった暴行等は認識している（一部は記憶がない），だが，死亡の「認容ないし意欲」はない，だから，殺意はない，これが被告人の理解であったのだ。

【Q】「あなたは，あなたと乙のDに対する暴行が，Dの死亡の原因になっているということは，そういうふうに思っているわけですか」。
【A】「事実そうなので。申し訳ありません」。
【Q】「あなたとしては，Dを殺す気まではなかったというのは，どうして言えますか」。
【A】「僕，人生で一度も人を殺したいとか，殺そうと思ったことがありませんし，そういうふうに自分が思うというのがあり得ません」。

(4) 弁論において弁護人は再び「被告人に殺意が認められるためには，自らの行為が被害者を死亡させる危険性がある行為であるとの認識があるだけでなく，被害者が死んでもかまわない，という気持ちがあることが必要である」とした上で，証拠を引用してこれを否定する。

(5) 被告人は，被告人質問で，乙，丙子とともに被害者に暴行などを加えた事実（一部断片的であるが），被害者に自転車をぶつけているなどの行動を認識していると述べている。また，被告人は被害者が死亡したことについて深く反省していた。ところが，裁判所が被告人供述を含む証拠をみて被告人の事件当時の「心の状態」を測定する「ものさし」と一審弁護人が主張し被告人にも説明している「ものさし」が食い違っていた。被告人の供述内容でも，一審裁判所の採る「殺意＝結果の認容も含む実行行為の認識」説によれば「殺意＝故意」は充分に認定可能である。しかも，一審判決は補足的に死亡の意欲的なものもあったと認めた。この事情が加われば「殺意＝故意」の認定は一層強固なものとなる。被告人は，供述をしているときに，裁判員と裁

判官がそうしたまなざしで見つめていることに，気づかないままでいた。その点を裁判官，検察官，弁護人など一審関与の法律家は誰もていねいに被告人に説明しなかった。

4 にも拘わらず，控訴審は，以上の法律概念の食い違いに関する一審裁判所の訴訟指揮不行使を，次のように説明して是認する。
(1) まず，「原審弁護人は……公判においては冒頭陳述や最終弁論でも，殺意についていわゆる認容説を前提とする主張を行っており，『殺意には死の結果の意欲（意図，動機）まで必要である』との説に基づく主張はしていない。また，共謀についても，黙示の意思連絡では足りないなどの独自の見解に基づく主張は行っていない」とする。
しかし，この理解が記録に表れている弁護人の主張をみれば曲解であることは明白だ。
(2) 次に，控訴審は，「公判前整理手続で弁護人が裁判所の提示した説明案に納得せず，裁判所が法曹三者の説明が異なっていることはやむを得ないとの認識の共有を確認し，それ以上の整理を行わなかったことは前記のとおりであり，裁判所が評議の際に説明する予定の内容を弁護人に明示する等の措置を執ったことも窺われない。しかし，冒頭陳述では弁護人がこれと異なる説明をしなかった以上，法律概念をめぐる混乱は予想されず，裁判員や被告人に分かりやすい審理をする上で支障はなかったと認められるから，裁判所が法律概念についての解釈を公判廷で明らかにする等の訴訟指揮を行う必要があったとは認められない」とする。
しかし，一審弁護人は冒頭陳述で裁判所の「殺意＝結果の認容も含む実行行為の認識」説ではなく，「殺意＝結果の認容ないし意欲不可欠」説に立って説明している。にも拘わらず，控訴審は，要するに，「殺意＝故意」「共謀」の概念について，法律家の間で共通の理解をしていたが，それぞれの表現が食い違うだけで，同じ基準に沿っていたとうかがえるとする。だから，一審裁判所が特段の措置を講じなかったとしても控訴審の目から見て問題はないとしてお茶を濁した。控訴審のかかる姿勢は，被告人が陥っていた「誤解」を一審裁判所が放任することを許容する。それは被告人にも裁判員にも「わ

かりやすい裁判」を実現すべき一審の責務を免除することとなる。

5 「共謀」についても類似のすれ違いが生じている。
(1) 検察官は，当初起訴状において「被告人は，乙，丙子と共謀の上」全体の暴行を行ったと概括的に主張していたが，予定主張段階では，上記罪となるべき事実記載の第2現場において「意思を通じ合い，殺意をもって，こもごも」暴行をしたと主張し，裁判員に対する法律概念の説明において，次のように主張した。

　「『共謀』は，一緒に犯罪をしようという意思を通じ合って自分たちの犯罪としてこの犯罪を行ったことを意味するのであり，事前にどこかに集まって計画を話し合った上で実行するというような意味ではない。また，一般的に，犯罪をすることの意思を通じ合わせるには，必ずしも，言葉でそれぞれの意思を相手に伝える必要はないと考えられている」。

検察官冒頭陳述段階では，「2人以上の者が一緒になって犯罪をしようという意思を通じ合わせて犯罪を行うこと」とし「必ずしも『言葉』で互いの意思を相手に伝える必要はなく，互いの『行動』などから，互いの意思を通じ合わせればよい」と事案に沿った説明へと修正した。

他方，裁判所は，公判前整理手続で示した共謀に関する説明案で，意思疎通の在り方の部分につき，「意思連絡とは，事前にどこかに集まって計画を話し合った上で実行するというような意味ではない。また，必ずしも，言葉でそれぞれの意思を相手に伝える必要はないと考えられている。」と説明した。

以上に対し，弁護人は，公判前整理手続の段階では，上記の裁判所の説明に「ただし，意思の連絡は相互的でなければならない」と付加することを求めていたが，冒頭陳述では，次のように修正して説明した。

　「共謀が認められるためには，具体的な行為について，お互いが意思を通じ合う必要があります。本件でいえば，被告人と乙，被告人と丙子，もしくは三者間で，一緒に被害者を暴行をしようという意思を，お互いに通じ合わせ

ることが必要です」。

　つまり，弁護人は，「共謀＝明示の意思連絡不可欠」説にたって防御を組み立てる旨，宣言したのである。これは裁判所と検察官が想定する共謀と全く異なる。そのすれ違いを整理することなく，裁判所は審理を進めた。

　(2)　共謀について，一審弁護人は被告人質問では特段問いただしていない。暴行をする意思を乙と丙子と確認する場面がないことを当然の前提にしていたのであろう。この点については，裁判長が確認の質問をし，被告人はこう答えている。

　　裁判長：どういう事情で共謀というのを争うというふうにおっしゃっているんですか。つまり，一緒にやったんじゃないんだというふうにおっしゃってるんですか。
　　被告人：今現在，映像を見た中で，チャリンコを一緒に持ったりとか，丙子，乙，僕，3人で行動したりしてるので，これが共謀なんだと言われたらそうだと思います。
　　被告人：でもただ，一緒に作戦を，こうやって殺そうじゃないかとか，こうやったらいいんじゃないかとか，そういう作戦を組んだことがないので，それが共謀というのであればそうではありません。
　　裁判長：要するに，計画的に何かを一緒に練り込んでやったわけじゃないと，こういう御主張ですかね。
　　被告人：今から一緒にやってやろうじゃないか，そういう，すみません。

　(3)　被告人は，現場において乙，丙子の行っているDへの暴行を認識しつつ，その状態のままで，自己の暴行も行ったものであることは認めている。
　裁判所の解釈によれば，積極的な意思連絡等がなくても，被告人の認識状態で現場での共謀が充分に成立することとなる。だから，罪となるべき事実でも，「ここに被告人，乙及び丙子は暗黙の内に被害者を殺害する意思を相通じ」たと認定した。現場での黙示の意思連絡による共謀である。
　ところが，被告人は，自らの公判廷供述に基づいても裁判所の事前説明に

いう「共謀」があると法的評価をうけることを充分に理解できないままであった。

6 以上を振り返ると，一審の審理には次の瑕疵があり，控訴審の審理はこれらを判決で摘示しない瑕疵があった。

(1) 公判前整理手続，公判手続を通じて，裁判長は，被告側の「殺意＝結果の認容ないし意欲不可欠」説・「共謀＝明示の意思連絡不可欠」説は裁判所の採用しない法令解釈であり，裁判所の前提とする「殺意＝結果の認容も含む実行行為の認識」説・「共謀＝明示・目次の意思連絡」説に従うよう指示するべきであった。そうしなかった点で一審の審理には裁判長による訴訟指揮に誤りがある（法294条）。

(2) 裁判員も誤解したまま審理に臨み，評議を進めたと推測できる。裁判員らは，評議室で裁判所の「殺意＝結果の認容も含む実行行為の認識説」と「共謀＝明示または黙示の意思連絡説」にたって被告人の説明を聞き，被告人自身は，「殺意＝結果の認容ないし意欲不可欠」説，「共謀＝明示の意思連絡不可欠」説によって気持ちを整理するというすれ違いが発生していた。この結果，裁判員は法令を誤解している被告人の説明を批判的にみるのは当然である。本来の「分かりやすい審理」からはほど遠い。裁判長は構成裁判官らとともに法令の解釈にかかる判断を評議の場で裁判員に示し混乱が生じないようにする責務を負うが，これに反している（裁判員法66条3項）。

(3) 一審裁判所は公判前整理手続段階で，裁判員に示すべき法律概念を法律上の争点とし，法律解釈は構成裁判官に委ねられているので，裁判所が示す，「殺意＝結果の認容を含む実行行為の認識」とする定義，黙示の態度での意思連絡を含む共謀の定義によって本事件を処理する旨宣言するべきであった。

7 一審裁判長が法律概念を巡る争点について適宜に処理していれば，弁護人が殺意には「結果の認容ないし意欲」が不可欠であるとし，「共謀」には「明示の意思連絡」が不可欠であることを主張し続けることはなかった。被告人は，自己の記憶する事件についての認識状態でも判例のいう「殺意＝故意」「共

謀」に含まれることを理解できた。従って，一審段階で被告側は殺意と共謀を認めて審理に臨んだ可能性も否定できない。事実面・量刑面に大きな差異が生じてきたはずだ。

　一審の訴訟指揮には甘さがあり，これは判決への影響性も明白である。これらのことを控訴審こそ端的に摘示すべきであった。本件控訴審は，本件裁判員裁判を尊重する余り，一審においてあるべき訴訟指揮を摘示することを忘れている。

Ⅲ　誤った「行為責任」論
　──証人尋問実施と示談の努力を非難する量刑判断

　1　一審判決は，量刑理由の説明にあたり，次のように述べて，以下の一連の被告人の防御活動を，「行為責任」の枠で「責任非難」をさらに高める要素となるとした。

　　「不合理な弁解をして被害者の妻を始めとする多くの証人を法廷に引っ張り出すなど裁判を長引かせる一方で，被害弁償金を提供することにより，経済的に苦しい立場に置かれていると思われる被害者の妻を長らく板挟みの状況に置き，精神的に追い詰め苦しめていることは，行為責任の枠内で被告人の責任を重くする方向に働く」。

　この刑の量定は，刑法の責任主義に違反する，これが控訴審弁護人の主張であった。
　責任主義は，犯罪と刑罰を定める刑法典各条に内在する原理である。その由来は，憲法 31 条の求める適正手続原理である。国家刑罰権行使にあたり責任主義に従うことが適正かつ厳正な処罰の実現に至るからである。
　被告人が起訴された殺人罪（刑法 199 条）は，「人を殺した者は，死刑又は無期若しくは五年以上の懲役に処する」と規定している。条文が規定する犯罪行為＝「人を殺した」ことに対応して，法定刑の範囲で処罰をすることが求められている。その定める刑罰は，「人を殺した」行為の「行為責任」と，これを実行した限度での「者」＝「行為者責任」を総合して問うことを予定

している。この場合,「行為責任」とは,自由な意思によって選択した犯罪行為（生じる結果の重大性を含む）の限度で,刑罰を科すものとする原理である。「行為者責任」とは,かかる犯罪行為の主体となった範囲での人格的態度を非難の対象とするものである[4]。

ところが,一審裁判所は,証人尋問の実施による手続の長期化と被害者の妻への示談の申出を「行為責任」の枠内で刑を加重する理由とした。これは責任主義を全く無視した量刑を行ったものであるが,控訴審もこれを是認した。以下検討する。

2 まず,証人尋問について検討する。
(1) 控訴審は次のように弁明する。

「この説示の前半は,本件手続が長期化した原因は,被告人が明らかな客観的証拠や目撃供述がありながら自己に記憶のないことを拠り所に不合理な弁解を続けたためであるとする趣旨と思われるが,そのことと,説示の後半の,被告人による弁償金の提供により被害者の妻を苦しめたことと,どう関係するのかが判然としないものの,多数の証人尋問の実施による手続の長期化は被告人の不合理な弁解に起因するとして非難するのであれば,その表現方法に被告人の証人審問権に対する配慮を欠いた部分があることは否定できない。しかし,その点が独立の量刑事情として考慮されたと読み取ることは困難であり,殊更被告人の証人審問権を軽視する意図があるとまではいえない。上記の説示から所論のいう裁判員裁判における評議として許容される範囲を逸脱する違法があると認めることはできない」。

要するに,控訴審は,一審判決の不適切な表現を「正解」すれば問題はないという。
(2) しかし,一審判決は,証人を「引っ張り出す」とまで強くののしって

---

[4] 行為責任論について,大谷實「行為責任と人格責任」『現代刑法講座2巻』（昭和54）197頁以下参照。また,実務家の見解として,さしあたり,大阪刑事実務研究会編著『量刑実務大系1』165頁以下（遠藤邦彦）165頁以下参照。

いる。そして，事案解明のために審理計画に組み込まれた証人尋問自体を「裁判を長引かせる」ことになったとして強く非難している。これだけあからさまな表現は，複数の証人尋問を実施した事実を被告人の責めに帰して量刑を重くする形で責を負うべき事情にしたことしか物語らない。

　だが，一般にも，裁判員裁判では，公開の公判廷における直接主義による審理によって真相を解明することが求められている。「調書裁判」を回避し，書証による証拠調べではなく，直接の証拠を裁判員と裁判官が公開の法廷で確認し，これらを証拠として直ちに評議に入り，事実の認定，量刑の判断を行なうことで，市民参加型の刑事司法における正義の実現を図ろうとするものである。

　本件では，被告人は，殺意と共謀について争っている。特段それ自体不合理不可解な主張ではない。被告側が共犯者や目撃者など争点に関する証人尋問の機会を求めたのは，正当な防御上の権利行使である。証人尋問は，公判前整理手続で策定された審理計画に従い粛々と行われた。被告人が権利を悪用し，審理の長期化を招いた事情はないし，他に「権利の濫用」とでもいうべき異常な事態も見当たらない。しかも，証人尋問は，検察官が有罪を立証し，量刑事情をあきらかにするのに必要な証拠調べの方法でもあった。

　にも拘わらず，証人尋問に要した審理期間について，被告人に不利な事情とすることは，公判中心主義を徹底するべき裁判員裁判の否定であり，被告人の「裁判を受ける権利」（憲法32条）の侵害である。また，被告人として保障されている証人尋問を求める憲法上の権利行使（憲法37条2項）を，犯罪行為自体の悪質性を事後的に高めるものと扱うことは，刑事裁判を受ける権利そのものの否定である。

　しかも，行為責任は，犯罪実行行為と評価される外部的態度に関する規範的な評価である。起訴後の被告人の裁判に臨む姿勢は，無関係である。犯罪後の裁判に臨む被告人の姿勢が，犯罪行為を基板とする責任非難の枠内であっても，量刑を加重する事情として取り扱うことはできない。

　被告人として裁判に臨む真しな防御活動を，起訴されている犯罪行為の非難の枠内でこれを更に加重してよい要素にできるなどというのは，荒唐無稽の感情論であり，責任主義，行為責任の原則を全く無視した無謀な法解釈，

法適用である。

　証人を「引っ張り出す」などと量刑理由でののしることはあってはならないことであり，証人尋問の事実を起訴された殺人等の「犯罪行為」で裏付けられる責任の範囲を増大させるとしたことは強く非難されるべきで，「表現の不適切さ」でごまかすべきではない。

　3　次に，被告人が弁償金を提供した事実を量刑を加重する事情にした点について検討する。

　(1)　控訴審は次のように弁明する。「被害者の妻の原審証言によれば，公訴事実を否認している被告人からの謝罪は理解できないし，被害弁償金を受け取ることで減刑されるのは許せないという気持が述べられ，また，被害者の故国の両親らに送金を続けている立場からの心情も意見陳述されており，このような被害者の妻の痛切な心境を被害結果に伴う事情として考慮することは相当である。しかし，本件の被害弁償金の提供が，量刑上，遺族の上記のような心情を参酌すると有利な情状としてさほど考慮できないとするにとどまらず，不利な事情としても考慮されるかのように判示しているのは不適切というべきである。ただし，『行為責任の枠内で被告人の責任を重くする方向で働く』とは，誤解を招きかねない表現ではあるが，弁償金の提供という犯行後の事情が犯罪行為自体の事情を事後的に増悪させると原判決が説明しているとは到底考えられないのであって，『行為責任の枠内で』とは，行為責任を前提に，それによる刑量の幅の上限を超えない範囲内で一般情状として考慮するという意味にしか解されない。責任主義に反するという所論の主張は，原判決の説示を正解しないものであり，論旨は理由がない」。

　(2)　一審判決が「被害者の妻を長らく板挟みの状況に置き，精神的に追い詰め苦しめている」と評価した点については，理由なしとしない。事情がある。本件では，一審弁護人は，被告人が準備した弁償金合計115万円を被害者の妻の委託弁護士に送付した。しかし，殺意・共謀を認めない被告人と被害者の妻の間では示談の話をするべき前提さえ成り立たなかったようだ。被害者の妻が受領の意思があるのか確認する等踏み込んだ話し合いには進展しなかったようだ。一審弁護人が一方的に送金した観が残った。

この間の事情は被告人には充分に説明がなされず審理が進行した。被告人は，弁護人に預けた金銭を被害者の妻の委託弁護士が預かったので，被害者の妻は受領を了解したと受けとめていた。被害者の妻は，証人尋問で殺意・共謀を争う被告人について怒りの気持ちを述べ，「受け取っていません」「お金を受け取ることで，一日でも減刑されるっていうのは許せないからです」と述べた。被告人には寝耳に水のことであった。この状態が「板挟み」とする評価につながった可能性を否定できない。但し，この点も，弁護人による被告人への説明不足，裁判官による求釈明等による被告人への注意喚起の欠如など一審法律家達の不備によるもので，被告人を責められない面が残る。

(3) 次に，被告人による弁償金の申出の理解が問題となる。本件被告人は，事件後の反省の態度としてこれを行った。刑事政策上も，事件後に，示談の申出をすることは，被告人の事後の反省を覚醒するためにも，被害者とその関係者への慰藉としても必要であり，推奨されるべきことである。結果として遺族が金銭的な慰謝を受領しなかったとしても，被告人の真しな反省の姿勢は読み取れる。

そうした弁償金の申出自体を，仮に被害者の妻が受領を拒んでも，被告人に不利な事情に組み込むことは刑の量定のあり方として不合理極まりない。

先述のように，一審の量刑は行為主義と行為者主義によるべきだし，これらは憲法31条の求める「適正手続原理に基づく厳格な処罰を受ける権利」に由来する。弁償金の申出の事実を殺人罪の実行行為を踏まえて判断されるべき責任非難を強める事情とすることは，この適正手続原理に反する。

4 以上 (2) (3) で述べた問題点は，いかなる控訴理由を構成するか。また，本来，控訴審は判決で何を摘示すべきであったか。

(1) 「訴訟手続の法令違反」（法379条）にあたる。「評議は，裁判長が，これを開き，且つこれを整理する」（裁判所法75条2項。裁判員法66条，法294条も参照）。評議の場で裁判員らの不合理，非常識な感情論が出ても，これをたしなめて，法令の適用・刑の量定ともに裁判長が適切に整理すべき責務を負うのにこれをしなかったことが反映したものとみるべきである。控訴審は，本件評議のあり方に対する裁判長の姿勢について厳しく批判するべきであった[5]。

(2) 「法令適用の誤り」（法380条）にもあたる。一審判決は正面から証人尋問の実施と示談の申込みを「行為責任」の枠内で量刑を重くできる事情にあたるという刑法解釈をした。控訴審はこれを単なる表現の不適切さと位置づけず，判決結果に影響を及ぼすことが明らかな法令適用の誤りとして摘示するべきであった。

(3) 次に同じ事情が「量刑不当」（法381条）も構成する。健全な市民良識に照らして，証人に証言を求める一方，示談の努力をすることは本件被告人の場合にも，少なくとも刑事政策上刑罰の必要性との関係でこれを減ずる効果を持ち得るものであって，量刑上有利に考慮しうる事情だ。本件一審判決が罵倒するような「行為責任の枠内」に納まる量刑の幅をむしろ重くする事情になどできない。

かかる非常識な量刑判断こそ控訴審で「感情司法」として批判すべきであった。

Ⅳ 裁判員裁判の「破棄」
――控訴審と「2項取調べ」「2項破棄」の意義

1 我が国の控訴審は量刑に関する独特の権限と責務がある。控訴審は「必要があると認めるときは，職権で，第一審判決後の刑の量定に影響を及ぼすべき情状につき取調をすることができる」（法393条2項。以下「2項取調べ」）。この取調べの結果，「原判決を破棄しなければ明らかに正義に反すると認めるときは，判決で原判決を破棄することができる」（法397条2項。「2項破棄」）。裁判員裁判を経た控訴審でも，本条項は適用がある。ただ，裁判員・裁判官による刑の量定を尊重する必要上からも，必要性の判断は厳格でなければならない。

もっとも，被害関係者との示談は，事柄の性質上性急に成立するものではなく，場合によっては一審判決の結果をみた上で交渉を開始できる場合もある。従前は2項取調べにもっともなじみやすい事情であったのはこのためである。プロの裁判官達が，一審・控訴審を通して当該事件の適正な刑の量定

---

(5) 裁判員裁判と量刑については，さしあたり，『裁判員裁判における量刑評議の在り方について』（平成24年，法曹会）参照。

を行なうものとも捉えやすかった。しかし，裁判員裁判を経る場合，一審と控訴審で判断主体の属性が異なる。控訴後の示談についてもこれを考慮することが相当と言える事情が必要になろう。

2　以上の点を踏まえつつ，控訴審弁護人は，「2項破棄」を求める準備を整えた。
　(1)　なによりも被告人に証拠構造の理解を求めることとし，一審の記録，証拠を点検した上，控訴趣意書提出〆切日までの期間何度も接見を重ね，被告人に，事件後は記憶していなくても，行為時に自己と共犯者乙，丁子の行為を認識理解していたことは否定できないことを伝えた。特に次の3点を証拠に基づいて繰り返し指摘した。
　(ア)　第3現場での暴行の際，被告人と乙は，自転車をぶつけているが，この自転車は現場から西に道沿いに30〜40メートルほど歩いた場所にあるマンションの駐輪場に置いてあったものだ。いずれかの時点でふたりは一度現場を離れて駅に向かい自転車に気づきこれを持って現場に戻り再度被害者にぶつけている。行為の意味を認識理解していることが解る。
　(イ)　第3現場での暴行後，50メートルほど駅に向かった角で乙が再び通りすがりの人とけんかになるが，そこに警察官らが到着する。被告人は警察官に食い下がる乙を必死に止め「公務執行妨害」というつもりで「正当防衛になる」と警告している。ここでも，Dに対する事件直後，乙の行為の意味を認識理解し逮捕されると予測もして止めている。この場面は防犯カメラに納められ一審で証拠になっていた。だから，少なくともその直前の第3現場での行為についても被告人らの行動の内容と意味については充分に理解できていたと推認できる。従って，一審段階で，行為時に，人を殺す危険のある行為を行っていることを認識理解できているかどうかという観点から，自己の行為を分析していれば，判例のいう「殺意」がある状態であることは本人にも明白となるはずであった。
　(ウ)　共謀の成立も証拠上明白で，その理解も求めた。被告人自らも，乙と丙子が被害者Dに暴行を加えている行為を認識しつつこもごも暴行を加えた事実を認めている。他方，判例上，共同正犯に必要な「共謀」とは，行為

者双方の間に意思の連絡，すなわち，共同行為の認識が必要であるが，事前に打合せなどのあること必要ではない（最判昭23・12・14刑集2-13-1751）。明示の意思の表示はなくても，暗黙の裡に意思の連絡があると認められれば，共謀は認められる（最判昭23・11・30裁判集刑5-525）。

　以上の結果，被告人は「殺意＝故意」と「共謀」に関する裁判所の採る考え方を正しく理解し，それに従えば自己の行為が共謀による殺人であることを率直に理解し納得するに至った。そこで，控訴審弁護人としては，上述した一審の特異な経緯とともに，被告人の心境の変化は一審判決後刑の量定に影響を及ぼすべき事情と位置付けて，弁護人の控訴趣意書で主張し，そうした心境の変化を被告人本人にも控訴趣意書としてまとめさせ，さらに被害者の妻宛にも陳述書を送付した。むろん，以上の事情を説明するための被告人質問を事実の取調べとして求めた。

　(2)　被告人の母親は，一審で情状に関する証人として採用されたが，事件後被告人の東京への逃亡を助けるなどした上，一審では殺意を否認する被告人の姿勢を前提にした証言しかしなかった。だが，控訴審弁護人からはじめて証拠全体の説明を受け，事件現場にも弁護人と同行して被告人の行動が判例の目からみたときに「殺意による殺人」であることを得心した。その後は，事件現場に被告人代理としても月命日のお詣りを重ねることとなる（控訴審弁護人も2度同行し，僧籍を持つので現場での法要を導師として執り行っている）。母親についても一審判決後の心境について再度の証人尋問を求めた。

　(3)　世間に不安と怒りを巻き起こした事件である点を踏まえ，控訴審弁護人は，被告人と母親に法テラスへのしょく罪寄付も勧告してこれを実施した。

　(4)　被害者の妻との和解にも努めた。一審とは異なり，被告人が殺意を認めたので，控訴審弁護人は，あらためて被害者の妻の代理人たる弁護士を介して同女と折衝し，条件などの調整を図り，幸い刑事和解の成立に至った。後に控訴審の記録に和解調書が編綴された（なお，一審段階で被害者の妻の委託弁護士が預かっていた金額は和解の一条項として正式に受領された）。もっとも，後に控訴審公判で，被害者の妻は「許す」気持ちでの和解ではなく，戦い続けることに精神的に疲れたものであり，ここで一応の結末をつけておきたいと思い応じたといった趣旨の意見陳述をした。被告人にはあらかじめ同旨のこ

とを弁護人において注意していた。「許された」と受け止めるべきではなく，還暦の年まで母親と連帯して弁償金を毎月支払い，年1回，命日に事件現場にお参りにいき，そのあかつきに真の謝罪かどうか，被害者の妻が判断することとなろう，と。が，和解が両者にとって後ろ向きのものではなく，これからを展望する契機になることは間違いないので，以上の経緯とともに，和解書については刑事和解として裁判所に認めてもらい記録に編綴する扱いを申請した。

3　控訴審の公判では，上記経緯で準備した弁護人請求の書証はすべて同意され，被告人質問，母親の証人尋問も採用された。以上の控訴審の審理の結果，控訴審は，一審判決を破棄する。結論に至る説明は次の通りである。

(1)　一方で，弁償金の提供に関する原審の取扱について，次のように述べて一審の判決時における量刑不当はないとする。原判決が，本件の弁償金の提供を，経済的に苦しい立場にある被害者の妻をして，これを受領すべきかどうか長く板挟みの状況に置くものであるなどとして，責任を重くする方向に働くと評価した点について，「原判決が弁償金の提供について遺族の受け止め方を考慮した上で『責任を重くする方向に働く』と説示したことが不適切である」とし，「被告人が遺族を悩ませ苦しめることを企図して又は分かった上で弁償金を提供したような事情はないのであって，弁償金の提供自体は，原審での被告人なりの反省の情を示すものと見るのが相当である。ただし，遺族の慰謝のためになされる被害弁償金の提供を遺族がどのように受け止めているかを考慮することは許されるし，また，提供金額が115万円程度にとどまるものであることから，特に有利な情状とならないことは原判決も述べている。したがって，原審での弁償金の提供を被告人に有利な情状であると捉え直したとしても，これによって，原判決の量刑の当否が左右されることにはならない」。

(2)　他方で，「2項取調べ」の結果を評価する。「当審における事実取調べの結果によると，被告人は，当審に至って自己の行為が非常に危険かつ粗暴で，殺人にほかならないことを素直に認め，あらためて反省の情を示したこと，遺族代理人が原審で預かり保管中であった弁償金115万円と毎月5万円

ずつ積み立ててきた30万円を併せて交付した上，当審で刑事和解が成立し，被告人は，遺族に対し，本件損害賠償債務として1486万円の支払義務を認め，遺族が受領した弁償金（上記合計145万円）を控除した1341万円を，平成25年10月から平成62年12月（被告人が満60歳に達する年）まで，毎月3万円ずつ支払うことを約し，被告人の母親がその債務を連帯保証したことなどの事情が認められる。やや遅きに失し，また，その一部は原判決も考慮済みといい得るとしても，このように更に明確になった被害弁償の努力を軽視することは相当でなく，被告人の反省の深まりという裏付けもあると認めてよい。このような原判決宣告後の事情に上記原判決宣告時点の諸事情を併せ考えると，現時点において，原判決の上記量刑は，重きに失するに至ったというべきである」。

4　本件では，被告人の真の反省と，これを踏まえた誠意ある示談の成立は控訴審ではじめて可能になった。特に控訴後に成立した和解については，その経緯を含めて控訴審で取調べをするべき「必要性」がある。そして，一審判決後の被告人の真しな姿勢は，裁判員裁判を経ているといえども，控訴審で正当に事実の取調べを行い，量刑上酌むべき事情と扱うべきである。この限度で，控訴審が，幅広く2項取調べを行い，2項破棄を認めた点では控訴審本来の責務を果たしたといえる。

V　裁判員裁判と控訴審の役割——「ヤヌス神」と「ミネルバの梟」

1　我が国の控訴審は，ローマ神話に登場する二面の顔を持つ「ヤヌス神（審）」になぞらえるとよい（「控訴審＝ヤヌス神（審）」説）。意味は幾つかある。
(1)　審理の範囲に関する二面性がある。控訴は当事者のみが申立権を持つ。職権での控訴開始決定はできない（法351条，376条）。当事者の控訴が適法に受理された後，控訴審は当事者の提出する控訴趣意書に従って一審の裁判に瑕疵があるか否かに関する「調査義務」がある（392条1項）。ところが，適法に控訴手続がはじまると，裁判所は法定の控訴理由の「職権調査」が広くできる（法392条2項）。控訴審開始時の審判の範囲は当事者処分権主義に委

ねるが，終局時に審判する範囲については職権探知主義に委ねている。

(2) 審理の目的も二面性がある。法令上，控訴審は，訴訟手続の法令違反・法令適用の誤りの有無を吟味する（379条，380条）。あるべき訴訟手続・法令適用の統一の点から一審を点検する法律審としての機能を持つことを意味する。他方，事実誤認・量刑不当に関して判断する事実審の機能も予定されている（381条，382条。なお，383条も参照）。前述のように，適正処罰の実現のため，控訴審は職権による第一審判決後の刑の量定に影響を及ぼすべき情状に関する取調べ権限と（「2項取調べ」），これを踏まえて明反正義事由あるときに一審判決を破棄する権限（「2項破棄」）を持つが，この限度では刑の量定に関する事実審＝「覆審」として機能する。

(3) 審理の性質に関する二面性もある。事後審査審（以下，事後審）か事実審かは，以下で述べるように控訴審の判決宣告の内容で決まる。

(ア) 控訴審が，控訴を棄却した場合（395条，396条），控訴理由があるかないかの範囲での一審手続または判決の瑕疵に関する事実の取調べを行ったと理解してよい。事後審だ。控訴理由を認めて一審判決を破棄する場合で（法397条1項による破棄。「1項破棄」），一審手続または判決の瑕疵を指摘して審理のやり直しを指示して原審に事件を差し戻したときにも（398条，400条本文），その限度での事実の取調べをした扱いとなり，事後審として機能したのに留まる。

(イ) 控訴審が，原判決を破棄する場合，自判することが多い（400条但書）。事実認定に用いる証拠は一審における厳格な証明手続と評価できる証拠調べを経ていなければならない。だから，控訴審における事実の取調べは，一審における証拠調べ手続に準じて厳格な証明手続を取るのが通常である。かかる破棄・自判の場合には，控訴審は一審で取り調べられた証拠を引き継ぎ（法394条），さらに控訴審で実施される「事実の取調べ」を加えて，検察官主張の冒頭陳述記載事実が「合理的疑いを超える証明」に至っているか端的に判断する。覆審としての事実審の機能を果たすこととなる。

(4) 審判の対象も二面性がある。上記のように控訴棄却，破棄差戻の場合には，一審手続と判決を対象とする。破棄自判の場合には，さらに公訴事実自体も審判対象とすることとなる。

146　第1部　裁判員裁判

　　2　裁判員裁判と控訴審を組み合わせる型は立法上は種々考えられる。一審と同じく，若干名の市民と裁判官の組み合わせとする「裁判員参加型」も立法政策としては不合理ではない。この場合，覆審・事実審の機能を重視してよく，審査に辺り，あらためて罪体に関する心証を形成し，一審との優劣を比較検討してよい（「事実審傾斜型控訴審」）。しかし，我が国は立法政策上従来の裁判官のみが裁判体を構成する控訴審をそのまま残した。これを裁判員裁判が行われる刑事裁判の法構造に組み込むと，裁判員裁判の判断を尊重しつつその瑕疵を点検吟味する事後審機能を優先するものとなる（「事後審傾斜型控訴審」）。

　　判例もこれを認める。事実誤認については，「刑訴法は控訴審の性格を原則として事後審としており，控訴審は，第1審と同じ立場で事件そのものを審理するのではなく，当事者の訴訟活動を基礎として形成された第1審判決を対象とし，これに事後的な審査を加えるべきものである」とする。「第1審判決が行った証拠の信用性評価や証拠の総合判断が論理則，経験則等に照らして不合理といえるかという観点から行うべき」こととなる[6]。量刑不当についても，「国民が参加して決められた原審の量刑を国民の参加のない控訴審が変更するについては，原審が裁判員裁判であって国民の意思が反映されていることを十分に尊重した上で判断することが当然に要請されている」[7]。

---

　(6)　最判平成24・2・13刑集66巻4号482頁。引き続き，「刑訴法382条の事実誤認とは，第1審判決の事実認定が論理則，経験則等に照らして不合理であることをいうものと解するのが相当である。……このことは，裁判員制度の導入を契機として，第1審において直接主義・口頭主義が徹底された状況においては，より強く妥当する」とする。評釈として，さしあたり，土本武司・判例評論652号（平成25年）199頁，後藤昭・平成24年度重要判例解説（ジュリスト別冊）（平成25年）187頁，德永光・法時85巻1号（平成25年）124頁，田淵浩二・法時84巻9号（平成24年）48頁等参照。なお，大阪高判平23・5・10，平成22（う）1470）参照。

　(7)　大阪高判平22・11・9，平成22（う）813。続けて，「原審の判断が，量刑に大きく影響するような重要な情状事実の存否について一見して明らかに誤っていると考えられる場合，明らかな偏見や偏頗な考えに基づいて量刑していると思われるような事情がある場合，さらには，起訴されていない犯罪行為を余罪として実質的に処罰する趣旨で量刑要素として考慮しているような場合（この場合は訴訟手続の法令違反となる。）等基本的に誤った前提に基づいて判断していると考えられる場合など特段の事情があるときを除き，裁判員が参加してされた原審の量刑判断は十分に尊重されるべきもの」とする。

この結果，事実誤認，量刑不当に関する事実審としての審理において，控訴審が行なう審判の内容に差が生じる。記録に残る証拠に基づいて検察官冒頭陳述記載の事実の立証がどの程度なされたか心証を形成することは必要だ。しかし，控訴審の心証を直ちに優先させることは許されない。経験則・合理則違反の有無について別途点検しなければならない。量刑不当についても，控訴審の刑の量定との比較ではなく，その差異が，経験則・合理則に違反する前提事実の誤認または許容できない偏見・予断による評価から生じたものか否かを吟味しなければならない。

　3　ただ，「事後審傾斜型控訴審」と位置付けられる法構造の下でも，「控訴審＝ヤヌス神（審）」の機能が遺憾なく発揮される必要がある。

　本件に即して言えば，次のように言える。一審裁判所の訴訟指揮と判決には是正するべき瑕疵が散在していた以上，控訴審はこれらを端的に摘示するべきであった。「殺意＝故意」と「共謀」の法解釈について，一審の裁判所は弁護人と裁判所の見解が異なることが明らかになった段階で，裁判所の「ものさし」では実行行為の認識と共犯者の現場での犯行の認識だけでも足りる場合があることを明示すべきであった，と摘示すべきである。さらに，評議の場にいた裁判官3人は，裁判員等が大勢の証人尋問を行ったこと，少ない金額での示談をもちかけたことをむしろ量刑を重くする事情とする議論を行った場合，これを批判し注意を促すべきであったと，指摘するべきであろう。

　裁判員による「感情司法」といった形容がなされかねない裁判員裁判は，控訴審の見識として問題点を明確に摘示して破棄するべきであった。

　一般的にも，裁判員裁判時代に入り，控訴審が事後審に特化することは，市民良識を活かした裁判員裁判充実の観点からも是認すべきだが，裁判員裁判の審理を徒に擁護し弁明する場とするのは回避すべきだ。被告人は一審の審理に納得できない経過があるから控訴することが多い。控訴審は，あるべき裁判員裁判を追及する視点に立ち，弁護人・裁判官・検察官各法律家の訴訟行為を対象にして市民たる被告人と裁判員に分かりやすい審理が実現されたか否か厳正な審査をおこなうべきである。問題点があれば（仮に原判決を破棄しなくても，職権判断として），瑕疵を明示して，大胆にあるべき審理を摘示

するべきだ。
　控訴審は，裁判員裁判に「忠実な番犬」ではなく，一審の審理が終わってからその経緯を振り返り，あるべき裁判員裁判を指し示す「ミネルバの梟」でなければならない[8]。

---

(8)　裁判員裁判と控訴審のあり方については，以下の文献を参照した。『裁判員裁判における第一審の判決書及び控訴審の在り方』（平成 21 年，法曹会），「裁判員制度の下における控訴審の在り方について」判タ 1288 号（平成 21 年）5 頁以下，「控訴審における裁判員裁判の審査の在り方」判タ 1296 号（平成 21 年）5 頁以下，特集「裁判員裁判と控訴審のあり方」刑弁 68 号（平成 23 年）14 頁以下，特集「新時代の控訴審と刑事弁護」刑弁 74 号（平成 25 年）16 頁以下。

3 展望——「市民主義」検証

第11章　裁判員裁判全般と3年後検証
——「市民主義」の充実・発展のために

I　裁判員裁判の総括——「調書裁判」から「法廷糺問」裁判へ

1　最高裁のホームページで公表されている裁判員裁判実施に関する最新統計では，2009年5月21日のスタートから，2012年5月末までで，終局人員3,884名，うち有罪判決3,779名であるが，うち14名に死刑が宣告されている。終局した人員を事件名で見ると，強盗致傷罪が917名（うち有罪892名），殺人罪が874名（有罪856名），現住建造物放火罪が356名（有罪349名），傷害致死罪339名（うち有罪332名）などとなっている。覚せい剤事犯は，353名（うち有罪335名）。一部無罪，全部無罪は合計28名であり，無罪率は0.7%である。
　選任された裁判員数は21,944名（補充裁判員7630名）である。審理期間は自白事件平均で3.9日，否認事件で4.7日となる。裁判員の職務従事日数の平均は4.7日である。平均開廷回数は4.0回である。9割弱の事件が10日以内の審理期間で終了しているが，他方，75人の被告人事件では6月を超えている。評議の平均時間は542分である。

2　かかる裁判員裁判について，2011年12月22日付け・京都弁護士会の上記意見書では，積極面，消極面を次のように総括した。

＊ 2011年10月26日，京都弁護士会で裁判員裁判制度3年後検証に向けた検討会が開かれた。同会が意見書をまとめるための勉強会であり，筆者も招かれて議論に参加した。同会は2011年12月22日付けで「裁判員制度が司法制度の基盤としての役割を十全に果たすことができるようにするための提言」（2011年12月22日）を取りまとめている。以下は，検討会の折の発言を素材にしつつ，上記意見書も参照しながら，標記テーマに関する意見をとりまとめたものである。

【積極面】

「市民感覚を審理や評議に反映させたことにより，合理的な疑いを超える証明の基準を厳格に適用したと理解できる判決が出るなど，基本原則等に忠実に従った慎重な判断がなされる傾向が認められることである。また，裁判官によっては，基本原則等を裁判員に理解してもらうための方策を工夫したり，事実認定と量刑判断の手続きを二分して運用するなど，望ましい刑事裁判を模索する動きもある。さらに，裁判員となる可能性のある市民が裁判を自分の問題としてとらえる意識が芽生えたことや，刑事裁判に関する報道が増えたり，刑事裁判に関する広報や教育活動が盛んになるなど刑事裁判に対する市民の関心がこれまでになく高まり，その理解が深められてきている」。

【消極面】

「多くの裁判官によって裁判員の負担軽減を理由とした主張立証の厳選や審理期間の短縮が行われ，当事者が十分な訴訟活動をできない状況が生まれている点が指摘できる。また，公判前整理手続において争点と証拠を整理する際，裁判官が膨大な事件情報に触れることとなり，裁判官と裁判員の間に著しい情報格差が生じているばかりか，裁判官が公判前に心証をとってしまっているのではないかと疑われる事例もあるなど，裁判員と裁判官が対等な立場で裁判に参加するという市民参加の意義を損ないかねない状況も生じている。さらに，証拠調べ手続においては，確かに証拠書類の分量は減少し，供述調書は全文朗読されるようになったものの，証拠書類を証拠の中核とし，証人が補充的に利用されるという証拠構造は変わっておらず，未だ調書裁判の脱却からはほど遠い状況にある」。

3　上記評価にもでてくる，従前の裁判官裁判の特徴を表すものとして多用されてきた「調書裁判」について検討しておこう。いくつかの意味が込められている。

第1。捜査段階で作成された捜査資料（被疑者供述調書，特に自白調書がその典型なので，シンボリックに「調書」と表現されている）が比較的緩やかな証拠能力の認定によって証拠採用される状態を批判的に捉えている。捜査機関の有罪心証がそのまま調書を通じて裁判官の心証を作り出し，有罪率の高さ，えん

罪を見抜けない構造になっている点を総括的に批判するものである。

　第2。公判中心主義，直接主義が潜脱されている状態を批判する趣旨でもある。この文脈では，事実認定の根拠となる「証拠」が，証拠に採用された捜査資料としての調書，公判廷における証人の尋問調書，被告人の供述調書，論告・求刑，弁論など書面それ自体として扱われている点を捉えるものである。証拠となった書類や資料一式をシンボリックに「調書」と捉えて，心証形成のありかたを問題視する。本来証拠とは公判廷で取り調べがなされた情報それ自体である。ところが，従前は，証拠たる情報の記録にとどまる調書を，裁判官が，法廷から執務室や自宅など自由な場所に持ち出して，自由な時間に自由に読み込んで自由に心証を形成している。しかも，結果的には，そこから基本的に「有罪の作文」を編み出してきた。大局的には裁判官が公判廷外の証拠調べで自由気ままに有罪を認定する風潮がある。これも「調書裁判」の一側面だ。

　第3。以上の繰り返しでもあるが，「調書裁判」とは「有罪裁判」の言い換えでもある。捜査機関作成の調書を主たる証拠とし，公判手続を離れて（つまり，被告人と弁護人の証拠に対する批判の重みも書面に置き換えることによって平板なものにした状態で），心証を形成するとき，伝統的に受け継がれている「犯人必罰」を価値基準とする「真相解明」を目指す裁判官文化の中では，確実に無罪であると断言できなければ，有罪の作文を作ることにつながってきた。「疑わしきは処罰する」との価値観が浸潤していたとみてもいい。「調書裁判」とは，職権探知・犯罪事実解明・犯人必罰という価値を伴う裁判運用を批判するものでもあった。

　4　裁判員裁判は，かかる「調書裁判」を克服する期待を込められていた。ところが，裁判員裁判の審理の一般的なイメージは，検察官による相当数の書証の朗読に続いて証人尋問，被告人質問，論告・求刑，弁論，最終陳述となっている。

　「調書裁判」の問題点中，第2についてはある程度克服できたが，実は，「調書裁判」のもつ構造的な問題点，つまり「裁判所による法廷の場での捜査機関の有罪心証の引継ぎ」は，上記意見書指摘の通り，形を変えて継受されて

いるのではないか。
　そのシンボルが「被告人質問」として行われる被告人に対する「法廷糺問」である。
　多くの裁判員裁判では，検察官側請求の相当数の書証が同意証拠として採用される。争いのある事実に関連する関係証人などが補充的に証人尋問を受ける。そして，被告側立証と言えば，被告人が公判廷で裁判員と裁判官を前に，有罪証拠群の取調べの後，懸命に弁解をすることとなる。
　被告人の弁解内容が不合理であれば，裁判員の内心では，検察官の有罪証拠の信用性が相対的に高くなる。検察官側の証拠構造に疑問点が残っていても，被告人の説明の不合理さ，不可解さがあれば，これに比例して，疑問点自体が「合理的疑い」として残るかどうか厳密に点検されず，有罪心証が固まっていく危険が高い。
　これを異なる角度から整理する。検察官は，裁判員裁判になってからは法廷に提出する証拠を「厳選」してきている。公判前整理手続で弁護人が「争いがない」と判断した事実に関連する証拠は薄いものになってくる。実況見分，鑑定などは統合捜査報告書の形で省略化されてさえいる。それらが同意書証として裁判員の前で朗読される。全体として，「合理的疑いを超える証明」の水準が下がっているという印象を否めない。
　しかも，争う事件でこそ，被告人が自ら弁明に努めることが当然のように行われている。法廷での被告人に対する糺問である。
　裁判員裁判の導入による日本独自の市民参加型裁判に期待したものは，直接主義・公判中心主義によって，検察官が「合理的疑いを超える証明」をしたかどうか点検吟味するモデルの実現であった。
　しかし，今の裁判員裁判の運用を大局的にみると，市民が被告人を糺弾し詰問する御白州，「法廷糺問」裁判になっていないか。
　そうした「歪んだ刑事裁判」を正すのにはどうすべきか。なによりも，直接主義，公判中心主義の徹底が必要である。
　まず，証人尋問中心の立証の確立が第一歩である。書証の信用性の有無をひとまずおいて，目撃内容の確認などはまず証人として召喚し証言を求めるのを原則とするべきだ。ベストエビデンスでの立証である。そして，被告人

質問を待つことなく，有罪立証ができること，これを徹底するべきである。以下，さらに検討する。

II 裁判員裁判型「調書裁判」の克服

1 捜査段階の供述調書については，証拠能力，信用性に争いがない場合を含めて，原則として不同意とし，証人尋問を実施するべきだ。被告人の弁解，説明についても，捜査段階の供述調書には不必要，不同意として，被告人質問で事情を語るのはどうか。

ある弁護士は，むしろ書証同意で立証を終える方が，訴訟戦術的に妥当という。「書証でいいではないか。書証のほうが裁判員の頭にスーッと過ぎていって，あまり心に残らないではないか」。何故なら，裁判員は朗読された書証の内容は最終的に影響しているのかというと，あまり心に残っていない，証言とか被告人質問での供述のほうが残っているという話をむしろ聞く，という。

2 確かに，個々の事件をみるとある局面では弁護戦術として調書の朗読で処理したい情報もある。例えば，被害者の被害状況，処罰感情等は書面で済ませることが出来ればインパクトを拡大せずに済むのかも知れない。また，裁判員に対するわかりやすさという点でも，項目を整理して聞くべきことを整えている調書をゆっくり朗読するほうが分かりやすい面も否定できない。

ただ，分かりやすさの点では，逆に，検察側の立証が，各調書の朗読を延々と続けることとなるのでは好ましくない。裁判員は，証人からライブで証言を聞いて，事実を推し量っていくといった裁判らしさを期待して法廷に座る。期待外れとなり，事件に対する取り組みの意欲を削ぐ。

その意味では，直接主義・口頭主義の徹底という裁判員裁判のあるべき本筋に戻るのが基本的には妥当だ。

争う，争わないいずれであっても，事件の全貌を証人の言葉でシンプルに語ってもらって全体像をあきらかにすることは，工夫さえすれば難しいものではない。

3　調書裁判克服の要にあるのが，被告人質問と被告人の供述調書の扱いである。とりわけ，争いのない事件では，自白調書に頼らない立証を行なうためには，被告人質問はどうあるべきか。

この場合，基本的には，被告人が法廷で自ら罪体について説明をすることとなる。その場合，検察官が主質問をしてこれを検察側の立証の柱にすることも考えられる。が，これは，従来の被告人質問の運用に照らして違和感が強い。どのように考えるべきか。

検察官による主質問で被告人自身が自らの犯行関与，態様，不利益な情状について説明することも，現在の裁判員裁判であれば，是認してよい。大切なのは，被告人が自ら人生と事件について語る機会を持つことである。過不足のない情報提供ができるのであれば，捜査段階の供述調書，自白調書を証拠に組み込む必要はない。被告人が供述をする手がかりとして発問をするのが検察官と弁護人とどちらであるべきなのかを決めるのは，当該事件における審理計画に照らした相当性でしかない。

もともと我が国の法律上被告人は事件について自由に述べる権利がある。その際，裁判官，検察官，弁護人が発問することもできる（311条）。検察官が捜査段階の供述を参考にしながら，整理された質問によって罪体関与について問い質し，その後弁護人側が補充と訂正などの発問をする順序であってもよく，決め手となるのは，どちらが，裁判員に分かりやすく情報提供ができるのかである。争いのない事件で，被告人の公判廷供述を有罪立証に組み込むことは当然であって，そうであれば，まず検察官が犯罪の成立，背景，経過，事後の事情について問い質してもそれ自体が有罪立証の性質に反するなどということはない。それは，検察官が捜査段階で作成した自白調書等の証拠調べ請求をして採用された場合，自ら朗読するのと変わりはない。

4　被告人質問を弁護人が主導した場合，弊害がないではない。検察官に委ねた場合には，罪体への関与，その程度，犯行に至る経緯，犯行後の情状などを大系的に順序立てて質問することが可能であるが，弁護人は，ややもすれば，被告人の言い分，情状，弁解を軸にしかねない。そのため，裁判員・裁判官が聞いていると，事件の全体像と被告人の関わり方がわかりにくくな

る嫌いはあるかもしれない。
　その点からも，争いのない事件で，調書裁判を回避し，被告人自らが説明することを重視するのであれば，検察官が主質問をする手続があってもよい。

　5　但し，被告人質問を重視する「法廷糺問」という我が国流の裁判員裁判が続くのであれば，弁護人において過不足なく，罪体関与を説明する法廷技術を学ぶべきであろう。事実を認める事件でのポイントは，被告人が関与した犯罪について，裁判員と裁判官がいかなる量刑をするのかである。その場合，被告人自身が犯罪にどのように向き合っているのかを的確に説明する必要がある。
　自ら犯した犯行を，自ら語ること。これが被告人質問の中核にあるべきで，それを前提にして，犯行に至らざるを得なかった経緯と犯行後の反省状況を加えるべきであろう。

　6　もっとも，被告人に対する主質問を誰が主導するのかという問題はもう少し奥深い問題を伴う。裁判員裁判の導入に伴い，刑事裁判における「事実発見モデル」は変容を来していないのかどうか，点検する必要があるからだ。これは，裁判員裁判における真実発見と法律家の役割はなにかという問題とも関連しており，複合的な検討を要する。
　さて，刑事裁判のひとつのモデルは，プロの裁判官が判断者となり，検察官が証拠によって有罪であることを説得し，弁護人が反証を掲げるなどして「合理的疑い」があることを訴え，裁判官はそもそも検察官の立証が「合理的疑いを超える証明」に至っているのかどうかを吟味するものである。事実認定の基礎となる証拠の提示を当事者に委ねるという意味で「当事者追行」主義モデルとする。このモデルのポイントは，裁判官＝事実認定者が自ら事実を探知するための発問をしないことである。また，弁護人の主張と反証の目的は，合理性のある疑問が検察官の証拠構造に潜んでいることを裁判官＝事実認定者に提示することに置かれる。被告側の主張と反証が説得的でないことは，検察官の立証が「合理的疑いを超える証明」に至っていることを当然には意味しない。

ところが，我が国の刑事訴訟法上，裁判所は，自ら積極的に被告人質問，証人尋問をすることができる（法311条，304条の他，職権介入尋問を認める規則201条参照）。補充質問，補充尋問が実際上も相当重い比重を占めている。その意味で，実は，公判廷における純粋の「当事者追行」主義モデルは成り立っていない。むしろ，職業裁判官による裁判の場合には，ことのほか職権探知主義が強く働いている。

　7　実は，裁判員裁判の場合にも，裁判員は，自ら被告人や証人に発問することを強く望んでいるといってもいい。発問の数は裁判官の質問よりも少ないかもしれないが，6名の裁判員が中間評議であらかじめ打ち合わせた順と内容に従いつつも，自らの関心事を問い質す様子は裁判員裁判の法廷でよくみられる。自らの発問に被告人や証人がどう答えたか，その手応えを含めて心証を形成するとみていい。まさに職権探知である。やや言葉を変えると，市民が事実認定，量刑，法適用の主体となる「市民主義」原理によって刑事裁判の構造変化がもたらされている。

　裁判官・検察官・弁護人の三面構造では，検察官と弁護人は単なる対立当事者にとどまればよかった。が，裁判員裁判では，法律家は裁判員を説得し，適正な事実認定と厳正な量刑をする刑事裁判を実現させなければならない。裁判員裁判のかかる構造と運用上，弁護人・検察官の役割は変容する。対立当事者である側面は残る。同時に，法律家の共同任務として，検察官が被害の重み，被害者の悲しみ等の「材料提供」を過不足なく行い，弁護人は被告人の視座からその有利な「材料提供」を過不足なくおこなうことが求められている。裁判員裁判の公判廷とは，法律家が検察側・被告側の手持材料をそれぞれ公平に平等に裁判員に提示し評議での検討の材料にできるよう整理する場である。

　裁判官の役割は，公判前では，こうした材料提供が混乱なく過不足なく行われるように審理計画を整理することであり，評議の場ではそこに加わりながらも裁判員が証拠から事実を推認し組み立てる際に過剰，過小いずれの反応にもならないようにし，かつ「合理的疑いを超える証明」の責任が検察官にあることを常に意識させることにある。

これは，法律家のみで形成してきた刑事裁判とは異質である。当事者主義構造が溶解するものではないが，「市民主義」の構造との整合性を重視した運用が不可欠である。

被告人質問も，当事者追行主義を前提にしつつ裁判員の職権探知に資する運用を要する。

Ⅲ　裁判員の「負担」について

1　裁判員の「負担」をどうみるべきか。別言すると,「司法への市民参加」の法的性質は何か。裁判員としての職務従事期間が相当長期にわたる事件の報告も珍しくない。

例えば，朝日新聞2012年4月14日（朝刊）は「死刑，間接証拠の重圧　裁判員，悩んだ100日間　連続不審死，木嶋被告に死刑判決」と題する記事で，首都圏で起きた連続殺人事件の審理期間が100日に及んだことが紹介されている。また，2012年9月現在審理が継続中の鳥取地裁における2件の強盗殺人事件等を裁く裁判員裁判でも，審理期間が75日と予定されている（朝日新聞2012年9月20日（朝刊）「直接証拠ゼロ，長丁場／鳥取連続不審死，25日に初公判」。2012年12月4日に死刑判決が宣告され，被告人控訴中である）。

2　我が国憲法における市民の三大義務は，勤労，納税，義務教育とされているが，裁判員裁判の導入に伴い，市民が裁判員となる憲法上不文の義務が発生したとみれないか。つまり，市民が司法に参加する義務である。別言すれば，司法を通じて市民自ら正義を実現する責務である。義務は生活上経済上心理上等などの負担を意味する。そして，市民はそれを負わなければならない。

今後とも裁判員裁判であって長期の審理期間を要する事件は発生する。法律家が公判前整理手続において不必要な争点を整理して外し，不必要な証拠の取調べをしないなど審理計画の合理性，効率性を重視するべきなのはいうまでもない。しかし，「合理的疑いを超える証明」には一定の量と質の証拠が不可欠だ。検察官，弁護人が，裁判員の負担を恐れて，主張すべき争点を

取下げ，示すべき証拠を控えるなど「萎縮効果」が働く状態になることは戒めなければならない。

　裁判員となることは憲法上の市民的義務であるとすれば，一定の負担はあって然るべきである。

　3　裁判員法51条は，「裁判員の負担に対する配慮」との見出しのもとに，「裁判官，検察官及び弁護人は，裁判員の負担が過重なものとならないようにしつつ，裁判員がその職責を十分に果たすことができるよう，審理を迅速で分かりやすいものとすることに努めなければならない」とするが，かかる法律家への責務規定は妥当か。

　この規定には，疑問がある。被告人，弁護人の防御を準備する権利を妨げない範囲でという原理的な制限がまったく定められていないからである。より根源的には裁判員の職責をどう捉えるのかという問題にふたたびつながる。それは，裁判員法1条問題である。同条は，裁判員法の「趣旨」の説明規定であるが，「この法律は，国民の中から選任された裁判員が裁判官と共に刑事訴訟手続に関与することが司法に対する国民の理解の増進とその信頼の向上に資することにかんがみ，裁判員の参加する刑事裁判に関し，裁判所法……及び刑事訴訟法……の特則その他の必要な事項を定めるものとする」とする。かかる文言では裁判員裁判の趣旨が分かりにくい。裁判員に期待する機能，職責，任務が明確ではない。むしろ，明確化することを回避した官僚作文とさえ言える。端的に，「国民の中から選任された裁判員が裁判官と共に刑事訴訟手続に関与することが司法による正義を実現することとなる」と明示するべきだ。基本的には，裁判官と協力して真相解明，厳正な刑罰権実現を図るのがその職責である。それを前提にするのでれば，単なる負担軽減配慮などはありえない。負担自体裁判員となる市民の責務である。正義実現のためには，裁判員の負担の前に，被告人・弁護人の防御権保障が先行するべきである。他方，我が国社会は，基本的に歴史的，文化的，民族的に，根源的で非和解的な対立はない。地域・年齢・階層・民族・職業などにさほど注意することなく，市民を裁判員に選んでも円滑な機能が期待できる。長期裁判の場合にも，生活との関係で，それに耐えられる人を幅広く集めればよ

く，今のところ，審理期間が長くなっても裁判員の選任，裁判の進行に支障が生じた例はない。

51条は，1条とともに見直しを図るべきだ。

Ⅳ　被告人の裁判体選択権について

1　被告人は全ての刑事事件について裁判員裁判を請求することを認めるべきか。

むろん刑事政策ないし司法政策上，立法で被告人が法定された裁判員裁判対象事件以外に請求または申立（職権決定）によって裁判員裁判を選択できるようにすることは十分に合理性のあるところである。

ここでは，更に踏み込んで被告人は憲法上自己の刑事裁判のあり方，特に事実認定者と量刑判断者について裁判官と市民の組み合わせについて，選択権があるか，念のため検討したい。これは，憲法上，被告人は法定の裁判員裁判対象事件を拒む権利があるか，という問題でもある。

結論的には，個々の被告人が自己の刑事裁判のあり方を選択する憲法上の具体的個別的権利を認めるのは無理があろう。

第1に，被疑者・被告人は憲法上「包括的防御権」を保障されているという原理は明白である。「包括的防御」が憲法上保障されるべき利益であるという原理があるから，これに基づき被疑者・被告人は個々具体的な権利を憲法上も認められている。特に憲法37条は1項で，「被告人は，公平な裁判所の迅速な公開裁判を受ける権利を有する」とし，同2項は「すべての証人に対して審問する機会を充分に与へられ，又，公費で自己のために強制的手続により証人を求める権利を有する」，同3項では「刑事被告人は，いかなる場合にも，資格を有する弁護人を依頼することができる。被告人が自らこれを依頼することができないときは，国でこれを附する」と規定する。これらは裁判のかたちがどんなものであれ，被告人が防御を十分に行なうのに不可欠な権利を明文化したものである。他方，憲法32条は裁判所における裁判を受ける権利という包括的，抽象的な権利を保障するのにとどまる。その他被疑者・被告人の刑事手続に関わる権利規定から，被告人が憲法を直接の

根拠として自由に具体的な裁判のかたちを求める請求権を導くことは事柄の性質上困難である。立法裁量に委ねて権利の具体化をすることとなる。

　結局，立法裁量の枠内で，被告人に裁判官裁判に代えて裁判員裁判を選ぶ権利を与えることは可能である。他方で，裁判員裁判対象事件について被告人に裁判員裁判を放棄し，裁判官裁判を選ぶ権利を与えないことが被告人の憲法上の権利，とくに憲法32条の「裁判所において裁判を受ける権利」を侵害するとも言えない。

　2　逆に，被告人は，裁判員裁判を放棄する権利があるか。
　これも，憲法32条の裁判を受ける権利の趣旨に照らし，立法上，有罪・無罪を争う場合に裁判官裁判か裁判員裁判か選択できる制度，有罪を認めるときには量刑について裁判員裁判を放棄しプロの裁判官の判断に委ねるものとする制度は十分に検討には値する。ただ，かかる立法上の選択権を与えないことが現在の法制度を違憲とするとも思えない。裁判員裁判は，重大な事件の事実認定と量刑について，市民良識に基づく証拠の評価と判断を加味することにより，職業裁判官に委ねた従前の制度が作り出した運用と，社会の求める正義のありように不一致を生じさせないようにすることを制度の趣旨とする。だから，被告人にかかる個別的な裁判体の選択権を与えることが相当であるかどうかは慎重な検討を要しよう。

　3　少年逆送事件について，そもそも裁判員裁判対象事件から外し，あるいは事実認定に限り，量刑判断は裁判官に委ねることも議論されている。しかし，了解不可能である。
　少年事件について事実認定と量刑についてモザイク模様の手続にするべき必然性はない。市民が，少年法1条の定める理念，「少年の健全な育成を期し，非行のある少年に対して性格の矯正及び環境の調整に関する保護処分を行うとともに，少年の刑事事件について特別の措置を講ずる」ことがおよそ理解できないという前提には立てない。家裁調査官が準備する分厚の社会記録の読解力がないとも思えないし，これはそのエッセンスを法律家が整理して公判廷で読み上げればよい。むろん，少年のプライバシーに拘わる部分の朗読

にあたり，相当の配慮をすることは容易にできる。「疑わしきは被告人の利益に」，「合理的疑いを超える証明」等の基本原理はわかるが，少年法の健全育成の原理がわからないという「市民」像を前提にはできない。他面で，弁護士は特段少年事件処理のプロパーの訓練と経験を踏んで，「少年事件付添人」資格の試験なり認定なりを受けることなく，実務についている。それとさほど変わらない次元での健全な社会良識に従った判断力があれば，少年刑事事件を裁判員裁判対象から外す必要はない。場合によっては，子育ての経験も含め，法律家にはない少年との出会いを経験している市民ー学校関係者などが裁判員になる可能性もある。市民良識を信頼する制度に少年事件を委ねることに問題はない。

V 制度の全般的な見直しについて

1 裁判員選任手続のあり方について

　これは，若干の修正を要するのではないか。そもそも裁判員と補充裁判員の選任手続に被告人はどのように関与するのか，現行裁判員法は不分明である。32条2項では，裁判所は必要がある場合に限り被告人の出席を許可できる扱いになっている。実際には裁判長の訴訟指揮の枠内での裁量事項となろう。

　ところが，34条では，同手続において，被告人も必要な質問の申立をすることができるとし（2項），36条において理由を示さない不選任申立の権利主体は，「検察官及び被告人」に限定されている。弁護人はその包括的代理権に基づいて訴訟行為をするのみである。つまり，裁判員法は，被告人自身が自己を裁く裁判員の構成を選択できる権利を認める趣旨を含んでいる。

　これを憲法上の裁判を受ける権利の趣旨に由来するものとまで言えるかはさらに慎重な検討を要するが，法政策の枠内であっても，被告人が裁判員候補を自ら観察し，裁判長による質疑の状況を踏まえて，36条の権利行使を自ら判断する選任手続のあり方は不相当ではない。それに伴い，質問権を裁判長の専権とするのではなく，被告人，弁護人にもこれを与えることも一考に値する。むろん，被告人について運用上理由なき不選任の申立の権利の円

滑な行使が条文で言う「必要と認めるとき」に当然に該当するものとして被告人の出席を常態化するべきではないか。

2　いわゆる手続二分論について

事実認定と量刑は手続を明確にわけて，判断するべきだ。特に被告人質問の位置付けが難しくなるだけに，手続二分は不可避である。

3　死刑宣告の要件について

死刑の選択には，裁判員と裁判官の全員一致を要するものとするか，多数決の基準を厳格にするのがいいのか，現行法でも適正手続の保障としては十分であるのかはなお慎重な検討を要する。

ただ，死刑求刑事件の問題点は，死刑執行に関する情報の不足，量刑資料の不十分さにある。死刑判決確定後，死刑執行までの手続がどのように進むのか，執行の順序の選択，執行後の遺体の処置等などベールにくるまれたままの死刑執行の選択自体が，適正手続に違反するとは言える。これは，検察官の死刑求刑の際の量刑に関する立証の改善を求めるものでもある。最高裁の永田事件判決に沿った観念論を並べても意味がない。死刑の執行手続の適正さを各事件毎に立証するべきだ。

4　検察官控訴について

裁判員裁判の判決に対する検察官の控訴権を制限すること，おおまかには，現行377条，378条の絶対的控訴理由の他に，判決の内容，結果に影響を及ぼす蓋然性のある訴訟手続の法令違反（379条），法令適用の誤り（380条）に限定し，事実誤認（382条），量刑不当（381条）は除外することは一定の合理性がある。

捜査，訴追，公判での有罪立証，量刑立証の追行について相当強力な権限を捜査機関と検察官は与えられていることに鑑み，犯罪の成否と量刑の幅など実体的な判断のための主張，立証の機会は一審限りであってよい。実質的には，市民が同一の事実について繰り返し実体判断を争わなければならない負担を回避させるためのものである。防御の負担が防御の瑕疵と破綻を生み，

えん罪に至る手続構造を残す必要はない。法適用と手続面での瑕疵がない限り，市民の参加する評議での実体判断を尊重してよい。他方，今後，被害関係者の訴訟参加の権利拡大はありえる。被害関係者独自の上訴権は立法政策上不合理とは言えない。これは今後の課題であろう。

VI 総括──「市民主義」による刑事手続の構造改革

刑事裁判への市民参加の結果，職権（探知）主義・当事者（追行）主義，糺問主義・弾劾主義という構造論だけでは説明できない新たな構造ができあがった。

この構造改革の影響は，今のところ，未確定である。ただ，例えば，捜査段階の被疑者取調べの可視化（録音録画）が運用上定着しつつある大きな理由は，裁判員裁判である。密室取調べで自白を強制されたと強く主張する被告人に対して，その自白を有力な証拠として死刑を宣告することなど市民良識が許さない。公判中心主義の徹底も裁判員裁判がもたらした。それは，職業裁判官が，証拠を勝手に自由に何処でも作り出す証拠の「錬金術」を阻むという大きな意味をもった。「調書裁判」も部分的に克服されつつある。

他面で，手続二分論のない中で，被告人の弁解に期待する市民感情が，検察官の重い挙証責任の負担を相対的に軽減している危険性も否定できない。量刑の厳格化が「感情司法」の要因を含むかどうかも今後の運用をみて判断するべきこととなろう。

ただ，2009年5月にはじまった裁判員裁判が粛々と全国で日々運用されている事実は重く受けとめるべきだ。性犯罪や薬物事件の取扱いなど今後なお慎重に運用を見極めつつ，裁判員裁判対象として残しておくべきか否か論ずる必要のある事件も残る。しかし，今のところ，市民意識の高さと市民の文化水準の高さが運用の妥当性を支えている。

健全な市民社会が民主主義を守るものであることを思うと，裁判員裁判は司法の分野におけるその試金石でもある。この新たな「市民主義」の原理と構造が今後安定し発展することに期待したい。

第12章　裁判員裁判対象事件と3年後検証

　1　裁判員の参加する刑事裁判に関する法律（以下，法）は，裁判員裁判の対象事件を，⑴「重大な犯罪と重大な刑罰の原則」により定める。法定合議事件中，「故意の犯罪行為により被害者を死亡させた罪」と（法2条1項2号），法定刑に死刑または無期の懲役・禁固を含む事件の2種類である（同1号）。次に，⑵併合の原則により範囲を拡張し，裁判員裁判対象事件と併合審理すべき事件も対象とする（法4条）。他方，⑶地方裁判所が，裁判員等との関係で「危害のおそれ・生活の平穏侵害のおそれ・畏怖の発生・出頭困難」等の観点から，裁判員の出頭確保・職務遂行が困難となる等の事由があれば個別的に裁判員裁判対象から除外することを認める（法3条参照。以下，「出頭・職務遂行困難例外」）。平成21年5月21日に裁判員裁判法が施行され，第1号の裁判員裁判の審理は同年8月に開始された。この間の裁判員裁判の運用をみると，上記の裁判員裁判対象事件の範囲自体を立法上修正しなければ，円滑で適切かつ公正な裁判員裁判を実施できない顕著な事態は生じていない。法務省が組織した「裁判員制度に関する検討会」も裁判員裁判施行3年目の実施状況全般について，「裁判員制度はおおむね順調に実施され，定着しつつある」とする[1]。この評価の一環として，同検討会は，「対象事件の範囲等について」として，⑴性犯罪に係る事案，⑵薬物犯罪に係る事案，⑶被告人の請求する否認事案，⑷死刑求刑事案，⑸薬害，公害，食品事故等に係る事案，⑹審理が極めて長期間に及ぶ事案について裁判員裁判対象事件として「ふさわしい」か検討を行った。結論としては，⑴乃至⑸について現行法を修正する必要を認めず，⑹について公判審理の期間が極めて長期間に及ぶ事案で裁判員の負担が加重なものとなる事態を避ける等の観点から例外的に裁判員裁判を除外し裁判官裁判を実施することができるもの

---

[1]　井上正仁座長発言。裁判員制度に関する検討会（第18回）議事録・平成25年6月21日。同日付，「裁判員制度に関する検討会」取りまとめ報告書参照。以下，報告書とする。

とする制度の導入を支持する意見が大勢を占めたとする。

 2　以上の裁判員裁判対象事件の見直しに関する筆者の視座は，次のものだ。「人を有罪だと宣言するのは軽くない負担だと思う。その上，日本の裁判員制度では，量刑の判断も求められる。有罪か無罪かだけを決め，どんな刑罰を与えるかはプロに任せる米国の陪審員制度とは大きく異なる。死刑か無期懲役か，他人の人生を左右する重大な決断を迫られる場面もあろう。心理的にも負担は一層大きくなる。なぜこうした重責を国民が担わなければならないのか。大小の企業による違法行為が次々と明るみに出ている現在，国民のモラルは危機に瀕している。国民の誰もが社会正義の実現に参加する責任を負うことが，自由と民主主義の社会を守り再生させることにつながる。私は，市民の司法参加を21世紀社会における国民の憲法上の義務だと考えている」[2]。以下，この視点から検討する。

 (1) 性犯罪について，報告書では，強姦致傷等の性犯罪に係る事案は裁判員裁判実施に伴い特に被害関係者の氏名等プライバシー情報が知られる危険性や被害者への証人尋問等で二次被害が発生するおそれ等がある等の理由で対象から除外することが議論されたが，「仮に性犯罪が裁判員裁判の対象から除外され，国民が悪質な性犯罪の被害について考える機会を失うと，その実情が理解されないままになるという弊害がある」等が指摘され，対象除外に消極的である。被害者が裁判員裁判とするか選択する制度についても，裁判員裁判が「訴訟関係人の希望によって裁判員裁判が実施されるか否かが決せられる仕組みとはなっていない」点で「裁判員制度の趣旨に反する」とし消極意見が大勢である。

 別な角度から検討する。高知県内初の裁判員裁判は，女性の体を触る等してけがを負わせた強制わいせつ致傷罪に問われた男性被告人の事件であった。審理では，被告人の中学時代からの友人女性が証言台に立ち，酒を飲む間柄だったことや，寛大な処罰を求める嘆願書を集めたこと等を話したが，その後，ある裁判員は「これからも被告人を見守っていくというが，家族の協力

---

　(2)　朝日新聞平成21年5月21日（夕刊）。

も必要。ご主人のご理解はあるのか」という趣旨の質問を発し，証人となった女性は「主人も中学の同級生。（被告と同じ）解体工もやっている」と更生への手助けができることを示唆したという。筆者は「市民ならではの質問」と分析し，「裁判員は，嘆願書を集めた証人の女性だけでなく女性の夫についても被告を支えることに理解があるかを心配した。被告を取り巻く環境にきめ細かく気を配り，市民ならではの生活体験がにじみ出た質問だった」とのコメントを発した[3]。判決では，大要，犯行が危険で執拗であるが被告人の友人が更生を応援すると約束していること等立ち直れる最後の機会でもあるとして，懲役3年，保護観察付き執行猶予5年（求刑・懲役4年）の有罪判決を言い渡した。しかも，保護観察で守るべき条件について「飲酒をしない」等と説明している。そして，「公判後の記者会見でも裁判員経験者が『酒はどこでも買え（断酒は）かなりの精神力が必要。気持ちを引き締めて頑張ってほしい』と更生を願った」という。引き続き，筆者は，判決について「市民感覚が反映」と題して，次のコメントを出した。「保護観察で守るべき条件に断酒を盛り込んだことなどは，裁判員と一緒になって考えた生き生きとした意見。裁判員裁判だからこそ付けられた条件とも言えるのではないか。実刑相当の事件だと思われたが，被告の人柄を見て裁判員が柔軟で寛大な判断を下した。市民感覚が反映された判決」[4]。

　性犯罪と裁判員裁判との関係一般について，マスコミの関心も強い。被害者のプライバシーが拡散し二次被害を招く懸念が払拭できないからだ。ただ，裁判員裁判時代になって性犯罪の量刑は重くなっている。被害者の苦しみ等について社会の理解が進んだことの反映だ。そこで，上記事件も含め，筆者は「対象事件の変更は『早急すぎる』と否定し，捜査当局が社会的意義を訴えるなどして説得し，『戦う被害者』をつくるべきだ」とするコメントを出した[5]。性犯罪を対象から除外する必要はない。

　(2)　薬物犯罪について，報告書は，覚せい剤の営利目的輸入事について「海外の犯罪組織が関係して巧妙に行われるなど，国民が想像し難い犯罪類型で

---

(3) 読売新聞平成22年1月21日（朝刊）。
(4) 読売新聞平成22年1月22日（朝刊）。
(5) 山陽新聞平成24年5月21日（朝刊）。

ある」,「覚醒剤輸入の認識（故意）が争われると,背景事情等の間接事実を積み上げていくという立証の難しい事案が多い」から「市民感覚を反映させて裁判を行う」のになじまないとする意見を紹介し,他方,「裁判員制度は,一定の重大犯罪を対象とするものであって,国民になじみがあるか否かで事件を区別して,なじみがあるものを特に国民参加の対象とするという趣旨のものではない」という制度の趣旨,被告人の認識が争われた場合の立証の困難は薬物事犯特有ではないこと,無罪判決が散見されるのは証拠収集が困難であることの反映であること等の消極意見が大勢であったという。

　確かに海外からの薬物密輸事件では,日本に薬物が到着した時点での被告人の心理面を「故意」で捉えていいか判断が微妙なケースもある。国民生活に重大な脅威となる事案については安易に無罪判決が出ることも適切ではない。薬物の存在と脅威は,一般市民生活との距離感があって,市民が量刑判断に確信を持ちにくい面がある。が,筆者はかねてより「薬物がどういう形で日本に入り末端に行き渡るか,市民が知ったうえで刑を判断することは重要だ。撲滅に向けての意識向上につながる」と指摘し対象除外には反対である[6]。

　法廷の実際も裁判員の冷静な判断を示す。例えば,「裁判員／覚醒剤密輸に無罪／別公判では『共犯者』有罪」とする記事が興味深い。概略,次の内容である。「トルコから覚醒剤約4キロを密輸入したとして,覚醒剤取締法違反（営利目的輸入）などに問われたイラン国籍の無職A・S被告（42）の裁判員裁判の判決が28日,大阪地裁であった。○○裁判長は『被告から（密輸入を）指示されたとする共犯の男の供述は信用できず,犯罪の証明が不十分』として無罪（求刑・懲役18年,罰金800万円）を言い渡した。裁判員裁判での全面無罪判決は4件目で,うち3件が覚醒剤密輸事件。○○裁判長は昨年3月,共犯とされた日本人の男（37）の裁判員裁判で,A被告との共謀を認定し,懲役13年,罰金700万円の実刑判決（確定）を言い渡しており,判断が分かれた」。裁判員のこんな感想も取材されている。「判決後,男性裁判員1人と女性裁判員3人が同地裁で記者会見。4人は『共犯とされた男の判決結果を聞かされておらず,評議に影響はなかった』と話した」。

---

　(6)　朝日新聞平成21年9月29日（朝刊）。

従来，裁判官は共犯事件における「事実の合一的確定」を目指した。共犯事件で有罪・無罪に分かれることなどない。官僚組織としての裁判官のみが事実認定・量刑を担っていたからできた運用だ。が，裁判員裁判では，裁判員をまじえて事件毎に証拠をみる。裁判体毎に事実認定が異なる事態はありえる。だから，筆者は「予断なく証拠を検討」と題して次のコメントを出した。「共犯でも，法廷で調べた証拠が違えば，異なる事実認定になるのはおかしいことではない。職業裁判官はこれまで，関連する事件の結論に矛盾が生じないようにしようと，自らの判断を縛っていたのではないか。予断を持たない裁判員らが，それぞれの事件の証拠だけを検討した結果であり，市民参加の裁判員制度の象徴的なケースといえる」[7]。量刑も，検察官において薬物被害の実情を紹介する資料の証拠調べなどで充分に対応可能である。これを除外すべき理由はない。

　(3)　「被告人の請求する否認事案」が社会的に影響があり国民の関心もある上事実関係が争われる事案の処理に市民感覚を活かす等の視点から，裁判員裁判対象とする意見もある。だが，報告書では，基本的には「裁判員制度は，その基本構造において，裁判員裁判を受けることが被告人の権利とされているものではなく，裁判員裁判が実施されるかどうかを被告人の請求にかからしめる考え方は，それとは整合しない」として消極意見が大勢となる。

　むろん刑事政策ないし司法政策上裁判員裁判対象事件以外で事実を争う被告人に裁判員裁判請求権を与えまたは職権で決定できるようにすることに合理性はある（これは，裁判員裁判対象事件で事実を争う被告人が裁判員裁判を拒む権利を認める妥当性の問題でもある）。が，ここでは，更に踏み込んで被告人は憲法上自己の刑事裁判のあり方，特に事実認定と量刑について裁判官と市民の組み合わせ方に関する選択権があるかが問題となるが，結論的には，個々の被告人が自己の刑事裁判のあり方を**選択する憲法上の具体的個別的権利**を認めるのは無理だ。

　確かに，被疑者・被告人が憲法上「包括的防御権」を保障されているという原理は明白だ。だから，被疑者・被告人は捜査から公判に至る手続上個々

---

　[7]　朝日新聞平成23年1月29日（朝刊）。

具体的な防御のための権利が憲法上も認められている。例えば，憲法34条は被疑者・被告人の身体拘束に関連して，逮捕・勾留の理由の告知を受ける権利，弁護人依頼権，勾留理由開示請求権を個別的に保障する。憲法37条も，「公平な裁判所の迅速な公開裁判を受ける権利」，証人の喚問・審問権，国選弁護人請求権を保障する。刑事手続の形態がなんであれ，被疑者・被告人が防御を十分に行なうのに不可欠な権利を明文化したものである。他方，憲法32条の裁判所における裁判を受ける権利は行政・立法と異なる「司法」による裁判を受ける包括的・抽象的な権利を保障するのにとどまる。被疑者・被告人の刑事手続に関わる憲法上の他の権利規定から，被告人が自由に具体的な裁判のかたちを求める請求権を導くことは事の性質上困難だ。また，裁判員裁判は，裁判官裁判では被告人の防御権保障が不十分であったから導入されたのではない。「重大な犯罪と重大な刑罰の原則」で対象とする事件について，市民の良識と法曹の経験を加味して社会の「正義」観を司法に取り込み司法独善主義の弊害を防ぐことに目的がある。現段階で事実を争う被告人に限り裁判体の選択権を与えることが相当とは言えない。他方，裁判員裁判対象事件について被告人に裁判員裁判を放棄し，裁判官裁判を選ぶ権利を与えないこともまた現段階で被告人の憲法32条の「裁判所において裁判を受ける権利」を侵害するとは言えない[8]。

(4) 「死刑求刑事案」について，報告書では，「裁判員の負担が大きい」ことが除外意見の主な理由であるが，他方，「国民の関心が高い重大な刑事事件の最たるものとして，裁判員裁判が実施される意義が大きい」等の観点から対象からの除外に消極的な意見が大勢を占めたという。

さて，法定刑に死刑が予定されている事件・現に死刑が求刑された事件であって否認事件の場合，まず，適正な事実認定が大きな負担となる。この点で，いわゆる鳥取連続不審死事件では，女性被告人が2件の強盗殺人罪等で起訴され死刑が宣告された（鳥取地判平成24年12月4日公刊物未登載）。被告人は，

---

[8] 拙著「裁判員裁判について ―3年後検証と「市民主義」の充実・発展のために」甲南法務研究9号（2013年）13頁参照。この点に関して，京都弁護士会「裁判員裁判制度が司法制度の基盤としての役割を十全に果たすことができるようにするための提言」（平成23年12月22日），青年法律家協会弁護士学者合同部会「裁判員制度の3年後『見直し』に向けた提言」（平成23年12月3日）等参照。いずれもインターネット上で検索可能。

鳥取県を舞台に，債務の返済を免れるために知人男性2人を殺害した等として起訴されたものである。被告人は，公判廷では黙秘を貫きつつ無罪を主張した。事件では，自白や目撃供述あるいはこれに準ずる犯行関与を直接裏付ける証拠はない。間接事実を積み上げて，犯行態様と被告人の犯行関与，殺意を立証する状況証拠型事実認定を要する事件であった。その上，死刑選択の当否も裁判員の判断に委ねられた。この場合，間接証拠ひとつひとつからどこまでの事実を推認し，それらを組み立てたときに，「被告人が，殺意をもって，被害者を溺死させた」という構図が，裁判員と裁判官の心証風景の中にくっきりと浮かびかがるかどうかが，鍵である。そのとき，「合理的疑いを超える証明」という事実認定の水準が，飾り言葉としてではなく，心証形成を規制するルールとして本当に働いたかどうかが問われる。従来は，「疑わしきは処罰する」という心証形成の事実上の水準がプロ裁判官の中に定着していた。これを裁判員裁判も継承するのか，それとも，「犯人捜し」ではなく，「合理的疑い」があれば慎重に有罪認定は避ける姿勢で臨むのか，こうした裁判員裁判時代の事実認定の水準が問われた裁判であった。被告側は，被告人の故意を否認するだけでなく，冒頭陳述で詐欺事件の共犯者で同居していた男性を殺人事件の主犯であり単独犯として名指しで指摘する異例の主張をした。しかも，これを裏付けるべき主要な証拠と言えば，被告人本人の供述となるところ，当初は長時間の被告人質問の時間を審理計画に組み込んでいたものの，直前になって黙秘権行使を裁判所に告知した結果，公判廷では，裁判所は質問に応じるように説得する程度の時間はとったが，結局，被告人は法廷ではなにも語らずに終わった。この事件について，筆者は「説得力ある事実認定」として裁判員裁判での事実認定を評価した。「『状況証拠という点と点を適切につなぎ，説得力のある事実認定になっている』と評価。男性元会社員の証言に関し，信用性の一部に疑念を示したことには，『元会社員の話がどこまで信用できるのかを慎重に判断したのだろう』とする。また，『弁護側の被告人質問取りやめなど，上田被告側の不合理な行動を考慮することなく判断し，黙秘権を尊重した判決だ』とした」[9]。死刑が予想される事件で

---

(9) 読売新聞平成24年12月5日（朝刊）。

も，裁判員・裁判官は冷静に事実認定ができるとして信頼してよい。

　次に，死刑選択の問題がある。が，裁判員裁判による死刑宣告の事例もすでに多い。例えば，平成 21 年 7 月に大阪市此花区のパチンコ店にガソリンを撒いて放火し 5 人を殺害，10 人を負傷させるという残虐な事件について，殺人，現住建造物等放火罪等で起訴された被告人に対し裁判所は同年 10 月 31 日に「残虐非道で，生命をもって罪を償わせるしかない」として検察官の求刑通り死刑を言い渡した。この事件では，責任能力の有無とともに，絞首刑による死刑執行が憲法 36 条にいう残虐な刑罰にあたるか否かも争点となった。死刑の合憲性は法令解釈の問題なので裁判官の専決事項とされたが，オーストリアの法医学者，元東京地検特捜部の検事も勤めた刑訴法学者が専門家の立場から日本の絞首刑のあり方について意見を述べた手続には裁判員も自由意思で参加した。裁判所は，「裁判員の意見も聴いた（裁判員の参加する刑事裁判に関する法律 68 条 3 項）上，弁護人の主張を検討したが，絞首刑は憲法に違反するものではない」とし，「死刑に処せられる者は，それに値する罪を犯した者である。執行に伴う多少の精神的・肉体的苦痛は当然甘受すべきである。……絞首刑には，前近代的なところがあり，死亡するまでの経過において予測不可能な点がある。しかし……残虐な刑罰に当たるとはいえず，憲法 36 条に反するものではない」と判断した[10]。これについて，筆者は「責任ある判断できた」とし「死刑の適用について判断する裁判員が，絞首刑の合憲性について議論するのは裁判員裁判ならではと言える。裁判員は，苦痛の程度など死刑の実態についての材料を与えられた上での責任ある判断ができたはずだ。死刑制度に不透明な部分がある中で，適正な刑罰であるかについて踏み込んだ情報提供があった。今後につながる素晴らしい審理だ」とコメントを出した[11]。

　死刑求刑が予想される事件でも，基本的に裁判員が加わった評議での事実認定は「疑わしきは被告人の利益に」に従い，量刑にあっては行為責任を中核としつつ被害感情，社会の反応と本人の改善更生の余地等を考慮して適宜

---

(10) 大阪地裁判平成 23 年 10 月 31 日（平 21（わ）6154, 死刑），大阪高判平成 25 年 7 月 31 日（平 23（う）1649, 控訴棄却）。

(11) 四国新聞平成 23 年 11 月 1 日（朝刊）。

死刑を選択しており，現段階では対象除外とするべき理由はない。むしろ，昨今控訴審で一審の裁判員裁判で死刑を選択したのにこれを破棄したが，その妥当性には疑問が残る[12]。

(5)「薬害，公害，食品事故等に係る事案」について，報告書は，「国民生活に密着した問題である」ので裁判員裁判対象事件とする可能性が指摘されたという。「重大な犯罪と重大な刑罰の原則」で除外されるこの種の事犯は過失犯となる。「過失は規範的判断であるから，社会常識を反映させることはふさわしいとする指摘もあった」という。他方，消極意見として，(1) この種事案は，「高度の専門性」が求められ，「膨大な資料」「証拠の量が膨大」であり，「公判回数も多数となる」こと，(2)「注意義務の内容，その有無が問題となる関係者の範囲，予見可能性等の有無に関し，複雑かつ専門的な事実について判断する必要がある」，(3)「特殊過失事件は，捜査自体にも長期間を要するなど，非常に複雑な内容となる傾向があり，比較的短期間のうちに裁判員が判断をすることにはなじみにくい」等が挙げられ裁判員裁判対象事件になじまないとされている。

しかし，市民が過失犯の処理に直面する場面は実は検察審査会（以下，検審とする）で長く経験が積まれている。検審は昭和23年以来検察官の不起訴処分を監視する役割を担ってきたが，大まかには，3つの分野で不起訴を批判し検察庁の再捜査・公訴提起を導いている。(1) 政治家の刑事事件を見逃さないこと。(2) 企業犯罪，公害犯罪，組織犯罪等，市民社会そのものを組織による脅威から守ること。最後に，(3) 生活に根ざした犯罪から市民を守ること。特に「小さな事件」（と検察庁には見える）であるが，市民にとっては重大な被害をもたらす交通事故について検察官の不起訴を不当とし起訴を勧告する議決がなされて再捜査の結果起訴される事例は少なくなかった[13]。検審は過失の成否の判断も長く行ってきていたものであって，市民が納得できる

---

(12) 東京高判平成25年10月8日（平23（う）1947）。
(13) 朝日新聞平成12年5月23日（夕刊）は，「不起訴見直し／2年間で30件／東京地検」として「交通事故の被害者らの問い合わせや検察審査会への申し立てを受け，検察が再捜査して不起訴処分を見直すケースが増えている。東京地検だけでも今年三月までの約二年間で三十件に上る」と紹介する。「処分を見直した三十件（八王子支部管内を除く）のうち，略式起訴は二十八件で，残り二件は公判請求した」という。

公訴権の運用となるように是正する役割を果たす長い歴史を踏まえて，平成21年5月21日からは起訴議決ができるようになった。検察庁の強力な監視団であり，市民社会を健全に発展させる「市民検察」と言える。その後，いわゆる明石歩道橋事件[14]，JR福知山線脱線事故[15]について，相次いで検察庁の不起訴処分を踏まえて業務上過失致死傷罪での起訴議決がなされたことは耳目に新しい。結果として，前者では，あらためて起訴された明石警察署元副署長について免訴が宣告され，後者の事件では事故をはさんで代表取締役社長であった3名の被告人に無罪が宣告されている。両事件の経緯は，市民が検審の審査段階では複雑で大規模な事故についても膨大な捜査記録を読み込んで各事件の過失の構造を理解し，適切な判断をする能力を持つことを充分に示す。従って，報告書の消極意見のうち，市民にとって過失犯が「高度の専門性」を要し「非常に複雑な内容」だから除外すべきだとする理由には賛成できない。時代に沿った過失犯のあり方を裁判に反映する上では裁判員裁判に充分になじむ。ただ，検審の審査と異なり，刑事裁判では公判廷における厳格な証明手続を踏まえて証拠調べを実施するものであって相当長期の審理期間は必要となる。とすると，現段階では「重大な犯罪と重大な刑罰の原則」により裁判員裁判対象犯罪を限定し過失犯は対象としない運用が一国の市民参加型刑事裁判のあり方として不相当というものでもない。司法政策上，検察官の公訴権行使に対する控制の段階で市民が過失犯処罰を支持して起訴議決をする一方，その成否は再度プロの裁判官に委ねる現行の制度を当面維持するのが適当である。

(6) 「審理が極めて長期間に及ぶ事案」に関して，報告書は「数年に1件あるかどうかといったごく例外的な事態」，「複数の殺人等から成り，被告人

---

[14] 明石歩道橋事件に関して，神戸第2検審議決平成21・7・15（平成21年神戸第二検審審査事件（申立）第2号），神戸第2検審議決平成22・1・27（平成21年神戸第二検審審査事件（起相）第1号），平成22年4月20日付け起訴状を踏まえた神戸地判平成25・2・20（免訴）（平成22（わ）457）参照。なお，拙稿「公訴時効と刑訴法254条2項『共犯』の実質解釈について－明石歩道橋事故に寄せて」甲南法務研究8号（2012年）31頁参照。

[15] 神戸第一検審平成21・10・7議決（平成21年神戸第一検審事件（申立）38号），神戸第一検審平成22・3・26（平成21年神戸第一検審事件（起相）1号），平成22年4月23日付け起訴状（平成22年検2310，2311，2312）を踏まえた神戸地判平成25・9・27（平成22（わ）473，474，475）（無罪）。

が全面的に否認しているような一層複雑困難な事案」,「訴訟関係人が手段を尽くしても, 著しく長い公判審理期間が見込まれる事案」,「義務として関与せざるを得ない裁判員の負担が過大なものとなる」,「数年に一度あるかどうかというレベルで, 裁判員がどのように頑張っても裁判に関与し続けることが無理な事案」,「10 年ないし 20 年に 1 件起こるか分からないが, 実際起きてからでは対処できない」,「テロ犯罪組織によるビルの爆破事件のように, 膨大な数の被害者等が出ており, 多数の証人尋問を行う必要があるという事例」等の表現を用い, かかる事案について「新たな除外制度の創設を検討する必要性ないし合理性」を肯定する[16]。

　さて, 裁判員裁判がはじまった初期の頃 1 週間を超える程度の長期審理でも市民の負担の観点から問題提起がなされることがあった。ある記事は,「判決まで 3〜4 週間か／被告全面否認で長期化／米原汚水槽殺人／滋賀県」と題して, 平 21 年 6 月に汚水槽から女性の遺体が発見されて, 同じ会社に勤める男性社員が犯人と疑われて起訴された事件を取り上げる。被告人は, 捜査段階から事件関与を否定し, 弁護人による適切な助言もあってか自白調書はもとより供述調書はないまま起訴されて審理に入った。長期審理の点について, この事件をきっかけに次のコメントを示した。「裁判員になると, 生活のリズムも異なり心理的負担もあるが, それを覚悟の上で裁判に参加するべきだ。有罪か無罪かで人の一生を左右する裁判の負担が軽いはずがない。『正義を実現する義務』を背負っていることを認識するべきだ」[17]。

　同じく, ネット配信の「殺意はなかった／被告, 起訴内容否認」と題する裁判員裁判の紹介記事が載った[18]。記事によると, 徳島地裁で, 強盗殺人未遂等で起訴された被告人が殺意を争った事件について当時としては最も長い 6 日間の審理が予定されていた。記事は, ある裁判員の「1 週間は長い。仕事にさしつかえる。裁判員を経験してみるのは良いと聞いているが」とす

---

(16) 法務省作成資料では, 平成 24 年 4 月 13 日にさいたま地方裁判所で判決宣告がなされた殺人等被告事件の職務従事期間が 100 日とされている。裁判員制度に関する検討会第 13 回会議（平成 24 年 10 月 9 日）配布, 資料③参照（http : //www.moj.go.jp/content/000102977.pdf）。

(17) 朝日新聞平成 22 年 8 月 27 日（朝刊）。

(18) 朝日新聞平 22 年 7 月 6 日（asahi.com my town 徳島）。

る感想を紹介した。確かに1週間であっても市民の事実上の負担感は否定できない。しかし，筆者のコメントは「『被告の人生を背負うのだから心理的，時間的に裁判員に負担がかかるのは当然』とし，夜間や1日おき，土日ごとの審議を提案。『もっと時間がほしかったと裁判に不満が残ってはいけない』と指摘した」。

　長期審理事件に関する筆者のスタンスは，報告書が指摘する「極限的な事例」も含めて同じである。相当数の補充裁判員を選任することで長期の審理に対応するべきである。その事件に限り，裁判員が専業主婦（夫）や退職者等に偏ったとしてもわが国ではそのことが直ちに偏頗な価値観に固執する者が裁判員になる危険性をもたらさない。公判前整理手続において争点と証拠を適切に整理した上で例えば1年にわたる審理計画を作らざるを得ないのであれば，これを裁判員候補に示した上質問手続で辞退事由をていねいに審査して一定数の補充裁判員とともに選任すればよい。場合によっては，裁判員と補充裁判員を選任するために再度の呼び出し手続を要する場合があってもやむを得ない。その意味では，「公判審理に長期間を要する非常に複雑な事案こそ，充実した迅速な裁判にするために裁判員裁判が実施されるべきである」とする報告書内の意見も説得力がある。但し，なお，裁判員裁判の正常な運用が見込まれない希有の事態に備えて，除外事由を立法化することが司法政策としては相当であろう[19]。

　3　裁判員裁判の対象については，例えば，責任能力が争点となる事件の除外も検討の余地はあるし，付審判が決定された事件の追加を考えてもよい。が，裁判員裁判制度は，順調に運用され司法の場に溶け込んでいる。それだけに裁判員裁判対象の安易な修正には慎重であるべきだ。21世紀初頭，司

---

(19)　例えば，「第二条の2（対象事件からの除外）地方裁判所は，第二条第一項各号に掲げる事件について，公判前整理手続の結果，審理が著しく長期間に及んでおり，そのため，裁判員候補者又は裁判員が躊躇し，裁判員候補者の出頭を確保することが困難な状況又は裁判員の職務の継続的な遂行が困難な状況があり，これに代わる裁判員候補または裁判員の選任も困難な状況が現にあると認めるときに限り，検察官，被告人若しくは弁護人の請求により又は職権で，これを裁判官の合議体で取り扱う決定をしなければならない」といった条文案が考えられる。

法制度改革審議会が現行の「重大な犯罪と重大な刑罰の原則」を選択して裁判員裁判を開始したことは歴史的な決断であった[20]。その当否は四半世紀程度のスパンで評価すべきだ。微調整はさておき，大幅な修正は妥当ではあるまい。結論として裁判員裁判対象事件の見直しについては報告書の姿勢が妥当である。

---

(20) 平成13年6月12日にまとめられた『司法制度改革審議会意見書—21世紀の日本を支える司法制度—』。首相官邸ホームページ http：//www.kantei.go.jp/jp/sihouseido/report-dex.html 参照。裁判員裁判対象事件について「新たな参加制度の円滑な導入のためには，刑事訴訟事件の一部の事件から始めることが適当である。その範囲については，国民の関心が高く，社会的にも影響の大きい「法定刑の重い重大犯罪」とすべきである。「法定刑の重い重大犯罪」の範囲に関しては，例えば，法定合議事件，あるいは死刑又は無期刑に当たる事件とすることなども考えられるが，事件数等をも考慮の上，なお十分な検討が必要である。有罪・無罪の判定にとどまらず，刑の量定にも裁判員が関与することに意義が認められるのであるから，公訴事実に対する被告人の認否による区別を設けないこととすべきである。新たな参加制度は，個々の被告人のためというよりは，国民一般にとって，あるいは裁判制度として重要な意義を有するが故に導入するものである以上，訴訟の一方当事者である被告人が，裁判員の参加した裁判体による裁判を受けることを辞退して裁判官のみによる裁判を選択することは，認めないこととすべきである。なお，例えば，裁判員に対する危害や脅迫的な働きかけのおそれが考えられるような組織的犯罪やテロ事件など，特殊な事件について，例外的に対象事件から除外できるような仕組みを設けることも検討の余地がある」とされている。そして，同意見書は，裁判員裁判対象事件に関する3つの基本的な枠組みを示した。「対象事件は，法定刑の重い重大犯罪とすべきである。公訴事実に対する被告人の認否による区別は設けないこととすべきである。被告人が裁判官と裁判員で構成される裁判体による裁判を辞退することは，認めないこととすべきである」。出頭・職務困難例外もすでに提案されていた。

第 2 部

刑事裁判
――「包括的防御権」と「可視化」原理

第13章　被疑者取調べ「可視化」立法への道

Ⅰ　被疑者取調べ「可視化」立法案
――包括的防御権と効果的立証

1　被疑者取調べ「可視化」（被疑者取調べの全過程の録音録画）は立法化するべきだ。大要次の項目が必要だ。

① （被疑者の権利）被疑者は取調べにあたり録音録画を請求することができ，これを記録した媒体の交付を受けることができる。
② （捜査機関の権限）捜査機関は，必要があれば，被疑者取調べを録音録画することができる。
③ （証拠開示義務）検察官は，被告人または第三者の供述であってそれぞれ被疑者取調べの機会に作成された供述書または供述録取書の証拠調べを請求する場合，被告人または弁護人の請求があれば，当該被疑事実にかかる被告人または第三者の被疑者としての取調べ全過程の録音録画を記録した媒体を開示しなければならない。
④ （自白の取調べ方法）法198条1項の取調べの際になされた被告人の自白を証拠とする場合，原則としてこれを録音録画した記録媒体もあわせて取り調べるものとする。

第1に，被疑者取調べの「可視化」は，被疑者の包括的防御権に基づく取調べ場面における具体的な防御活動である。通常長時間の取調べに対応できる録音録画の機器を被疑者は準備して取調べに臨むものではない。被疑者が取調べの場で充分に自己の言い分を述べ，これを将来の公判のため使うには，取調べを実施する捜査機関にその準備を義務づけるのが適切である。第2に，「可視化」は，被疑者取調べの場における被疑者の様子を記録する捜査手法

だ。被疑者が取調べには応じても録音録画には同意しない場合，なお実況見分の一種として行ってよい（念のため検証令状を得て録音録画することは現行法でもできる）。あらたな強制処分と捉える必要はない。但し，権限の所在を明文化するのが相当である。第3に，被疑者取調べ「可視化」は，公判廷の立証手続に組み込まなければならない。その基本は，検察官が証拠調べを請求する供述であって，供述者が被疑者として取調べを受けた時に述べたものであるときには，それが被告人であれ第三者であれ「可視化」を前提にした取調べ状況に関する資料の開示を求める権利を持つべきだ。被告側は証拠開示を受けて，なお任意性を争点とするのか否か検討できる。第4に，被疑者取調べにおける自白の証拠調べにあたっては，書証とあわせて録音録画媒体の証拠調べ請求をし，その再生を求めるのを運用の原則と宣言しておくべきだ。実際に公判廷で録音録画記録媒体自体を証拠にするかどうかは，主張と争点にそって当事者が判断すればよい。

2　被疑者取調べの「可視化」は刑事手続において正義を実現する土台である。21世紀は市民参加の時代だ。ここでは市民に「見える・分かる」手続が必要だ。「可視化」は被疑者取調べにとどまらず，21世紀刑事手続全体の原理である。このうち被疑者取調べ「可視化」は被疑者の権利宣言，捜査機関の権限確認，裁判所の証明方法明示など複合的な要因が絡む。立法で大枠を明確化すべきだ。問題は，同立法が進展しない現状だ。立法化を阻む背景は何か。

II　密室での「恫喝取調べ」——大阪府警東警察署事件

1　10年10月27日付け朝日新聞（朝刊）は「取り調べ，薄れぬ恐怖／体験男性語る／大阪府警，いすけって威圧」と題する記事を掲載する。「東署刑事課の警部補（34）と巡査部長（31）が，システムエンジニアとして働く男性の会社に来たのは9月3日午後1時半。警察が社員を調べていることは知っていたが身に覚えはなく，自分も調べを受けるかもと思ってICレコーダーをズボンのポケットに入れていた。会社の駐車場に止めた車の後部座席

で警部補は黙秘権も伝えず,「家もガサ行くぞ」「出せよ,お前,財布。出せ！出せ！ 出せ！ なめんなよ」とすごんだ。容疑は,大阪府内の女性が昨年12月に出勤途中に落とした財布を着服したとする遺失物等横領で,男性は女性と同じ駅を利用。反論しようとしたが,「お前の意見を聞きにきたんちゃうわ」「人生むちゃくちゃにしたるわ」と怒鳴られた。約1時間後,大阪市中央区の東署の取調室に連れて行かれた。警部補は自分の家族を引き合いに出し,「4人目も生まれるねん。こうした生活の基盤がなくなったらむちゃくちゃやん」と自白を促した。幼稚園児の長女の笑顔,マンションのローン……。すべてが壊れてしまうと思うと,恐ろしくなった。否認する男性に,警部補は「手出さへんと思ったら大間違いやぞ」と大声を出し,パイプいすをけった。調べが始まってから約3時間後,録音に気づいた警部補は急に穏やかな口調で「信じてるよ」と握手を求めたという」。

なお,10年11月15日付け産経新聞(夕刊)記事では,「取り調べは,東署刑事課の警部補と巡査部長が遺失物横領事件の捜査で9月3日に行った。財布を落とした女性が免許証の写真を添付したメールを送りつけられ,メールの分析から男性が疑われたとみられる」との記載がある。

2 推測にとどまるが,本件では,内定捜査で上記メール発信のアドレスと上記男性被疑者との結びつきを裏付けることができる客観証拠はあったように伺える。そうであれば,被疑者取調べでは客観証拠を前提にしてその説明を被疑者に求め弁解の矛盾を摘示し,答えられない状況に追い込むのが合理的な取調べ方法だ。不合理な弁解をする状況を記録し,さらに捜査を進行させて再度証拠を説明できない状態,被疑者が犯人と疑われることが合理的である状態を取調べの場で暴露させればよい。いわゆる弾劾型取調べである。

ところで,被疑者取調べ「可視化」に反対する次の理由がある。「取調べとは取調官との信頼関係に基づく心情吐露であり,自己の恥をさらけ出す勇気を持たせる人間関係の構築が大切である。それには密室取調べが適切である」。しかし,実情がかかる「道義的取調べ観」を裏切っている。実際には上記1のような「恫喝取調べ」がよく見られる。その背景には,証拠を突きつけて矛盾供述を引き出す合理的な取調べ技法,被疑者が客観証拠上自白

せざるを得ない状況に追い込む高度の取調べ技法が開発されていない実情がある。本件でも内定捜査で収集した客観証拠を被疑者にどう突きつけたらいいのか吟味が十分になされないまま，「お上が犯人と確信した以上，反省させて自白させる」という迫り方をした。次元の低い取調べしかできない。これが現状だ。改革には高度の取調べ技法の開発訓練が要る。その機運が高まらない。結局「密室での恫喝取調べ」で自白させて事件を処理する手法を温存するしかない。「可視化」立法に消極的となる理由がこのあたりに潜む。

III 密室での「作文調書」——郵便不正事件

1 村木厚子元厚生労働省局長が起訴された郵便不正事件の無罪判決（大阪地判平22・9・24，平成21（わ）3275）と，同事件に関連して多数の検察官作成供述調書を証拠排除した，大阪地決平成22・5・26がある。後者は多数の事件関係者と共犯者の検察官作成調書を証拠採用しなかったものである。無罪となった村木元被告が，部下である上村元係長に指示して障害者団体であることを認定する証明書を偽造させ，これを受け取って会の人間に手交したというのが検察側の主張であるが，上村元係長は単独で証明書を偽造したと弁解している。では村木元被告を巻き込む自白調書がなぜできたのか。証拠請求を却下した上記決定は次のようにまとめている。

　「上村元係長の取調べを担当したK検事が，「『公的証明書が被告人から倉沢に渡されたことについて，上村さんの記憶があやふやであるなら，関係者の意見を総合するのが一番合理的じゃないか。言わば，多数決のようなものだから。私に任せてくれ。』と言われたか否かについて」，同人の公判廷における証言，上村元係長の村木事件の公判廷における証言などを仔細に検討した上，かかる働きかけがあったものと認定した。裁判所は，次のように総括する。「5月31日付け検察官調書は，上村の公判供述のような経緯で作成されたものと認定できる。他の者の供述や証拠を前提に矛盾等を指摘すること自体は，取調べにおいて禁止されるものでも，不当とされるものでもない。しかし，……『記憶があやふやであるなら，関係者の意見を総合するのが一

番合理的じゃないか。言わば，多数決のようなものだから，私に任せてくれ。』などと言って取り調べ，捜査官が想定する内容の供述調書を作成し，署名を求めることは，相当なものとはみられない」。「上村は，国井が言うようなこと（本件指示等）があったかもしれないと発言したことがあったのは認める旨供述する。しかし，……上村は，最終的に，本件指示などが記載された供述調書に対して，その訂正を求めたにもかかわらず，国井はそれに応じなかった疑いが残るものである。結局，調書には上村の意思に反する内容が記載されたことになる」。

2　特捜事件の場合,「恫喝取調べ」はさらに洗練された虚構の犯罪ストーリーへの押しつけへと進化する。取り扱う事件の性質上，複数の関係者，複雑な人間関係，複雑な事実関係が登場する。これを整理して後の有罪立証に都合のよい「虚構の犯罪」構図に従って複数の検事が矛盾の生じないように証拠をつみあげることが必要になる。内情は不明であるが，そのためには上村被告の役割等が特捜内部で想定されているはずだ。虚構の犯罪構図に沿った供述を被疑者の口から出た形にするため，密室の中で長期間長時間にわたる働きかけをすることとなる。検察サイドからみた擬似的な信頼関係を装った供述押しつけ作業がそこで行われる。それは密室だからこそできる。念のため，検事取調べでも市民生活を破壊すると恫喝する取調べはなされる。上村元係長が共犯関係を否認するとK検事は「否認するわけね。じゃあ，……関係者全員証人尋問だね」といった捜査の拡大拡散を示唆し上村元係長に心理的なプレッシャーをかけている。「お上」ににらまれた者の心理的な弱みを巧みに突きながら捜査機関が組み立てたストーリーに沿った自白をさせる取調べ方法は検察取調べにも浸透している。最終的には特捜検事が用意する虚構の犯罪構図に沿って精緻な供述調書に被疑者が署名指印することとなる。「特捜」の扱う事件の性質上物証が乏しいだけに，「密室での作文調書」という取調べ手法に頼りがちになる。検察庁がかかる組織を内に抱えている以上，取調べ「可視化」立法に消極姿勢になる。これも立法を阻む理由となる。

Ⅳ　自白による事件処理——官僚的「一件落着」手法

　1　起訴猶予が見込まれる被疑者の場合や，略式起訴でも検事が納得して処理する余地のある被疑者の場合，弁護人が被疑者と接見室で行なう打合せは，捜査機関が他の証拠なり共犯者の供述なりを踏まえつつ，被疑者の役割として期待していることに添って供述をすること，「反省—悔悟—自白」の形を整えることである。
　一般に，被疑者が逮捕勾留されている場合，逮捕段階では，弁解録取書の他，身上経歴に関する調書が作成される。被疑者が争わない場合で正式起訴を避けた事件処理に向けて防御活動をしたいときには，概括的な自白調書の作成にも応じる。10日の勾留中は満期日3日ほど前まで警察の取調べが続くので，弁護人は接見を通じて，被疑者から刑事の取調べでの言葉や意図を聞き出し，別に共犯関係者から情報を入手する等して準備した上，実際にあった事実を踏まえて，刑事が誘導した形にならないようにしつつ納得できる説明を被疑者がするようにする。このとき，被疑者が真に記憶する事実とずれがあっても客観的な事実とそう違わない範囲であれば，事件処理のため自白調書作成に協力する。
　最初の勾留満期前に検事は事件処理の必要上被疑者取調べを行なう。共犯事件等であれば勾留の延長が通常認められる。被疑者側もそれは覚悟している。そして，勾留延長後の最終満期日に向けて取調べの詰めをする。刑事も弁護人が接見して被疑者に助言をしていることを知っている。時には担当刑事にあいさつをかねて連絡をとり，感触をさぐることもある。こうした準備を土台にして検事の最終取調べを待つ。検事とも連絡をとって適正処理を求めつつ感触を探ることもある。勾留最終満期日の2日から3日ほど前に最後の検事調べが行われる。その前後に弁護人は接見に入り，被疑者と綿密に打合せをしておく。「反省—悔悟—自白」を踏まえた適切な事件処理＝起訴猶予，略式起訴となる。双方がいわば納得した形で「自白調書」をとりまとめる。

　2　我が国刑訴法上，事実の取調べと別に，当事者処分権主義に沿って，

被告人が弁護人を介して事件処理に関し検事との率直な打合せをする場を予定していない。「司法取引」の場がない。だから，密室取調べで阿吽の呼吸の中事件の適正処理に向けて反省を示すポーズが必要になる。被疑者取調べの場で事件を整理し，「反省─悔悟─自白」により一件落着とし，警察の事件送致，検察の終局処分に至る。「反省─悔悟─自白」の記録が必要であるという法文化が根付いているからである。かかる取調べ過程について「可視化」されることは被告側として困る訳でもないが，さほど必要でもない。ただやや迷惑でもある。かくして「司法取引」の場がないことが取調べ「可視化」立法を推進しにくい消極的な要素となる。

V 「可視化」実験
──警察・検察における自白再確認場面の録音録画

1 警察庁は，志布志事件，氷見事件など強引な取調べによる虚偽自白が強く批判されたことを踏まえて（両事件について，警察庁『富山事件及び志布志事件における警察捜査の問題点等について』（2008年1月）参照），「自白の任意性の効果的・効率的な立証」を目的にして，2008年9月から被疑者の取調べの録音・録画の試行を始めた。対象となるのは，裁判員裁判対象事件である。先行する被疑者取調べで自白に至っているが，なお公判廷で自白の任意性が争いになることが見込まれる場合に，「取調べの機能を損なわない範囲」で「捜査が一定程度進展した時点で，犯行の概略と核心部分について供述調書を作成する場合において，当該供述調書の録取内容を被疑者に読み聞かせ，閲覧させ，署名及び押印又は指印を求めている状況等を録音・録画している」という。この試行は当初5都府県警察において開始されたが，翌2009年4月からは全都道府県警察で実施されている（警察庁『警察における取調べの録音・録画の試行の検証について』（平成21年3月））。

このうち，5都道府県の試行実験の結果に関して，被疑者55名，66件で録音録画がなされたが，これに従事した取調べ官は58名は「取調べの全過程を録音・録画することについての意見」として，「そうすべきではない」と回答した者は56人（97%），「分からない」と回答した者は2人（3%）であったという。反対理由としては，「取調べの真相解明機能を害する」とい

うものや，「裁判員裁判において効率的な立証につながらない」などがあった。さらに，「取調べの真相解明機能を害する」との回答の具体的内容としては，「取調べでは，取調べ官自らが自分の失敗談などを赤裸々に話すなどして，会話の中で被疑者との人間関係を作っていく。そうした場面を録音・録画すれば，そのような人間関係を作れなくなる。」，「暴力団の抗争事件で，実行犯である組員を逮捕した場合に，録音・録画されていれば組員が報復を恐れて組長の関与まで供述するとは考えられず，当該事件の解明はもとより，組織の壊滅にも支障を来す。」，「性犯罪の場合，性的描写や，被害者の落ち度と取られかねない発言が録音・録画されると，公判で被害者がDVDを見た場合に，『そんなことまで聞くのか。警察は被害者を侮辱している』と受け取られるおそれがある。」などがあったという。

　2　最高検では，2008年4月から裁判員裁判対象事件について，「被告人の自白調書の任意性について，裁判員に分かりやすく，迅速で，しかも的確に立証するための具体的な方策を検討するため」，被疑者取調べの録音・録画を実施している。検証結果報告によると，「任意性の効果的・効率的な立証のため必要性が認められる事件について，取調べの機能を損なわない範囲で，検察官による被疑者の取調べのうち相当と認められる部分」に限定した録音録画である。実際には，すでに作成済みの自白調書について後日その内容を確認する場面を録音録画する「レビュー方式」，自白調書の閲読，署名指印場面とその後の内容再確認の場面を録音する「読み聞かせ・レビュー組み合わせ方式」に概ね大別できる（この点については，最高検『取調べの録音・録画の試行の検証について』（平成20年3月公刊）参照）。同年12月末までに実施された1500件を超える事件での成果について，大要次のように総括している。

　　「DVDは，自白の任意性等に関する審理の迅速化に資すると考えられる上，立証上の有用性を認めた裁判例が蓄積されていることなどから，自白の任意性等を刑事裁判になじみの薄い裁判員にも分かりやすく，かつ効果的・効率的に立証するために有用である」「他方において，録音・録画を拒否した被疑者や録音・録画時に供述内容を後退させ，又は否認に転じるなどさせた被

疑者も相当程度存在したことなどから，録音・録画が取調べの真相解明機能に影響を及ぼす場合があることが明確となり，録音・録画の実施方法については，真相解明の観点から十分な慎重さを要する」。

3 では，すでに自白した被疑者についてこれを再確認する場面（自白調書の読み聞かせ場面，完成した調書の確認場面，それらを踏まえた再度の自白確認場面など）を中心に録音録画しておくことは，被疑者取調べ「可視化」の立法化につながるか。

検察庁の実施した検証の細部をいくつかみると，DVDの存在によって被告側が任意性の争点を撤回した例が報告されている。「可視化」の重要な効果だ。他方，暴力団員の関与する薬物密輸事件で報復を恐れて供述を一切拒むおそれがあったので録音録画をしなかった例があると報告されている。被疑者側が録音録画を拒否する事例も報告されている。録音録画をきっかけに否認に転じた例もあるという。録音録画で自己の姿が見られることへの抵抗感が供述内容に変化をもたらしている場合もあるといった分析もなされている。「可視化」を巡る被疑者の諸相が浮き彫りになる。こうした事例報告も録音録画を取調べの通常の手続とする立法化には消極的に働く。

また，一部録音録画は，被疑者が捜査機関の納得のできる自白をしていることが前提になっている。自白までの過程は密室で行なうからこそ効果があると判断するものと思われる。運用する側は，密室取調べで自白を獲得することが真相解明の中核となる取調べの在り方であるとの認識を変えていない。他方，わが国の裁判所は，検察官が提出した限度での録音録画を材料にした判断を行い，これに先行する取調べ状況について録音録画を求める姿勢を示すことはない。個別紛争の妥当な解決を裁判の任務とする法文化のもとにあるからだ。えん罪防止・虚偽自白防止という「法政策」を裁判所が自覚しその実現のため個々の事例でも一部録音録画ではなく全取調べ過程の録音録画記録媒体の提出を検察官に促すなどの司法積極主義の視点を持たない。

その意味で，一部録音録画運用の定着は必ずしも「可視化」立法に至らずむしろこれに消極的な姿勢を正当化するとさえ言える。

Ⅵ 立法化への動き——警察・法務の研究会

1 警察庁には，2010年2月に当時の国家公安委員会委員長の指示により，「捜査手法，取調べの高度化を図るための研究会」が設置され2010年2月から定期的な検討会を開いている。検討課題は「治安水準を落とすことなく可視化を実現するためにも，我が国の捜査の在り方を見直し，捜査手法や取調べの高度化について研究する必要がある」というものであり「捜査構造全体の中での取調べの機能をどうするか，どのように可視化，高度化を図るか，取調べ以外の捜査手法をどう高度化するか等について幅広い観点から，突っ込んだ議論をお願いしたい」とする。

法務省も，民主党に政権が交代になってから2009年10月より当時の法務大臣の肝いりで部内に研究会を設けて取調べ「可視化」について検討を開始しその中間報告がまとめられた（法務省『被疑者取調べの録音・録画の在り方について～これまでの検討状況と今後の取組方針～』，平成2010年6月）。その中では，取調べ「可視化」を基本的に実現する方向が示唆されているが，これに伴う問題点の洗い直しを踏まえてさらに検討を継続して，2011年6月以降にとりまとめをおこなうものとされている。特徴的なのは，組織的犯罪では「報復のおそれやしゅう恥心などから，被疑者が真実を供述することをためらう事案が生じるのではないか」といった指摘，また，被害関係者のプライバシー，捜査情報収集への影響も指摘されている。さらに「取調官としては，録音・録画を意識して萎縮し，これまで用いてきたような取調べ手法が用い難くなるのではないか。また，このような可視化の影響を補うため，諸外国で用いられているような新たな捜査手法の導入を併せて検討すべきとする指摘もある」といった点が摘示されている。

2 ふたつの検討作業に共通するのは，取調べ「可視化」が真相解明を妨げる側面があるという位置づけを踏襲しつつバランスのとれた方策を検討するものだ。そこには，不当な取調べによる虚偽自白が真相解明を妨げる重大な原因となるという逆の発想方法はない。この病巣を摘出する大胆な手術を

優先的に行うべきであるという現状を踏まえた視点もない。検討の目標として，被疑者取調べ「可視化」等を立法案としてまとめるといった目標も設定されていない。法務省の研究会は部内で進行し 2011 年 6 月以降に意見を出す予定であるというものの，従来型の被疑者取調べを温存することを前提としている法務省の法文化・法意識の中からは大胆に「可視化」立法化を強く推進するまとめがでてくることはあるまい。

　検討の内容もすでに論じ尽くされた議論を再整理する以上の作業はなされていない。

　例えば，警察庁の第 3 回の研究会では，取調べ「可視化」を支持するメンバーが，「えん罪防止機能，虚偽自白防止機能」を摘示し，さらに取調べについて「あるがままを残す」ことで「取調べの全てがそのまま証拠化でき」ることなどをメリットとして整理している。他方，慎重な立場をとるメンバーの基本的な摘示も日本独特の取調べ観である。「被疑者が真実を話すには，取調官と被疑者の間の信頼関係の成立が不可欠。……信頼されなければ真の供述は得られない」という取調べのとらえ方を前提にする。わが国刑訴法が予定する取調べの機能自体について根本的な発想方法の対立があり，研究を通じてこれを解消させ，「捜査機関のストーリー押しつけー違法取調べー虚偽自白」を防ぐ一方，裁判員裁判で市民である裁判員が安心して信用できる自白などの供述を確保する方法を構築する議論がなされる様子もない。

　法務省の作業の特徴を表すのは，まとめにおける次の一文であろう。「我が国においては，その他の証拠収集手段が限定されている中で，被疑者の取調べにおいて，必要に応じて，時間をかけて被疑者を説得し，真実の供述を得るよう努めている。そのため，被疑者の取調べは，事案の真相を解明するための最も有効かつ重要な捜査手法として機能してきたと評価できる。このような現状では，捜査経験者等を中心とする上記のような指摘を軽視することはできない。したがって，可視化が捜査・公判の機能や被害者を始めとする事件関係者に与える影響について十分な検討を行う必要がある」。

　上記のまとめでは，警察・検察が，自己の描いたストーリーに従った自白を強要するという「虚偽自白」えん罪の問題点を正面に据えてこの病理をいかになくすか，治癒するかという観点からの真剣な検討がなされた跡はない。

政権交代に伴い，政治的なパーフォーマンスの意味もあるのか，民主党の政治家が「可視化」立法への強い関心を表明して，関連する省庁等で研究会・勉強会が立ち上がったが，被疑者取調べ「可視化」立法は，警察・検察の取調べ実務を大幅に変革するものである。江戸期まで遡ることのできる「自白」中心捜査という我が国の訴追文化への重大な挑戦である。これを政治主導で立法により変革する場合，担い手となる政治家が警察・検察から信頼されているか有無を言わせぬ大きな政治力がなければ挫折する。「虚偽自白によるえん罪のない刑事手続を実現しよう。国際社会に恥じない公正な手続・厳正な処罰を実現しよう」という政治スローガンを掲げ現に実現すること，これだけの政治力量は民主党にはない。これも立法化を阻む理由となる。

Ⅶ　国会と議員立法の道

　1　2004年3月30日，民主党は，取調べ「可視化」に関する法案を議員提案の形で国会に提出した (25)。文言は幾分修正されながらも，2008年，2009年には同法案は，参議院では可決されている。09年における民主党案の基本は，現行法198条1項の被疑者取調べ規定を前提にした上で，これに198条の2を新設し，同1項で「前条1項の取調べに際しては，被疑者の供述及び取調べの状況のすべてについて，その映像及び音声を記録媒体に記録しなければならない」とする「可視化」手続を規定するものである。これは逮捕後の弁解録取手続にも準用される。被疑者は記録媒体を閲覧しコピーを作成させることができる。また，証拠法上，現行322条によって自白を含め被告人の不利益な事実の承認を証拠にする場合，上記「可視化」手続によるものでなければならないとする (新設する322条2項)。但し，当初は死刑，無期または長期3年以上の懲役・禁錮で処罰される犯罪に限定して段階的に拡大するものとしている (当初は特別司法警察職員による取調べも除外する)。

　民主党は，2009年の衆議院選挙でもマニフェストで「冤罪を防止する」と宣言し，「○自白の任意性をめぐる裁判の長期化を防止する。○自白強要による冤罪を防止する」という「政策目標」のため，「具体策」として「ビデオ録画等により取り調べ過程を可視化する」とした。10年1月には同党

内に「取り調べの全面可視化を実現する議員連盟」(会長・川内博史衆院国土交通委員長)が設置され,その後警察庁,法務省に上記の勉強会などが設置されるなど「可視化」の立法化への機運が高まったかに見えた。

　しかし,政府サイドとしての民主党関係者の発言は慎重である。例えば,菅直人現首相も 2010 年 10 月 7 日の衆議院本会議では「被疑者取り調べを録音,録画の方法により『可視化』することについては,その実現に向けて取り組むこととし,法務省などの関係省庁において調査検討を進めているところであります。今後も,引き続き幅広い観点から着実に検討を進めていくことといたしたいと思っております」と答えるのに留めている。民主党内の「可視化」立法推進議員と政府筋との間には温度差がある。

　2　取調べ「可視化」立法が具体的に国会の議題となり参議院で可決されたことは大局的には重要な意味を持つ。ただ,「可視化」立法は,選挙結果に影響がでる重要な国政上の政策では必ずしもない。政治家の真剣な関心を呼び起こすものでもない。民主党が政権党としての安定感を欠く現在,「可視化」立法が政治的に優先課題となることは当分考えにくい。また,20 世紀末から 21 世紀にかけて我が国の司法改革は立法により進められてきた。検察審査会法,裁判員裁判法など「市民参加」によって刑事手続における正義の水準を修正するあたらしい「市民主義」原理が組み込まれたが,「立法化」の流れは一段落した。被疑者取調べに特化した新立法を行うべき立法へのエネルギーのようなものが蓄積されていない。主務官庁となる警察庁や法務省には法案策定を積極的に推進したい事情はない。以上の諸事情が立法化を阻んでいる。

Ⅷ　まとめ——「可視化」原理の立法化

　21 世紀の刑事手続も,犯罪の有無と大小,被告人の有罪・無罪を解明する場だが,手続を支える価値原理は変化する。21 世紀刑事手続は,公正,公開,平等,適正などの古典的な法価値・法原理に加え,「可視化」を司法的正義のありかたを示す「法原理」とすることを求めている。官僚法律家と

プロの弁護士が担い手であることで，刑事手続による正義がほぼ実現できた時代は終わった。金属疲労が頂点に達し司法の機能不全になるまえに，正義実現の次のステージに移らなければならない。それは市民が参加する刑事手続だ。市民参加とは，法律家にしか見えなかった法の世界を市民と社会に見える状態に置き換え，市民が公正さ・適正さを判断できる状態にすることだ。その意味で「可視化」は被疑者取調べに関しては取調べ内容を記録する手続として表れるが，むしろ 21 世紀刑事手続の基本原理なのだ。今まで市民に見えなかった被疑者取調べの内容を事後には見える記録を残すこと，これが検察審査会における市民の起訴議決を支え，裁判員裁判における市民の良識を活かす場を公正なものとする。被疑者取調べ「可視化」立法は「可視化」原理の具体化だ。これなしに 21 世紀における刑事手続の適正化は図れない。立法化を阻む諸事情をよく理解しこれを克服して立法化を急ぐべきだ。

第 14 章　被疑者取調べ「可視化」
――取調べのビデオ録画と「正義」の実現

Ⅰ　被疑者取調べ「可視化」とはなにか

　「やっていないのに，強引な取調べのため，自白調書に署名指印せざるをえなかった」，被告人のこんな訴えが我が国の刑事裁判の場でなされることが多々ある。我が国では，虚偽自白に基づく死刑判決を再審でようやく覆せた事件が4件もあったのに，密室取調べは放置された。密室取調べで虚偽自白を強いる病理は，日本特有ではない。洋の東西・時代の古今を問わず世界の刑事裁判に蔓延しやすい病理だ。治療する方法も世界共通だ。我が国 IT 技術が誇るビデオカメラを取調べ室にいれればすむ。録音録画があれば，法廷の裁判官たちは，取調べをする警察官達の言動に問題がないことを確認しつつ被告人が述べることに耳を傾けることができる。この当たり前のことを取調べ「可視化」というが，我が国では実現できていない。その理由と今後の展望を探りたい。

Ⅱ　警察が取調べで「虚偽自白」をさせることはあるか

　「ある」，これが答だ。最近では，富山県のある男性が強姦，強姦未遂事件の犯人として有罪判決を受けて服役させられた。その出発点は，密室の取調べ室で作られた「虚偽自白」だ。例えば，こんな様子である。「2002年1月の婦女暴行事件から約4か月後。男性は富山県警氷見署の取調室で，現場の少女（当時18歳）宅や部屋の見取り図を描くように取調官に言われた。『描けません』。そう答えると，取調官は事前に少女宅の間取りの概略などを描き，『階段は？　廊下はどこだ？』。男性がそれでも描けずにいると，取調官は，背後に回って男性の両手首をつかみ，ボールペンと定規を使って階段や廊下

などを描いたという」（読売新聞07年6月5日（朝刊））。

　誘導による虚偽自白が生まれる典型例も描かれている。「二つの事件現場で採取された足跡から，犯人の靴はコンバース製のバスケットシューズとされていた。『犯行時に履いていた靴』を描くよう求められた男性は最初，思いつきでスニーカーを側面から見た絵を描いた。すると，取調官は『星のマークはなかったか』と追及。男性は『戸惑いながらも適当に中央部分に星を一つ描いた』。『取り調べを終わらせたい一心』だったというが，その星のマークこそがコンバース製のバスケットシューズの特徴だった」。

　2003年4月の鹿児島県議選をめぐる買収事件で今年2月に鹿児島地裁は，12人の被告全員を無罪とした。判決は，買収の舞台とされた会合自体なかったと断定した。「架空の事件」を検察官が起訴した根拠は「集団虚偽自白」だ。強引な取調べ，誘導と脅迫，長時間・長期間の反復取調べを実施し，村民達から「虚偽自白」を引き出しこれを何度も調書で塗り固めて相互に矛盾のない書類の山を築いた。大勢の村民が揃って嘘を言うわけがないという裁判官の善意を逆手にとり「自白が真実らしくみえる調書の山」を作り上げた。その一端を示すこんな記事が新聞に載った。

　「03年4月17日朝。港でコンテナの積み込み作業をしていた。妻のTさん（53）がやってきた。『刑事さんが来てほしいと言っている』。『すぐに帰る』と言い残して志布志署へ。刑事は『N山（信一）県議から焼酎をもらっただろう』と言ってきた。N山県議（当時）とは面識がなかった。否定したが，聞き入れられなかった。取り調べは連日，早朝から深夜まで続いた。同20日昼過ぎ，自宅近くの川に出かけた。気がつくと，3メートルほどの滝つぼに身を投げていた。いくら違うと言ってもわかってもらえず，絶望から自殺を図ったのだ。『逮捕されたら新聞やテレビに名前が出る。調べが続くなら，死んだ方がましだ』。居合わせた男性に引っ張り上げられた河原で仰向けになりながら，嗚咽（おえつ）をこらえた。同5月13日に逮捕され，勾留（こうりゅう）は約3カ月に及んだ。『みんな認めている』と迫られ，うその自白をした」（朝日新聞07年2月23日（夕刊））。

Ⅲ 「密室取調べで虚偽自白をさせる運用」は何故長年続いているのか

「お上の厳しい追及と懲らしめ，罪人の悔悟，涙の白状」，つまり「取調べ＝反省＝自白」の構図への期待と幻想が日本の法文化観に染みついている。「勧善懲悪」こそ捜査・訴追・裁判の基本型だという市民意識が密室取調べを黙認する遠因だ。

　警察・検察は，次の理由で取調べの録音録画に反対する。①取調べは，被疑者が取調官に信頼と尊敬の念を抱くことを前提にして真実を吐露する場だ。②取調官の人格にふれて心からの説得によって被疑者が悪行について反省・後悔してこそ白状するものだ。③そうした心情に至る全過程，一言一句が公判で再現されることを意識すると被疑者は真実を述べないし，取調官も説得できない。④取調官と被疑者の間に信頼関係を築くにはお互いに私事も話さなければならないが，そうした会話ができなくなる。⑤恥ずべき行為を隠しておきたい場合，録音録画がなされていると話さなくなる等々。

Ⅳ では，被疑者取調べは反省の場になっているのか

　取調官が犯人に反省を促し悔悟の念を抱かせて自白させる「取調べ観」は虚構だ。

　逮捕勾留されている被疑者は，否応なく取調べ室へ引き出されて，密室で長時間・長期間取調べを受ける。警察の権威と圧力，怒号・叱責と屈辱・屈服の強制（取調べ室の壁に向かって何時間も起立させられたり，耳元で空き缶を叩き続けたり，殴られ蹴られる場合もある）。その中で，「自白」以外は調書にしない警察の姿勢に被疑者が絶望し署名指印する。調書の最後に「反省・悔悟」と書かれている。「自白調書」に署名指印をすれば，以後は客観証拠との突き合わせによる批判的吟味という理想的な捜査はなされない。「前に認めている」ことをてこに被疑者に同じ自白を反復させ調書に調書を重ねる。

　この結果，捜査段階で心から反省し悔い改めて自白したはずの被告人が，公判廷で真剣に無罪を叫び，取調べの違法を訴え，自白は虚偽だと弁明する

異様な事例が出てくる。だが，捜査段階で述べていない弁解を後に法廷で出すことになると，裁判官はこんな弁解を信用しない。彼らは警察官に囲まれた密室での反省・悔悟に基づく自白こそ信用でき，公開の法廷で必死に無罪を訴える被告人の声は嘘と決めつける傾向がある。「密室取調べ⇒虚偽自白⇒捜査機関の作文調書」を黙認しこれを根拠に有罪にする運用を「調書裁判」というが，裁判所こそ長年にわたりこの「えん罪の構図」を支えてきた。

V 何故，今，被疑者取調べ「可視化」か

1　21世紀に日本が世界で輝くには「人権国家」のリーダーたるべきだ。すでに香港，台湾は録音録画取調べを導入している。韓国では警察官や他事件の被疑者などが出入りする大部屋で取調べを行い事実上「可視化」を実現する。オーストラリアは，取調べの全過程を録音録画しなければ裁判で自白を証拠にできない。イギリスは取調べの録音録画と弁護人立会が法律で義務とされている。アメリカでは弁護人の取調べ立会いが憲法上の権利である上，録画なき自白を証拠にしない州もあるなど録音録画の運用は広がっている。逮捕勾留を合わせて23日間継続できる（重大事件では更に5日），我が国の「密室取調べ」を世界の人権外交の場で説明しても恥をさらすだけだ。

2　犯罪の被害者救済は今では国家の重要な責務だが，「密室取調べ⇒虚偽自白」こそ被害者の権利を真っ向から踏みにじるものだ。警察の「見込み」で真犯人を逃し，強引な取調べで無辜の市民に虚偽自白を強いる「えん罪の構図」が後に裁判で明らかになったとき，犯人の厳罰を期待して傍聴席に坐る被害者の思いは無惨にも打ち砕かれる。取調べ「可視化」は被害者救済に不可欠だ。

3　政府・与党は「裁判員裁判」を推進し2009年には運用が始まるが，違法取調べの有無が争われたとき，裁判員を前にして警察官が「殴っていない」と証言し，被告人が「殴られた」と説明しても双方記憶に頼った言葉の争いでは審理は不毛だ。録音録画でわかりやすい立証を実現すべきだ。また，

有罪・無罪を検討する審理に違法取調べが強く疑われる自白を証拠に加えること自体が市民の加わる裁判員裁判による正義の実現を妨げる。

　4　被疑者・被告人も市民の一人として尊重されるべきである。裁判では十分に防御を行なう「包括的防御権」を憲法上保障するべきだ。被疑者が捜査段階で事件について事情を説明するのであれば，自白であれ否認であれ内容を正確に記録することは防御の権利の重要な内容だ。取調べ「可視化」は被疑者・被告人の権利でもある。

　さて，22世紀になったとき，歴史家が「21世紀の刑事裁判は，江戸時代と同じく密室での過酷な取調べで自白を得ることを特徴としていた」として「暗黒裁判時代」に分類されることのないよう今改革を急ぐべきだ。最高検は昨年8月から全国の地検で何件か部分的な取調べ録画をはじめたが，警察取調べは対象外だし，検察取調べの一部のつまみ食いであって中途半端だ。そこで，立法がほしい。骨太な原理を条文ふたつにまとめたい（細部は刑事訴訟規則などに任せてよい）。歴史を動かす法律の制定に読者が参加されることを望む。

　○「捜査機関は，被疑者の取調べにあたり録音を伴う録画をしなければならない」
　○「裁判所は，捜査機関に対する被告人の供述が録音を伴う録画に記録されていない場合，証拠にできない」

ロンドン市トラファルガー広場を管轄する警察署にあるビデオ録画装置付き取調室

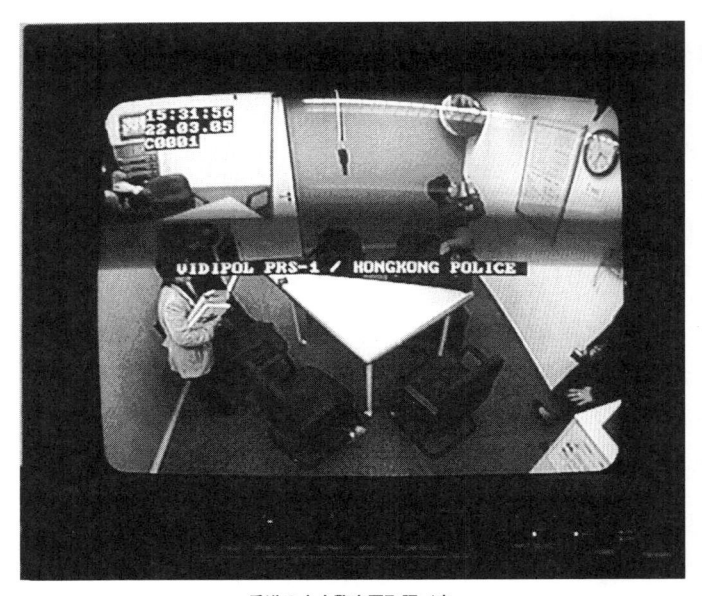

香港の中央警察署取調べ室。
部屋に設置されたビデオ装置で取調べが録音録画され、その様子を別室のモニターでも確認できる

第15章 「防御の秘密」と
被疑者取調べの法的限界

I　問題の所在──志布志町公選法違反事件と接見内容の取調べ

　1　2003年4月，鹿児島県志布志町で，同県議会選挙で当選したN議員の運動員らが公職選挙法違反（買収）容疑で逮捕される事件が発生した（朝日新聞（朝刊）03年4月24日）。一連の捜査の結果，結局，同議員（ただし，逮捕後に辞職）を含む運動員ら13人が起訴された。捜査段階では自白調書が作成されていたが，被告人全員が公判では否認に転じた。捜査段階の自白は強要されたとするのが被告人側の基本的な主張だ（南日本新聞（朝刊）03年9月22日）。女性のF被告人は，任意取調べをへて4月22日に一連の事件の最初の逮捕者となった。以後，5月，6月にそれぞれ異なる買収容疑で逮捕勾留されるが，捜査段階では，いずれの買収容疑についても自白している。うち2件の買収事件で起訴された（07年1月現在公判は係属中）。

　捜査機関は，勾留中の被疑者・被告人が弁護人と接見した後，その内容について問い質す取調べを継続的に実施している。F被告人の場合にも，接見毎にほぼ毎回警察官と検察官が取調べを行いそれぞれ警察官作成供述調書，検察官作成供述調書を作成している。

　F被告人の場合，第1回公判を前にそれまでの私選弁護人を解任したため，裁判所が急きょ国選弁護人を選任したが，検察官はその弁護人と被告人との接見内容についても直ちに取調べを行った。しかも，その際，弁護人が接見室内で家族の手紙をアクリル板越しに見せたところ，当時付されていた接見

＊本章は，以下で紹介する志布志町事件について，被疑者・被告人らと接見をした弁護士11名が接見内容の取調べが実施されたことを違法行為として，鹿児島地裁に国家賠償請求訴訟（平成16年（ワ）294号）を提起しているが，本章はその弁護団の依頼を受けて作成した鑑定意見書に加筆訂正したものである。

禁止処分を潜脱するものであるとして裁判所に解任を申し立て，受訴裁判所の裁判官が同弁護士の事情聴取等を踏まえて国選弁護人を解任する事態に到った。このとき作成された検察官作成供述調書には，次のような記載がある。

2

「弁護士さんは，部屋に入ってきて，私に裁判にかかっているFTさん，HTさん，YTさん，YKさん，NTさんの5人にN社長の選挙のために，現金30万円をあげたことが間違いないか聞いてきました。
　私は，間違いなくN社長に頼まれて，私の家でFTさん，HTさん，YTさん，NTさんに県議会議員選挙でN社長に投票することと他の人へN社長に投票することをお願いすることのお礼として一人に6万円ずつ合計30万円を渡しましたので，弁護士さんに
　　　　　　　はい。
と間違いないと答えました。すると，弁護士さんは，調書を見だして調書がおかしい。こんなのは信用できないし僕は信じられない。あなたがやったことじゃない。やってないのにやったと書いてある。これじゃあ納得できない。などと私に言ってきました。
　私は，やったことは間違いないので早く終わらせて四浦に戻りたいという気持ちだったのですが，弁護士さんにそのようなことを言われて
　　　　　　　はあーあ。
とがっかりしたような気持ちになりました。
　・・・・
　その後で，弁護士さんは，私にお姉さん達が昨日来ました。などと言ってきました。前の面会のとき，私は，弁護士さんから
　　　お姉さんに会いますけど何か言っておくことはありますか。
と言われたので，私はありません。と言いました。そういうことがあったので，弁護士さんが私の姉達に会ったのだと思いました。弁護士さんは，私に姉とあったことを伝えた後やってないと言わないと家に帰ってこられない。大変なことになるよとお姉さんが言っていました。
　などと私に言ってきました。私は，この言葉を聞いて，今回の裁判にかかっ

ている事実を認めると町に働きに出てもいじめられるし，部落でも相手にされなくなるという意味で言ってきたのだと思いました。私は，この言葉を聞いて，私のことを脅かして事実を認めさせないようにしているのだと思いました。その後，弁護士さんは

　YTさんが明日の裁判でもらっていないと言って戦うと言っているということが今日の午前中に分かりました。FTさんも裁判でもらっていないと言って戦うと今日の午前中に変わったそうです。

などと言うてきました。私は，刑事さんが取調べのときにFTさんやYTさんが私からお金をもらったことを認めているという話を聞いておりましたので，FTさんやYTさんが裁判でもらっていないと言って戦うと言ったことが信じられませんでした。

　私は，この弁護士さんの言葉を聞いて，FTさんやYTさんが事実を認めずに戦うと言っているので，私も事実を認めないで，裁判で戦うように弁護士さんが言っているのだと思いました。

　私は，先程もお話ししましたように，FTさんたちに私の家でN社長に痛まれて現金が入った封筒を渡したことは間違いありません。それを弁護士さんに説明したのにこのように裁判で戦えと言われ，弁護士さんから裁判で嘘をつくように言われたと思いました。

・・・・

　その後，弁護士さんは私にEM（注，実の娘）が書いたという手紙を見せてくれました。私と弁護士さんの間には透明の板がありますので，その透明の板に手紙をくっつけて，私の方に見えるようにしてくれました。EMの手紙は3枚の手紙でした。手紙には

　明日，裁判に来るから家のことは心配しなくてもいいから。

　R男も彼女がいるから家のことはするからいいから。

　裁判が長くかかってもいいから。

　心配しなくてもいいから。

　本当のことを裁判で言って。

　というような内容でした。EMは，既に結婚していて鹿屋に住んでいますので，今回の事件のとき，家におらず，私が懐集落のFTさんたちにN社長

の選挙のために現金入りの茶封筒を配ったことを知りません。だからこの手紙を見たとき，私はこの手紙は姉達がEMに言って書かせたのではないかと思いました。……結局，姉達は私に嘘をつくように言ってきたのだと私は思いました。……EMに私がN社長の選挙のお金を配ったことはないという嘘を教えて手紙を書かせたのではないかと思ったのです。……このEMの手紙を見せられて，裁判でお金を配ったという本当のことを話していいのかと思うようになりました」。

弁護人が見せた実娘の手紙には，「体大丈夫？食べてる？いろいろ大変だったね！7/3に裁判があると聞きました。やってないんだったら，きちんと否定しないとダメだよ。裁判は，そんなに強く言われないんだから，ちゃんと本当の事を言わんといけないよ。じゃないと，つらい思いをしないといけなくなるよ……」等と母親を気遣う文面になっている。

手紙はことさら虚偽供述を慫慂する趣旨は伺われず，弁護人がこれをみせても勾留されている被疑者の心情の安定を図るために通常行なう弁護活動の範囲内に留まる。しかし，検察官作成供述調書は，弁護人が被疑者に虚偽の供述をするように強く働きかけ，それを説得するために娘の手紙までみせているという趣旨となっている。

3　以上の経緯で問題になるのは，被疑者と弁護人が防御活動の必要上とりかわした情報自体について法的にどのように保護すべきなのかである。

後述のように，身体拘束を受けている被疑者と弁護人の接見については，立会人なくこれを認めなければならない(法39条1項)。つまり，「防御の秘密」を交換する「場」の秘密が保障されている（以下，「防御の秘密」の流れの秘密性保護を「フロー」の保護とする）。

その後「防御の秘密」に属する事項は，情報の「フロー」を経て被疑者と弁護人双方が共有することとなる。

ところで，刑訴法上，弁護人たる弁護士については押収拒否権，証言拒否権が保障されている。弁護人たる弁護士は，被疑者・被告人との相談によって得た業務上の秘密について押収を拒み，証言によって説明することも拒む

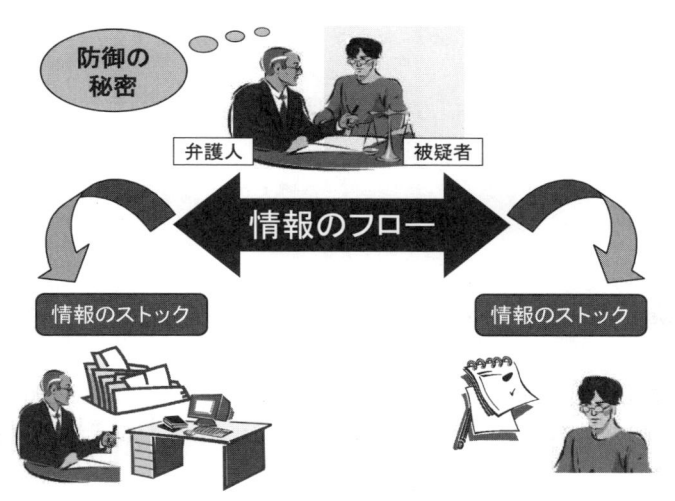

防御の秘密――『フローからストックの保護へ』

ことができる（被疑者との関係では拒否する責務が生じる）。これらは，「防御の秘密」保護の視点から見れば，被疑者と接見などのコミュニケーションを通じて相互に交換した情報を認識し記憶している状態，あるいはメモなどに残したり，授受した書類として保管するなど，いわば「ストック」としての「防御の秘密」を保護するものといえる[1]。

しかし，「防御の秘密」は，弁護人の側の「ストック」状態だけでなく，被疑者の側の「ストック」状態も保護しなければ意味を失う。だが，今回の一連の被疑者取調べは，身体拘束中の被疑者に問い質すことで，弁護人との接見内容，つまり被疑者の側に「ストック」されている「防御の秘密」を侵害するものである。

これは，事実上は捜査機関が被疑者と弁護人の接見の場をのぞき見るのと同じ状態である。また，接見の場で弁護人が被疑者・被告人に示した書類等についてその内容を取り調べるのは，被疑者・被告人と弁護人が交換する信書の内容を検閲するのと同じことである。

---

(1) 弁護人の押収拒否権について，拙著・刑事裁判を考える（現代人文社，2006年）15頁以下。

では、かかる取調べは許されるべきか。

II 「秘密交通権」概念の登場と「防御の秘密」保護

1 裁判例を鳥瞰すると、被疑者と弁護人の防御活動について、秘密に相談ができる接見の「場」の保障から、さらに、その「場」で交換されるべき被疑者・弁護人の防御の「秘密」自体の保護がはかられるようになっている。その出発点は、最大判平 11・3・24 民集 53 巻 3 号 514 頁である。

同判決は、憲法 34 条前段について「この弁護人に依頼する権利は、身体の拘束を受けている被疑者が、拘束の原因となっている嫌疑を晴らしたり、人身の自由を回復するための手段を講じたりするなど自己の自由と権利を守るため弁護人から援助を受けられるようにすることを目的とする」もので、「単に被疑者が弁護人を選任することを官憲が妨害してはならないというにとどまるものではなく、被疑者に対し、弁護人を選任した上で、弁護人に相談し、その助言を受けるなど弁護人から援助を受ける機会を持つことを実質的に保障している」と解釈した。

すなわち、同条項の意義が「弁護人から援助を受ける機会を持つこと」の実質的保障にあることを前提にした上で、接見の機会の保障のありかたについては、「捜査機関は、弁護人等から被疑者との接見等の申出があったときは、原則としていつでも接見等の機会を与えなければならない」。法 39 条 3 項によって「捜査のため必要があるとき」に接見指定権限を行使できるが、これは「右接見等を認めると取調べの中断等により捜査に顕著な支障が生ずる場合」に限定する。しかも「接見等の日時等の指定をする場合には、捜査機関は、弁護人等と協議してできる限り速やかな接見等のための日時等を指定し、被疑者が弁護人等と防御の準備をすることができるような措置を採らなければならない」とする。

こうして、「防御の秘密」が保護される接見の「場」の制限を例外に留め、また接見指定にあたり速やかな接見実現のため弁護人と協議する責務を負わせた。

もっとも、本判例は「防御の秘密」が保護される「場」を拡大するもので、

「防御の秘密」の保護自体を問題とするものではない。しかし，憲法34条が弁護人による助言などの援助を受ける機会を実質的に保障するものであることを認めている。接見の「場」が立会人のない秘密のものであることは当然の前提だ。この限度で「防御の秘密」自体が実質的に憲法34条によって保障されている趣旨を含めている，とみてよい。

　2　接見の「機会」ないし「場」において被疑者と弁護人が交換する情報の秘密性そのものの保護については，最近の裁判例上接見交通権と別に「秘密交通権」の保護として論じられている[(2)]。その重要な契機は，2つの最高

---

(2)　「秘密交通権」の語自体は古くから当事者の主張中に散見されている。例えば，仙台高判平成5年4月14日判時1463号70頁（上告審・最判平成12年2月22日判時1721号70頁），名古屋高判平成7年10月18日訟務月報43巻1号161頁，東京地判平成15年6月26日（平成9年（ワ）第18088号）など。

　裁判所が，接見交通権とほぼ同義で「秘密交通権」の語を用いた例もある。例えば，東京高判昭和51年2月27日高刑集29巻1号42頁（一審裁判所が法廷内における被告人・傍聴人の喧騒を抑止するためとった発言禁止，退廷命令，拘束命令等法廷の秩序を維持するためにとつた措置は，「弁護人の権利を奪いこれを辞任に追いこんだとか，弁護権，あるいは，被告人らの，弁護人との秘密交通権，基本的人権，防禦権，反対尋問権等を侵害したものとは認めることができない」）。東京地決平成元年3月1日訟務月報35巻9号1702頁（監獄法上死刑確定者に対して再審開始決定前においては，被告人に関する規定を準用することは予定されていないとし，弁護士と死刑確定者の面会について立会人を付したことについて違法はないと判断した。その際，被疑者・被告人の弁護人には「いわゆる秘密交通権が保障されている」が，死刑判決の確定者と再審弁護人との接見交通について立会人を付して認めても，人身保護規則四条にいう『法令の定める方式若しくは手続に著しく違反していることが顕著である』ということはできない」）。「富山，長野連続女性誘拐殺人事件」（昭和55年，事件発生）の控訴審判決・名古屋高・金沢支判平成4年3月31日判タ799号48頁（共犯者が被疑者段階で弁護人と接見した際の録音テープを自白の信用性判断の証拠として評価する際，「秘密交通権が保障された弁護人との接見時における自由な会話」であることを考慮している）。東京地判平成12年2月24日訟務月報47巻7号1928頁（「刑事手続において，原告には，弁護人が選任されており，仮に原告が難民認定申請の手続等について，尋ねる必要があったのであれば，秘密交通権が保障されている弁護人との接見の際にその旨を意思表示すれば，右弁護人を通じて関連する情報等を入手することは，十分可能であったのである」）。

　接見交通権の意義が被疑者と弁護人の秘密の協議・相談にあることを意識して「秘密交通権」の語を用いた例もある。福岡高判昭和63年4月12日判時1288号89頁は，現行犯逮捕された被疑者が留置されている警察署へ赴いた弁護士の当初の面会要求が弁護人依頼権者によるものとは警察側に分からない場合は法39条1項に基づく接見の請求ではないとし，被疑者自身が当該弁護士との接見を望んでいることが明確になった時点ではじめて同条項による接見の請求と見てよいとした。「本件の場合，稲村弁護士は，被控訴人（被疑者。筆者注）の依頼の意思が明確になった同日午後一一時頃をもって秘密交通権を背景に『弁護人となろうとする者』として石田警部補に接見要求をしたものと認めるのが相当

裁裁判例に付された反対意見である。

　最判平成15年9月5日判時1850号61頁は，拘置所における被勾留者と弁護人の間の信書について開披閲覧することを認める監獄法50条及び監獄法施行規則130条の規定は憲法21条，憲法34条，憲法37条3項に違反するものでないとして，かかる措置を是認した。しかし，これには，裁判官2名（梶谷玄，滝井繁男）の反対意見が付されている。その中で，信書の開披閲読による検閲は，接見交通の場の秘密を侵害するのと同じ意味で，「弁護人依頼権に由来する秘密交通権」を侵害すると摘示している。検閲は，弁護人宛てであること，信書以外の物が封入されていないことに留めるべきであるとする。その理由として，次のように述べている。

　まず立会人のない接見を認める法39条1項の趣旨は，「被勾留者とその弁護人等との間において，相互に十分な意思の疎通と情報提供や法的助言の伝達等が，第三者，とりわけ捜査機関，訴追機関及び収容機関等に知られることなく行われることが，弁護人等から有効かつ適切な援助を受ける上で必要不可欠なものであるとの考え」に立つとする。

　「『立会人なくして接見し』とは，接見の内容を上記各機関等が知ることができない状態で接見すること，すなわち接見の内容についての秘密を保障するものである。それゆえ，被勾留者とその弁護人等との間の接見において，仮に被勾留者側からその真情を伝えたり罪証隠滅に関わるものが提示されるなど訴追機関や収容機関側が重大な関心を持つと考えられる内容にわたる可能性がある行為が行われることがあるとしても，そのことを理由にこの秘密交通権自体を制限することは許されない」。そして，「弁護人等との間の信書を通じての意思の疎通，助言や情報の提供は，口頭による接見を補完するものであり，かつ，これと一体となって，弁護人依頼権に由来する秘密交通権

である。それ以前の同弁護士の面会ないし接見要求は，弁護人選任権者からの選任依頼に基づくものではなく，前記秘密交通権の保障された接見要求とは未だ認められない。被控訴人は，同日午後一〇時半頃被控訴人の長男一郎が稲村弁護士に被控訴人の弁護人となることを依頼した旨主張するけれども，前記認定のとおり，これを認めるに足る証拠はない」。ここでは，接見交通が，秘密交通を本質とする権利であるとの認識が示されている。つまり，弁護士が被疑者と一般面会を求める場合と，弁護人たる弁護士が「秘密交通権」を背景として行なう接見を求める場合を区別している。

の保護の対象となる」とした。

　3　最判平成16・9・7判時1878号88頁は，接見に関する通知事件であるのに，留置場の担当官が誤解して弁護人と被疑者の接見をそのまま認めてしまったので，検察官への連絡などのため接見室のドアを開けて警察官が立入るなどして接見を一旦中止させた措置を問題とする。判決は，「接見開始直後にされたものであるなど社会通念上相当と認められるとき」なので，違法ではないとする。これに対して，濱田邦夫裁判官が反対意見を付して次のように述べている。

　「いったん弁護人と被疑者とが適法に接見を開始した後においては，留置係官が接見の場所に突然に立ち入ることは，それが接見開始の直後であったとしても，弁護人等と被疑者との秘密交通権を侵害するおそれを生じさせる」とし，法39条3項但書にいう「被疑者が防禦の準備をする権利を不当に制限する」ものにあたるとした。

　反対意見は，接見の「場」の秘密を破ることは，「秘密交通権」を侵害するものだと摘示する。「防御の秘密」自体の重要性を明示したものと言える。

Ⅲ　「秘密交通権」概念の確立と「防御の秘密」保護

　1　以上に対して，最近の下級審において，接見交通権と別に，端的に「秘密交通権」の侵害を違法とする裁判例がある。

　大阪地判平12・5・25判時1754号102頁（以下，原告弁護士の名を冠して高見国賠事件判決）は，拘置所が被告人と弁護人の信書の内容を閲読して要旨を書信表に記録したこと，およびこれを検察官の照会に応じて弁護人との信書を含む発受信の記録を提供したことについて，それぞれ違法としたものであるが，その際，次のように述べている。

　まず，法三九条一項の趣旨について「弁護人から有効かつ適切な援助を受ける機会をもつためには，被拘禁者とその弁護人との間において，相互に十分な意思の疎通と情報提供や法的助言等が何らの干渉なくされることが必要不可欠であり，特に，その意思の伝達や情報提供のやりとりの内容が捜査機

関,訴追機関,更には収容施設側に知られないことが重要であるので,この点を明文で規定した」とする。「接見の機会が保障されても,その内容が右の機関等に知られることになるというのでは,被拘禁者の側からは,その防御権,すなわち有効適切な弁護活動を弁護人にしてもらうことが期待できず,弁護人の側からは,その弁護権,すなわち有効適切な弁護活動を行うことができないことも十分予想される」。だから,「接見の内容を右の各機関等が窺い知ることができない状態で接見する権利,すなわち接見についての秘密交通権を保障することを意味する」とする。

「被拘禁者とその弁護人との間の接見において,仮に訴追機関や収容施設側が重大な関心をもつと考えられる被拘禁者側からの罪証隠滅の希望や示唆,更には被拘禁者の心情の著しい変化等の内容にわたる可能性があったとしても,それを理由に右の接見についての秘密交通権自体を否定することは法的にはできない」。「同条二項にいう『必要な措置』の中には接見による秘密交通権自体を否定することまでは含まれない」とする。

「秘密交通権は,それ自体が憲法の規定によって直接に具体的な内容として保障されたものであるとまではいえない」が,「憲法で保障された弁護人を依頼する権利の保障に由来する極めて重要なものである」とする。

この結果,判決は,被疑者と弁護人との信書については,信書以外の物,第三者の信書,第三者宛の信書の有無,弁護人からの信書かどうかの確認をする限度で行われるべきものであって,その内容を精査することは許されないとの制限を課した。

2 次に,大阪地判平16・3・9判時1858号79頁(以下,後藤国賠事件判決)では,弁護人が裁判上証拠として採用されているビデオテープを再生しながら被告人と接見することを申し込んだところ,拘置所側がテープの事前検閲を求めた措置を違法とした。判決は,上記大阪地判平12年と同じく,「秘密交通権」の重要性を指摘した上,さらに,次のように述べている。

法39条1項の意義について,「被告人等と弁護人とが口頭での打合せ及びこれに付随する証拠書類等の提示等を内容とする接見を秘密裡に行う権利たる秘密接見交通権を保障するものであり,かかる保障は,身体の拘束を受け

ている被告人等が弁護人と相談し，その助言を受けるなど弁護人から援助を受ける機会を確保するためのものであるから，憲法の保障に由来する」。

同条が保障するのは接見の場に看守が立ち会わず，その内容を一切聞知しないことに限定されないとする。そうでなければ，「収容施設の側が，口頭での打合せに付随して提示などする証拠書類等を一般的に検査し，その内容を覚知しても問題がないこととなるが，このような広範な検査を許容すれば，収容施設等が被告人等と弁護人との打合せの内容を推知することとなり，被告人等と弁護人とのコミュニケーションに萎縮的効果を及ぼしかねず，刑訴法39条1項の趣旨を没却し，ひいては憲法の保障を損なう」。

では，接見の場で示す書類などの点検の限界はどうなるのか。罪証隠滅・逃走の用に直接供される物品や収容施設内の規律ないし秩序を著しく乱す物品の持込みの有無について，外形の視認による確認，書面または口頭で質問する程度の検査など「収容施設等に接見内容を推知されるおそれはなく，被告人等と弁護人とのコミュニケーションにも萎縮的効果を及ぼすものとはいえない」ものは許されるとする。これに対して，書類等の内容に及ぶ検査は「秘密接見交通権が保障された趣旨を没却する不合理な制限」として許されないとする。

3　身体拘束中の被疑者と弁護人との対面の接見が秘密でなければならないことは，刑訴法39条1項の文理上も明白である。裁判例は，さらに「秘密交通権」概念を確立することによって，その実質的な保障の拡充を図っているとみてよい。

現段階では，接見交通権と秘密交通権が厳密に区別されていない面もあるが，「秘密交通権」とは，要するに被疑者と弁護人の間で取り交わされる防御に関する「情報」の秘密を保障される権利である。「接見」が身体拘束を受けている被疑者と弁護人の対面する「場」の保障であるのに対して，秘密交通権は，その「場」で交換され，共有され，協議される内容自体の「秘密性」を保護する権利と整理してよい。

かかる秘密性の保護は，上記の裁判例でも明らかなように，被疑者と弁護人の間の信書にも及ぶし，接見の場に持ち込むビデオにも及ぶ。「秘密性」

の形態がかわっても，それに応じた保護をしなければならない。

　また，後藤国賠事件判決では，接見に先だって，被疑者と弁護人が交換する予定の情報についてもこれを検閲することを禁じている。被疑者と弁護人の接見という，いわば情報の「フロー」に入れる予定の情報も保護されることが確認されている。

　さらに，重要なのは，被疑者と弁護人がとりかわす情報の秘密性の保護を前提にした上で，拘置所側の戒護権に基づく逃亡・罪証隠滅の防止および施設の管理運営の安全の確保との調整を図ることを裁判所が求めていることである。

　まず，上記裁判例でも触れているが，対面接見自体の秘密録音などはおよそ許されないし，接見室の設備が整っているのであれば立会人を置くことも許されないことは明白である。最高裁の一部裁判官の意見では，接見が開始されたときにこれを中止させるため接見室に入ること自体も秘密交通の侵害になると摘示されている。さらに，防御の秘密が信書の形になっている場合，拘置所側はその内容の閲読を伴う点検は許されない。接見の場に持ち込むビデオの内容点検を事前に行なうことも許されない。

　また，最高裁は，いわゆる「面会接見」を実施するにあたり，被疑者と弁護人の両者が同意していることを前提にして，適宜の場所を提供する責務を検察官に負わせている[3]。

　つまり，「秘密交通権」の制約はその本質を侵害しない態様でしか許されず，その放棄については，被疑者と弁護人双方の同意が必要であるとされている。

　本稿で問題としている被疑者取調べの場面における「防御の秘密」保護とその制約ないし侵害の正当性についても，近年の裁判例のこうした基本傾向を踏まえて検討するべきである。

---

(3) 判決は特に「収容施設側の立会人がいなくても収容施設側が接見の内容を録音するというのでは，右規定に反する」と付加する。

Ⅳ　ニューヨーク州における「防御の秘密」の保護

1　刑事手続における「防御の秘密」保護――「弁護士・依頼人特権」

(1)　依頼人と弁護人の間で交換される情報の秘密性について，アメリカでは古くから「弁護士・依頼人特権」として保護しているが，以下ではニューヨーク州法を紹介する。

同州では，被疑者と弁護人の「防御の秘密」は2段階に分かれて保護されている。「弁護士・依頼人特権」による保護[4]と，被疑者取調べ場面における包括的な弁護人依頼権による保護である。

「弁護士・依頼人特権」(attorney-client privilege)は，アメリカの判例法と制定法で確立した権利であるところ，ニューヨーク州の民事実務法4503条(a)(弁護士)の第1項「秘密交通の特権化 (Confidential communication privileged)」では，次のように定めている (NY CLS CPLR § 4503 (2006))。

>「依頼人が放棄しない限り，弁護士とその使用人および依頼人の間で専門職としての雇用を踏まえてとりかわされた秘密の交通に関する証拠については，弁護士とその使用人または依頼人本人を直接知ることなくともこれらを入手した者は，いかなる訴訟，懲戒手続または聴聞，行政訴訟においてであれ，州・自治体その他地方行政組織および立法府その付置委員会または機関のために，その交通の内容を開示してはならないし，開示を許されることもない。依頼人もかかる交通の内容を開示するよう強要されることはない」。

同州刑訴法60.10条は，「民事事件に適用のある証拠法は，適切な場合には刑事手続にも適用されるものとする。但し，特段の法律上の定めがある場合または刑事事件に適用される司法部の確立した証拠法がある場合を除く」

---

[4]　「弁護士・依頼人特権」一般について，see, Note, 98Harv.L.Rev.1450 (1985), Cole, Revoking our Privilege: Federal Law Enforcement's Multi-Front Assault on The Attorney-Client Privilege, 48Vill.L.Rev.469 (2003), 51A.L.R.2d 521 (2004). ニューヨーク州法については，see, New York Criminal Practice § 34.02 (2005). なお，see, NY CLS CPLR § 4503 (2006), following NOTES.

と定める（NY CLS CPL §60.10（2006））。この結果，刑事手続の多様な場面で，被疑者・被告人と弁護人の間の「防御の秘密」が保護されることとなる。

(2) 例えば，被疑者と弁護人の相談を傍受することは許されない。盗み聞きも許されず，そのようにして得た被疑者の供述は証拠から排除される[5]。場合によっては，「弁護士・依頼人特権」侵害を理由に公訴棄却にもなりえる。

ただし，「犯罪・欺罔行為例外」が判例上確立している。被疑者・被告人と弁護人の接見にあたり，両者の間で犯罪遂行または欺罔行為に関する質問と助言がなされた場合，保護の対象から外される。この結果，弁護人が大陪審で接見内容について証言を強制されることとなる。

もっとも，その場合には，依頼人と弁護士の会話以外に犯罪の合理的な嫌疑を裏付ける実質証拠が必要である（Clark v.United States, 289U.S.1（1933）；Sackman v. Liggett Group, Inc., 173F.R.D.358（E.D.N.Y.1997）。また，接見内容が保護に値する内容か否かは，司法部による非公開手続によって判断することとするなど手続上の制限もある[6]。

「弁護士・依頼人特権」は，依頼人の固有権と扱われている。したがって，権利放棄は依頼人のみができる（People v. Patrick, 74N.E.843(1905)）。基本的には，依頼人が自ら「防御の秘密」を暴露すれば権利を放棄したこととなる（Morales v. Portuondo, 154F.Supp.2d.706（S.D.N.Y.2001））。弁護士が「防御の秘密」を開示するのを依頼人が是認している場合にも権利放棄とされるが，依頼人が明示的に弁護士に対してこれを許可しなければならない（People v.Cassas, 622N.Y.S.2d228（1995））。但し，依頼人が権利を放棄するのには，権利を認識理解していなければならない（People v.Shapiro, 126N.E.2d 599（1955））。

例えば，右にも引用したカサス事件判決は，妻を殺害した事件の被告人が事件後弁護人と一緒に警察署に出頭した際に，弁護人が「依頼人を自首のため連行した。妻に発砲したと思う。銃は部屋にある。銃には依頼人の指紋が残っていると思う」と説明したところ，次の理由で検察官がこれを罪体証

---

(5) See, 44 A.L.R. 4th 841（2004）. 但し，連邦法による傍受については，後述五参照。

(6) See, Fried, Too High a Price for Truth : The Exception to The Attorney-Client Privilege for Contemplated Crimes and Frauds, 64 N.C.L.Rev.443, 461pp.（1986）。ニューヨーク州法については，see, 3-34 New York Criminal Practice §34.02 [4] Requirement of Confidentiality（2005）.

拠にすることはできないと判示し，一審の有罪判決を破棄して差戻とした（People v.Cassas, 622 N.Y.S.2d 228（1995））。

「本件自認は，『弁護士・依頼人特権』を侵害するものである。被告人本人の特権の放棄を認定できる証拠は記録上伺えない。被告人は，事件に関する一定の重要な判断については自らこれを行なう権利を留保している。弁護人が代理人として行動したからといって『弁護士・依頼人特権』を放棄したことにはならない。弁護人を代理人としたのは被告人本人である以上，『弁護士・依頼人特権』の放棄については本人から個別的な権限の委任がなければならない」。

(3)「弁護士・依頼人特権」は，例えば，検察官が大陪審を利用して捜査を行なう場合に適用がある。したがって，弁護人が大陪審より証言命令を受けた場合，対象事項が「弁護士・依頼人特権」の保護範囲内であれば証言を拒否できる。ただ，「真実発見手続」の妨げとなるものであることも明白なので，権利保護の範囲は限定される。保護される情報は，依頼人が法的な助言を求めた際にこれに関して双方が提供したものでなければならない。例えば，依頼人と弁護人の報酬に関する情報は保護の対象にならない。この場合，被疑者のために報酬を支払った者がいるときにも，かかる報酬支払いに関する情報は特権の保護対象にはならない（Priest v. Hennessy, 431 N.Y.S.2d 511（1980））。

「弁護士・依頼人特権」は具体的には次のような機能を果たす。

(i) **クラバス事件判決（In re Cravath, 110N.Y.S.454（NY County Ct.,1908））**
大陪審が，会社売買の際に代金を窃取した疑いについて捜査を行っていたところ，被疑者の弁護人を召喚して被疑者の売買契約について尋問しようとしたが，弁護人は「弁護士・依頼人特権」の対象になるとしてこれを拒み，被疑者も弁護人に対して権利放棄をしないと述べた。州は弁護人を法廷侮辱罪での処罰を求めたが，裁判所はこれを認めなかった。

「我が州裁判所は，弁護士や医者になされた，特権で保護されるコミュニケーションの侵害を許さないために，依頼人や患者の利益を慎重に尊重してきた。かくして，依頼人や患者が尋問を受けてもこれを拒むことができるものとしている」。

「コモン・ロー，後に制定法とその司法の法律解釈により，依頼人の特権の保護は明確になり強調されるようになった。法的な助言者との相談の自由を促進するためである。特権は，公共政策に基づくものである。依頼人が，特権が適用できる場合には任意の行動または同意によって特権の保護を放棄しない限り，いつでも法による封印がなされることとなる」。

裁判所は，これを「不可侵の権利（inviolable right）」と名付けている。

(ii) スメイズ事件判決（People v. Smays, 594 N.Y.S.2d 101（1993））

被告人は，譲渡目的の不法薬物所持事件に関する大陪審での証人尋問手続において，同人が所持していた薬物の入手先について答えるまえに弁護人との相談を求め，その後入手先について本件に関係がないとして答えなかった。逮捕歴の容疑については「覚えていない」と答えた。これに対して，検察官は「記録には，被告人は弁護人の助言を受けて『覚えていない』と答えたと記してください」と述べた。薬物の購入場所に関する被告人の証言についても検察官は「弁護人が依頼人にどのような証言をすべきか指導していると記録に残してください」と述べた。薬物の購入の態様についても検察官の期待する答と異なる証言をすると，検察官は「今のはあなたの答か。それとも，弁護人が答えろといった答なのか」と切り返した。被告人は自分の答だと証言をした。こうした問答が合計5回なされており，記録に残された。

州最高裁は，一般論として，「検察官は弁護人が証人に虚偽供述をするようにコーチをしていると大陪審の面前で示唆することにより，大陪審による証人の証言の評価に不当な影響を与えるおそれを生じさせてはならない」とする。上記の最後の摘示については，「質問の形をとって，被告人の弁護人が被告人に先行する質問への答を与えたという不当な評価を行っているものである。弁護人がどう答えるべきか説明したのかどうかといった質問につい

ては，被告人は『弁護士・依頼人特権』を根拠にして答える義務はない。かかる質問は，被告人に対して，大陪審法廷内における弁護人との打合せ内容を暴露することを求めるものであることは明白である」。

検察官のかかる摘示は，「被告人に対する予断を生じさせる一方，大陪審手続の廉潔性を損なうものである」とする。この結果，被告人の信用性に関する大陪審の判断に不適切な影響を与え，被告人が犯罪を実行する傾向性があるものと判断しかねないものであったとする。そこで，被告人の請求を認めて，公訴を棄却するとした。

(4) アメリカ法上，被告人は自己負罪拒否権が保障されているので，公判廷では我が国の「被告人質問」の形で証拠となる供述をすることはない。事件に関する弁解など自ら行なう場合には，正式に証人とならなければならない。この場合には，証人として採用される段階で自己負罪拒否権は放棄することとなる。

しかし，なお「弁護士・依頼人特権」の保護は及ぶので，検察官の反対尋問は一定の制約を受ける。2つの権利は，次元の異なる被告人の利益を保護するものである。したがって，それぞれの権利放棄は区別して検討されている。この点を明確にしたのが，**シャピロ事件判決**である (People v.Shapiro, 126 N.E.2d 559 (NY.,1955))。

同事件の被告人はニューヨーク市内での強盗で起訴されたが，無罪を主張し，法廷では自ら証人になった。被告人は強盗発生場所近くに車を駐車していたが，犯人らと面識はなく，恋人を待っていたと弁解した。検察官は，証人尋問において被告人のアリバイに関連する恋人の所在などを執拗に質問したが被告人は答えなった。そこで，さらに弁護人にその点を話したかについても問い質した。裁判所は弁護人の異議を棄却して証人たる被告人に証言を命じた。そこで，弁護人においてやむなく裁判所と検察官の協力によって当該関係者の所在確認を求めざるを得なくなった。後に病院に入院中であることが判明したので，恋人は証人尋問を受けた。しかし，その証言は被告人の説明と矛盾を生じた。結果として一審は被告人を有罪とした。

州最高裁は，かかる尋問自体が「弁護士・依頼人特権」を侵害するものとして認容されるべきでなかったとし，有罪判決を破棄して再度の審理を命じ

た。判決は,「被告人が自ら証人になることを選択して自己の利益となる証言ができる」が,「被告人が証言台にたつとき, その選択の当然の結果として, 自己負罪を拒む憲法上法律上の権利は放棄したものとみなされる」とする。

かかる権利放棄により, 被告人は有罪・無罪に関する証言をし, 証拠を提示することが強制されることとなるが, このことだけでは,「防御の秘密」の保護まで放棄したことにはならないとする。証人尋問を受けることを決定したことによって当然に「弁護士・依頼人特権」まで放棄したものとみなすことは,「社会の利益を損なう」という。

「依頼人, 特に犯罪で訴追されている依頼人が助言と指導を求める場合, 自己の事件の公判に至ってから証人になることを選んだときでも依頼人叉は弁護人が述べたことは後に開示を強いられることはないと確信して, 不安感を持つことなく自由に会話ができなければならない。その意味で, 明示的な放棄がない限り, 厳格な不可侵性 (strict inviolability) を保障するしかない。これ以外の法政策をとっても司法の運用が妨げられることとなる。依頼人は弁護人に真実を語ることを躊躇するようになり, これを隠蔽することとなろう。弁護人も, 依頼人が自己のために証人となることを選ぶと開示の対象になるとすれば, 適切な助言や弁護を与えることをためらうこととなる」。つまり,「弁護士・依頼人特権」の放棄はそれ自体について明示的な同意がなければみとめられない, とする[7]。

---

(7) 「弁護士・依頼人特権」を保障するため, 検察官の反対尋問を制限する裁判例は他にもある。
ヘイル事件判決 (People v. Hale, 505 N.Y.S.2d 1 (1986)) では, 強盗罪で実刑を宣告された被告人の事件に関して, 検察官が証人となった被告人に弁護人と法廷にはスニーカーを履いていくかどうか検討したかどうかを尋ねようとしたところ, かかる発問自体が「弁護士・依頼人特権」を侵害するもので不適切であることを認めた (弁護人が異議を申し立て裁判所がこれを認容したので検察官の尋問による不利益な効果は軽減されているとして, 原判決を維持)。
アリ事件判決 (People v. Ali, 536NYS2d 541 (App.Div.,1989)) では, 重過失致死事件の公判廷において, 被告人が証人として証言する場合でも, 検察官は, 事件後被告人が相談した弁護人との間の拳銃発砲に関する会話の内容について反対尋問することは許されない。したがって, 他の証拠に照らして重過失致死罪で有罪を認められる被告人について, 上記内容の尋問を検察官が行うことを一審裁判所が認めた瑕疵を理由に有罪判決を破棄し, 差戻としている。

2 被疑者取調べと「防御の秘密」保護——弁護人依頼権の絶対的保障

(1) 他方，被疑者取調べ段階では，被疑者と弁護人の「防御の秘密」のため，「弁護士・依頼人特権」に基づく保護とは異なる権利が認められている。

アメリカ法上被疑者取調べにあたり，いわゆる「ミランダ警告」を先行させなければならないことはよく知られている。これは身体拘束後の取調べにあたり，被疑者に対して黙秘権と弁護人依頼権，弁護人立会権の告知をしなければならないとする憲法解釈に基づくルールである。この結果，被疑者が弁護人接見を申し出たときには取調べを開始せずまたは中断した上弁護人接見を先に実現しなければならない。被疑者が貧困の場合にも取調べ手続の限度で公選の弁護人を依頼できる。もっとも，弁護人依頼権などの権利行使を放棄した場合，捜査機関は取調べを実施してよい。

ところが，ニューヨーク州では，連邦法上のミランダルールに加えて，被疑者取調べにおける被疑者の防御権を保護するため，弁護人依頼に関する独特の判例法が古くから確立している。

すなわち，身体拘束を受けている被疑者を取調べるとき，被疑者が弁護人を依頼する意思を表明した場合，現に弁護人が立会して取調べを実施するか，またはその立会の上で弁護人依頼権を放棄した上で取調べを実施するものとされている。被疑者取調べにおける弁護人依頼権の絶対的保障といっていい[8]。

(2) この点は，ホブスン事件判決（People v. Hobson, 384 N.Y.S.2d 419 (1976)）が明示している。被告人は別件で勾留中，強盗被疑事実に関するラインアップを受けることとなったが，この手続に関して弁護人を依頼した。手続終了後弁護人が退去した後，刑事が弁護人依頼権の放棄書に署名させた上取調べを行い，強盗に関する自白を得た。判決は，かかる自白の証拠能力を認めず，懲役7年の有罪判決を破棄した。

「弁護人が，捜査対象となっている被疑事実について被疑者を代理するため，刑事手続に現に介在した以上，身体拘束中の被疑者は，当該弁護士が現在しない場合には弁護人依頼権を放棄することはできない。弁護人の現在な

---

(8) 拙著・被疑者取調べの法的規制（1992年）63頁以下参照。

いし援助を受けることなく『権利放棄』と称するものがなされた後に，州機関が，いかに巧妙に引き出した供述であっても，許容性はない」。

このルールは，「州憲法と法令の保障する自己負罪拒否権，弁護人依頼権，適正手続に基づくものである」とし，さらにこの原則の実質的根拠を次のように説明している。

> 「この原則は，法の文化的な品位を維持する上で重要である。それ以上に，個人が，州の強制的な警察権力に直面する場面では，無知で知識が乏しいことが多く，またいつも恐怖におののくこととなるだけに，これを保護する上で誠に重要なのである。個人にとって，すでに私選または公選で選任された弁護人から継続的な助言を受ける権利（the right to the continued advice of a lawyer）こそが，州の組織による権力の濫用に対する現実的な防御策となる。身体拘束中の被疑者が取調べに先立って受ける権利に関する警告よりもはるかに重要である。こうした権利告知は，弁護人を求める機会を提供するものとしては極めて不十分である。被疑者または被告人は，その利益を真剣に考える人の助言を受けることなく自己のなすべきことを判断することを求められるからである。その結果，自己負罪拒否権を無分別にも放棄するおそれが生じるだけでなく，さらには，より深刻な事態として，事件の説明が不正確となったり，特に虚偽であったりするなど不完全なものとならざるをえなくなるおそれが生じるのである」。

(3) アメリカの連邦憲法レベルでは，弁護人依頼権は2段階で保障される。まず，身体拘束を受けた被疑者が取調べをうける場合，ミランダルールによる保障が働く。

さらにこれと別に，「刑事訴追が重大な手続段階に至った場合」，具体的には我が国でいう公訴の提起と類似の訴訟行為が訴追機関によってなされた場合，被疑者は事件に関する防御のための弁護人依頼権（貧困の場合の公選弁護人依頼権を含む）が保障される[9]。ニューヨーク州法もこれに従う。そして，

---

(9) 拙著・前掲書53頁以下参照。

後者の弁護人依頼権保障は厳格である。

例えば，サミュエルス事件判決（People v.Samuels, 424 N.Y.S.2d 892（1980））は，強盗事件犯人逮捕のため「重罪告発状」を地裁に提出して逮捕状の発付を得て被疑者を逮捕した後，黙秘権等に関する告知の上取調べを開始して，自白を得た場合でもその証拠能力を認めないものとした。なぜなら，「被告人は，刑事訴追の重大な手続段階すべてにおいて弁護人の援助を受ける権利がある」とし，司法機関が介在して逮捕状が発付された段階以後は，まさに刑事訴追が重大な手続段階に移行したものとみて，以後被疑者・被告人は事件の防御一般のための弁護人依頼権を当然に保障されるとする。逮捕状が発付されたのは，迅速に被疑者を司法部の面前に引致して被疑事実に関する弁解を聞く必要があるからだが，この時点以降は被疑者は弁護人の援助を要する段階に入っている。そうであれば，「いまだ弁護人が現在していないときに，弁護人の援助を受ける権利を放棄することは認められない」。かくして，自白の証拠能力を否定し有罪判決を破棄して差戻を命じた。

(4) 以上を再整理すると，被疑者・被告人の取調べ手続における「防御の秘密」については，「適正手続・効果的な弁護を受ける権利・自己負罪拒否権を保障する州憲法の規定に由来する不滅の弁護人依頼権（the indelible right to counsel）」によって保護されている（Cf., People v. Grice, 763 N.Y.S.2d 227（2003））。この権利は，次の各段階で発生することとなる。

①司法部が介在する訴追手続が開始された場合
②身体拘束中の被疑者が取調べを受けるにあたり現に弁護人との接見を求めた場合

権利が発生したとき，これを放棄して取調べに応ずるためには，憲法規範として弁護人の立会が必要とされている。

V 被疑者取調べと「防御の秘密」保護——日米法の架橋

1 アメリカ法上も，「弁護士・依頼人特権」が絶対であるわけではない[10]。

---

(10) See, Cohn, The Legal Profession：Looking Backward：The Evisceration of The Attorney-Client Privilege in The Wake of September 11, 2001, 71 Fordham L.Rev.1233（2003）.

実のところ，連邦法，連邦規則上，被疑者・被告人と弁護人の接見の監視を認容する場面がいくつかある。

第1に，1968年に「総合犯罪抑制・安全道路法」が制定されて電話傍受が制度化された[11]。法定された犯罪の捜査のため，裁判官の発する令状によって通信・会話の傍受を行なう場合，被疑者・被告人と弁護人の間の会話が対象に入ることがある。

もっとも，対象が重大な犯罪か組織犯罪であること，令状請求権者の限定，令状審査にあたり，会話傍受によって関連証拠が入手できる相当の理由があること等の他，通常の捜査手段では証拠入手が困難であること（補充性）の要件を充足していなければならない（18USCS§2518）。

しかも，結果的に「弁護士・依頼人特権」により保護される情報が傍受された場合に関して，「有線，口頭，電気的な通信であって特権の保護対象となるものが，本章の規定に従って傍受された場合であっても，その性状を失うものではない。傍受が本章の規定に違反してなされた場合も同様である」と定められている（18USCS§2517 (4)）。したがって，刑事裁判では適法な傍受によって入手された会話内容であっても，「弁護士・依頼人特権」で保護される対象である以上証拠には使えない[12]。

第2に，1978年に制定された「外国諜報活動監視法（Foreign Intelligence Surveillance Act, 95 P.L.511, 92 Stat. 1783）」も，米国内における国際テロリズム行為または対米諜報活動に関する情報を収集する目的で，司法長官の命令または連邦裁判官の構成する外国諜報活動監視に関する裁判所が発する傍受令状によって，外国諸権力が当事者となっている各種会話の傍受ができる[13]。

---

(11) Omunibus Crime Control and Safe Streets Act of 1968 (90 P.L.351；82 Stat.197).

(12) See, Goldsmith/Balmforth, The Electronic Surveillance of Privileged Communications：A Conflict in Doctrine, 64 S.Cal.L.Rev.903, 921ff. (1991).

(13) See, 50USCS§1801-§1811 (2006). Cf., Hall, Constitutional Regulation of National Security Investigation：Minimizing the Use of Unrelated Evidence. 41 Wake Forest L Rev 61 (2006). 現に，同法による長期間の通信傍受の記録が主たる証拠となって，世界貿易センタービル爆破事件の関与者の弁護人が，テロ行為に対する実質的幇助罪で有罪とされている。起訴状については次のURL参照。http：//news.lp.findlaw.com/hdocs/docs/terrorism/uslstwrt111903sind.html 事件の簡単な紹介として，see, Cassel, http：//writ.news.findlaw.com/cassel/20050214.html. 本件については別稿を予定している。

この場合にも,「弁護士・依頼人特権」が保護する会話の傍受の可能性がある。しかし, 1968年法と同じく, かかる会話が傍受されても, 権利として保護を受ける基本性質を奪うことはできない旨明記されている（50USCS §1806（a）(2006)）。

第3に, 2001年, ニューヨーク市におけるアルカイダによるツインタワー破壊事件（いわゆる「9・11」事件）の後, 司法長官は, 連邦収容施設で身体拘束を受けている被収容者と弁護士の接見をモニター（監視・記録）することを認めるため, 連邦刑務所等の収容施設に適用のある規則の改正を行った[14]。

司法省長官は, 被収容者がかかる接見を利用して将来のテロ活動を行なうと合理的に疑うことができるとき, 連邦刑務所長に対して, 被収容者と弁護士との接見のモニターを命令することができる。この結果, 従前「弁護士・依頼人特権」で保護されている接見などのコミュニケーションを端的にモニターし監視することとなる。

しかし, モニターをすることは該当の被収容者と弁護士に事前に書面で通知するものとされている。また, 会話内容を記録した媒体については事件捜査担当と区別して設ける「『弁護士・依頼人特権』保護班（privilege team）」のみが取り扱う。同班員はテロ活動が差し迫っていると判断しない限りモニターで得られた内容を開示してはならない。もっとも, 連邦裁判官が承認した場合を除く[15]。

上記保護班は, 司法長官の規則改正の解説によれば,「防塵チーム（taint team）」とも呼ばれ, ファイアーウオールを作ることとなる。かくして「弁護士・依頼人特権」の保護にあるとみなすことのできるコミュニケーションが当該事件担当の検察側, 捜査側に開示されないように保障している[16]。

---

(14) See, 66 FR 55062, Rules and Regulations, Department of Justice (2001). その背景には, 国際テロリスト対策のために緊急にアメリカ連邦議会が制定した「合衆国愛国者法」(PUBLIC LAW 107-56：UNITING AND STRENGTHENING AMERICA BY PROVIDING APPROPRIATE TOOLS REQUIRED TO INTERCEPT AND OBSTRUCT TERRORISM (USA PATRIOT ACT) ACT OF 2001) がある。

(15) See, 28CFR501.3.

(16) See, 66FR 55-62 (2001). この改正規則の問題点について, see, ex., Note, 87Cornell L.Rev.1233 (2002)；Cohn, Symposium：The Legal Profession：Looking Backward：The Evisceration of The Attorney-Client Privilege in The Wake of September 11, 2001,

2 こうした諸立法・規則改正は，アメリカ国内の組織犯罪の展開やテロ行為などの国際情勢を抜きにしてはその当否を論ずることはできない。

我が国でも，今後，国際テロリストの活動が顕著になり，しかもこれに同調する弁護士が接見の場を悪用・濫用して情報伝達をすることを危惧すべき事態が生ずれば，非常措置を講ずる必要は生じる。

ただ，その大前提として，「防御の秘密」が原理上憲法の保護に値するものであるとの認識の確立がなければならない。また，「秘密の保護」は弁護人依頼権に内在するものであって，これを制約する措置は，立法によって，また司法審査を経た手続によってのみ可能とすべきである。しかも，「防御の秘密」を保護するための特殊な手続ー裁判官のみが内容を点検する手続などーを必要とする。捜査機関の裁量に委ねることは相当ではない。以下，この点を検討する。

3 後藤国賠事件判決は，刑事弁護の意義を次のように述べている。

「憲法及び刑訴法等の刑事関連法規において，弁護人及び弁護人の弁護活動についての諸規定が設けられている実質的根拠は，秘密接見交通権のそれと同様に，被告人等が弁護人から援助を受ける機会を確保すること自体が国家の権能である刑罰権の発動ないし刑罰権発動のための捜査権の行使の適正化を図り，もって，積極・消極の両面で実体的真実の発見に資する点に求められるのであり，この意味において，弁護人の弁護活動は刑事手続の運用に当たって欠くことのできない重要なものである」。

すなわち，刑事弁護は，捜査機関・検察官の捜査・訴追・有罪立証を批判的に吟味点検し，また被疑者・被告人の利益の視点から事件を捉え直して，これに則した主張と裏づけとなる証拠を裁判の場に提出することを本質とする。

訴追と異なる視点で事件を点検吟味することが，大局的には，えん罪の防

---

[71] Fordham L.Rev1233（2003）; Comment, 4Wyo.L.Rev.311（2004）; Note, 19 St. John's J.L.Comm.467（2005）; Birckhead, The Conviction of Lynne Stewart and The Uncertain Future of The Right To Defend, 43 A.Crim. L. Rev.1（2006）.

止を含めた真相解明につながる。また被疑者・被告人が真犯人である場合には，弁護人の介在によって改善更生の決意を固め社会復帰の場を用意する事が可能となり，また謝罪・示談など被害救済を実現することができ，それらを踏まえて適正な量刑が可能となる。

　かかる刑事弁護にとって「防御の秘密」は不可欠である。被疑者・被告人と弁護人が交換する情報について，両者の合意がない限り，双方がそれぞれ勝手に外部に漏らさないことが保障されていなければ，有効適切な弁護活動はできないからである。

　別言すれば，防御情報として交換した内容が，捜査機関・検察官に筒抜けになる状態は是認できない。それは，捜査機関・検察官が，弁護人の活動を通じて「有罪証拠」を集めること，弁護も訴追活動の一部になるからである。これは，刑事弁護の否定に他ならない。

　むろん，個々の場面では，被疑者・被告人と弁護人の交換する情報の秘匿が，真相解明と衝突する場面も観念的客観的にはありえる。個々の事件で，捜査官が接見内容に強い関心を示すことがあるのも肯けなくはない。

　しかし，訴追側の真相解明は，「防御の秘密」の尊重を前提にして，捜査権限の適正・有効な発動によって行うべきものである。「防御の秘密」を犯すことにより，観念的抽象的には「真相解明」がいくぶん促進されるかもしれないが，刑事司法制度が実現する「正義」のかたちを掘り崩す大きなリスクを伴うこととなる。

　また，現在のところ，我が国の弁護人が一般的に接見の「場の秘密」を利用して罪証隠滅や共犯者などの逃亡援助をすることが相当数あって事案解明を妨げている状況にはない。弁護人たる弁護士の高度の倫理性が，そうした事態を未然に防いでいる。

4 　以上を前提にすると，弁護人と相談して得る助言内容に関する「防御の秘密」については，ことのほか厳しく尊重されなければならない。

　接見室における対面での「接見」は，被疑者が弁護人と相談する重要な手段である。「防御の秘密」が被疑者と弁護人の間でやりとりされる「流れ」ないし「場」が立ち聞きされ，覗かれ，秘聴されることは許されない。理由は，

「防御の秘密」自体の保護が必要だからである。これを「防御の秘密」のフローの保護と整理しておいてよい。

　ただ，対面接見以外にも相談の態様はある。だから，我が国裁判例でも，被疑者・被告人と弁護人の信書による防御に関する相談の内容の検閲や，接見前に被告人に見せるビデオテープの内容点検を問題とし，その中味を暴露させることは許されないとされている。いずれも「防御の秘密」自体が侵害されるのを防ぐためである。

　さらに，通信傍受にあたっても，該当性判断のための傍受などにより会話の内容が弁護人たる弁護士との会話であることが判明したときには，傍受はしてはならない（犯罪捜査のための通信傍受に関する法律15条）。

　かかる「防御の秘密」は，憲法34条および37条の保障する弁護人依頼権に内在する本質的な法的利益と捉えるべきである。

　5　もっとも，これらも「フロー」の一態様を保護するものである。現行法は，加えて弁護人たる弁護士に押収拒否権・証言拒否権を保障している。ここで保護しているのは，「フロー」の過程にある「防御の秘密」ではなく，弁護人たる弁護士が保管・管理している「防御の秘密」である。つまり「ストック」状態の保護である。

　こうして，現在までのところ，法律・裁判例を通じて，我が国では，「防御の秘密」の「フロー」から「ストック」まで法的に保護されるようになっているが，ストックについては，今のところ，一方の受け手または送り手である弁護人たる弁護士に留まっている。問題は，他方の受け手または送り手である被疑者が保管・管理する「防御の秘密」の保護のありかたである。

　この点で，ニューヨーク州法が注目に値する。検察官が公判廷で証人となった被告人に反対尋問で接見内容に踏み込んだ発問を続けると，それ自体が公訴棄却や上訴審による有罪判決破棄の理由となる。さらに，被告人が証人となることを選択した場面でも，自己負罪拒否権（黙秘権）の放棄と「弁護士・依頼人特権」の放棄は区別して論じられている。

　自己負罪拒否権の放棄によって被告人は証言義務を負い偽証処罰のリスクを背負う。ただ，その当否については，事前に弁護士から適切な助言を受け

ているのが通常である。ただ，そうした相談内容までが，公判廷で暴露されることとなれば，弁護活動はできない。だからこそ，「弁護士・依頼人特権」の放棄には，黙秘権放棄と区別して，被告人が「弁護士・依頼人特権」の意義を認識・理解した上でこれを明示的に放棄することが要求されている（むろん，公判廷には弁護人が在廷しており，その助言を得られることが当然に前提になっている）。

　また，被疑者取調べの場面で，「防御の秘密」がさらけ出されないようにするのには，弁護人が立会して捜査機関の発問を制限することが有効である。
　アメリカでは一般にミランダルールによって取調べにおける弁護人立会の権利が保障されている（貧困の場合，取調べ立会に関する限度でも公選の弁護人選任請求が認められている）。もっとも，連邦法レベルでは，そのミランダルールの保障する権利について，被疑者が独自に放棄すれば取調べは実施できる。
　しかし，ニューヨーク州では，弁護人依頼権自体の放棄は弁護人の助言を得てからでなければできないとする独自のルールを判例法上発展させている。かくして，取調べ段階で「防御の秘密」が侵害される危険を防ぐことができる。

　6　我が国でも，被疑者が弁護人との相談に付した「防御の秘密」を記憶し，保管・管理している状態について，なんら保護されないと考えることはできない。被疑者側の「ストック」が無防備であれば，結局「防御の秘密」自体が保護されないのと同じこととなるからである。
　特に，現在のところ，被疑者取調べは，弁護人の立会もなく，ビデオカメラ等による録音録画など可視化の伴わない形で実施されるが，その場で捜査機関が弁護人との接見の内容を被疑者に問い質すことは，端的に被疑者に「防御の秘密」を暴露することを求めることとなる。
　かかる取調べのありかたは明文では禁止されていない。しかし，「防御の秘密」が憲法の保障する弁護人依頼権の本質をなすものである以上，刑訴法198条1項による取調べ権限も内在的な制約を受ける。捜査機関は，取調べによる真相解明にあたり，端的に被疑者に事件に関する認識を問うべきなのであって，弁護人に何を語ったのか・弁護人はどう助言したのかを問うべきではない。
　また，被疑者が弁護人を選任している場合，被疑者取調べにおける供述内

容について助言を得ているのは当然である。その場合に，否認から自白へあるいは自白から否認へと供述が変遷する動機・理由を明らかにしておくことが，自白の任意性を公判廷で立証するのに役立つが，被疑者が「弁護人の助言にしたがってこのように供述します」と言えば，それ以上踏み込んで接見の場における助言内容を問い質すことは禁止される。

　7　もっとも，被疑者が取調べにあたり，積極的に接見内容を説明することが自己の防御にも有利であると判断して，「防御の秘密」を放棄することは想定してよい。ただ，有効適切な利益放棄を認めるための法的要件は慎重に検討しなければならない。

　現行法上被疑者は取調べの場面では黙秘権を保障されているから（憲法38条1項，刑訴法198条2項），被疑者が「黙る」選択をした場合には，事実上あわせて「防御の秘密」も保護されることは明白である。しかし，問題の本質は，接見内容を供述すること，「防御の秘密」の利益を積極的に放棄することの当否である。

　黙秘権が保障されているだけでは，被疑者・被告人と弁護人の間の「防御の秘密」が保護されていることにはならない。

　何故なら，被疑者は適切な黙秘権行使のあり方も含めて，事件に関する防御方針について，弁護人の的確な助言を要する。現段階では取調べの弁護人立会が事実上認められていない。だから，事前の接見で助言することとなる。被疑者はそうした助言を踏まえて供述をするかしないかを決定している。

　その際の接見内容が，捜査機関の裁量によって容易に筒抜けになるとすれば，弁護人は被疑者に対して「場」の秘密性を活かした十分な相談と助言を躊躇し手控えさらに割愛するようになる。

　とすると，「防御の秘密」の放棄については，単に「黙る」ことを放棄する場合よりもより高次の判断力を要する。

　被疑者が適法に「防御の秘密」を放棄するには，なによりも，弁護人との接見内容自体が「防御の秘密」に属するものであって，憲法上保護されており，秘密を保つ権利が認められていることを認識・理解していなければならない。

　次に，被疑者は，その時点で「防御の秘密」を捜査機関に説明することが

防御活動上被疑者の利益になると判断していることを要する。

ところが，かかる権利放棄は相当高度の判断を要する。被疑者は単独ですべきではない。法の専門家である弁護人と事前に「防御の秘密」の開示の当否を相談・検討し的確な助言を得ていなければならない。

捜査機関は，取調べ中接見内容を聞き取る必要が生じた段階で，被疑者に弁護人と接見の上供述するかどうか判断する機会を与えなければならない。捜査機関がまず発問をするなり，被疑者が事実上自ら供述をはじめるなり，そのプロセスはどうであれ，被疑者が弁護人との事前の相談を踏まえその同意をえる手続を前提にしなければ，接見内容を語り「防御の秘密」を明らかにする事実行為は，規範的には違憲・無効である。

Ⅵ　まとめ——「包括的防御権」の原理と「防御の秘密」保護

1　憲法は，国家の刑罰権を所与の前提にしている。国家は一定の犯罪の嫌疑を集中させた市民を処罰の対象として訴追し裁判で有罪か否か判断する。その市民の置かれる法的地位が「被疑者・被告人」である。これは市民が自由に選択する地位ではない。強制される地位である。しかも，刑罰が科されるおそれのある地位である。

かかる法的地位には，憲法の構造上市民が自己の主張と弁解を適切な機会に適切な相手に主張し，その準備をするため多様な活動を行う多様な権利を付随させなければならない。市民が刑事手続でも主体となり，えん罪と加重な量刑を自らも防止する活動を行うためである。これを「包括的防御権」の原理という。そして，「防御の秘密」は「被疑者・被告人」という負担を伴う地位に内在し，「包括的防御権」の核心にある法的利益である。

「被疑者・被告人」とされる市民は法律の専門家である弁護士から法的な助言を得なければ，適切・有効な弁護はできない。弁護人依頼権は，「包括的防御権」を実現する重要な一手段である。だから，弁護人依頼権にも「防御の秘密」の権利が伴う。

2　接見の場で犯罪の謀議がなされている合理的な疑いがある希有な場合

はありえる。しかし，接見後に捜査機関が弁護人たる弁護士の取調べや証人尋問（法226条参照）によってこれを明らかにすることはできない。証言拒否の対象になるからである。

ただ，かかる極限的な事例は従前あまり問題にはなっていない。弁護士一般の高い倫理性がこれを防いでいる。現段階で，かかる希な極限的な事態を理由にして，捜査機関が裁量により可視化も伴わない密室での被疑者取調べの権限を行使して，接見内容の問い質しができる場合を一般的に論ずることは不適切である。

むしろ，「接見内容」自体を問い質す被疑者・被告人の取調べは，それ自体が原則として違憲無効である。

とりわけ，本件捜査のありかたは異様・異常である。被疑者らが，弁護人と相談すること自体を敵視し，被疑者が弁護人と相談することを躊躇させて，孤立化させ，その不安と恐怖を利用し，他方で，長時間の徹底した取調べによって自白を維持したものである。

また，被疑者・被告人が，弁護人を信頼せず，積極的に虚偽供述をすすめていると取調べの場で述べるのは極めて異様・異常な光景である。しかも，検察側は，自白の信用性を支える理由として，否認供述こそ弁護人が被疑者・被告人に強いたものであるとする材料を接見内容の取調べによって集めようとしている。

かかる調書を作成する取調べが，密室状態のまま時間をかけて，組織的継続的に実施されると，刑事弁護は事実上訴追の一プロセスに組み込まれることになる。刑事弁護は崩壊する。それは「刑事司法による正義」のかたちを損なうものである。

被疑者取調べによって，包括的防御権の核心にある「防御の秘密」を暴くことは許されない。

第16章　弁護人の「有罪証拠」提出行為と「弁護人による実質的な援助を受ける権利」
—— 被告人の包括的防御権の保障のために

I　問題の提起——弁護人の「敵対行為」

　平成8年（1996年），季刊刑事弁護5号28頁以下に掲載された，「〈座談会〉当番弁護士制度の5年—その成果と展望」において，執筆者は次のように問題提起をしている。

　　「弁護の問題は何もしないことです。ところが何もしないことは，記録に残りません。だから，あとで点検しようがないのです。アメリカと違って，わが国では不十分な弁護を理由として，当該被疑者・被告人を救済する制度，理論がまだありません。たとえば，適切な弁護がなされなかったことは，再審事由に含まれていません。でも，アメリカでは，80年代に入ってから非常救済手続（人身保護手続）で，弁護自体が不十分だった，それだけの理由で有罪判決を破棄できるとする判決が出てきます。一般論としては，弁護活動が客観的な合理性の基準に至らない程度であること，不適切な弁護のため，被告人に対する偏見が生じ，そのため裁判の結果が信用できず，または重大な不公正さを生じていることが必要です（Strickland v.Washington, 466U.S.668 (1984)）。具体的には，公判前手続における証拠開示請求をせず，違法収集証拠の排除申立をしなかったこと（Kimmel v. Morrison, 477 U.S.385 (1986)，検察官が共犯者の公判外供述を陪審の面前で証人に証言させているのに，適宜に異議を申し立てないこと（Mason v. Scully, 16F.3d 38 (2d Cir., 1994)，量刑手続で付された国選弁護人が被告人と打合せもせず，事実関係の調査に基づく

＊本章は，神戸地判平19・3・27（平成18（わ）455, 571, 853）および同控訴審・大阪高判平20・3・12（平成19（う）644）を踏まえてなされた被告人の上告において，弁護人の上告趣意書に添付して提出した意見書をもとに作成したものである。

適切な弁論もしない場合（Tucker v. Day, 969 F.2d 155 (5th Cir.1992)）などが「不適切弁護」の事由となりえます。

　わが国の弁護士も，アメリカ法のこうした成果も学びながら，より質の高い弁護を作り出していくには，どうすべきかという角度から弁護の病理現象をえぐり出し，理論的・実践的に防止策を検討する作業を，研究者との共同研究も含めて，ぜひ考えていただきたいと思います。

　そして，われわれ研究者の側は，不十分な弁護に関する被疑者・被告人の救済のための法理を考えざるをえないと思っております。379条の控訴理由，405条の上告理由の解釈にあたり，憲法34条，37条の弁護人依頼権は，『適切な弁護を受ける権利』も含むものであるという基本認識をもつべきではないかと考えます。それが『当事者主義』を実現する刑事弁護論を展開する前提ではないでしょうか」（52頁）。

　最近，あっせん収賄事件の被告人（ある地方公共団体の議員として長年にわたり活躍していた人物）の弁護を依頼された弁護人が，被告人より紹介された別事件（被告人である元議員の選挙に関する公選法違反事件）のための弁護費用が，実はみずから弁護しなければならない収賄事件の対象となる賄賂として被告人が受領した金員であることを捜査機関から知らされ，収賄事件の共犯者になるのを避けるため，別事件に関して弁護費用を受領した経緯を詳細に検察官に報告する上申書を提出する事件があった。ところが，金員受領の経緯は被告人が後に公判廷で主張したものとは全く食い違ったものであった。また，検察官に上申書を提出する際の経緯について，あらかじめ被告人には十分に告知説明してその同意を得ることはなかった。さらに，当該弁護士は，その事件の捜査および公判の弁護をそのまま継続し，第1回公判期日の段階では，自ら提出した上申書を検察官が有罪立証のための証拠として証拠調べ請求している事情を熟知しつつ弁護人を続け，しかも上記上申書の証拠調べに同意している。

　以上の経緯が示すのは，弁護士の職務の正常な追行上も時に起きうる利益相反状態ではない。弁護人たる弁護士が，自ら被告人に不利益な証拠を捜査機関に意図して提出する「敵対行為」そのものである。

これは刑事弁護の本質を否定する行為に他ならない。冒頭のように，10年以上も前に予想したことが実際の事件となった。本件被告人は，本来保障されるべきであった「弁護人による実質的な援助を受ける権利」がないまま有罪判決を受けた。公正な司法は保障されていない。かかる場合の救済をどのように考えたらよいか，以下検討する。

II 弁護人の「敵対行為」と「不適切な弁護」

1 弁護人の「敵対行為」

本件一審判決の「罪となるべき事実」の第1において認定されているのは，次のような事実である。

被告人MIは，元神戸市議であるところ，長男でありやはり元神戸市議であるMTと共謀して，市の環境行政に絡んで，同市内で廃棄物処理業等を営むO株式会社の代表取締役OAから，同社等の便宜になる働きかけを請託されてこれに応じ議員としての権限を行使したとされている。

具体的には，以下の通りである。(1) 大阪府にあるD環境が，神戸市東灘区に産業廃棄物中間処理施設を設置できないように許可を与えないよう許可基準の厳格化を環境局長に働きかけること。これに関連して，OAから2000万円を受領し，これを自己の選挙運動に絡んで逮捕された運動員らの弁護費用に当てた。(2) 同種の請託を別のSI会社の代表取締役KNからも共に受けたこと。これに関連してOA, KNから600万円を受領している。(3) 神戸市西区に建設運営が企画されていた資源リサイクルセンターについて当初福祉団体に随意契約で発注する予定であったところ，OAが代表取締役を務める別会社とO株式会社が参入できるように民間業者への公募入札方式に変えさえるように環境局に働きかけるよう請託をうけたこと。これに関連して，OAから200万円を受け取っている。

2 本件で問題となるのは，被告人の弁護人であったT弁護士が，弁護費用として本件被告人MI氏，共同被告人MT氏側から提供された計2000万円が上記O株式会社からの提供であることを認識しうる関係にあったこ

とである。また，T弁護士は，上申書でうち1000万円の授受については，被告人MI氏同席の場で受領したというが，一審公判廷における被告人質問で，被告人MI氏は，そもそも弁護費用の準備やT弁護士への交付について全く知らず共犯者である息子MTが取り仕切ったものだと主張しており，双方の言い分は全く食い違うものでもあった。

　T弁護士は，場合によっては共犯の疑いさえ持たれる関係にあった。一般人であれば重要参考人として捜査機関の取調べを受けることは明白であったとみてもよい。その弁護士が，いかなる事情によるものかは裁判記録上不明であるが（一審公判廷における被告人質問によると，T弁護士と同じ事務所に所属し，元検察官であり相弁護人となったK弁護士が被告人の事件担当の検事と親しい関係にあったと言われている），捜査担当の神戸地検特別刑事部に上申書として着手金・報酬金受領の経緯を詳細に記して提出した（一審取調べ済み検甲111号証）。

　その際，弁護人は，被疑者・被告人となるMI氏に対して守秘義務と誠実義務を負担しているのに，同人と充分な協議を遂げることもなく同意も得ていなかった。しかも，上申書提出後も弁護人の立場に留まった。この上申書は，後に検察官が証拠調べ請求をした。

　T弁護士は，第1回公判に主任弁護人を辞任した（但し，弁護人にはその後もしばらく留まっている）。そして，共に捜査段階の弁護人でもあった同一法律事務所の上記K弁護士が主任弁護人になり，その際に，上申書の証拠調べに同意している。

　以上の経緯を簡単に言えば，弁護人は被告人から受領した別事件の多額の弁護費用が受任した刑事事件の賄賂であることを疑われた段階で，自己の保身のために，弁護費用受領の経緯を捜査機関に開示したとみてよい。明白な「敵対行為」である。

　弁護人は，かかる極限的な利益相反状態にあることを明示的具体的個別的に被告人に摘示し，その同意を受けることもなく弁護人の活動を継続したものである。

　その後，弁護人が交代する。ところが，新たに選任された弁護士らも，既に他の弁護士が生じさせたかかる利益相反状態について，専門家の立場から被告人に十分な説明をしてその同意を得ることもなく一審弁護活動を漫然と

続けていた。

　さらに，一審裁判所は，検察官の証拠調べ請求に対する被告側の意見を聴取した段階で，利益相反が現実に生じていることを認識したのに，被告人に対して真意を確認する等の釈明権行使をしないままこれを放置している。被告人は，自己の弁護人と利益相反状態にあり，しかもその被る不利益の範囲程度などについて認識理解しているか，裁判所にも不明なままであった。一審裁判所は，評議の段階で，弁護人が提出した有罪証拠を事実認定に供することとしたと思われるが，その段階でもまた被告人・弁護人の間の顕著明白な利益相反に関する疑義を持つべきであり，少なくとも判決公判期日に判決宣告に先立ち，被告人と弁護人に釈明を求めることはできた。そうであるのに，一審裁判所は，この瑕疵のある状態を放置して，検甲111号証を有罪認定の証拠に挙示して判決を宣告している。

　3　以上のように，弁護人が自ら被告人を有罪とするための供述をしそれが将来証拠になった場合，かかる重大深刻な利益相反状態のまま行われた当該証拠の証拠調べ手続とこれを証拠として挙示した有罪判決は，どのように評価されるべきか。そして，被告人はいかなる救済を受けるのが適切か。

　以下，この問題に関連して，「利益相反」について長期にわたる実例を体験しているアメリカ連邦法とカリフォルニア州法を検討し，これらを参考にしながら，両者の憲法と同じく，憲法上被告人の弁護人依頼権を保障する我が国におけるあるべき解決策を提示する。

Ⅲ　アメリカ連邦判例の動向

1　アメリカ合衆国憲法修正6条

　アメリカ合衆国憲法修正第6条は，次のように定めて，被告人が弁護人の援助を受ける権利があることを明示する。

　　「すべての刑事上の訴追において，被告人は，犯罪が行われた州及びあらかじめ法律で定められる地区の公平な陪審によって行われる，迅速な公開裁

判を受け，また公訴事実の性質と原因とについて告知を受ける権利を有する。被告人はまた，自己に不利な証人との対審を求め，自己に有利な証人を得るために強制的な手続を取り，また自己の弁護のために弁護人の援助を受ける権利を有する」。

連邦最高裁は，上記憲法修正6条が保障する「自己の弁護のために弁護人の援助を受ける権利」について，ストリクランド事件判決で実質解釈を示している。すなわち，「効果的な弁護を受ける権利」である (Strickland v. United States 466 U.S. 668 (1984))。

本件は，3件の殺人事件で起訴され死刑を宣告された者が，量刑手続において「効果的な弁護を受ける権利」を害されたことを理由にして人身保護を申し立てたものである。連邦最高裁は，本条項上，被告人は，弁護人の援助を受ける権利が保障されていると解されており，しかも単に形式的に弁護人が付されている状態ではなく「効果的な援助」を受ける権利の保障を求めることができるとする。

　　「被告人は，私選であれ公選であれ，公判審理が公正に行われることを保障するのに必要な役割を果たす弁護士によって援助を受ける権利を有する」(at 685)。

　　「かかる理由から，本裁判所は，『弁護人を依頼する権利とは，弁護士の効果的な援助を受ける権利である』と認識している」(at 686)。

ところで，ストリクランド事件の被告人は3件の殺人事件で起訴されたが，弁護人の助言にも拘わらず事実を認め陪審を受ける権利も放棄し，さらに量刑手続上陪審の参考意見を聞く権利も放棄してしまった。裁判所は特に酌量すべき事由を認定できないとして死刑を宣告した。被告側は，人身保護手続を申し立てその中で効果的な弁護を受ける権利が侵害されたと主張した。その理由として，弁護人が量刑手続準備にあたり鑑定の請求をしなかったこと，人格に関する証人尋問を請求しなかったこと，量刑前調査報告書の作成を申し立てなかったこと等を摘示したものである。連邦最高裁は，最終的には救

第16章　弁護人の「有罪証拠」提出行為と「弁護人による実質的な援助を受ける権利」　235

済申し立てを却下したが，判決理由中で「効果的な弁護を受ける権利」が侵害されたか否か判断する基準について言及した。

その中で，最高裁は，「弁護人の過誤が，職務上不合理なものであるとしても，判決に影響を与えないものである場合には，判決を破棄すべきものとは認められない」とする (at 691)。ただし，一定の場合には判決破棄事由となる「偏見」を当然に認めるべき場合があるとする。その一つが弁護人と被告人の「現実の利益相反」状態であるとした (at 692)。

「現実の利益相反」がある場合について，連邦最高裁は，次の一般論を述べている。

　「かかる場合には，弁護士は誠実義務を侵害していることとなる。これは弁護士としてもっとも基本的な職務である。とは言え，相反する利益によって代理行為が汚染されている場合に，その防御がどの程度の影響を受けているのか正確に測定することは困難である。……したがって，利益相反がある場合には，偏見を推認するという相当厳格な規律を維持することが刑事司法には合理的である。もっともそうであっても，かかる規律は憲法修正 6 条に関して存在する偏見に関する絶対的規律ではありえない。『弁護士が現実に相反する利益を代理したこと，現実の利益相反が弁護士の活動上被告人に不利益に影響を与えたこと』を被告人が証明した場合のみ，偏見を推認できる」(at 692)。

2　被告人・弁護人間の利益相反と救済手続

上記ストリクランド事件でも是認することとなる，刑事事件における弁護人と被告人の利益相反の有無と効果に関する一般論は 1980 年のキュイヤー事件ですでに，より詳細な分析がなされている (Cuyler v. Sullivan, 446 U.S. 335 (1980))。

本件では，州の刑事事件において 3 名共犯による殺人事件で 2 人の弁護人が全員を弁護した事件で，うち 1 名が無期自由刑に処され，他の 2 名については無罪とされたもので，無期自由刑を宣告された被告人が後に連邦人身保護手続による救済を求めたものである。

結果として連邦最高裁は，救済を認めていない。しかし，一般論として，かかる利益相反状態であるときには判決破棄事由が生じうることを認めている。その要件は次のようなものである。

まず，一審裁判所での救済に関連して，次のように基準が設定されている。

> 「弁護人は，利益相反となる代理を回避し，審理の過程で利益相反が生じた場合には裁判所にこれを直ちに告知すべき職業倫理上の義務を負う。したがって，審理裁判所は，格別の事情がない限り，複数被告人の代理があっても利益相反はないこと，または弁護人の依頼人において利益相反が生じうることについて認識した上でこれを容認していることを推認してよい。……審理裁判所は，弁護人の誠実さと良識ある判断を概ね信頼してよい。何故なら『弁護士一名で刑事事件の被告人二人を代理している場合，利益相反が現に生じているかどうか，将来の審理の過程でどのような場合に発生するか判断する上で職務上も職業倫理上も当該弁護士が最適の立場にある』。審理裁判所が，具体的に利益相反が生じていることを認識しているか，または合理的にみて認識すべき場合でなければ，裁判所が職権で調査をする必要はない」(at 347)。

なお，本件の場合には，刑事公判の審理状況に照らして，一審は利益相反があるのか調査すべき責務が発生する状態にはなっていなかったと認定している（at 347）。

次に，上訴審における救済の責務について，次のような基準を設定している。

> 「被告人が，一審で異議を申し立てなかった場合，現に利益相反が存在しかつ弁護士としての任務に悪影響を与えていたことを証明しなければならない」。

つまり，「利益相反の可能性では有罪判決を指弾するのには不十分である。憲法修正6条の権利が侵害されていることを立証するのには，現実の利益相反がありそのため弁護士の活動が被告人に不利益な形で影響を受けたことを証明しなければならない。……」(at 350)。但し，「利益相反が存在し，充分

な代理を受けることに悪しき影響があったことを証明した場合には，さらに偏見の存在まで立証する必要はない」（at 349）。

3　利益相反の実例

「利益相反」状態が存在した場合，被告人を具体的に救済する事例が現にある。

例えば，1942年のグラサー事件では，連邦税法違反に関する共謀罪の事件で，一審裁判所が共犯者2名について同一の弁護人を任命した場合であって，弁護人が他方の共犯者への悪影響を考慮して，被告人の犯行関与を裏付ける証人に対する反対尋問をおこなわず，また伝聞禁止に当たる証拠の証拠調べ請求に反対しなかったものであるが，ここに現実の利益相反があると連邦最高裁は認定して，有罪判決を破棄している（Glasser v. United States, 315U.S.60, at 76（1942））。

また，1981年のウッド事件では（Wood v. Georgia, 450 U.S. 261 (1981)），仮釈放中の者についてこれを取り消して収監する命令が破棄されている。わいせつ物頒布で有罪判決を受けた3名の申立人は，宣告されたそれぞれの罰金納付のために毎月一定の分割払い金を支払うことを条件に仮釈放を認められた。しかし，3名とも収入不足のために支払いができず仮釈放取消しとなったので不服を申し立てた。この3名は，性風俗商品を扱う会社に雇われていたものであって，逮捕のときから会社が依頼した弁護士が弁護人などとして活動をしてきた。また，会社業務上の刑事事件なので従前から保釈金や罰金などは会社が支払ってきており，今回の事件についても3名は会社側が罰金を支払うと期待していた。しかし，今回の事件では，会社は経営者が交代になったため罰金等を肩代わりしなかった。3名は地裁に仮釈放の条件修正の申立も行ったが，却下された。

連邦最高裁判所は，会社が罰金等の肩代わりを免れようとするのであれば会社が雇用している三名の申立人の代理人である弁護士は，かれら3名のために適切な防御活動をすることなく，分割払いの条件をそのまま受け入れ支払い不能になるのを放置する危険があることを摘示した（at 267）。

「本件では，調査した事実に照らすと，利益相反の可能性がある。明白な利益相反を伺わせる事情は，従前の手続のそこかしこに読み取ることができる」。

例えば，そもそも仮釈放条件決定手続の段階で3名の支払い能力を超える分割金の命令についてなんら防御活動を行っていない。仮釈放取消し手続が開始される3ケ月の間一度も支払いの努力をさせていない。取消し手続の係属中にも支払い不能であることを疎明して仮釈放条件の修正を申し立てることもしていない（手続終結後に1名がこれを行ったものである）。

そこで，連邦最高裁は，次のような憲法修正6条の解釈に基づいて，本件仮釈放取消し命令を取り消して差戻とした。

「憲法修正6条に基づく弁護人依頼の権利がある場合には，判例上利益相反のない弁護を受ける権利が密接不可分の権利として認められると解釈されている」(at 272)。

「仮釈放取消し手続上利益相反の可能性があることが充分に明らかであって，裁判所がこの点に関する詳細を調査する職務を負うことは，裁判記録上示されている。裁判所は，著しく均衡を失した罰金額が宣告されていることを認識するべきであった。この刑罰は，雇用主が支払うであろうとの見込みに基づいて増額されたものであることはほぼ確実である。……かかる事実に照らせば，裁判所において利益相反を理由に代理人たる資格を失わせる可能性があった。本件裁判所は，これを認識するべき職務があったことは明白に証明されている」(at 273)。

そこで連邦最高裁は，連邦憲法修正6条が保障する諸権利が同修正14条の適正手続条項を介して州手続にも適用されることを前提にして，次のように述べた。

「我々は，本件の判断の根拠を適正手続に求める。下級審の判断は破棄する。事件はフルトン群州裁判所に差し戻すものとする。当該裁判所において，聴聞手続をおこない，本件記録上強く推認されるところであるが，仮釈放取り

第16章　弁護人の「有罪証拠」提出行為と「弁護人による実質的な援助を受ける権利」　239

消し手続の時点またはそれ以前から現実の利益相反があったかどうかを判断しなければならない。裁判所が現実の利益相反があったと判断し，また独立した弁護士を依頼する権利は適法に放棄されていなかったと認定した場合には，あらたに仮釈放取消し手続をおこなわなければならず，その際には相反する利益を代理する弁護士によって汚染されないものとしなければならない」(at 273-274)。

4　利益相反と連邦刑事司法

弁護人の「利益相反」に関連して，連邦裁判所刑事訴訟規則44条 (c) (2) は，弁護士が複数の被告人を代理している場合に関する裁判所の措置権限と責務について次の規定を置く (§44 (c) (2), Federal Rules of CriMinal Procedure)。

> 「(複数代理事件における裁判所の責務) 裁判所は，複数代理の適切性について迅速に調査しなければならない。また，独立した代理を受けることを含めて，弁護士の効果的な援助を受ける権利があることを個々の被告人に対して対面で助言を行わなければならない。利益相反が生ずる蓋然性はないと信ずる相当の理由がない限り，裁判所はそれぞれの被告人の弁護人依頼権を保護する適切な措置を講じなければならない」。

被告人が現実の利益相反があったことを証明した場合には，あらかじめ一審裁判所が調査義務を尽くして被告人に助言を行わなかった瑕疵は，有罪判決破棄事由となる (See, USCS Fed Rules Crim Proc R44, §38)。

連邦裁判所の組織上，係属事件の被告人と弁護人が「利益相反」状態にあるかないか必要に応じて調査し，被告人に助言を行なうなど所要の調整を行なう根拠となるのは，「司法の監督権」である (United States v. Waldman, 579F.2d 649,651-652 (CA1, 1978), United States v. Foster, 469F2d 1, 4 (1st Cir.1972)。

現に，ドナヒュー事件の連邦控訴審は (United States v. Donahue, 560 F.2d 1039,1045 (1st.Cir, 1977))，一審が司法の監督権を充分に行使して単独弁護士による複数被告人の代理について調査と被告人への助言を行わなかったことを

理由に有罪判決の破棄を認めている（United States v. Donahue, 560 F.2d 1039,1045 (1st.Cir, 1977)）。

本件は，不法薬物の頒布およびその幇助等でフッカー（医師）とドナヒュー（カウンセリング心理学専攻院生，本件被告人）が起訴されたが，捜査から一審を通じて同一法律事務所のパトナー弁護士が弁護人に付いたものである。公判前の打合せでは　同一事務所のローソン氏（法曹資格取得前，パラリーガル）が会議を仕切り，フッカーの弁護をメインにおき，それでドナヒューも解放されるとの戦術の提案をした。第2回目の公判開始後の打合せには，同一の事務所に所属する2名の弁護士とローソン氏が出席したが，被告人は証言させないこと等を取り決めた。結局，2名は有罪を認定される。

被告人は，有罪評決を受けた後量刑手続の前に再審理の申立をした。理由は，弁護人による効果的な援助を受ける憲法上の権利を侵害されたというものである。本件記録上，被告人両名は勾留手続段階で裁判官から利益相反のおそれがある旨概括的に摘示を受けただけであった。その際も，裁判官は「別々の弁護人を選任できること，貧困であれば公選弁護人を依頼できること」について充分に説明していなかった。以上の経緯に照らして，控訴審裁判所は，一審裁判所は次の義務を負うものとする（at 1042）。

「審理裁判所は，訴訟のなるべく早い段階で実行可能なときに，次のことを行なう義務を負うこととなる。被告人等が合同で代理を受けている場合，直面する危険のいくつかについて摘示すること，被告人等がそうした危険性について認識していることを確認すること，弁護人と各人がそうした危険性について意見交換を真しに行ったかどうか，別々の弁護人を選任することもできること，もし要件を充足するのであれば，裁判所が任命し支払いは政府がおこなう弁護人を依頼することもありえることを理解しているかどうか，尋問すること」。

かかる職権義務からみたとき，一審裁判所の措置は不十分である，とする。

「フォスター事件判決に従うとき，裁判所は，複数代理の危険性について説

明し内容の点検をしなければならない。本事件では，裁判所がこの点について沈黙したことになる。この結果，裁判所の不作為のため，より害が広がったものであり，事件を引き継いだ弁護人がそれぞれ別々に依頼人の事件を担当する上でも事態をより悪化させることとなっている」(at 1044)。

Ⅳ　カリフォルニア州判例の動向

1　「効果的な弁護を受ける権利」と有罪判決の破棄

アメリカ合衆国は連邦制度を採用している関係で，連邦全体に適用のある連邦憲法と別に各州毎に州憲法がある。内容はほぼ共通する。カリフォルニア州憲法1条15節では，次のように規定している。

> 「15節（刑事手続に関する安全措置）
> 刑事事件に関する被告人は，次の権利を有する。迅速な公開の裁判。被告人のために証人を強制召喚すること。被告人の防御のために弁護人の援助を受けること。弁護人と対面して共に居ること。被告人に不利益な証人と対質すること（以下省略）」。

本州憲法の解釈としても連邦憲法に関する連邦最高裁と類似の解釈論が州裁判所において採用されている。例えば，レデズマ事件判決は (People v. Ledesma (1987) 43 Cal.3d 171, 215, 233 Cal.Rptr. 404, 729 P.2d 839)，次のように述べている。

> 「連邦憲法修正6条と州憲法1条15節の規定上，被告人は，弁護人の援助を受ける権利が保障されている。被告人は，その進行において公正であり結果において信頼できる公判審理を受ける基本的な権利を有するが，本権利の究極の目的はここにある (at 215)。かかる目的に照らして解釈した場合，本権利は，単なる形の上での援助ではなく，効果的な援助を受ける権利を伴うものである。かかる権利に基づいて，被告人は，弁護人が代理としての活動を行なうにあたり合理的な能力のある弁護士であれば採用する行動のみ行う

ことを合理的に期待してよい。さらに、被告人は、弁護人が活動を開始するにあたり、充分な調査と準備を遂げた上で、内容を被告人にも説明した合理性のある弁護戦略と戦術に関する選択を行なうものと合理的に期待してよい」(at 215)。

弁護人の活動が瑕疵のあるものかどうかについては、裁判所が慎重に審査するべきものである (at 261)。被告人は、単に弁護人の瑕疵が手続の結果に一定の影響を与える余地があることを証明するのでは足りず、「結果に対する確信を揺るがすのに充分な程度の蓋然性」を立証しなければならない (at 215)。

かかる前提にたった上で、レデズマ事件では、州最高裁は、一審弁護人が公判を通じて薬物を使用しておりまた私生活上ギャンブルにのめり込んでいたことを前提にしつつ、強盗殺人事件の公判において、被害関係者による被告人を犯人とする供述への言及を阻むことなく、また被告人方における違法な電話傍受の結果の証拠提出にも反対しなかった等の瑕疵を認め、被告人の有罪判決を破棄している (at 227)。

2　弁護人依頼権と利益相反

ジョーンズ事件では (People v.Jones,53 Cal. 3d 1115 (1991)、殺人事件などで起訴された被告人が、私選弁護人が利益相反状態にありながら不十分な弁護活動をおこなったことを理由に死刑判決の破棄を求めた事例において、被告人は弁護人が弁護費用捻出のため被告人所有の家の所有権放棄契約書を取り交わしたこと等が利益相反状態をもたらし、現に、適切な証人尋問の請求をしなかったことなどをその現れであると主張した。裁判所は、被告人の主張を是認しなかった。ただし、一般論として次のような法解釈をしめしている。

連邦憲法修正 6 条と州憲法 1 条 15 節が保障する「効果的な援助」を代理人である弁護人から受けることができる権利は、さらに「利益相反のない代理行為を求める権利」も含むと解釈されている。(53 Cal. 3d 1134)

「利益相反」については、多様な態様がありえる。一般的には、「弁護士のクライアントに対する忠誠心またはクライアントのために行なう努力が、他

のクライアントもしくは第三者に対する責務または自己自身の利益のために損なわれる状態全てを包含する」。

しかし，本件では 弁護費用受領のための不動産の処分などによってそもそも判決に影響を与えるような弁護活動を生む利益相反はないと認定した。

被告人と弁護人の間に「利益相反のおそれ」がある場合，裁判所には「調査義務」が発生する。

つまり，「裁判所が被告人が利益相反に関する権利放棄が必要であると判断した場合，次の事項について確認しなければならない。(1) 被告人が，弁護士は利益相反状態で弁護活動をおこなっているものであり不利益な扱いを受けることとなる可能性について検討したこと。(2) 被告人は，かかる弁護活動に伴う危険性と見込まれる結果を認識していること。(3) 被告人は，利益相反のない弁護を受ける権利を保障されていることを理解していること。(4) 被告人は，かかる権利を任意に放棄するものであること」。

「被告人は，現実に利益相反が存在したこと，利益相反のため弁護人の活動が被告人の不利益なものとなったおそれがあることを立証しているにも関わらず，事実審裁判所が利益相反の可能性について調査をせずまたは調査結果に対応する十分な措置を採らなかったとき，破棄事由が生じる」(at 1138)。

ちなみに，ジョーンズ事件の場合には，弁護費用の支払いに関する意思の不疎通が生じているが，かかる場合に裁判所が関心をもつべきことは「もっとも重大な要因は，費用に関するもめ事が深刻なものであって，弁護士・クライアント間の信頼関係を破壊するものであるかどうか」である。同時に，「かかる場合の裁判所の義務は，被告人に私選弁護人を解任し，貧困であれば公選弁護人を選任する機会を提供することに尽きる。」(at 1137) 本件では，現に審理裁判所は，弁護人を解任する意向を示唆したが被告人がこれを維持すると意思表示したのでこれに従ったものであるし，公設弁護人補と協議する機会を数回にわたり提供している。その上でも被告人は弁護人解任の意思を示さなかったので，州最高裁からみても，事実審裁判所の措置に瑕疵は認められないとされた。

3　複数被告人の弁護と利益相反

また，ラムジー事件で，州最高裁は，児童虐待で起訴された夫婦に対する有罪判決を破棄した（People v.Ramsey,95 Cal. Rptr. 231 (1971)）。一審の事実審では，児童虐待死の疑いで起訴された夫婦を一人の公設弁護人が弁護したものである。州最高裁は，次のように述べた。

> 「被告人両名は，原審において異なる弁護人を請求していない。しかし，記録に照らしたとき，いずれの被告人も，利益相反がある場合には異なる弁護人を依頼できる権利があることを助言されていない。かかる事情の下では，被告人らが沈黙していた事実に基づいて権利放棄を推認することはできない」。

夫の弁護人として弁護士は，夫が長時間労働に従事しており家には短時間しか滞在できずしかもほとんど寝てすごしており，子供の面倒は妻がみているという趣旨の主張をした。これは，妻に責任の比重を置くものであって利益相反が生じるのは明白であった。

次に，共同被告人としていずれが証言するかについても利益相反が生じるものであった。実際には夫が証言をしたが，次のような問答がなされている。

> 「問：ラムジーさん，あなたは，奥さんが他の母親と同じように行動すること，子供達の面倒をみるものと信頼していたとお聞きしてよろしいですか」。
> 「答：はい，そうです。そのことは妻の領分だと考えていたのです」。

これを踏まえて，州最高裁は，「現に異なる弁護人が選任されておらず，また控訴審において，被告人が事実審段階で利益相反があったことを立証した場合，検察官が利益相反によって当然にもたらされる偏見が効果を持たない程度のものであったことを合理的疑いを超えて証明しない限り，被告人の受けた有罪宣告は無効とされるべきである」とした。

なお「記録の調査にあたり，我々は，現実の利益相反が顕在化していることだけではなく，利益相反の可能性のある場面についても注意をはらわなければならない。弁護人が1名しか任命されていないため，共同被告人間の利

第16章　弁護人の「有罪証拠」提出行為と「弁護人による実質的な援助を受ける権利」　245

益相反が覆い隠されている可能性がある。したがって事実審の関与者にとって利益相反が明白であったか否かでは異ならない。」「記録に照らすと，現実の利益相反もその可能性も伺えるのであって，ジョン・ラムジーもジェーン・ラムジーもともに，二人を同時に代理する制約を受けていない事実審弁護人を依頼する権利があった」(at 233)。「裁判所が行った説明内容については重大な疑義がある。異なる弁護人が選任されて再度の事実審が行われた場合には，再度の事実審において是認される証拠の性状は全く異なったものとなろう」(at 234)。

4　弁護人が被告人に不利益な情報提供をした場合と救済方法

では，今回の上告審事件と類似または同様の場合として，被告人の弁護人が当該事件で検察官側の証人となった場合にはどうか。異常な事態なので類似事例は少ないが，おおよそ次のように扱われている。

(1)　基本的に，カリフォルニア州弁護士会規則（職務上の行動に関する規則）上，依頼人の情報については守秘義務が及び，これを開示することは職業倫理に違反する (Cal. Rules of Prof'l Conduct, Rule 3-100 (A) (2008))。但し，カリフォルニア州では，例外を設けており人の死または重傷を招来する犯罪が起きると合理的に信ずるときには情報を開示することができるものとしている (Cal. Rules of Prof'l Conduct, Rule 3-100 (B) (2008). Cf., Whitchell, Ethics Year in Review, 45 Santa Clara L.Rev. 1055 (2005))。

(2)　さらに，同規則では，次のように証言禁止義務について規定している (Cal. Rules of Prof'l Conduct, Rule5-210 (2008))。

>「本会の会員は，以下の場合を除いて，当該会員から証言を聴聞する陪審について当事者となることはできないものとする。
>(A) 証言が争いのない事項に関連するとき
>(B) 証言が当該事件で提供する法的サービスの性質と価値に関するとき
>(C) クライアントが内容の告知を受けた上で同意した旨の書面を得ているとき。……（以下省略）」。

本規則の解説によれば，本規則に基づいて，まず，審理裁判所が「二重機能」を果たす弁護士を弁護人から除外しなければならないものとされている。

> 「公判において当事者を代理している弁護士が，同時に証人になる場合，事実認定者の目からみれば法律家としての有効性の点でも証人としての有効性の点でも損なわれることとなる。弁護士が二重機能を担うとき，その代理する当事者の被る不利益は，かかる不都合のためにさらに強固になってしまう。そこで，本規則は，弁護士から証言を聴聞する陪審の面前では，当該弁護士は，当事者となることはできないと定める。但し，クライアントが内容の告知を受けた上で同意した旨の書面を弁護士が有している場合は除かれる。この結果，審理裁判所としては，証人となる可能性のある弁護士についてはクライアントの代理をすることから退くように命令する裁量権限を有することとなる。……裁判所が行うべき重要な調査は，証拠に基づいたときに，不利益を受ける者に対する損害があると確信を持てる証明がなされているかどうか，または司法手続の無瑕性が損なわれることはないかどうかである」。

したがって，弁護人が当該事件で検察官請求の証人になったり，逆に被告人のための証言をする証人になることは原則として許していない。職業倫理に違反するものとして扱われることとなる。

> 「裁判所は，利益相反が弁護人に生じることを認識しまたは合理的に判断して知りうる場合には，当該事項に関する調査をしなければならない。……また裁判所は，単に調査をするだけではなく，調査事項に応じて措置をとらなければならない。かかる職務を果たすにあたり，利益相反のない弁護人による代理がなされるような措置をとることとなる。……」(See, California Criminal Defense Practice §1.35,[a.4])。

(3) 現に，実際の事例上も，弁護人が被告人の立場と矛盾する証言をした場合に，有罪判決の破棄を認める（ショトル事件。People v.Schotl,2007 Cal. App. Unpub. LEXIS 6359 (2007))。

ショトル事件の被告人は，薬物，けん銃，弾丸などの不法所持で起訴されたものであるが，検察官との答弁取引が弁護人依頼権を実質的に侵害する形でなされたものであることを理由に有罪判決の破棄を求めて上訴したものである。州最高裁は，被告人の主張を是認して有罪判決を破棄した。
　本件被告人と弁護人は，公判前の検察官との答弁取引の際に，一定の罪についてはこれを認める代わりに検察官は一定の罪については公訴を取消すものとした。しかし，被告人は，後にこの取引を前提にした罪状認否における主張の撤回を裁判所に求めた。そこで，この点に関する聴聞手続が開かれた。そこでは，被告人は，この取引の合意の際，ADHDの症状を抑える治療薬を服用できない状態であったという。他方，弁護人も証言を行い，被告人が充分に理解していると判断しない限り取引の合意はしないものである旨述べた。
　州最高裁は「弁護人であるパガスの証言が検察官の立場を支持するものであった事実に照らして，裁判所はこれを相当重視したものである。かかる事態は，パガスがその後も継続して弁護人として手続に関与したことの妥当性について重大な疑義を生じる」とし，さらに聴聞手続に関して「検察官がパガスを尋問している間，被告人は実質的に弁護人のない状態に置かれていた。被告人は，弁護人・依頼人特権を根拠に何度か異議を申し立てたが，これらは棄却されており，他方，パガスはその証言については反対尋問に曝されることはなかったものである。もちろん，パガス自身が自己を反対尋問することは，なじみにくくはあるが，不可能ではないのに，実施されることはなかった」。
　さらに，州最高裁判所は，次のように評価した。
　「確かに，被告人たる依頼人が進行している手続について理解していないのに事実に争いがない旨主張するのを弁護人が是認したこととなるところ，パガスが被告人に有利に証言をするとすれば，弁護人としての能力を欠くものであったことを認めたくない自己の利益とは矛盾することとなる。被告人のこの主張は説得的である。」現に弁護人パガスは，当初の罪状認否の際にはその意味を理解できていた等被告人のその後の主張に矛盾する証言をしている。「もとより，依頼人は，弁護人が当事者でもあるという二重の機能を果たすことから生じる利益相反についてこれを放棄することはできる。しか

し，本件では，かかる権利放棄について検討がなされたことを示す証拠も事実もない」。

そこで，州最高裁は，他に一審裁判所が被告人と弁護人の利益相反について適切な尋問を行っていない場合有罪判決は破棄されるものであることを認めて，上記瑕疵を理由に，利益相反のない弁護人の保障を伴う罪状認否手続のやりなおしを命じた。

V 「効果的な弁護を受ける権利」から「実質的な援助を受ける権利」へ──アメリカ法と我が国法制度との架橋

1 弁護人の「有罪証拠」提出と弁護人の倫理違反

本件では，被告人 MI が，OA から 2000 万円を受領した事実と趣旨が争いとなるところ，弁護人であった弁護士が，検察官の捜査に協力して自らの報酬受領の経緯を説明したものである。罪体事実を構成する核心的情報を，弁護人が被告人の積極的明示的個別的な同意もなく開示したこととなる。これは，我が国の法令に照らしたとき，いかなる意味をもつか。

我が国憲法 34 条は，「何人も，理由を直ちに告げられ，且つ，直ちに弁護人に依頼する権利を与へられなければ，抑留又は拘禁されない」とし，身体拘束との関連で，弁護人依頼権を保障している。市民に対して，身体拘束が適正になされていることを当然の前提にしつつも，さらに事件に関する弁護人を依頼する権利をもあわせて保障する趣旨である。

法 37 条 3 項前段は，「刑事被告人は，いかなる場合にも，資格を有する弁護人を依頼することができる」と定める。憲法 34 条と重複する面もあるが，「刑事被告人」たる地位にある者に弁護人依頼権を保障する。防御活動全般に関する弁護のためである。

かかる弁護人を依頼する権利の実現上，被告人と弁護人との信頼関係の形成維持は不可欠であって，そのためにこそ，弁護人は守秘義務を負担することとなる。

弁護士法 23 条は，「秘密保持の権利及び義務」として，次のように定める。

「弁護士又は弁護士であつた者は，その職務上知り得た秘密を保持する権利

第16章　弁護人の「有罪証拠」提出行為と「弁護人による実質的な援助を受ける権利」　249

を有し，義務を負う。但し，法律に別段の定めがある場合は，この限りでない」。

これを受けて，弁護士職務基本規程（平成16年制定，以下職務規程とする）23条は，「秘密の保持」の項目として，次のように定める。

「弁護士は，正当な理由なく，依頼者について職務上知り得た秘密を他に漏らし，又は利用してはならない」。

また，刑訴法上，「弁護士」は一般的に業務に関して知り得た事項に関する供述拒否権を与えられている。すなわち，刑訴法149条は次のように規定する。

「医師，歯科医師，助産師，看護師，弁護士（外国法事務弁護士を含む。），弁理士，公証人，宗教の職に在る者又はこれらの職に在つた者は，業務上委託を受けたため知り得た事実で他人の秘密に関するものについては，証言を拒むことができる。但し，本人が承諾した場合，証言の拒絶が被告人のためのみにする権利の濫用と認められる場合（被告人が本人である場合を除く。）その他裁判所の規則で定める事由がある場合は，この限りでない」。

つまり，秘密の主体が被告人であるときには，弁護士一般が現に弁護人として選任されているか否かに関わることなく業務上の秘密に関する証言拒否の権利を与えられることとなる。
　その秘密の中でもっとも秘匿しなければならない情報は，被告人が公訴事実についていかなる説明をしているのかである。
　防御活動として審理の場で何を述べるのかとは別に，被告人が弁護人を信頼して語る事件関与の有無・範囲・周辺事情の有無・範囲などはもっとも秘密を守らなければならない核心的な情報である。
　本件では，T弁護士は，まさにかかる情報を捜査機関に開示しており，明らかな守秘義務違反である。
　しかも，かかる状態であることを弁護士は認識しつつ，そのまま弁護人た

る地位に留まっていた。
　これは，弁護士としての依頼者に対する基本的責務たる「誠実義務」をそもそも放棄したものである。職務規程5条は「信義誠実」に関する次の規定を置く。

　　　「弁護士は，真実を尊重し，信義に従い，誠実かつ公正に職務を行うものとする」。

　しかも，本条に関連して，特に82条後段に「解釈適用指針」が定められている。すなわち，

　　　「第五条の解釈適用に当たって，刑事弁護においては，被疑者及び被告人の防御権並びに弁護人の弁護権を侵害することのないように留意しなければならない」。

　（ウ）本件では，T弁護士が，守秘義務，誠実義務に違反して，上申書を提出し，その結果，これが被告人の有罪認定の証拠になる可能性を作り出し，そこに明白なる利益相反状態が生じたことは明らかである。

2　被告人の「適切な弁護を受ける権利」の侵害――アメリカ法との架橋

　我が国憲法が保障する弁護人依頼権は，上記のように，弁護人の側の守秘義務と誠実義務，証言拒否権等によって両者の間の情報交換の秘密性が保障されている状態を内在化させているものとみるべきである。
　だからこそ，法的に被疑者・被告人と弁護人との信頼関係が形成できる状態が確保されていることとなる。刑事弁護は，法的に保護された信頼関係形成の条件があってはじめて成立する。
　加えて，単にそうした状態のもとで弁護人が存在していることに意味があるのではなく，当該事案にそって，「弁護士は，良心に従い，依頼者の権利及び正当な利益を実現するように努める」ものとされている（職務規程21条）。
　かかる積極的な弁護活動が憲法の弁護人依頼権に内在していることは，そ

第16章　弁護人の「有罪証拠」提出行為と「弁護人による実質的な援助を受ける権利」　251

の一端について，既に最高裁判例も認めているところである。すなわち，

> 「憲法三四条前段は，『何人も，理由を直ちに告げられ，且つ，直ちに弁護人に依頼する権利を与へられなければ，抑留又は拘禁されない。』と定める。この弁護人に依頼する権利は，身体の拘束を受けている被疑者が，拘束の原因となっている嫌疑を晴らしたり，人身の自由を回復するための手段を講じたりするなど自己の自由と権利を守るため弁護人から援助を受けられるようにすることを目的とするものである。したがって，右規定は，単に被疑者が弁護人を選任することを官憲が妨害してはならないというにとどまるものではなく，被疑者に対し，弁護人を選任した上で，弁護人に相談し，その助言を受けるなど弁護人から援助を受ける機会を持つことを実質的に保障しているものと解すべきである」（最大判平成 11・3・24 民集 53 巻 3 号 514 頁）。

つまり，アメリカ連邦最高裁がストリクランド事件判決等で修正 6 条の解釈として認め，カリフォルニア州最高裁がレデズマ事件判決等で州憲法の権利としても認める「効果的な弁護を受ける権利」と同質の権利は，我が国憲法もまた内在化させていると解釈してよい（この点について，例えば，岡田悦典『被疑者弁護権の研究』28 頁以下，310 頁以下（2001 年），椎橋隆幸「刑事弁護の在り方」現代刑事法 37 号 51 頁以下（2002 年））。

これを，冒頭でも問題提起したように，我が国憲法 34 条，37 条 3 項による「適切な弁護を受ける権利」の保障，あるいは，最高裁判例の憲法解釈の用語をまとめて「弁護人から援助を受ける機会を持つこと」の実質的保障，つまり，「弁護人による実質的な援助を受ける権利」と構成することができる。

もとよりなにが「実質的な援助」といえるのかは，個々の事案に沿って一般的合理的な弁護戦略に従った防御活動が行われているかどうかを総合的多面的に検討することとなろう。

ただ，本件 T 弁護士は，自己の弁護活動上被告人との相談・打合せ・協議などで得た知識に基づいて，その内容を上申書にまとめて，検察官に提出した。自己の上申書が被告人の有罪を立証する資料になりうることを充分に理解してした行為である。これは，結果からみれば，弁護活動を使った犯罪

捜査と等しいものであり，もっとも信頼されるべき弁護人が捜査機関の情報提供者となったものであって，通常，弁護士倫理で調整をはかるべき「利益相反」状態とは異次元の，「敵対行為」である。

憲法34条も37条も，弁護権を行使する主体たる弁護人は，倫理を遵守し被疑者・被告人に誠実な弁護士であることを当然に前提として，さらに「実質的な援助」を与えることを求めるものである。本件では，かかる意味での「弁護人による実質的な援助を受ける権利」は侵害されている。

この点について，特に明確なのがカリフォルニア州の弁護士会規則の定める弁護人が担当事件における証人となることを禁止する倫理条項である。

ショトル事件判決で州最高裁は，検察官が被告人の訴訟能力があることを立証する手続上これを是認する趣旨の証言をした弁護人がそのまま継続して弁護人の地位に留まったことを重大な利益相反とみて有罪判決を破棄している。

我が国でも，一審審理において不適切な弁護が実質的に生じている状態は，有罪判決を破棄すべき事由として構成すべきであるとする学説が，冒頭の問題提起発言の後にもなされており，これを「不十分弁護の抗弁」とまとめている（岡田前掲書73頁，椎橋前掲論文56頁）。問題になるのは，「不十分弁護の抗弁」という用語自体よりも，瑕疵の治癒を必要とするための手続的要件と実体的要件である。

アメリカ法を総括すると，基本的には弁護人が充分な弁護を行わず被告人と実質上利益相反状態にある場合，その救済については，被告人の弁護人選任に関する自己決定権を尊重しつつも，「司法の監督権」を用いた介入を認めている。

この点について，キュイヤー事件判例等が示した原理を総括すると次のように言える。

(1) キュイヤー事件判決が述べるように，基本的には弁護人と被告人が表面的には正常な防御活動を続けている限り，複数被告人の同時弁護といった利益相反になりがちな状況があっても当事者の責任に委ねてよい。

(2) 審理裁判所が現に具体的に利益相反を認識しているか，合理的に考えて利益相反があるものと認識すべき事態が存在しているときには，ウッド事

件判決，ドナヒュー事件判決，ジョーンズ事件判決等が認めるように，司法の監督権に基づく調査義務が発生する。調査内容は，概ね，被告人が利益相反について認識理解していることの確認，弁護人とも相談確認がなされていることの確認，別の弁護人を選任できることの説明，利益相反状態で弁護を行うことに伴う不利益の可能性に関する摘示である。

(3) アメリカでは上訴審で「効果的な弁護を受ける権利」の侵害を主張する場合，要件は厳格になる。ストリクランド事件判決は，弁護人が現に利益相反状態を作り出していること，その現実の利益相反が被告人に不利益に影響を与えていることを被告人が証明した場合には，救済すべき「偏見」のある状態とする。

以上のようなアメリカ法における「効果的な弁護を受ける権利」の侵害に対する救済の根拠となる権限と要件は，我が国における「弁護人による実質的な援助を受ける権利」の侵害に対する救済にも取り込んでよい。

以下この点について述べる。

VI 訴訟指揮権と司法の「公正」さの維持
──── 一審・控訴審の問題点

1 一審の審理と「適切な弁護を受ける権利」の侵害状態

ストリクランド事件判決で，連邦最高裁は，「被告人は，私選であれ公選であれ，公判審理が公正に行われることを保障するのに必要な役割を果たす弁護士によって援助を受ける権利を有する」と宣言している。司法の監督権の行使によって，一審段階であれば，利益相反の有無に関する調査の責務が生じ，上訴審であれば判決に影響する偏見が存在するときに有罪判決を破棄する責務が生じるのは，弁護人依頼権が保障されることによって実現される手続の「公正さ」が侵害されるからである。

この点で，アメリカの刑事手続も，日本の刑事手続も，訴追における弾劾主義，公判審理における当事者追行主義を基本原理とする点で共通しており，その意味では，司法権の行使によって維持されるべき手続の「公正さ」も原理としては同一である。

特に問題となるのは，被告人が当事者として自立した判断を適切な時期に

適切に行い適切な手続によってこれを訴訟上主張することができる状態の確保である。すなわち，「包括的防御権」の実現である。これを支えるのが弁護人である。

弁護人が持つ権限は，私選であれ国選であれ，被疑者・被告人の持つ包括的防御権の包括的代理である（これを補充するために，独立代理権と固有権がある）。

ところが，本件の弁護人は自己の意思で，特に被告人の有罪を立証するのに役立つ証拠を提出する本質的な利益相反を行った。かかる場合，被告人MIは，本来弁護人の援助を受けて自立できる訴訟主体となるべき基盤を奪われたこととなる。

規範的にみれば手続に事実上関与した弁護人が存在していても，憲法34条，37条3項が予定している「弁護人」への「依頼」が実現した状態にはなっていない。

だからこそ，司法権による救済が必要であった。

裁判所は，包括的な訴訟指揮権を有するが（法294条），その目的は弾劾主義と当事者追行主義に基づく刑事手続による正義の実現が円滑かつ公正に進行するように手続を統括することにある。

そのためには，①弁護人が作成した上申書について，第1回公判期日で交代した新たな主任弁護人たる弁護士が同意した段階，②被告人質問段階で実質上2000万円受領の趣旨についてこれを争う姿勢が明らかになった段階，③結審後先に辞任した弁護人が提供した有罪証拠を含めて評議を行いこれを有罪認定の証拠として挙示することを決定した段階において，一審裁判所は，被告人および各時点における弁護人に対して釈明権を行使し，利益相反の有無，これを是認した上で防御方針を策定していることの確認，被告人と弁護人が充分に打合せの上，かかる状態を被告人が理解し承諾していることの確認を行うべき職責が発生していたとみるべきである。

特に，一審判決自身が，量刑理由の中で，本件の特異性について次のように触れて，被告人に有利な事情を摘示している。

「判示第一の賄賂は，結果的に2000万円という高額になっているものの，当初被告人が弁護士費用をOAに負担させることを決意した段階では，その

金額は数百万円程度であると考えており，2000万円になるとまでは考えておらず，結果的に2000万円となったのは，弁護士が非常識ともいえる高額の弁護士費用を要求したからであって，判示第1について賄賂の価額2000万円を単純に量刑判断の基礎とするのは被告人に酷といえること」。

　これは，被告人が，弁護人の提出した有罪証拠によって公訴事実が認定されている関係にあることを前提にしつつ，しかも弁護人と被告人間の守秘義務の対象となるべき事項が暴露されていることを含めて，当初の主任弁護人の非常識な弁護活動を量刑の限度で被告人に有利には考慮したものである。
　なお，T弁護人が辞任した後，同一事務所に所属するK弁護士も弁護人を辞任し，新たにD弁護士が加わり，その後も事実上被告人と弁護団の打合せ等が表面的には円滑に行われていたものと推測されるが，T弁護士が作出した，「弁護人が被告人の有罪立証に役立つ証拠を検察官に自ら提出し，弁護人が証拠とすることに同意した状態」は修正されていない。別言すると，弁護士が集団で利益相反状態を糊塗していたとさえみるべき状態になっている。
　(オ) かくして，一審の審理を通じて全体として，憲法の保障する「弁護人による実質的な援助を受ける権利」が侵害された状態，被告人と弁護人との本質的な利益相反状態，弁護人による敵対行為はそのまま継受されており瑕疵が治癒されたといえるべき事実上の契機がまったくない。

2　控訴審判決の問題点

　本件控訴審においてはじめて一審段階での瑕疵が明示的に裁判所に示されることとなったが，控訴審は，従来の379条の訴訟手続の法令違反の枠組みで捉え，判決影響の明白性要件を要するものと捉えて，次のように判断し，破棄すべき事由とはみなかった。
　控訴審は，一般論として訴訟指揮権または釈明権を行使すべき場合について次のように述べている。

　　「裁判所としては，例えば弁護人が利益の相反する共同被告人の弁護をも担当していたり，被告人の陳述と弁護人の意見とが解離していたり，弁護人の

訴訟活動が被告人の意に反したりするなどの，被告人に対する適切な弁護がなされないおそれが明らかに認められるような場合には，新たな弁護人の選任を促したり，被告人に検察官請求証拠に対する意見を確認したりなどすべきではあるものの，そのような事情が認められないのであれば，当事者である被告人・弁護人側の訴訟活動を尊重して審理をすべきものである」。

現に，控訴審も，①現に主任弁護人であった者が作成した上申書が証拠調べ請求されている客観的事実があること，②第1回公判期日当日に主任弁護人になったK弁護士が記録上検察官請求証拠について閲覧謄写していないことは明白であったこと，③原審第6回公判期日の被告人質問においてO株式会社から受領した2000万円の賄賂性に関する認識を否定しており，「K弁護人作成の上申書（原審検甲111）の内容と重要な部分でかなり相反することになった」ことを認定している。

事後的にみれば，本来一審において訴訟指揮権を行使し，被告人が「弁護人による援助を受ける機会の実質的な保障」のない状態を余儀なくされている状況を当人に自覚させてその解消を図らせるべき客観的規範的状態にあったことを認めた。

にも拘わらず，控訴審判決は，一審の時系列にそって手続の流れを振り返ったならば，利益相反が裁判所において認識できる状態ではなかったことを理由に訴訟手続の法令違反そのものがないとした。

しかし，本件での問題は，弁護人依頼権が侵害された本質的な利益相反状態を前提にした証拠状態で有罪判決が宣告されたことと，現に弁護人が提供した上申書が有罪認定の証拠になっていることである。規範的客観的には，裁判所が是正すべき状態を是正していないままであると評価すべきである。

さらに，かかる形で生じた偏見が有罪の認定，量刑の判断にいかなる影響を及ぼすものか測定することは困難である。規範的な意味では，その影響性を否定することはできないとみるべきである。

かかる利益相反状態はいったん有罪判決を破棄して解消するしかない。

Ⅶ　結語――「弁護人による実質的な援助を受ける権利」と被告人の「包括的防御権」

　被疑者・被告人とは我が国憲法上「包括的防御権」と名付けるべき権利を持つ法的地位だ。何故なら，市民は，公権力によって被疑者・被告人たる地位に強いて追いやられる。その地位に置かれる限り包括的な防御のための権利を保障すべきだ。

　この原理の核心はシンプルだ。被疑者・被告人たる市民は，適切な時期に適切な機関に対して自由に自己の主張・弁解を行なうこと，これに必要な立証を行うこと，そしてその準備を保障されることにある。

　ただ，かかる防御活動は法的な知識に土台を置いた当該事件の見通しに基づいてのみはじめて意味をもつ。それには，弁護のプロの援助がいる。弁護人である。したがって，弁護人の基本的な任務は，かかる被疑者・被告人の権利の実現にある。弁護人の権利の本質は「包括的代理権」である（法41条参照）。

　その上で，被疑者・被告人が置かれている状況や一定の訴訟行為に関しては，弁護人に独自の判断と行動の権限を与えることがかえって当該事件における被疑者・被告人の実質的利益になる場合に備えて，被疑者・被告人の明示の意思に反しない限りはとりあえず弁護人の独自判断で行える独立代理権がある（例えば，法21条2項の忌避申立，355条，356条の上訴申立など）。被疑者・被告人が身体を拘束されていることに関連する救済のための手続については，弁護人は固有権がある（憲法34条に基づく接見交通権，法82条の勾留理由開示請求，87条の勾留取消し請求等）。

　つまり，最高裁が憲法34条に内在するものとして認める「弁護人による実質的な援助を受ける権利」とは，被疑者・被告人の「包括的防御権」に対応した，上記のような包括的な弁護の依頼の権利である。

　ところで，最高裁判例によると，起訴状に予断偏見を与える前科の記載をした場合，裁判官が抱いた予断をぬぐうことはできないので，公訴棄却とすべきとされている（最高裁昭和昭和27年3月5日刑集6巻3号351頁）。本件もこれと類似の状態にある。

　つまり，本件一審弁護人は被告人と自らが利益相反状態にあることを充

分に認識可能であったにも拘わらず，主任弁護人作成の上申書（検甲111号証）について証拠調べに同意して証拠調べをさせてしまったものであるところ，かかる本件証拠状態によって，裁判官が潜在的に「被告人は賄賂として2000万円を受領した」「これに反する被告人質問における供述は信用できない」とする心証が形成された可能性は否定できない。かかる瑕疵は，上記引用判例が手続打切り事由とした場合と等しい重みがある。

かかる性状の瑕疵の救済には，被告人があらためて「利益相反のない弁護人」を選任し，検甲111号証の同意の当否を再検討した上で事実認定を受ける機会を提供するしかない。

被告人の「弁護人による実質的な援助を受ける権利」が，弁護人による有罪証拠提出行為によって侵害されている場合，もはや本件被告人は，「包括的防御権」行使の土台を失っている。

その救済方法は，これを有罪判決破棄事由と認めることであり，そうでなければ，司法手続の公正さは保たれず，適正な手続による「正義」の実現は著しく損なわれることとなる。

本件は，控訴審において法379条の事由を認めて，原判決を破棄すべき事案であったのであり，上告審においては，控訴審までの手続が，憲法37条3項の保障する弁護人依頼権を侵害したものであること，少なくとも法411条1号に該当する状態であることを認めて，控訴審判決を破棄し，一審への差し戻しを命ずるのが相当である。

今後，市民が刑事手続の各場面で主体として関与する場面が増える。それを支える弁護士の活動も増えてくる。それに伴い弁護士の活動の過失・過誤・瑕疵も増える。その救済手段を適切に刑事手続の不服申立事由に組み込む必要が出てくる。

本件は，その極限的な事例である。弁護人の敵対行為によって有罪証拠が採用された場合，被告人は包括的防御権を行使すべき土台そのものを失っている。「弁護人」は規範的に見て「不存在」であるとみるべきである。それに相応しい大胆な救済—手続打切りが必要となる。

第17章 公訴時効と刑訴法254条2項「共犯」の実質解釈について
―― 明石歩道橋事故に寄せて

I はじめに――明石歩道橋事故と刑事裁判

1　2001（平成13）年7月20日, 21日と兵庫県明石市大蔵海岸で明石市が主催する第32回明石市民夏まつり花火大会が行われた。2日目21日, 午後8時半頃, JR西日本, 朝霧駅東側にあって駅と海岸を結ぶ直近では唯一の道, 歩道橋上に多数の市民が密集する事態となった。駅から海岸に向かう人, 歩道橋から花火を観ようと滞留する人, 駅に帰ろうとする人が密集した。そして,「群衆雪崩」が発生した。この結果, 死者11名（内訳：10歳未満9名・70歳以上2名）と重軽傷者247名を出す大惨事となった（以下, 明石歩道橋事故という）。なお, 明石市民夏祭り事故調査委員会・第32回明石市民夏まつりにおける花火大会事故調査報告書（概要版, 2002年1月参照）。

2　この事件では, 神戸地方検察庁は, 2002年12月26日に, 当時警備にあたっていた明石警察署の現場指揮の責任者で当時地域官であったK氏の他, 明石市, 警備を請け負った警備会社の関係者らを業務上過失致死傷罪で起訴した。うち, K氏に対する起訴状記載の訴因の概要は次のようなものであり,「過失」と生じた結果の核心部分は, 後述の本件被告人, Sに対する訴因と社会的に同一である。

＊明石歩道橋事故の警備を担当した明石警察署の当時の副署長, S氏に対して, 検察審査会法に従い起訴議決がなされた。そこで, 裁判所が任命した指定弁護士が公訴を提起した。だが, 被告側は公訴時効が完成していると主張する。しかし, 当時の地域官が公訴時効完成前にすでに起訴されている。だから, 法254条の解釈上,「事件」に関する対物の停止効がまず生じる。しかも, 本件被告人は, 元地域官と実質的な意味での「共に犯罪を犯したもの」たる「共犯」関係にある。だから, 対人的停止効も生じる。本章は, 以上を論じる。

「被告人Kは，自ら又は配下警察官をして，歩道橋における人の流入・滞留状況及び被告人Nらによる雑踏警備実施状況を常時監視し，同日午後6時30分ころには，朝霧駅側から多数の参集者が流入して歩道橋が歩行困難な状態になりつつある状況を認識し得たのであるから，同監視を更に厳重にして的確に状況を把握した上，適時，配下警察官を動員して，人の分断と迂回路への誘導等歩道橋への流入規制を実施するのはもとより，同日午後7時26分ころには歩道橋の通行が困難な状況になっていることを認識し，さらに，同日午後8時ころには配下警察官から報告を受けて歩道橋が混雑解消措置を必要とする程度の滞留状況に達していることを認識したのであるから，配下警察官を指揮して，人の分断と迂回路への誘導等歩道橋への流入規制を実施し，もって，雑踏事故の発生を未然に防止すべき各業務上の注意義務があるのに，いずれも，これを怠り，警備計画の検討段階において歩道橋における危険に対する認識が十分でなかったことなどから，雑踏事故が発生することはないものと軽信したまま，それぞれ漫然放置した過失の競合により，同日午後8時ころから同日午後8時50分ころまでの間，歩道橋において，人の過密な滞留あるいは上記公園へ向かう人達と同公園から上記朝霧駅方面へ向かう人達とのもみ合いによる強度の群集圧力を生ぜしめ，そのころ，多数の人を折り重なって転倒させるなどし，よって，そのころ，歩道橋において，別紙1記載のとおり，A（当時21歳）ほか182名に，加療約1日間ないし加療約251日間を要する頚椎捻挫，胸部圧挫傷等の傷害をそれぞれ負わせるとともに，別紙2記載のとおり，そのころから同月28日午後6時36分ころまでの間，同歩道橋南端付近ほか1か所において，B（当時7歳）ほか10名を全身圧迫による呼吸窮迫症候群（圧死）等により死亡するに至らせたものである」。

なお，警察官であったK氏，明石市幹部，警備会社支社長の各過失の関係は「過失の競合」と法的に構成されている。

3 神戸地検は，当時の明石警察署署長，副署長は起訴しなかった。これに対し，遺族関係者が検察審査会に不起訴を不当として二度に渡り審査を申し立てた。検察審査会は二度とも起訴相当の議決を行ったが，神戸地検はこ

第 17 章　公訴時効と刑訴法 254 条 2 項「共犯」の実質解釈について　261

参考図 1　公訴提起の時期

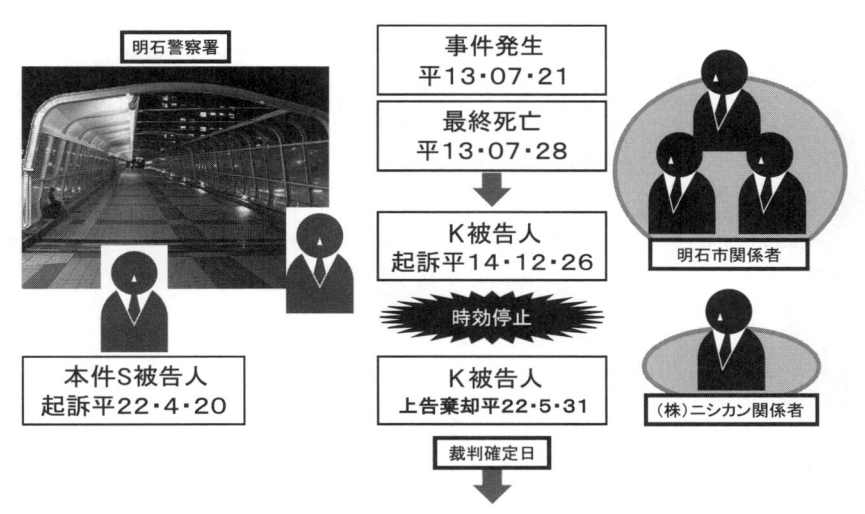

```
明石警察署                事件発生                    明石市関係者
                        平13・07・21
                        
                        最終死亡
                        平13・07・28
                        ↓
                        K被告人                     明石市関係者
                        起訴平14・12・26
本件S被告人              時効停止
起訴平22・4・20
                        K被告人
                        上告棄却平22・5・31         (株)ニシカン関係者
                        ↓
                        裁判確定日
```

れを無視した。

　2009 年 5 月 21 日に改正検察審査会法が施行された（このときまでに，当時の署長は死亡）。検察審査会が起訴相当を議決した事件について，検察官が再度捜査し，なお起訴しなかった場合，検察審査会は再度の審査を行なう。この二度目の審査で起訴相当と判断するとき，審査会は「起訴議決」をする。議決は公訴提起と同じ効力を持つ。裁判所は，指定弁護士を検察官役として任命し起訴状の作成，提出を命ずることになる。事件は新法の通りに動く。

　新法の施行日に，遺族らは改めて兵庫県警察本部明石警察署副署長であった S に対する不起訴を不当として審査を申し立てた。検察審査会は同年 7 月 15 日に 3 回目の起訴相当を決定した。しかし，9 月 30 日，神戸地検は再捜査の上再び元副署長 S を不起訴とした。これを受けて再審理を遂げた検察審査会は，翌 2010 年 1 月 27 日に再度起訴相当と判断し，起訴議決を行った。明治維新以来，近代国家を統括する「官僚」が支配する様々な国家権力のうち，「国家訴追＝起訴独占」の原理で守られていた「検察」の機能と権限が 21 世紀の新しい統治の原理，「市民主義」に道を譲った歴史的瞬間であった。

　その後，裁判所が選任した指定弁護士が検察官役となり，同年 4 月 20 日，

下記の本文の通り，Sに対して公訴を提起した．

4　被告人となった事件時の元副署長は，図1のように，本件起訴時点では，単独犯たる業務上過失致死傷罪の公訴時効は完成している旨主張した．検察官役たる指定弁護士は，刑訴法254条の解釈として公訴時効不成立を主張している．
　本稿は，公訴時効不成立の立場に立つ筆者が，指定弁護士を介して裁判所に提出した意見書に若干の加筆訂正を施したものである．

II　明石歩道橋事故と被告人Sに対する 公訴時効の不成立（概要）

1　参考図1をみれば明白であるが，本件「事件」について，犯罪の主体を除いてみると，その公訴時効は，遅くとも，最終死亡者の死亡日である平成2001（平成13）年7月28日から進行を開始したとみてよく，5年の公訴時効は，2006（平成18）年7月28日終了をもって完成する．しかし，神戸地検は，2002（平成14）年12月26日に，当時兵庫県警察本部明石警察署地域官であったK氏他4名に対して明石歩道橋事故について公訴を提起している（本稿では「前訴」または「平成14年起訴」とする）．上告審まで争ったK氏に対して，最決平22・5・31（平成19年（あ）第1634号）刑集64巻4号447頁が上告を棄却した．むろん，K氏との関係では当然に「事件」の公訴時効は裁判進行中は停止した．この状態を前提にして，本件平成22年の起訴がなされたものである（「後訴」）．

2　起訴状では，本位的訴因，予備的訴因として過失を構成する内容を若干異にする訴因を掲げている．
　(1)　本位的訴因の過失の核となるべき事実と法的構成は，(3)の項目である．すなわち，被告人において予見できた雑踏事故に関して次のように云う．

第17章　公訴時効と刑訴法254条2項「共犯」の実質解釈について　263

「それを防止するためには，本件夏まつり当日，Kは現地において，被告人は署本部において，それぞれ雑踏警備の状況を的確に把握できる立場にあったことから，本件歩道橋において警察官による規制を必要とする程度の過密な滞留が生じ，雑踏事故発生の危険が現実化しそうな場合に適切に対応するため，自ら又は配下警察官をして，歩道橋への参集者の流入・滞留状況や配下警察官による雑踏警備の実施状況を常時監視し，その危険が現実化しつつあった同日午後7時30分ころから午後8時10分ころまでの間に，警備会社と連携し，又は，本件夏まつり当日の警備に従事する警察官に指示して，参集者の迂回路への誘導や群衆の分断等により，本件歩道橋南側階段下からJR朝霧駅へ向かう参集者の流入阻止を中核として，本件歩道橋内への流入規制を実施し，又はT（筆者注，当時の署長）に進言して実施せしめ，もって，Kと共同して，雑踏事故の発生を未然に防止すべき業務上の注意義務があったにもかかわらず，そのような事故は発生しないと軽信してこれを怠り，Kとともに漫然放置した，又は，雑踏事故の発生を未然に防止すべき各業務上の注意義務がKとともにあったにもかかわらず，いずれも，そのような事故は発生しないと軽信してこれを怠り，それぞれ漫然放置した」。

(2)　予備的訴因については，次のように過失の範囲を拡大する構成を取っている。

「それを未然に防止するために，被告人は，Kとともに，本件夏まつり当日に至るまでに，本件夏まつりに関する明石署の雑踏警備計画において，本件歩道橋を警備要点として指定するとともに，花火大会開始前からの参集者の迂回路への誘導や群衆の分断による本件歩道橋への流入規制等の具体的な危険防止措置と，かかる危険防止措置を講じるための警備部隊の編成及び任務を自ら策定し，又はTに進言して策定せしめ，もしくは配下警察官をして策定せしめたうえ，その実施を本件夏まつり当日の警備に従事する警察官に周知徹底させ，もって，Kと共同して，雑踏事故の発生を未然に防止する体制を構築すべき業務上の注意義務があったにもかかわらず，これを怠り，Kとともに漫然放置した，又は，雑踏事故の発生を未然に防止する体制を構築す

べき各業務上の注意義務がKとともにあったにもかかわらず，いずれも，これを怠り，それぞれ漫然放置した」。

(3) その上で，第(4)項目として，上記の状態について，規範的には，K氏と本件被告人との間に，過失の共同または過失の競合が生じるとし，犯罪の構成については択一的な主張をしている。すなわち，

「上記の過失の共同又は過失の競合により，平成13年7月21日午後8時43分ころ，本件歩道橋において，多数の参集者の過密な滞留あるいは大蔵海岸公園へ向かう参集者と同公園から朝霧駅方面へ向かう参集者とのもみ合いによる強度の群衆圧力を生ぜしめ，同日午後8時48分か49分ころ，多数の参集者が折り重なって転倒するいわゆる群衆なだれを発生させ，よって，そのころ，本件歩道橋において，別紙1記載のとおり，A（当時21歳）ほか182名に加療約1日間ないし加療約251日間を要する頸椎捻挫，胸部圧挫傷等の傷害をそれぞれ負わせるとともに，別紙2記載のとおり，そのころから同月28日午後6時36分ころまでの間，本件歩道橋南端部付近ほか1か所において，B（当時7歳）ほか10名を全身圧迫による呼吸窮迫症候群（圧死）等によりそれぞれ死亡するに至らせたものである」。

これが，明石歩道橋事故の重要な事実を整理し構成要件に当てはめて法的に構成し訴因としたときの内容である。

(4) かかる訴因が設定されている場合，K氏に対する前訴との関係で，Sに対する後訴がなされた場合，前訴の公訴時効停止効はどのようになるか。

被告人側は，過失は単独犯として理解すべきところ，ごく単純に言えば，被告人に関する業務上過失致傷，同致死各事件について，結果発生の日から公訴提起までに公訴時効期間を徒過しており，公訴時効が成立するので，免訴によって手続を打ち切るべきであるとする。

しかし，結論をひと言で言えば，本訴因が対象とする「事件」に関する公訴の時効が停止状態の間に（法254条1項），検察官役指定弁護士において合理的な根拠により刑訴法上の意味での，「共に犯罪を犯した者」である「共犯」

第 17 章　公訴時効と刑訴法 254 条 2 項「共犯」の実質解釈について　265

平成 23 年（2011 年）7 月 23 日早朝，事件現場

（法 254 条 2 項）としてＳに対する公訴提起が行われたものであり，公訴時効は未完成である。以下，理由を述べる。

Ⅲ　公訴時効制度の現時点における意義
　　──公訴時効積極主義から，公訴時効消極主義へ

1　現行公訴時効制度の特徴点は，以下の 5 つの点にある。
(1)　人を死亡させた犯罪であり，死刑を法定刑とするものについては，公訴時効を認めない。
(2)　その他の犯罪については，法定刑（刑罰権を発動できる範囲）を基準として公訴時効を定める。
(3)　公訴時効の完成は，その起算点（法 253 条）から機械的に計算し，事件毎に裁量の余地を入れない。
(4)　「事件」または「共犯」が訴追された場合には，その審理係属中に限り，公訴時効は「停止」し，実体裁判，形式裁判いずれであれ，審理を終局させる裁判が確定した後，再度期間の完成まで公訴時効が進行することとなる。
(5)　公訴時効が完成した場合，「当該事件」について構成可能な「訴因」す

べてについて，実質的には刑罰権を発動できない。従って，形式的には，公訴時効が完成している訴因で公訴提起がなされた場合，この点を審理で確認した後，裁判所は，免訴判決で手続を打ち切る（法337条4号）。有罪・無罪に関する実体審理は行わない（なお，免訴判決自体は，形式に手続を打ち切る裁判形式であるが，その事由の性質に鑑みて実質的には一事不再理効を伴う）。

  2　公訴時効制度の上記1の(1)の特徴点―死刑事件の公訴時効廃止―は，2010（平成22）年3月12日に国会に提出された「刑法及び刑事訴訟法の一部を改正する法律案」によって新設されたものである（可決成立日，2010（平成22）年4月27日，公布日，2010（平成22）年4月27日法律第26号，一部を除き施行日，2010（平成22）年4月27日）。

  その際，法務省サイドは，「近年における人を死亡させた犯罪をめぐる諸事情にかんがみ，これらの犯罪に対する適正な公訴権の行使を図るため，これらの犯罪のうち法定刑に死刑が定められているものについて公訴時効の対象から除外するとともに，これらの犯罪のうち法定刑に懲役又は禁錮が定められているものについて公訴時効の期間を改める」ことをその理由とした。

  以下，さらに公訴時効制度の意義ないし存在理由を中心にして国会審議の状況を確認する。

  (1) この改正法案が国会で審議されるにあたり，公訴時効制度一般の意義について，国政レベルでの再確認がなされている。

  ア：法務大臣は，時効制度の意義について，参議院法務委員会で次のように説明をしている（第174回通常国会，参議院・法務委員会（2010（平成22）年4月6日）法務委員会8号）。

> 「○国務大臣（千葉景子君）……今，公訴時効制度の趣旨，それぞれの意義につきましては……一つには時の経過によって証拠が散逸をする，そして被害者を含む社会一般の処罰感情が希薄化してくる，それから一定の事実状態を尊重するというようなことが時効制度の趣旨ということで挙げられております。政府としてといいましょうか，やはり時効制度というのは，この趣旨でも示されているように，処罰の必要性，それから反面，法的な安定性，こ

の調和を図るところにこの公訴時効制度の趣旨があるのではないかというふうにとらえております。これが基本的な法、この制度、あるいは所管をする私の基本的な認識だというふうに受け止めていただければというふうに思います」。

イ：かかる趣旨は，今般の改正でも政府において修正するものではないことも指摘されている。

「国務大臣（千葉景子君）……そもそも公訴時効制度の趣旨というのは，処罰の必要性と法的安定性，この調和を図るというところに基本がございます。すなわち，治安を守り，公共の福祉を維持するため，犯罪を犯した犯人を処罰することが必要である一方，時の経過による法的安定を図る必要も認められるというところからこの公訴時効制度というのは設けられているというふうに考えられます。その要素としては，時の経過によって証拠が散逸する，それから被害者を含む社会一般の処罰感情が希薄化する，そして犯罪後，犯人が処罰されることなく一定の期間が経過した場合には，そのような事実状態を尊重をすべきではないかと，こういうことなどが，一つの時間の経過とともにこういうことが問題になるわけですので，こういうことを踏まえながら，処罰の必要性とその時の経過による法的な安定というものを調和させようということでございます。

今回の法改正において，このような公訴時効制度の趣旨について，これについては一般的に合理性があるものでございます。これを趣旨を変えよう，これ自体に変更を加えようということではないというふうに御理解をいただければというふうに思っております」(第174回通常国会，参議院・法務委員会（2010（平成22）年04月13日）法務委員会10号）。

ウ：むろん，同趣旨のことは，衆議院でも確認されている。すなわち，次の様に説明が反復されている(第174回通常国会，衆議院・法務委員会（2010（平成22）年04月20日）法務委員会8号）。

「○千葉国務大臣　まず，基本的な御質問でございました。公訴時効制度の

趣旨，これは，処罰の必要性と法的安定性の調和を図ることというふうに解されているところでございます。

　すなわち，治安を守り，公共の福祉を維持するため，犯罪を犯した犯人を処罰することは必要でございますけれども，他方で，時の経過による法的安定を図る必要も認められる。この調和を図ろうということで，一般的には，その要素として，一つには，時の経過により証拠が散逸するということ，それから，被害者を含む社会一般の処罰感情が次第に希薄化していくのではないか，それから，犯罪後，犯人が処罰されることなく一定の期間が経過した場合には，そのような事実状態を尊重すべきではないか，こういう点が要素として挙げられています。

　そこで，刑事訴訟法第二百五十条は，犯罪の終了時点を起点として，一定の期間の経過により，原則として一律に公訴権を消滅させる公訴時効制度を設けているというふうに解されておりまして，私もそのように理解をさせていただいております」。

(2)　東京大学教授大澤裕氏も，公訴時効制度の意義について，政府の説明を正当なものとする，概ね同趣旨の整理を衆議院法務委員会で行っている (第174通常国会，衆議院・法務委員会 (2010 (平成22) 年4月23日) 法務委員会9号)。

「○大澤参考人　東京大学で刑事訴訟法を担当しております大澤でございます。本日はよろしくお願いをいたします。

　公訴時効制度の改正を内容とする刑法及び刑事訴訟法の一部を改正する法律案につきまして，幾つかの特徴的な点を取り上げ，刑事訴訟法の研究者としての立場から，主として公訴時効という制度の趣旨との関係に焦点を当てて意見を述べさせていただきたいと思います。まず，制度の趣旨について簡単に振り返っておきたいと思います。……古くから説かれてきましたのは，ここのアに挙げられている，時の経過とともに，証拠が散逸してしまい，起訴して正しい裁判を行うことが困難になる，そういう訴訟法的な説明と，それから，イに挙げられておりますような，時の経過とともに，社会一般の処罰感情等が希薄化する，そういう実体法的な説明であり，我が国では両者あ

わせた説明をするのが一般的でありました。

ウには，事実状態の尊重ということが挙げられております。この事実状態の尊重については，公訴時効制度を支える独立の理由ではなくて，アやイの事情から公訴時効が認められた場合の結果にすぎないというとらえ方もできますが，しかし，時が経過をしても，確実な証拠が存在をする場合もあれば，処罰感情が失われないという場合もございます。それにもかかわらず，画一的に訴追，処罰の可能性に区切りを設けるということだといたしますと，それは，その結果としてもたらされる事実状態の尊重に何らかの積極的な意義があるからではないか，そういう見方もできます。

このような見方をした場合に，積極的な意義とは具体的に何であるかについては，さらにさまざまな見方があるところですが，この資料のウの記述からは，犯人を処罰の可能性から解放し，その地位の安定を図るという利益が示唆されているように見えますけれども，それ以外にも，被疑者，被告人となり得る国民の地位の安定でありますとか，さらには，捜査機関，裁判所の負担軽減等といったことも含めて考えることもできるように思われます。

いずれにせよ，公訴時効制度と申しますのは，犯罪者の処罰を確保するという要請と時の経過による社会的安定を尊重するという要請との調和点として政策的に設けられた制度であると言えるかと思われます」。

3 その上で，死刑を法定刑に含む犯罪について公訴時効を撤廃した理由について，国会審議を確認する。

(1) 政府提案の理由は，次の法務大臣の説明に集約することができる(第174回通常国会，参議院・法務委員会（2010（平成22）年4月1日）法務委員会7号)。

ア：「○国務大臣（千葉景子君）……刑法及び刑事訴訟法の一部を改正する法律案につきまして，その趣旨を御説明いたします。公訴時効制度については，近時，被害者の遺族の方々を中心として，殺人等の人を死亡させた犯罪について見直しを求める声が高まっており，この種事犯においては，時間の経過による処罰感情の希薄化等の，公訴時効制度の趣旨が必ずしも当てはまらなくなっているとの指摘がなされています。

このような指摘等を契機として，人の生命を奪った殺人などの犯罪については，時間の経過によって一律に犯人が処罰されなくなってしまうのは不当であり，より長期間にわたって刑事責任を追及することができるようにすべきであるという意識が国民の間で広く共有されるようになっているものと考えられます。

そこで，この法律案は，これらの人を死亡させた犯罪をめぐる諸事情にかんがみ，これらの犯罪に対する適正な公訴権の範囲を確保するため，刑法及び刑事訴訟法を改正し，所要の法整備を行おうとするものであります。

この法律案の要点を申し上げます。第一は，刑事訴訟法を改正して，人を死亡させた犯罪の公訴時効に関する規定を整備するものであり，人を死亡させた罪のうち，死刑に当たる罪を公訴時効の対象から除外するとともに，無期の懲役又は禁錮に当たる罪については三十年に，長期二十年の懲役又は禁錮に当たる罪については二十年に，その他の懲役又は禁錮に当たる罪については十年に，それぞれ公訴時効の期間を延長するものです。また，この改正については，その施行前に犯した罪であって，その施行の際時効が完成していないものについても適用することとしております」。

イ：公訴時効制度一般と死刑犯罪に関する公訴時効廃止の関係については，次の説明が分かりやすい。

「○千葉国務大臣　今申し上げましたように，公訴時効制度の趣旨，これについては，当然のことながら，合理性があるということは当然でございます。今もそれは維持されているというふうに考えております。しかし一方で，特に人を死亡させたような犯罪の公訴時効については，やはり一定の特別の取り扱いをすることが必要ではないんだろうか，こういう意見が出てまいりました。一般に，生命が侵害された場合には，他の法益とは異なりまして，時間の経過とともに，これが少なくとも回復されるという余地はございません。そういう意味では，法益侵害による害悪とかあるいは影響が減少することなく長期にわたって残存する。処罰感情の希薄化ということも他の法益と比較して弱い。長期にわたって，時間経過しても，希薄化することはないのでは

第17章　公訴時効と刑訴法254条2項「共犯」の実質解釈について

ないか。それから，事実状態の尊重の必要性というのも他の法益に比べると薄い。こういうことが言えるというふうに思います。

また，殺人事件の，例えば凶器に付着した遺留物のDNA型鑑定，こういうものも近時技術が大変発達をしてきたということで，時の経過を経ても，証拠の散逸，こういう面でも大分証拠の保存ということが見込まれてくるような時代になってきた。

こういうこともあわせ考え，基本的な時効制度の趣旨というのは維持をしながらも，このような，人の生命を奪った，そして死刑にも該当するというような犯罪については公訴時効を廃止するということを考えるべきではないか，こういうことでこのような今回の改正に至ったところでございます」（第174回通常国会，衆議院・法務委員会（2010（平成22）年4月20日）法務委員会8号）。

(2)　これに対して，「被害感情」の観点から公訴時効の改正に関する質問がなされている。

ア：「遺族の悲しみは多様であり，価値観や目標は決して一つではないというお立場から，公訴時効の廃止に反対をされる被害者団体がある……その中で，裁判は被害者の心情によって決められるわけではないと。事件の解決とか事件処理というものが必ずしも被害者にとっての問題解決と一致するとは思えないと。加害者が検挙され，事件が明らかになることが被害から立ち直るという期待感を感じる意味でも重要なことではあるが，捜査が長期に及ぶと被害者遺族が受ける様々な負担は一般市民の想像をはるかに超えるつらさを感じるものだと。一定の期間で区切って，周囲や地域社会が回復を支援する体制を支えていることが被害者の回復の効果をこれは現に上げているということだと思うんです。その中で，自らの決定で捜査が続くことが負担だということが，廃止をされると口に出して言い出しにくくなる。悲しい，苦しい期間を更に延長させることで被害者遺族が心から良かったと喜べるものかどうかを考えてほしいと。こうした被害者の感情あるいは多様性について大臣はどのようにお考えになって今回の法案を提出されたのかという点をお尋ねします」。

イ：これに対する法務大臣の答弁は以下の通りである。

「公訴時効を何とか撤廃をし，あるいは延長するなどして，刑罰権，これを失わせるようなことはしてほしくないと，こうおっしゃる皆さんも，その内心というものは非常に多様な感情をお持ちなのではないかというふうに思います。

そんなに一律に，一方の被害者の方は公訴時効は延ばしていつまでも処罰をしてほしい，それから，それだけでは決して被害は回復されないんだと言う方でも，じゃ処罰を免れるということがもう本当に簡単にできるようなことであっていいのかといえば，必ずしもまたそう思っておられるかどうかと。非常に複雑なものをそれぞれの被害者の皆さんがお持ちだというふうに思います。

だからこそ，今回は，この公訴時効の延長そして廃止ということについては，一つの人の命という回復し難いこういうものについて，やっぱりこれを処罰を免れるというようなことがあってはならないんだということで，人の命を失わせしめた死刑にも該当するというような犯罪について公訴時効を廃止をするということにさせていただきましたが，当然のことながら，これだけで被害を受けた皆さんの救済になるなぞと考えているわけではございません。様々な被害を救済をする社会のサポートの体制や，あるいは今でも寄り添ってその皆さんとその痛みを分かち合いながら，また一人一人人間として生きていくことのできるような，そういう体制をサポートしている，あるいは経済的にもそれを支えていく，こういうような体制も併せながらやはり本当の意味での被害の救済というのは図られていくものだというふうに私は思います。

ただ，その犯罪に対して，やっぱり人の命を失わせしめたというふうなことについては，逃げ得は駄目だぞと，そして厳しくやっぱり責任を問われるんだということだけは明確にしておくということが今回の公訴時効廃止そして延長の大きな私は基本だというふうに考えております」（以上，第174回通常国会，参議院法務委員会（2010（平成22）年4月6日），法務委員会8号）。

4 近時の法改正で明らかなのは，公訴時効の解釈・運用に関する基本指針が，いわば「公訴時効積極主義」から「公訴時効消極主義」へと傾斜していることである。

(1) 基本的には，刑事訴訟法の定める公訴時効制度の積極的な正当化原理は，被害者を含めた，社会一般の処罰感情の緩和を考慮した処罰回避（実体法説）と，証拠の散逸による公正な裁判の実現の困難の回避（訴訟法説）である。

その必然的な結果として，犯人が処罰されないままでいる状態を是認する側面もある（新訴訟法説）。

しかし，今時の改正提案の議論の中では，遺族だけでなく，社会一般の処罰感情についても安易にその減退を論ずるのではなく，むしろこれを重視して確実な処罰を実現することが望ましいとする考え方を支えにしながら，法改正がなされている。

他方，証拠の散逸に関してもDNA鑑定の公正かつ的確な実施のための諸整備等捜査力強化によって長期間の証拠の確保管理に耐えられる体制が整えられつつある。訴訟法説の重みが減少している。

また，犯人のいわば逃げ得を是認する新訴訟法説の考え方は，現時点における社会情勢に照らして，これを公訴時効制度の積極的正当化事由に掲げることはむずかしい。単なる制度運用の帰結に留まる。

この結果，ひと言で言えば，現時点における現行公訴時効制度は，これを活用して訴追を制限するいわば「公訴時効積極主義」ではなく，むしろ，証拠の確保，被害感情の尊重，確実な処罰の実現を重視しつつ，一定期間経過によってやむなく訴追権を国自らが放棄するという意味で，「公訴時効消極主義」の視点で捉えるべきである。

(2) 公訴時効消極主義の原理は，法254条の解釈にも影響を与える。文理上解釈の余地がある場合，公訴時効の成立範囲を縮減する効果につながる合理的な説明が可能であれば，これを採用するべきである。

IV　公訴時効制度の沿革（概観）

1　以下では，日本が近代国家となり，近代的刑事手続法制を整える過程で，導入した公訴時効制度について，概観する。

(1)　最初の近代的で，包括的な刑事手続に関する法令は，治罪法である（明治13年制定）。

ア：その9条において，「公訴ヲ為スノ権」は，「期満免除」によって消滅するとされ，公訴時効制度が導入された。

その期限は，違警罪6月，軽罪3年，重罪で10年であって，現在の法感情からみれば著しく短いものであった。そうではあっても，かかる制度の正当化としてはすでに，実体法説・訴訟法説が摘示されている。

　　「時間ヲ経過スルトキハ犯罪ノ証憑漸次ニ湮滅スルニ至ルナリ証憑湮滅スルトキハ無辜ヲ罰スルノ恐アリ」，「犯罪モ多少ノ時間ヲ経過スレバ公衆ハ其事ヲ遺忘シ仮令遺忘セサルモ公衆ノ記憶力薄弱ニナルモノナリ・・・年月ヲ経過シタル後ニ於テ公訴ヲ起シ之ヲ罰スル時ハ公衆ヲシテ却テ之ヲ異シマシムルニ至ルヘシ」[1]。

イ：なお，公訴の提起があると，期満免除の効果は一旦消滅する（公訴時効の中断効である。同14条1項）。公訴提起による期満免除の効果は「未タ発覚セサル正犯従犯」についても及ぶとされている（14条1項）。その理由は，「是レ法律ノ罰スル所ハ其事ニ係リテ其人ニ係ラサルヲ以テナリ」とされている[2]。したがって，検察官は犯人が誰であるのか知らない段階でも公訴を起こすことができ，これによって期満免除の中断効が生じる。そして，かかる運用が奨励されてもいた[3]。

(2)　明治刑事訴訟法（明治23年）6条以下では，期満免除に代えて「公訴

---

[1]　井上操，日本治罪法講義上，明治19年，205〜206頁。
[2]　井上操，同上279頁。
[3]　井上操，同上287頁。

ノ時効」の用語を用いている（8条）。基本的な規定は治罪法と同じである。

　ア：公訴時効期間については，明治23年の制定当初は治罪法と同じく3分類であった。が，明治13年制定の刑法が明治40年に大改正された。これに伴って，公訴時効期間も，現行法と基本的には同じく刑法の定める各犯罪の法定刑を基準にしてきめ細かく期間を区分する方法を導入した。

　例えば，死刑にあたる罪について15年，無期または長期10年以上の懲役・禁固にあたる罪について10年，長期10年未満の懲役・禁固にあたる罪について7年，長期5年未満の懲役・禁固または罰金にあたる罪について3年等としている（明治刑事訴訟法8条）。また賭博罪について特に時効期間を1年と定めた（同8条5号）。

　治罪法よりも公訴権を消滅させる期満免除ー公訴時効について消極的な運用を法政策として採用したとみてよい。

　イ：なお，このとき，学界では，公訴時効期間の延長，法定刑によって公訴時効の期間を定める制度の導入などについて，実体法説，訴訟法説では説明が不十分となるためか，いわゆる新訴訟法説が提唱された。

　すなわち，「今犯罪ヲ数年ノ後ニ至リテ罰セン乎却テ現在ノ秩序ヲ蹂躙スルニ止マリ犯罪人及ヒ世人ニ対シテハ何等ノ効験ナカルヘキナリ時効ヲ設ケタルハ実ニ犯罪後ニ生シタル総テノ事実ト法律ノ正義ト相抵触スルニ當リ法律ヲシテ事実ニ屈従セシメ以テ其調和ヲ図ルニ外ナアラサルナリ」とするものである[4]。

　ウ：また，治罪法と同じく，公訴の提起による時効中断効が発生することとなっているが（明治刑事訴訟法11条），その効果はやはり共犯にも及ぶとされている。

　したがって，「時効中断ハ事件ニ対シ行ハルルモノト云フヘシ従テ共犯ニアラサル者ヲ訴追スルモ真実ノ犯罪人ニ対シテ時効ノ中断ノ効果ヲ生スルモノトナササルヘカラス」[5]。

　(3)　大正刑事訴訟法（大正11年制定）も明治刑事訴訟法を踏襲して公訴時効を定める。

　　(4)　豊島直道，修正刑事訴訟法新論（明治43年）270頁。
　　(5)　豊島直道，同上276頁。

ア:時効期間はさらに細分化して7区分となった（281条）。賭博罪の公訴時効期間は6月とさらに短縮された（281条6号）。また，時効期間の起算点について，明治刑事訴訟法が「犯罪ノ日」より期間の計算が始まると定められていたが（10条），大正刑事訴訟法はこれを「犯罪行為ノ終リタル時」より進行すると修正した（284条）。

イ:この時期における公訴時効制度の正当化理由は，「一定の期間を経過せる事実上の状態の尊重及び証拠の散逸がその主たる理由である」というように，現行刑事訴訟法下では新訴訟法説と整理される考え方を軸にした理解に落ち着いていく(6)。

ウ:他方，公訴時効の起算点に関する「犯罪行為ノ終リタル時」については，実行行為終了時と解する説と結果発生時説(7)が対立していた。

(4) 現行刑事訴訟法は，連合国総司令部と日本政府との間での数次の折衝を経て，国会提出案が策定されて，第2回国会に提案され可決されている。

ア:大正刑事訴訟法との主な違いは，賭博罪に関する短期の公訴時効を撤廃したこと，公訴時効の中断（公訴提起など時効中断事由が発生するとそれまでの期間が無効となり，中断事由が終了後再度あらためて時効期間が開始する制度）に代えて，時効停止制度を導入したことなどである。

国会審議の中では，公訴時効について，大正刑事訴訟法との相違点が政府サイドから説明されたものの，基本的には旧法と同じ制度であるとされ，特段の議論のないまま可決された。

イ:例えば，第2回国会参議院，司法委員会では，政府委員は下のように説明をしている（1948（昭和23）年5月29日，司法委員会34号）。

「○政府委員（木内曾益君）　次は第二章公訴の点について御説明申上げたいと思います。先ず第一に公訴の時効であります。公訴の時効につきましては，刑法第百八十五條の單純賭博罪の短期時効を廃止し，これを通常の罰金に当

---

(6) 団藤重光,刑事訴訟法綱要,昭和18年 518頁。他に，矢追秀作,刑事訴訟法要義（昭和10年）481頁，平井彦三郎，刑事訴訟法要綱（昭和10年）405頁等参照。他に，佐々木興佐次郎，日本検察法論中巻（昭和17年）553頁。

(7) さしあたり，上記平井411頁と結果発生時説（さしあたり，上記佐々木554頁）。

る罪とし三年の時効期間に改めた外,拘留又は科料に当る罪の時効期間を六月より一年に延長いたしました。これは單純賭博罪につきましては,特に短期時効を認める理由に乏しく,拘留又は科料に当る罪については,六月の時効期間は短かいものと認めたからであります。これが二百五十條であります。

次は時効の停止の点であります。現行法におきましては,公訴の時効は,公訴の提起,公判の処分又は第二百五十五條の規定によりなされた判事の処分より中断されたのでありまするが,改正案におきましては時効の中断の観念を廃しまして,時効は公訴の提起によつてその進行を停止し,管轄違い又は公訴棄却の裁判が確定したときからその進行を始めるものといたしたのであります。但し公訴提起の手続が法令の規定に違反したため無効であるとき,又は起訴状の謄本が適法に被告人に送達されなかつたために公訴の提起がその効力を失つたときは時効は停止しないということにしたのであります。尚犯人が國外にいる場合,又は犯人が逃げ隠れておるために有効に起訴状の謄本の送達ができなかつた場合には,時効は,その國内にいる期間又は逃げ隠れておる期間は,その進行を停止するものといたしたのであります。これは現行法のごとく,公判の処分又は判事の処分により時効の中断を認めるときは,これらの処分によつて繰返し時効は中断され,被告人に不利益であるのみでなく,手続も繁雑であるから,むしろ時効の中断の観念を排して,時効は公訴の提起によりその進行を停止するものといたしたのであります。尚時効の中断の観念を排する結果,犯人が國外におる場合又は國内において逃げ隠れておるため,起訴状の謄本が送達できない場合,その間に時効が完成し,遂に公訴提起が不可能となることを防ぐために,かかる期間は時効は進行を停止するものといたしたのであります。これが二百五十二條の一項,二百五十五條であります」。

ウ:同じく,1948(昭和23)年6月22日の参議院司法委員会では,政府委員である宮下明義が次のように説明した。

「次に二百五十條の一号乃至五号は現行法と同様でございまするが,現行法第六号の單純賭博に関しまする短期時効の制度を削除いたしました。現行

法第七号の拘留又は科料にあたる罪については、六ヶ月の時効期間とあるのを一年と改めました点が異なるだけでございまして、その他の点は現行法第二百八十一條と変りございません。單純賭博についての短期時効を削除いたしました理由については、單純賭博についてのみ六ケ月という短期時効を規定いたしまする根拠が乏しいというところから、これを削除いたしまして、普通の罰金にあたる罪と同様、その時効期間を三年というふうにいたしたわけでございます。拘留又は科料にあたる罪を一年といたしましたのは、従来の六ヶ月という時効期間が余りに短か過ぎるという点を考えましたのと、今後捜査手続というものがいろいろ制約を受けまして、可なり捜査が困難になりまする事情をも考慮いたしまして、拘留又は科料にあたる罪についての時効を一年と改めたわけでございます。次に二百五十一條、二百五十二條、二百五十三條は現行法と全く同趣旨の規定でございますので、御説明を省略いたしたいと思います。

　次に二百五十四條の規定でございますが、現行法におきましては、時効はその事件についての公訴の提起又は裁判官の処分によつて中断するという形になつておつたのであります。中断と申しますのは、その時までは進行した時効がすべてなくなりまして、中断後新らしき時効が進行する。又更に中断があればそれまでに進行した時効の利益というものは全部なくなつてしまう。この時効の中断を繰返して参りますと、永久に時効の利益を受けることができないという制度でありましたので、改正案におきましてはこの中断の制度を改めまして、その事件について公訴の提起があつて、その事件が裁判所に係属しておる間は時効の進行は停止するという考え方を採つたわけでございます。而してその事件について有罪の裁判が確定いたしますと、すでに公訴時効の問題はなくなりまして、その後には刑の時効という問題に移るわけでありますが、有罪の裁判でなくして、管轄違い又は公訴棄却の裁判があつた場合には、その裁判が確定した後再び時効の進行が始まる。言い換えますと、公訴の提起まで進行して参つた時効に管轄違い等の裁判があつた後の時効期間というものがプラスされるということになるわけでございます。而して但書において、起訴状の送達が二ケ月以内にできなかつたために起訴の手続が無効になつた時は、最初から時効が進行しないということを規定して

あるわけでございます。二百五十四條第二項は，現行法と同様『共犯の一人に対してした公訴の提起による時効の停止は，他の共犯に対して』も『その効力を有する。』という規定を設けたわけでございます。……」。

2 以上，現行法に至る沿革を概観したが[8]，かかる沿革自体から，直ちに法254条など公訴時効関連規程の解釈の指針が浮かび上がるものではなかった。

ただ，大正刑事訴訟法の公訴時効の理念と運用を踏まえた上で，現行刑事訴訟法が国会で成立したものであることは明白である。

そうであれば，特段の事情がない限り，旧法下での公訴時効の理解を継受しつつ，さらに21世紀における新しい時代を背景とした条文解釈を検討するべきこととなる。

V 判例の動向（概観）
―― 審判対象に関する当事者（処分）主義の重視

1 以上の経緯で成立した我が国の公訴時効制度について，裁判所は，各個別事案との関連で，如何なる視座で条文を解釈して争点の妥当な解決を図っているのか。

(1) 検察官の起訴時には，公訴時効が完成していない訴因であったが，実体審理を経た結果，裁判所の心証としては起訴時点に遡ると，すでに公訴時効が完成している軽い罪しか成立しない場合，どうなるのか。

ア：最判昭和31・4・12刑集10巻4号540頁は，名誉毀損罪で起訴された事件について，侮辱罪で有罪にした原判決について，次のように批判した。

「原判決は被告人に対し刑法二三〇条の名誉毀損の事実を認定しないで，侮辱の事実を認定した上，被告人の右所為を同法二三一条に問擬していることが，その判文上明らかであるところ，刑法第二三一の所為は，拘留又は科料に該当する罪であるから，犯罪行為の終つた時から一年の期間を経過するこ

---

(8) この点も含めて，公訴時効全般については，松尾浩也「公訴の時効」刑訴法講座1巻（1963年）198頁以下参照。なお，三井誠・刑事手続法Ⅱ（2003年）118頁～119頁も参照。

とにより，公訴の時効は完成するものである。記録によると，被告人が本件の所為をなしてより一年一月余を経過した昭和二七年一〇月一一日に，検察官から公訴の提起があつたことは起訴状により明らかであつて，たとえ，起訴状記載の訴因及び罪名が名誉毀損であるにしても，原判決は名誉毀損の事実を認めなかつたこと前示のとおりであるから，右起訴の当時すでに本件所為につき公訴の時効は完成したものというべきである。されば本件の場合においては，刑訴四〇四条，三三七条四号により，被告人に対し免訴の言渡をなすべきものであるのに，原判決が前示刑法二三一条に問擬し，有罪の言渡を為したのは違法であり，原判決を破棄しなければ著しく正義に反する」。

イ：しかし，この処理は，公訴時効の本質に照らして疑問がある。検察官は，被害者の名誉が侵害された「事件」について，所要の捜査を遂げて訴追可能と判断して起訴している。審理の結果としては，被告側の防御行為も入り，裁判所の証拠に関する自由心証主義による事実認定も働くことから，検察官が起訴時に確信をしていた形で有罪判決を得られるものではない。しかし，検察官は，国家を代表して当該「事件」について刑事裁判を開始する意思，つまり刑罰権を行使し処罰する意思を表明しそれにたる証拠を収集していたものである。

そうであれば，この時点で，裁判の対象として処罰すべき「事件」との関係では，もはや公訴時効の利益を与える必要はなくなる。

結果として，裁判所が，縮小認定するべき場合であると判断したときには，これを前提にして有罪・無罪を判断するべきであった。

にも関わらず，ふたたび起訴時に遡って，その時点で裁判所が後に形成した心証を基準にして，再度公訴時効の成否を判断することは，審判対象を決め，公訴権行使の範囲を確定して刑罰権を行使する責務を検察官に委ねる当事者（処分）主義ー国家訴追主義ー起訴独占主義の原理を無視するものである。むしろ，裁判所が自ら真相解明の主人公となろうとする「職権（探知）主義」に陥ったものである。

しかも，「事件」について処罰する意思と準備あることを国家が検察官を通じて表明した以上，公訴時効停止の利益を被告人に与える相当性はなくなる。

その後の判例は，以下に述べるように，かかる視点での処理はしていない。
今後，同種事例が生じれば，最高裁は判例を変更することとなろう。この事例には，先例としての価値がない。
　(2)　福岡高判昭和31・4・4高刑集9巻6号559頁は，まず，一般論として，公訴時効停止の効力が「事件」単位に及ぶことを明言する。

　<u>「刑事訴訟法第二四九条第二五六条第一，二項によれば公訴の提起は検察官が起訴状で指定した被告人以外の者にその効を及ぼさないのであり事件はその指定された被告人及び公訴犯罪事実とによつて特定されるのであるに拘らず同法第二五四条第二項が共犯の一人に対してした公訴提起による時効の停止は他の共犯に対してもその効力を有する旨を規定し同法第二三八条第一項（告訴の不可分）と同旨の規定を設けた所以のものは公訴時効の制度の本旨が単に時間の経過によつて生じた事実上の状態を尊重することによる犯人の生活の安定を保障するという点にあるのではなく犯罪によつて蒙る社会的損失が時間の経過によつて不問に附せられるという点にあるので犯人と指向された人を基礎とするものではなく客観的な事実上の状態を基礎としている点から生じた結果に外ならないのである」</u>。

では，どうなるのか。

　「検察官が起訴状において共犯の一人として指定して起訴した被告人が仮りに審判の結果無罪となつたとしてもそれが検察官の特定した公訴犯罪事実が客観的に存在しないことが明白であるというような場合は論外とするも，一応客観的に存在視さるる該犯罪につき当該被告人の所為はその客観的構成要件をも充足しておらず全然無関係という理由であるならば格別そうでなく単に該犯罪の責任条件を欠如するというに止まるときは当該被告人に対してした公訴提起は他の共犯者に対する関係においても時効停止の効力を生ずるものと言わなければならぬ」。

かくして，貨物の密輸を図った事件で，最初に起訴された共犯は一審で無罪判決が出され，上訴審を経てこれが確定したが，この間，逃亡，所在不明であった本件被告人に対して上記一審無罪判決確定後に公訴提起されたものであるが，共犯に対する公訴提起によって「事件」に関する公訴時効停止効を認めて一審の免訴判決を破棄して実体審理のために差戻とした。即ち，

　「本件公訴犯罪の時効完成期間は五年であるところ該犯罪の行われたのは昭和二四年一〇月九日であり両名に対してした公訴提起は昭和二五年一月一六日，福岡高等裁判所宮崎支部の控訴棄却の判決により両名に対する事件の判決の確定は昭和二六年一二月二九日であるから其の間の時効進行の停止により時効完成日は昭和三一年九月二〇日であるのに本件被告人に対する公訴提起は昭和三〇年八月一九日であるから未だ本件の時効は完成していないこと明白である。果して然らば原審が以上と異なり被告人に対し免訴の言渡をしたのは所論の如く事実を誤認したか若しくは公訴提起による時効停止に関する法令の解釈適用を誤つたものというの外なく検察官の論旨は理由があり之と異る見解に立つ弁護人の所論には賛成しない」。

(3)　仙台高判昭和34・2・24高刑集12巻2号65頁も，公訴提起による公訴時効停止の範囲を「当該事件」と見て，次のように述べている。

　「時効の完成は当該事実が一定期間社会的に不問に附せられ，埋もれたままであることを要件とし，公訴時効は犯罪行為の終つた時から法律の定める一定期間の経過とともに公訴権を消滅させるもので，当該事件についてした公訴の提起によつてその進行を停止する（刑訴法二五四条一項）。公訴の提起は当該事件については検察官が明示したと否とに拘らずその事件全体について公訴の効力が及ぶけれども，その指定した被告人以外には及ばないのであるが（同法二四九条），共犯の一人に対してなした公訴提起による時効停止の効力は他の共犯に及ぶ（同法二五四条二項）。これは公訴時効制度が人を基礎とするものではなく，事実を基礎とする点より生ずる結果である。従つて，公訴時効は犯罪事実を対象とし，犯人を対象とするものではないから，一定の犯罪

事実が明らかになつている以上は，検察官においてその主観的判断としては共犯があるかどうか判らず，単独犯として公訴提起したとしても，共犯が客観的事実として存在する限り，時効の対象たる事実の関係では，共犯の一人に対してした公訴提起というに妨げないものというべきであり，その時効停止の効力は他の共犯に及ぶわけである」。

(4) 最決昭和56・7・14刑集35巻5号497頁は，被告人3名が，公正証書原本不実記載，同行使の事実により，公訴を提起されたが，公正証書原本不実記載の内容として「保存登記」と記載されている部分についての不実記載をさせた趣旨かこれが「表示登記」の誤記であるのかが不分明であったため，一審が公訴棄却とした後に検察官があらためて公訴提起をしたところ，その間に公訴時効が完成したとして一審において免訴判決が宣告された事案で，「起訴状公訴事実に記載された犯罪の日時，場所，方法及び不実登記の対象となる建物は，すべて本件公訴事実第1のそれと同一であること等を総合考察すると，旧起訴によって検察官が本件公訴事実第1と同一性を有する事実につき公訴を提起する趣旨であったと認めるに十分である」ことをまず認める。

そして，「刑訴法二五四条が，公訴時効の停止を検察官の公訴提起にかからしめている趣旨は，これによつて，特定の罪となるべき事実に関する検察官の訴追意思が裁判所に明示されるのを重視した点にあると解されるから，起訴状の公訴事実の記載に不備があつて，実体審理を継続するのに十分な程度に訴因が特定していない場合であつても，それが特定の事実について検察官が訴追意思を表明したものと認められるときは，右事実と公訴事実を同一にする範囲において，公訴時効の進行を停止する効力を有すると解するのが相当である」。

つまり，検察官が公訴権を行使して，特定の「事件」に関する訴追意思を明示すれば，その段階で公訴時効は停止するものと扱うとする趣旨であり，当事者の処分意思を基準にして，公訴時効が過度に広く認められるのを避けたものと言える。

(5) 最決平成18・11・20刑集60巻9号696頁も，公訴提起が「当該事件」

に関する公訴時効停止効を発生させる点について，検察官の訴追意思に基づく訴訟係属を基準にする姿勢を明確にする。

　この事件の被告人について，検察官は，まず，平成10年11月13日，出資法5条2項違反の事実1件について起訴した。その後，出資法5条2項違反の行為が反復累行された場合には包括一罪になるとの見解に基づいて，平成10年12月10日，同日付け訴因変更請求書で，当初の訴因に平成9年11月28日から平成10年7月23日までの間に犯したとする出資法5条2項違反の事実20件を追加する内容の訴因変更請求をした。第1審裁判所も，平成11年2月19日の公判期日において弁護人に異議がないことを確認して訴因変更を許可し，以後訴因変更後の公訴事実について審理が重ねられた。しかし，平成15年9月16日の公判期日において，当初の訴因と追加分の訴因との間には公訴事実の同一性がないから，訴因変更許可決定は不適法であるとして，職権で訴因変更許可取消決定をし，追加分の訴因に係る証拠について証拠の採用決定を取り消す決定をした。

　検察官は，平成15年10月9日，訴因変更許可取消決定により排除された事実を公訴事実として改めて被告人を起訴し，その後の公判期日において，同事実についての審理が行われた。1審判決は，訴因変更請求を公訴の提起に準ずるものとして刑訴法254条1項前段を類推適用するのは相当といえず，本件訴因変更請求には公訴時効の進行を停止する効力がなく，追加して起訴された事実については公訴提起の時点で既に公訴時効の期間が経過していたとして被告人を免訴した。検察官控訴を受けて控訴審では，訴因変更許可決定がされた段階で，本件訴因変更請求に刑訴法254条1項前段が準用されて公訴時効の進行が停止し，訴因変更許可取消決定がされた時点から再び公訴時効が進行を始めたものと解釈し，新たに起訴された事実について公訴時効は完成していないとし，第1審判決を破棄して自判し被告人に有罪を言い渡したものである。

　被告人が上告したが，最高裁は次のように述べて控訴審の措置を是認した。

　　「本件出資法5条2項違反の各行為は，個々の制限超過利息受領行為ごとに一罪が成立し，併合罪として処断すべきものであるから……検察官としては，

前記訴因変更請求に係る事実を訴追するには，訴因変更請求ではなく追起訴の手続によるべきであった。しかし，検察官において，訴因変更請求書を裁判所に提出することにより，その請求に係る特定の事実に対する訴追意思を表明したものとみられるから，その時点で刑訴法254条1項に準じて公訴時効の進行が停止すると解するのが相当である。したがって，前記訴因変更請求に係る事実について公訴時効が完成していないとした原判断は結論において正当である」。

(6) 公訴時効とは直接関連しないが，近年の最高裁は，審判対象の設定―刑罰権行使のあり方―犯罪の範囲の確定については，訴追権を担う検察官の判断を基本的に尊重する立場を採る。

公訴権行使における「当事者処分主義」の重視である。

ア：もっとも顕著であったのが，最判平成15・10・7刑集57巻9号1002頁である。

この事件では，被告人は実体的には常習特殊窃盗罪を構成するとみられる窃盗行為について，単純窃盗罪として起訴されて有罪判決が確定したが，その後，判決確定前に犯された余罪の窃盗行為についても単純窃盗罪として起訴されたものである。前訴の確定判決の一事不再理効が，実体的にみれば常習累犯窃盗にあたる訴因で始まった後訴に及ぶかが争われることとなった。しかし，最高裁は次のように述べて，審判対象に関する訴因を基準とする姿勢を貫いた。

「常習特殊窃盗罪は，異なる機会に犯された別個の各窃盗行為を常習性の発露という面に着目して一罪としてとらえた上，刑罰を加重する趣旨の罪であって，常習性の発露という面を除けば，その余の面においては，同罪を構成する各窃盗行為相互間に本来的な結び付きはない。したがって，実体的には常習特殊窃盗罪を構成するとみられる窃盗行為についても，検察官は，立証の難易等諸般の事情を考慮し，常習性の発露という面を捨象した上，基本的な犯罪類型である単純窃盗罪として公訴を提起し得ることは，当然である。そして，実体的には常習特殊窃盗罪を構成するとみられる窃盗行為が単純窃盗

罪として起訴され，確定判決があった後，確定判決前に犯された余罪の窃盗行為（実体的には確定判決を経由した窃盗行為と共に一つの常習特殊窃盗罪を構成するとみられるもの）が，前同様に単純窃盗罪として起訴された場合には，当該被告事件が確定判決を経たものとみるべきかどうかが，問題になるのである。……思うに，訴因制度を採用した現行刑訴法の下においては，少なくとも第一次的には訴因が審判の対象であると解されること，犯罪の証明なしとする無罪の確定判決も一事不再理効を有することに加え，前記のような常習特殊窃盗罪の性質や一罪を構成する行為の一部起訴も適法になし得ることなどにかんがみると，前訴の訴因と後訴の訴因との間の公訴事実の単一性についての判断は，基本的には，前訴及び後訴の各訴因のみを基準としてこれらを比較対照することにより行うのが相当である。本件においては，前訴及び後訴の訴因が共に単純窃盗罪であって，両訴因を通じて常習性の発露という面は全く訴因として訴訟手続に上程されておらず，両訴因の相互関係を検討するに当たり，常習性の発露という要素を考慮すべき契機は存在しないのであるから，ここに常習特殊窃盗罪による一罪という観点を持ち込むことは，相当でないというべきである。そうすると，別個の機会に犯された単純窃盗罪に係る両訴因が公訴事実の単一性を欠くことは明らかであるから，前訴の確定判決による一事不再理効は，後訴には及ばないものといわざるを得ない」。

イ：次に，最決平成21・7・21刑集63巻6号762頁は，検察官が単独犯で起訴した事案では，証拠上共謀共同正犯の存在がうかがわれる場合で，被告人が控訴審でこれを原審記録に基づいて援用しても，単独犯としての認定をすれば足りるとする。

即ち，被告人が原動機付自転車を窃取した窃盗3件，通行人からかばん等をひったくり窃取した窃盗3件，不正に入手した他人名義のキャッシュカードを用いて現金自動預払機から現金を窃取した窃盗1件，同様に現金を窃取しようとしたがその目的を遂げなかった窃盗未遂1件の事案について，単独犯として起訴された。

被告人は，第1審公判で公訴事実を認め，第1審判決は訴因どおりの事実を認定したが，控訴審では，第1審で取り調べた被告人の供述調書に現れて

いる事実を援用して，このうち4件の窃盗については，他に共謀共同正犯の責めを負うべき共犯者がおり，被告人は単独犯ではないから，第1審判決には事実誤認がある旨主張した。

原判決は，第1審で取り調べた証拠により，このうち2件の窃盗について，被告人が実行行為の全部を1人で行ったこと及び他に実行行為を行っていない共謀共同正犯者が存在することが認められるとし，第1審裁判所としては共謀共同正犯者との共謀を認定することは可能であったとしたが，このような場合，検察官が被告人を単独犯として起訴した以上は，その訴因の範囲内で単独犯と認定することは許されるとして，第1審判決に事実誤認はないとした。

これに対して，被告人は，実行行為の全部を1人で行っていても，他に共謀共同正犯者が存在する以上は，被告人に対しては共同正犯を認定すべきであり，原判決には事実誤認があると主張して上告した。

最高裁は，次のように述べて上告を棄却している。

「検察官において共謀共同正犯者の存在に言及することなく，被告人が当該犯罪を行ったとの訴因で公訴を提起した場合において，被告人1人の行為により犯罪構成要件のすべてが満たされたと認められるときは，他に共謀共同正犯者が存在するとしてもその犯罪の成否は左右されないから，裁判所は訴因どおりに犯罪事実を認定することが許されると解するのが相当である」。

2　このように関連裁判例を概観すると，公訴提起の効果については，検察官の訴追意思を尊重しつつ，事件に関する適法な公訴提起があれば，その後生じる瑕疵を理由にして遡って公訴時効停止効を取消すことはしていない。当事者（処分）主義に立つ解釈・運用をしていることが明白である。

とすると，254条1項にいう，「当該事件についてした公訴の提起」とは，検察官がその合理的な判断によって構成した訴因によって公訴を提起すること自体を意味する。

その後の審理において，訴因の特定性，罪数構成等が裁判所の心証と異なるため一定の是正を必要とする状態になったとしても，すでに適法に公訴提

起がなされたことに伴う公訴時効停止効は消滅しない。公訴時効の「対物」停止効である。この点については，後にⅦにおいて再度整理して論ずる。

Ⅵ　公訴時効の正当化事由の再検討
——実体法説・訴訟法説の総合

以上のような国会における審議，現行法制定の過程，その後の裁判例の展開などを踏まえた上で，あらためて公訴時効制度の正当化事由を検討しておく。

1　公訴時効の正当化——学界の状況も踏まえて

(1)　学界では，いわゆる新訴訟法説が通説ではないか[9]。

但し，新訴訟法説では，一定の時の経過を理由にして国家刑罰権は行使できなくなるという点では共通しているが，時間の経過によって積極的に保護すべき状態がなにかについては，理解が異なる。

一部では，端的に真犯人が長期間処罰されないでいた事実そのものを保護するべきであるとする。一部は，被疑者が長時間経て訴追されるとそれまでの社会生活の安定を動揺させることになるからこれを防ぐべきであるとする。両者が混在している説明もある。

(2)　そこで，以下，新訴訟法説が力点を置く，犯人の不処罰状態の保護を含めて，公訴時効制度の正当性の諸要素を再検討しておく。

2　真犯人・被害者・被害関係者からみたとき

(1)　真犯人と時の経過について整理しよう。

ア：犯罪を現に行った犯人に焦点をあてよう。(ア) 犯人が犯罪後，平穏な生活状態を続けているとき，相当年数を経て訴追の対象とすると，確かに

---

(9)　この指摘として，平良木登規男・刑事訴訟法Ⅱ（2010年）302頁。支持説として，例えば，小田中聰樹・ゼミナール刑事訴訟法（上）（1987年）111頁，田宮裕・刑事訴訟法（新版，1996年）224頁，安富潔・刑事訴訟法講義（2007年）166頁，福井厚・刑事訴訟法講義（3版，2007年）228頁，上口裕・刑事訴訟法（2009年）207頁，田口守一・刑事訴訟法（5版，2009年）178頁，白取祐司・刑事訴訟法（6版，2010年）229頁等参照。

その間に築かれるであろう社会生活関係をいわば乱すこととなる。(イ) 犯罪後，不安な生活を余儀なくされたことは，処罰を受けたのに等しいとも言え，時間の経過に処罰の意味をもたせることも可能ではある。(ウ) 犯罪後，反省悔悟して，まっとうな生活を送っていることもあり，あらためて，国家が刑罰による干渉をすることは不要であるという面もある。

イ：では，こうした事情を法制度・法規範にどう反映させることが妥当なのか。

(ア) 真犯人が捜査機関に発見されなかったという事実が長く続けば続くほど，不処罰を正当化できるほどに保護に値する法的価値・利益になる，とは言えない。これは，財産，身分関係のように社会があらたに形成される秩序を前向きに受け止める場合とは異なる。時の経過によって，真犯人であること，犯罪を犯したことを社会が積極的に是認したものではない。事実を秘匿して作るあらたな生活関係は「逃げ得」の隠れ蓑に留まる。社会が正当性を認める状態ではない。これを公訴時効の積極的な存在理由とは考えにくい。(イ) 犯罪者が刑罰を免れるために不安な生活をしていた事実が，処罰に匹敵する苦痛として考慮に値するとの説明についても，特にこれを裏付ける調査や経験科学的知見があるわけでもない。単なる観念論である。むしろ，事例毎・被告人毎にそうした事情があったか否かを量刑事由として取り込めば足りる。(ウ) 事実レベルの知見としても，犯人が発見されないのを奇貨としてその後も反社会的生活を送っていることも多いのではないか。少なくとも他の犯罪をしていないだけではなく，社会貢献をしているなど積極的に人格の改善を示す事情でもない限り，内心の反省の可能性が一般的にあるという楽観的なものの見方をそのまま直ちに犯罪を処罰できなくする制度の正当化の根拠にはできない。

(2) とすると，上記ア記載の知見が，現行の公訴時効制度を支える社会的基盤の一部であることは認められるが，制度の積極的正当化事由となりさらに解釈の基準を導くものか否かについては，疑問が残る。

その意味で，学説のいわゆる新訴訟法説は公訴時効制度の積極的な正当化事由にはならない。

(3) 被害者またはその関係人からみたときはどうか。時間の経過は，被害

者・被害関係者の被害感情と処罰感情の希薄化を招くという常識的な知見はそれなりに妥当であろう。

　しかし，犯罪の被害者等こそもっとも長くかつ強く処罰感情を抱いているのであるから，犯人が不明のときや，殺人など重大な被害を受けたときには，被害感情，処罰感情の鎮静化にはむしろかなりの時間を要するともいえる。遺族や子孫への伝授もまたそう不自然ではない。さらに，被害感情，処罰感情の程度，深浅は一様ではない。犯罪の法定刑によって公訴時効期間の長短を定める制度を被害感情の面からは説明しきれない。今般の凶悪犯罪に関する公訴時効廃止はそうした被害感情・処罰感情の強さを政治的に国会が取り込んだものである。

3　社会からみたとき

　犯罪の発生は，社会一般に不安感と犯罪に対する処罰要求を惹起するが，両者は，時間の経過とともに，薄れていくことも社会常識であろう。社会が処罰を妥当とする時間の範囲内で訴追を行なうことを，社会自身が国家に求め，国家の責務とする限度では，公訴時効制度はよく説明できる。かかる理由から，国家の訴追機能に時間的制限を設けること自体は是認されてよい。

　ただ，社会一般の不安感，処罰感情は，犯人不明のままであればより長く残存する面もある。また，社会的に悪辣な犯罪であれば，むしろいつまでも処罰要求は残るとさえいえる。

　「社会」を主体として捉えたときには，不安感なり，秩序回復への期待なり，処罰感情なりを，経験科学的な事実として捉えるのか，文化観・社会規範としてみるのかでも異なる。

　そこで，こうした社会世相を適切に反映するためにも，公訴時効のあり方は，立法政策に委ねるのが適当である。

　政治家の集団である国会が，立法で公訴時効期間を撤廃し，修正する立法意欲を持つ根拠は，被害者一般の視点も加味しつつ，「社会」の処罰意思の有り様に変化をみてとるからである。

4 司法からみたとき

(1) 裁判所が刑罰を科すには，時間的制限があるほうが好ましい。

ア：前提として，公正な裁判ができる証拠状態，「合理的疑いを超える証明」が可能な証拠状態を，捜査を通じて確保できる時間的限界があることを認めざるをえない。

何故なら，時間の経過は，証拠の散逸，証人の記憶の希薄化を招き，事実認定に重大な困難をもたらす。そこで，かかる事実を踏まえて，証拠の散逸の一般的な可能性が裁判所の事実認定の"公正さ"を損なわせ，国民の信頼を喪失するにいたることのないように，公訴時効制度を設けるべき理由がでてくる。

むろん，個別事件毎に証拠散逸の程度は異なる。だが，それは一応犯罪の重要度により時効期間を長くすることで反映させることができよう。すなわち，司法の無瑕性という法的価値に還元した時効制度の正当化である。

但し，上記の経験的事実に対しては，伝聞例外を広く認め，科学捜査を強化するなど証拠の確実な保全ができれば事情は異なってくる。立法上，こうした諸事情も酌み取りながら公訴時効期間を修正することは，十分に正当なものである。

イ：次に，裁判所が事件に相応しい量刑を行う点では，時間を隔てすぎた刑罰は，被告人に感銘力を与えないともいえる。もっとも，うまく逃げていたつもりでも，やはり裁判所による刑罰の宣告を受けることになるため一層の感銘を受けるともいえる。

この点は，被告人の人格次第で種々である。刑事裁判による量刑判断上，特別予防の観点が有効に働く限度がある。この面からも公訴時効の正当化はある程度できる。

(2) 検察官からみたとき，有罪証拠の散逸による立証の困難を来す面を無視できない。

ア：捜査権・公訴権をもつ検察官としては，犯罪後すぐに関係証拠を保全する手段をとっておけばよく，期間により一律に訴追可能な時期を画するのは，その他の事由による裁量的判断の余地を狭めるので，好ましくないともいえる。また，科学技術の進展に伴い，新たな証拠の確保や保全が可能にな

るから，事件から相当年月が経っても真相解明を損なわない立証が可能にもなる。

　イ：他面で，人的・財的資源の合理的な配分からみて，一定時間を経たものは負担軽減のために公訴提起の自己抑制をはかるのが妥当であろう。それ故，これを法的に正当化しておくことが必要である。これとの関連で，一般抑止，特別抑止がさほど期待できない古い事件にいつまでも関わるよりも，最新の事件に資源を合理的に配分するほうが効率的といえる。

　ウ：かくして，検察の機能の健全な発動という観点から，訴追に関連する人的，財的，技術的資源の有効配分のため，訴追の自己抑制を期間で表す公訴時効は合理的である。

　(3)「被疑者・被告人」からみたとき，防御権行使が問題となる。

　ア：犯罪が発生したとき，将来，「被疑者・被告人」たる法的地位につく市民の存在を観念的に想定しなければらない。

　「被疑者・被告人」たる地位に置かれる者については，時の経過は防御方法の散逸として重大な影響を与える。物証確保の困難，記憶の減退など合理的な調査活動を踏まえた防御は著しく困難となる。その意味で，公正な刑事裁判，適正な手続を保障するためにも，「被疑者・被告人」の防御権の合理的な行使の保障が不可欠だ。だから，犯罪発生後，何らかの期間によって検察官が公訴権を行使できないものとすることには合理性がある。

　憲法もその趣旨を含む。

　憲法37条1項，「すべて刑事事件においては，被告人は，公平な裁判所の迅速な公開裁判を受ける権利を有する」と定めるが，ここに犯罪発生から相当期間をへて合理的な防御が一般的にみて困難な段階で裁判を受けることのない抽象的な権利が含まれている。

　憲法31条が求める適正手続の保障もまた刑事裁判における有効な防御が保障されている手続による刑罰を求める趣旨を含む。

　「合理的疑いを超える証明」の水準を下げないことも，憲法32条の裁判所における刑事裁判を保障する趣旨に含めてよい。

　その意味で，「被疑者・被告人」たる地位から見たとき，公訴時効制度は，憲法上の諸規定の趣旨を体現しこれらに由来するものなのである。

5 総合説——社会的な処罰要求の減弱化・証拠の散逸による裁判の困難

公訴時効制度の正当性は，基本的には，被害関係者の処罰感情も含めて，社会的な処罰の必要性の減弱化と証拠の散逸による公正な裁判の実現の困難に基づく国家の自己抑制に求めるべきだ。

(1) 上記のように，社会的知見のレベルでは，結局，公訴時効制度を支える様々な理由にはこれを否定する要素も伴う。従って，何がしかの実体研究を遂げてそれぞれの知見の実証性を裏付ける作業を進めるのでなければ，水掛論に至る。

とすると，結局，時の経過という事実に法的意味を付与する公訴時効制度の説明としては，以上の諸事情を総合的に考慮するのが妥当である。

ア：国家が自ら刑罰権を行使できないものとする制度の積極的な正当化事由は，やはり被害関係者の処罰感情一般を含めて，社会的に処罰の必要性が減弱化することと，処罰の上でも防御の上でも証拠の散逸が生じるため公正な刑事裁判が実現できなくなることを中心に考慮するべきであろう[10]。

すなわち，犯罪が惹起した社会的な不安と処罰感情は，時間とともに鎮静化し，やがて，社会の側で刑罰権発動に関心を失うに至る。本来，国家は社会がかかる鎮静化に至る前に早期に刑罰権を実現すべき責務を負っている。

しかし，これを果たせなかった場合には，国家は時宜に適しない刑罰権の主張を自己抑制するのが相当である。社会の側も，一方で犯人の正当な処罰を追及するべきであろうが，他方で，時宜に適しないにも関わらず，国家が刑事裁判を開始することに伴う種々の不都合を抑制することも求めざるを得ない。こうした種々の考慮を国会における立法過程に委ねて経験的に一定の期間として表したものが時効期間である。

イ：その中には証拠の散逸も考慮されることとなるが，「合理的疑いを超える証明」を支える証拠の散逸・真相解明の困難を法定刑を基準とする期間で測ることは論理的にはできない。だからこそ，むしろ犯罪の軽重による社会の処罰感情の軽重を加味しつつ制度が設計されているとみるべきだろう。

---

(10) 総合説。同旨，平野龍一・刑事訴訟法（1958 年）153 頁，団藤重光・刑事訴訟法綱要（7 訂版，1967 年）376 頁，松尾浩也刑事訴訟法（上）（新版，1999 年）154 頁），寺崎嘉博・刑事訴訟法 2006 年）198 頁。

ウ：公訴時効が完成していないことは，国家が特定の事件，特定の被告人に対して刑罰権を発動することができる要件，処罰適格の要件である。

だから，法制度としては，被告人の被処罰適格の要件，つまり犯罪構成要件を主として定めた刑法よりも，国家の刑罰権を実現する手続を定める刑事訴訟法に規定を置くのにふさわしい。

また，被告人の有罪・無罪を明確にするに先立ち，公判廷における証拠調べまたは事実の取調べによって公訴時効完成事由の有無が確認されることとなる（公判審理を終了し結審後に実体判断と共に判断がなされる場合にも，訴訟条件の判断が優先する）。被告人の有罪・無罪に拘わらず，国家の自己抑制として刑罰権を発動できないことが明らかになる場合なので，被告人「無罪」の裁判をするのは適切ではない。

むしろ，被告人の被処罰適格の有無を判断することなく，国家の処罰適格が時効期間の経過により失われていることを示すには，この点を反映した裁判形式によって手続を打ち切るのが適当であり，免訴裁判によるのがよい（法337条4号）。

(2) なお，現行法が，公訴提起によって公訴時効を「中断」させることなく，「停止」に留めている点を捉えて，これを理論的に説明できるのは，「犯罪後，犯人が処罰されることなく日時が経過した場合には，そのような事実上の状態が継続していることを尊重すべきこと」という考え方もあるのかもしれないので，以下，この点について，若干触れる。

ア：まず，前提として，「被告人の利益」と「犯人の利益」は区別しなければならない。往々「新訴訟法説」とまとめられている考え方の説明にあたり，両者が混同されることがあるので，注意を要する。

第1に，犯人が処罰を免れている状態を正当化する必要など全くない。これを公訴時効制度の積極的正当化事由にすること自体が社会良識に反している。

第2に，被告人たる地位に伴う防御の困難を回避するため，訴追権限に一定の時間的制限を置くことは合理的であるが，その理由は生活の安定と云った社会的利益のためではなく，刑事裁判における防御権保障が揺らぐからである。つまり，証拠の確保の困難の回避こそ被告人の最大の利益である。

論者は，いわゆる訴訟法説と新訴訟法説を混同している。

イ：念のため，公訴時効の停止効について説明する。

公訴提起は，社会を代表する検察官が訴追に成功したことを意味する。ただ，手続が打ち切られた場合には瑕疵を治癒して再起訴せざるを得ない。この場合，被告人たる地位にある市民は，防御の重い負担を負う上，時をさらに重ねることで証拠の更なる散逸など真相解明が一層困難になる。

だから，手続打切りの裁判が確定後，公訴時効の残存期間の再進行を認めることとした。

総合説でも，停止制度を無理なく説明できる。

(3) 結局，公訴時効制度の存在の正当化としては，上記の総合説がもっとも説得的といえる。

ただ，法解釈上の個別問題が総合説から整然と論理的に解決できるものでもない[11]。この点は，公訴時効制度の正当化事由を踏まえつつ，また，現時の立法政策が公訴時効消極主義に傾いていることを加味しつつ，各条文の趣旨を活かす法解釈をさらに個別的に検討する必要がある。

Ⅶ 法254条の解釈一般について

1　1項「対物」停止効について

(1)　「事件」に関して，検察官が一旦処罰を求める意思表示を行った場合（本件では，平成14年起訴），1項によって「当該事件」について公訴時効が停止する。

ア：事件の同一性が認められる範囲内の事実にも公訴時効停止効が及ぶ。

(ア) 具体的には，犯人の特定ないし犯罪の主体を除いて，訴因の同一性（いわゆる公訴事実の同一性と同旨）の範囲である。つまり，同一の法益侵害について社会的事実が概ね同一と言える範囲内で構成される犯罪について停止効が及ぶ（具体的には，後訴における検察官主張の訴因と前訴の訴因を比較検討して，非両立であること，つまり一罪として処理できる範囲にあることを基準に判断する）。

(イ) これは，公訴時効特有の特殊な意味を持つ。

---

[11]　同旨，浅田和茂「公訴時効制度の存在理由」ジュリスト刑訴法の争点 (1979年) 113頁。

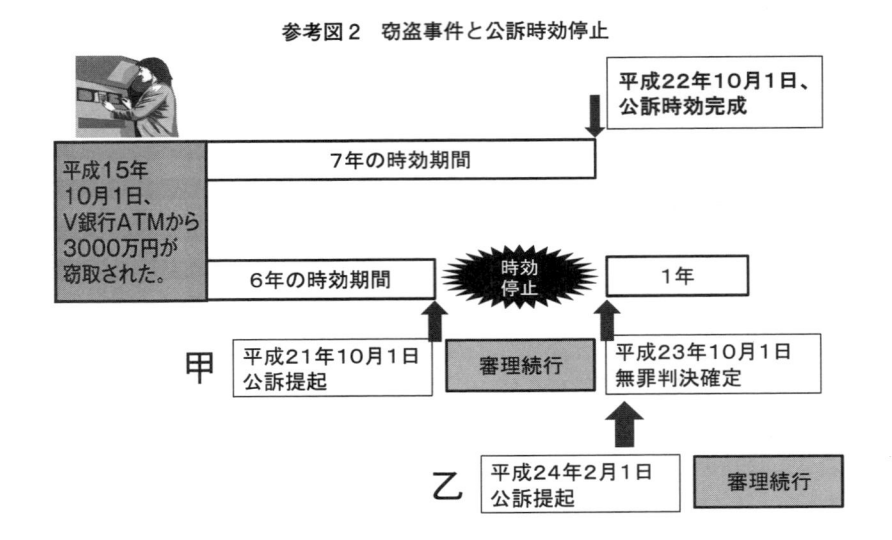

参考図2 窃盗事件と公訴時効停止

[図：平成15年10月1日、V銀行ATMから3000万円が窃取された。7年の時効期間を経て平成22年10月1日に公訴時効完成。甲：平成21年10月1日公訴提起（6年の時効期間）→審理続行→時効停止→平成23年10月1日無罪判決確定→1年。乙：平成24年2月1日公訴提起→審理続行。]

　すなわち，当初起訴された被告人は無罪となっても，無罪判決が確定したとき，「事件」に関する公訴時効が再度進行を再開する。

　そして，公訴時効が完成するに至る間に，別の者を真犯人として起訴した場合，仮に犯罪行為終了時から計算すると公訴時効が完成するだけの期間が経過していても，新たな訴追について公訴時効は完成しない。

　「事件」に対する公訴提起により，公訴時効は停止しているからである。

　イ：例えば，参考図2・「窃盗事件と公訴時効停止」によって検討する。

　(ｱ) 甲に対する公訴提起がなされて，無罪が宣告されて，同判決が確定した場合，公訴提起とともに「事件」に関する公訴時効は一度停止し，無罪判決確定後，再進行する。

　従って，公訴提起以後，無罪判決確定後に検察官が真犯人を捜し出し，残存する公訴時効期間の間に再度公訴提起ができれば，審理は有効に続行できる[12]。

---

(12) 平野龍一・刑訴法（1958年）154頁，ポケット刑事訴訟法（上，新版，1986年）589頁。但し，反対説も有力である。差当り，松尾浩也刑事訴訟法（上，新版，1999年）156頁，田宮裕刑事訴訟法（新版，1996年）225頁など。

(イ) 確かに，乙にとっては，まったくあずかり知らないところで「事件」に関する公訴時効の消長が決定することとなる。

しかし，1項が定めるのは，そうした場合を含めて，「事件」に関する真相解明，厳正処罰を実現すべき公訴権のあり方である。もともと真犯人である乙が，積極的に公訴時効の利益を主張できる立場にもない。真犯人が処罰されないでいる事実状態は，必ずしも正当に保護されるべきものではない。

(ウ) 但し，乙は，当然「被告人」となる以上，被告人としての防御権が十分に行使できなければならない。

時間の推移とともに証拠状態が薄弱となって「合理的疑いを超える証明」が困難になろうが，この水準を下げることは許されない。

(2) なお，特定の「事件」について，検察官が公訴時効が完成していない訴因・罪名（例えば，名誉毀損）で起訴したところ，審理の結果，裁判所からみると，起訴時点で既に公訴時効が完成している訴因・罰条（例えば，侮辱）と認定するべき場合はどうか（前掲Ⅳ，1，(1) 参照）。ここで，公訴時効の「対物」停止効の視点から再度検討しておく。

ア：この場合，前掲の様に，裁判所の職権で訴因を変更することなく免訴とすることを認めた裁判例がある（前掲最判昭和31・4・12刑集10・4・540）。

通説も，判例の処理を是認する[13]。

これは，当該事件については訴因の事実面で大小関係にあったことを前提にして，訴訟条件の有無の判断は裁判所の職権事項である上，有罪・無罪の実体判断ではないから，裁判所の心証基準で処理してよいとしたものである。事実の解明に関して，職権探知主義を是認し，裁判所の心証を基準にした手続打切りを認めるものである。

イ：しかし，「対物」停止効を厳密に考えるのであれば，かかる処理は不当である。

検察官の起訴によって，当該「事件」に関する国家の訴追意思が合理的に明らかにされた以上，必ずしも裁判所の心証を基準にして再度起訴時に戻って当初から公訴時効が完成している訴因で起訴した扱いにするという技巧的

---

[13] 差し当り，ポケット刑事訴訟法（上）(1986年) 583頁，注解刑訴法（全訂新版，1982年) 266頁，大コンメンタール刑訴法4巻 (1994年)，108頁以下。

処理をしてまで公訴時効完成の利益を提供する必要はない。

「事件」を同一とする範囲内で検察官が公訴を提起した以上，公訴時効停止効が生じており，裁判所は，実体審理をするべきで，その際，検察官の訴因変更がなくとも縮小認定が可能な範囲で有罪・無罪を決定するべきではないか。

また，訴因変更をしておかなければ，実体判断をすると被告人に対する不意打になるのであれば，裁判所は，検察官に訴因変更を促して，新訴因について実体裁判を宣告すれば足りる。

(3) ところで，法249条は，「公訴は，検察官の指定した被告人以外の者にその効力を及ぼさない」と規定する。

ア：本規定を根拠にして，「公訴の効力は人的に可分」とし「検察官が誤って真犯人でない者を起訴したとしても，その者に対する起訴の効力が真犯人に及ぶはずはない」とする考え方もあるかもしれない。

「かりに両者が共犯だとすれば，時効停止の効力が真犯人にも及ぶが，それは刑事訴訟法第254条第2項の明文による修正の結果である」と論ずる余地はある。

イ：しかし，誤りである。

(ア) この理解は，249条が特殊な包括的原理を定め，254条がこれを修正するものと位置付けるが，条文の配列上両者は順次規定されているだけであって特に原則と例外に該る配列にはなっていない。内容上もそれぞれ各別の事項を定めている。

(イ) まず，249条は，被告人の特定については検察官の意思を基準に定めるとする。つまり，検察官の公訴提起の効力が検察官の指定する被告人にのみ及ぶ。これは当然のことである。審判対象者は検察官の専権で指定するものであり，裁判所の職権探知によってはならない。

また，審判手続は被告人単位で形成される。特に検察官の請求する証拠関係は，各被告人毎に成立する。

249条が定めるのは，ここまでである。当該公訴提起に付随する手続について，検察官の意思に基づく被告人基準で判断するという意味での主観的不可分効を定めただけである。

（ウ）したがって，当該被告人に対する当該公訴提起に伴う，あらゆる法的効果発生の範囲を全般的に定めたものではない（さしあたり，条解刑訴法・前掲451頁）。

とりわけ，当該被告人に対する公訴提起が，後に起訴される別人である別の被告人との関係で，いかなる効果をもたらすかを定めたものではおよそない。

したがって，後訴について，前訴の存在との関係で，公訴時効が完成するのか否か，という後訴自体に発生する法律効果を定める趣旨ではない。後訴の主体たる被告人を基準とする規定振りになっていないことからもこれは自明なことである。

公訴時効に関して，前訴の後訴への効力を定めているのが，法254条である。上記のように，公訴提起は，「事件」自体に関する公訴時効停止効をもたらすものと宣告したのが法254条1項の意味である。

前訴の被告人に対する「共犯」として新たに起訴された被告人についても，停止効が生じるとするのが同2項の意味である。

かかる254条の規定の意味と，249条の間に矛盾もないし，原則例外の関係もない。

（エ）実質的には，検察官が誤って真犯人でない者を起訴しても，公訴権行使自体が犯罪に匹敵する場合であり不存在無効とみるべき極限的な事例を除き，「事件」に関する「対物」停止効は生じる。

真犯人には公訴時効で守るべき利益などそもそもない。「対物」停止効は，真犯人なる者にも当然に及ぶ。

（オ）この点で，249条を前提にして，公訴時効の停止効を「対人」停止効と限定解釈すること自体，誤っている。

2　2項「対人」停止効について

(1) 2項は，犯罪の主体に関する公訴時効の停止効を定める。

新たに公訴提起された被告人からみたときに，先に検察官が起訴した事件と同一性がある訴因について「共犯」関係にあれば，前訴の存在によってすでに公訴時効は停止しているものとされる（「対人」停止効）。

例えば、添付の参考図2を借りると、窃盗犯である甲を起訴するにあたり、単独犯の場合や、特定の者と共謀したものとする場合や氏名不詳者と共謀の上とする場合など種々ありえる。

前訴の犯行の主体が単独犯であれ、共犯であれ、後訴において、検察官があらたに被告人乙を、前訴の被告人との関係で実質的な意味での「共犯」として起訴することができる。この場合に、被告人乙に関する公訴時効は、甲に対する公訴提起（前訴）ですでに停止していることとなる。

以上の意味で、2項の「対人」停止効は、1項の「対物」停止効と重複する部分もあるが、犯罪の主体に注目して独自の停止効を定めた規定であり、1項とは独立して解釈適用するべきであろう。

(2) では、かかる「対人」停止効を定める本項でいう「共犯」とはなにか。

ア：本条項は、実体刑法が適用されるための刑事裁判に関する規定である。しかも、条文が「第二章　公訴」に配置されている。さらに、公訴時効が、基本的には公訴権行使を国家がやむなく抑制する措置であることをも踏まえなければならない。

そうであれば、犯罪を構成する事実がすべて証明されたことを前提にした刑法の概念をそのまま持ち込む必要は必ずしもない。上記の諸事情を考慮し、さらに現時点における公訴時効制度に関する刑事政策も踏まえた、刑訴法独自の「共犯」解釈と適用が求められている。

イ：こうした事情を踏まえて、一般的に言えば、本条項にいう「共犯」とは、同一の法益侵害を発生させる事実状態を同一の機会に作り出すことに寄与した者であって、社会通念に照らして見たときに、一緒に法益を侵害したとみるのが相当な関係にある複数の関与者を言う。

(ア) まず、検察官が公訴提起にあたり、刑法総則60条、61条、62条が適用となる任意的共犯の場合であるとして起訴する事例は、すべてここに含まれる。

(イ) 内乱罪など集団犯の一部が起訴されたときも、本項「共犯」関係にあるものとして公訴時効停止効を認めるべきである。

(ウ) 贈賄・収賄罪のように、対向犯の一方が起訴されたときにも、刑訴法上実質的な意味では「共犯」関係にあるとみていい。

(エ) 9条2項にいう本犯と共に犯したものとみなされる犯罪については，規定の性質上関連事件として管轄を定める基準にする以上の意味はない（9条1項2号）。本犯とは異なる犯罪なので，公訴時効も各独立に考えるべきで，254条2項の意味での「共犯」に含めて処理するべきではない。

(3) では，両罰規定における事業主と行為者の関係はどうみるべきか。

ア：例えば，労働法121条1項は，次のように定める。

　「この法律の違反行為をした者が，当該事業の労働者に関する事項について，事業主のために行為した代理人，使用人その他の従業者である場合においては，事業主に対しても各本条の罰金刑を科する。ただし，事業主（事業主が法人である場合においてはその代表者，事業主が営業に関し成年者と同一の行為能力を有しない未成年者又は成年被後見人である場合においてはその法定代理人（法定代理人が法人であるときは，その代表者）を事業主とする。次項において同じ。）が違反の防止に必要な措置をした場合においては，この限りでない」。

他に，個人情報の保護に関する法律58条1項，国税徴収法189条，消防法45条なども両罰規定を定める。

イ：かかる趣旨の規定で定める行為者と事業主について，例えば前者に対する公訴提起が事業主との関係で公訴時効停止効を持つか否かは，単に実体法上の「共犯」概念のみを基準に定めるべきではなく，「共に犯罪を犯した者」に対する公訴時効停止効のあり方として解釈するべきであろう。

(ア) この点については，「行為者・事業主と共犯とは性格を異にするので，共犯に準じて考えるのは妥当ではない」とする説もある[14]。刑法上の共犯概念と同じく厳格に解釈する立場である。

(イ) しかし，高裁判例には，両罰規定によって法人に刑を科する場合の公訴の時効は，その刑が罰金であつても行為者の違反行為の罪の公訴の時効に従つて完成すると解釈したものがある。次のように論じている（東京高判昭和29・1・21高刑集7・1・15）。

---

(14) 例えば，条解刑事訴訟法（2006年，3版増補）460頁。

「おもうに，両罰規定によつて罰金刑を科せられる法人の責任は行為者本人のそれとは別個のものではあるが，該責任たるや，行為者本人の責任に当然随件するものであるから，行為者本人について責任の存続すると認められる限り，法人の責任は否定されることはない。このことは，いわゆる両罰制度の本質上むしろ疑のない所である。ところで，刑訴法第二五三条第一項は，時効は犯罪行為が終つた時から進行すると規定しているので，行為者本人の違反行為が長期一〇年未満の懲役にあたる罪である場合には，該違反行為の時効は刑訴法第二五〇条第四号によつて五年の期間を経過することによつて完成するわけであるから，該違反行為に対する両罰規定によつて法人に科せられる刑は，たとえ罰金であつたとしても，この法人の責任も亦，右と同じ期間は適法に追求されるものといわなくてはならない。飜つて，これを本件について看るに，原判示第一乃至第一三の所論事実は，起訴の当時においては，未だ五年の期間を経過していなかつたのであるから，本件違反行為者たる被告会社代表取締役西ヶ谷戸作の犯罪が物品税法第一八条第一項により五年以下の懲役を以て，その重い主刑とする所からいつて，同法第二二条の両罰規定による被告会社の責任を追求しようとする本件起訴は，刑訴法第二五一条，第二五〇条第四号によつて明らかに時効完成前になされたものであつて，右物品税法第二二条による被告会社の責任が罰金刑であるの故を以て，本件起訴が三年の時効期間経過後にかかる不適法なものだと非難する所論は，ただ独自の見解として排斥する外はない。それで，論旨は理由ないものといわなくてはならない」。

（ウ）思うに，両罰規定は，組織，会社を舞台に犯罪が行われるとき，自然人だけではなく，その利益を享受する組織，会社自体にも責任を負わせるという現代的な刑事政策を実現するための規定である。

まさに自然人の場合の共犯と実質上同価値である。むしろ，背後にいる大物とさえ言え，自然人間の共謀共同正犯以上に処罰するべきであるとさえ言える。

そうであれば，「両罰規定における事業主と行為者との関係についても，

両者の密接不可分性，法律関係の合一的解決の要請，時効制度の趣旨等から共犯に関する本条項が類推適用される」とする解釈[15]が妥当である。

(4) 次に，同時傷害事例として処理すべき場合はどうか。

故意犯の場合，刑法上同時傷害事例については，処罰について「共犯の例による」（刑法207条）と規定されている。

この規定が円滑に適用できる刑事裁判を実施する必要上，同時傷害犯の1名に対する公訴提起がなされた場合，後にこの事件について同時傷害犯として処罰されるべき者に対する公訴提起がなされたときには，先の公訴提起による公訴時効停止効を認める必要がある。

もっとも，この点は，254条1項の「対物」停止効の効果として，傷害事件そのものついて国家の訴追意思が被告人一名に対する公訴提起によって明らかになった以上，刑法上同時犯として処罰可能な者についても当然に公訴時効停止効が及んでいるとも解釈できる。

同時に，同2項の「対人」停止効の趣旨によっても，共犯として処罰すべき人との関係では，すでに前訴の被告人との関係で同時犯となる者についても前訴によって公訴時効停止効が発生するとみるべきだ。

Ⅷ 本件の場合について
—— 過失の共同正犯，過失の競合事犯について

1 「対物」停止効について

上記のように，本件の事件の特徴は，明石警察署という一定の独立の権限を行使して特定地域の治安維持にあたる組織体で，副署長，地域官という上下関係にある公務員が，法的な任務上明石夏祭りにおける雑踏警備－雑踏事故防止という同一目的に向けて直接に関与している点だ。

両者の内部的な役割分担はさておき，社会的には警察署全体として両者の指揮権により一体となって事故の未然防止策の策定をし，さらに事故発生の可能性が高まった状況をいち早く認識・把握して，事故防止策を講ずるべき状況であったことは明白である。

---

(15) 注釈刑事訴訟法（新版）3巻（1996年）401頁（白井）。他に，法律実務講座（刑事編）4巻（1954年）754頁，ポケット刑事訴訟法（上）（1986年，新版）591頁。

しかも，防止すべきであった事故の範囲は両者一致しており，ずれもない。発生した侵害法益も全く同一である。

過失が問題となる社会的事実関係の同一性に照らして，「事件」の同一性は肯定できる。

2 「対人」停止効について

本件では，社会的にも職責上も，被告人は事件現場近くで雑踏警備の指揮をしていたKと共同して事故を防止すべきであったことは明白である。

その場合に，刑法上，両者の関係につき，過失の共同正犯と構成するほうが，犯罪の悪質性を率直に捉えることができるのか，それとも，同一事故に対し同等の過失によって同時に寄与したと構成するもので足りるかは，裁判所の判断に委ねてよい。

しかし，「事件」を共に犯した者を確実に訴追するという検察官の公訴権行使の任務としては，上記事実状態について，「過失の共同」または「過失の競合」による犯罪として択一的に構成していれば十分である。

かかる状態を裏付けられる証拠があるのならば（公訴権濫用にあたらないのであれば），最終的な犯罪の成否は，その後の被告側の防御を踏まえて，裁判所の自由心証によって決定するべきこととなる。

もはや，公訴時効の利益を認めるべき必要はどこにもない。念のため，さらに付言する。

3 本件と実質的意味の「共犯」

本件では，「共犯」つまり「ともに犯罪を犯した者」としての時効の停止効が生じる。

(1) 「共同正犯」としての起訴について　Sの過失行為について，指定弁護士が，法的に過失にも共同正犯としての処罰形態がありえることを前提にして，証拠を合理的に評価した結果，真にKとSの間に過失共同正犯が成立するとした場合，254条2項の「対人」停止効の効果として，公訴時効はK氏との関係でも停止したとみるべきであろう。

(2) 「過失の競合」としての起訴について　この場合，Kに対する前訴が

対象とする事件に対する「共犯」としての停止効が，K に及ぶか否かが問題となるが，結論としては，かかる解釈も十分に合理性を有する。

以下の理由による。

ア：上述のように，「共犯」について刑法の厳格な概念を当てはめる必要はない。裁判例もそのようには扱っていない。両罰規定での事業主，行為者も本条項にいう「共犯」に含める解釈がこれを示す。公訴時効停止効を認めるに値する「共に犯罪を犯す」事実上の状態があれば，刑訴法上の「共犯」としては十分である。

イ：傷害事件で同時犯が存在する場合，254条1項の「対物」停止効との関係でも公訴時効停止効を認めてよい。同時に，刑法第207条は「二人以上で暴行を加えて人を傷害した場合において，それぞれの暴行による傷害の軽重を知ることができず，又はその傷害を生じさせた者を知ることができないときは，共同して実行した者でなくても，共犯の例による」と定めており，処罰について共犯として扱うことを宣言している。

そうであれば，これを刑事裁判の場で厳正に実現するためには，「対人」停止効を認めるしかない。

同じく，少なくとも業務上過失致傷罪で過失が競合する場合は，同時傷害事例と同趣旨において処罰価値がある。故意の同時傷害については，実体刑法上も明文で「共犯」処理を求めるが，過失傷害の場合にも，事柄の性質上，同時傷害と同一の処理ができるのが望ましい。

とすると，同時傷害罪と同じく，過失傷害の同時犯についても，刑事裁判の場で適切な審理を求める国家の側の正当な理由がある。

故意と同じく，過失の同時犯も，実質的な意味で「共犯」に含めるべきである。

ウ：本件被告人は，すでに起訴済みのK氏と全く同一の社会的事実の中で，相互に協力して傷害，死亡の事故が発生しないように，これを予見して防止すべき職務，職責を持つ立場にあった。それなのに，相互の不注意から防ぐことができなかった。

社会的に見て，過失傷害，過失致死いずれの犯罪についても，これを共に犯した者として責任を追及されるべきである。

IX 結　語

　要するに，254条2項の「共犯」とは，刑訴法上訴追権限を独占する検察官が公訴時効を停止するのに値する関係にある，実質上，「犯罪を共に犯した者」と解釈して訴追した者を含む。
　一般的には，裁判所も刑法総則の定める共犯と認定できる場合が多いであろう。だが，本件態様の過失の競合もそのひとつに含めてよい。本件被告人については，K氏との共同過失が成立可能であるという意味でも，また，過失競合としての「共犯」事例であるという意味でも，同条項の「対人」停止効によって，平成14年起訴の結果，公訴時効は停止している。本件被告人についてはなんの問題もなく，実体審理を進めてよい[16]。

　追記
　　本件について，神戸地判平25・2・20（平22（わ）45）は，公訴時効の完成を認めて免訴を言い渡し，大阪高判平26・4・23（平25（う）398）も，指定弁護士の控訴を棄却してこれを是認した。

---

[16]　最近，土本武司・判例評論630号（平成23年）185頁は，法254条2項の「共犯」には過失の共同正犯は含まれないので，本件被告人には公訴時効が完成していると主張している。そもそも過失には共同正犯がありえず，過失の競合しかないという前提にたつものであるが，刑訴法254条2項の「共犯」概念を実体刑法上の任意的共犯に限定する趣旨を含む点で誤っており，次に，過失に共同正犯があり得ないという理論構成の点で疑問がある。最後に，過失の競合状態も，実質的には，公訴時効停止の効果を認めるのに値する「ともに犯罪を犯した者」である点を見誤っている。

第18章 被告人の証人喚問・審問権と所在尋問の限界
―― 元オウム真理教信者の事件を契機に

I 所在尋問の違憲性――検察官申立書反論骨子

1 憲法の観点から

　検察官は，要するに，証人井上嘉浩氏，中川智正氏，林泰男氏について，①証人らが東京地裁に出頭して証人尋問を受ける過程で，オウム真理教に関連する団体または人が証人等の奪還を図る不測の事態が生じること，②死刑確定者としての心情に動揺を与えると危惧される状態を避けること，③付随的に，東京拘置所が証人の同行措置を執らないと表明していることを根拠として，所在尋問の実施を裁判所に申し立てている。

　しかし，かかる理由で，憲法上の大原則である対審の公開（憲法82条），市民としての裁判を受ける権利（憲法32条），これと重複しつつさらに個別的に保障されている刑事被告人となった市民が公開裁判を受ける権利（憲法37条1項），公開裁判の場に証人を喚問し充分に審問を行なう権利（同条2項）を侵害することは認められない。憲法と刑事訴訟法が原則とする公開の法廷における，厳格な証明手続として証人尋問を実施するべきである。

2 刑事訴訟法の観点から

　現段階で，3名の証人尋問について，(1) 公開の法廷における証人尋問，(2) 遮へい・ビデオリンクを活用した証人尋問（法157条の3，同4）でも適切な証

＊本章は，平成24年1月20日に東京地裁に起訴され，現在審理継続中の元オウム真理教信者・平田信被告人に関する逮捕監禁被告事件その他の事件の審理に関して，検察側が，同教団元幹部ら3名（いずれも死刑囚）の証人尋問を請求すると共に，平成25年3月19日付で「所在尋問実施の申立て」（以下，「検察官申立書」）を提出し東京拘置所での所在尋問を申し立てた案件につき，弁護団の要請に基づき学者としての見解を取りまとめたものに若干の補正を施したものである（裁判所に提出されたものとは同一ではない）。

言を得られない具体的な理由は疎明されていない。さらには，(3) 証人尋問を予定しておき，その段階で証人の心情の安定，証人尋問の安全な実施の必要上，法281条の裁判所構内における期日外尋問に切り替えることであってもおよそ対処できない不測の事態が差し迫っているとはおよそ思えない。(4) もとより，以上の手続を考慮することもなく，直ちに所在尋問（法158条）を実施すべき理由の疎明はない。

3　裁判所は，法の原則に従い，公開の法廷において証人尋問を実施するべきである。その過程で万が一にも円滑な証言ができない障害が発生した場合（具体的根拠に基づくその蓋然性が生じた場合を含む），裁判所の法廷警察権，訴訟指揮により適切に対処すべきである。以下，理由を述べる。

II　公序良俗侵害の虞はないこと
――本件での所在尋問は憲法に違反すること（1）

1　本件の証人尋問を「公開」で行うべきものとする要請は，憲法上三重に働く。これを所在尋問として行い，非公開にするのには，この三重の保障をことごとく覆せるのに足りる事由が必要である。

2　憲法82条は，司法権のあり方として，対審と判決の公開を制度上保障する。

歴史的には，国家権力が支配する密室での裁判は，被告人に対するえん罪と適正手続の侵害，政治弾圧と市民の権利侵害の温床になった。これを防ぐ制度上の保障が裁判の公開である。日本国憲法も，この理念を率直に憲法に組み込んだ。

だから，対審・判決を非公開にできるのは，本件の場合であれば，3名の証人尋問を公開で行うことが「公の秩序又は善良の風俗を害する虞」を発生させる場合に限定される（憲法82条2項）。

その場合でも，政治犯罪，出版関連犯罪，国民の権利を問題とする事件について非公開とすることは憲法上禁止されている。

3 一般に，公序良俗侵害の虞れの態様は種々あり得る。典型的には，証人の証言や証拠物の取調べなど証拠調べで明らかになる証拠の内容に照らして，公序良俗侵害の虞れが生じる場合をいう。例えば，性犯罪の被害者が被害態様の詳細を証言するとき，市民良識に照らしても，対審を公開したまま証言させることは徒に被害者の名誉としゅう恥心を害する一方，被害態様が性に対する道義心を害する虞れがあると判断できる場合を言う。

4 さて，本件被告人・平田信が起訴されているのは，いわゆる假谷清志氏の逮捕監禁事件（同氏の妹で信者であった女性が時価相当額の土地等財産の寄付を拒み教団を去って同氏にかくまわれたところ，同女を探す教団関係者が拉致監禁し，死亡させた事件），宗教学者S氏が居住するマンションにおける爆弾事件，オウム真理教南青山総本部に対する火炎びん投擲をおこなった火炎びん事件である（本件3事件）。後2者は，オウム真理教教団に対する本格的な強制捜査を回避するため自作自演としてなされる。

そして，3件いずれもが，本件被告人の関与の有無や認識の有無はさておき，同人が所属していたオウム真理教の教組と信者らによって敢行される平成7年3月20日のいわゆる地下鉄サリン事件に至る，一連のオウム真理教関連事件を構成する重要なものである。

ところで，検察官の証明予定事実記載書（平成24年3月6日付けなど）からうかがえる，事件の概要に照らしたとき，3名の予定証人が証言する内容そのものが，「公の秩序又は善良の風俗を害する虞」に反するものとはおよそ想定できない。検察官もそうした主張はしていない。

この点に関連して，すでに麻原彰晃こと松本智津夫死刑確定者の公判では，この3名が公開の公判廷で関連する証言をしている。

(1) 井上嘉浩は，上記の公判において，第9回公判（平成8年9月25日）で，平田信被告人が起訴された爆弾事件，火炎びん事件について主尋問に対する証言をしている。これに対する反対尋問は第13回（平成8年10月18日）で実施されている。假谷清志さんの逮捕監禁事件については，第109回（平成11年2月26日）に主尋問を受けて検察官側の立証が終わっている。反対尋問は第120回（平成11年5月27日）からはじまった。

いずれの公判においても，証言の内容上公序良俗に反し，対審の公開に堪えられないと判断された経緯はないし，井上嘉浩の証言を聞いている麻原彰晃こと松本智津夫被告人がおりおり不規則発言をしたり，居眠りをして裁判長の注意を受ける場面があったが，手続全体としてみても，これを公開の法廷で実施することが公序良俗を侵害する虞を生じるものとの懸念を裁判所・検察官・弁護人において抱いた形跡などない。

(2) 中川智正についても，假谷清志事件について主尋問は第112回（平成11年3月25日）になされたが，証言を拒否した。実質的には166回（平成12年9月7日）から事件の内容に関する証言がはじまる。これに対する弁護人の反対尋問は，第175回（平成12年11月16日）から行われている。本件被告人平田信の所在の有無，関与の有無などについても証言をしている。

林泰男については，第66回（平成10年2月13日）の主尋問で，爆弾事件について自らの役割と本件被告人である平田信の関与の有無に関連する証言している。弁護人の反対尋問は第70回（平成10年3月13日）からはじまる。

両名の主尋問，反対尋問ともに，公開の法廷で通常通りに行われており，なんら不測の事態は生じていない。

(3) 各3名の証言の内容とこれを傍聴席にいる者が聞くことができていたこと全体を含めても，対審の公開が公序良俗を侵害する虞など発生はしていない。

ちなみに，3名が証言する手続をターゲットにして，証人およびオウム真理教教祖であった麻原彰晃こと松本智津夫死刑確定者を奪還する計画，実行の着手などの事実は，マスコミ報道など含めてまったく伺えなかった。

そうであれば，今回本件被告人の審理上，予定されている3名の証人の証言が，内容上またはその内容が傍聴席にいる市民の知るところとなることによって，公序良俗侵害の虞があるとみるべき事情はない。

Ⅲ 本件被告事件は「政治犯罪」であること
——本件での所在尋問は憲法に違反すること（2）

1 検察官の証明予定事実記載書での主張を前提にすると，一連の事件はむしろ「政治犯罪」と整理する方が相当と言える。

第18章　被告人の証人喚問・審問権と所在尋問の限界　311

というのも，検察官の主張では，本件は，宗教イデオロギーによる国家と政治の支配を目指した組織的犯罪の一部であることとなる。

裁判の場では，検察官は，犯行態様の悪質性と量刑の程度を判断する材料として，かかる事件の背景に踏む込むことを予定していよう。例えば，井上嘉浩に関する検察官の主尋問予定事項が検察官のそうした姿勢を示している。裁判所もまた，刑事裁判に必要な限度では，かかる背景事情も含めた証人尋問を認めることになろう。

2　検察官の主張では，本件事件当時のオウム真理教の教祖であった麻原彰晃は，独自の宗教観にたって，オウム真理教が支配する国家を建設することを目指していたこととなる。本件3事件は，かかる宗教観に基づく世俗国家を解体再編する活動の一環であったというのが検察官の位置づけではないか（検察官の証明予定事実記載書3，参照）。

逮捕監禁事件は，教団に多額のお布施をするはずの在家信者をみつけてその目的を遂げる手段として，妨げとなる假谷氏を排除しようとしたものである。爆弾事件，火炎びん事件は，教団から捜査と世間の目をそらせる自作自演事件であった。

その意味で，検察官の主張としても，この事件は，当時の日本の統治のあり方に対する暴力的な挑戦であり，無謀というべき犯罪行為であったこととなる。その思想が一般市民からみて荒唐無稽であるか否かに関わらず，当時，著名大学等の出身である多数の優秀で若い信者らが信念をもって，犯罪に邁進した事件であったことは明白な事実である。

検察官の主張を前提にするのであれば，一連のオウム真理教関連各事件は，本件3事件も含めて，20世紀の末に起きた，宗教テロ事件とみるべきこととなる。だから，その事件の発生の背景，被告人の関与の態様，理由，その後の長い逃走を支えた組織の有無，潜伏生活を支えた信念の内容等々を解明することとなろう。

本件被告人の事件もまた，憲法の視座からは「政治犯罪」として国民の監視と注視のもとに，予断と偏見なく市民自らが裁くべき事件である。そうであれば，憲法82条に従って，その対審を非公開とすることはおよそ許されない。

3 　オウム真理教関連事件に関する過去の裁判所の判断も，検察官の主張を全面的に採用し，本件事件を政治犯罪として扱うべきことを示している。

(1)　例えば，東京地判平成16年2月27日（平成7年（合わ）第141号，平成7年（合わ）第187号，平成7年（合わ）第254号，平成7年（合わ）第282号，平成7年（合わ）第329号等）は，麻原彰晃こと松本智津夫元オウム真理教教組に死刑を宣告したが，その「量刑の理由」もこれを物語る。以下一部を引用する。

「被告人は，自分が解脱したとして多数の弟子を得てオウム真理教（教団）を設立し，その勢力の拡大を図ろうとして国政選挙に打って出たものの惨敗したことから，今度は教団の武装化により教団の勢力の拡大を図ろうとし，ついには救済の名の下に日本国を支配して自らその王となることを空想し，多数の出家信者を獲得するとともに布施の名目でその資産を根こそぎ吸い上げて資金を確保する一方で，多額の資金を投下して教団の武装化を進め，無差別大量殺りくを目的とする化学兵器サリンを大量に製造してこれを首都東京に散布するとともに自動小銃等の火器で武装した多数の出家信者により首都を制圧することを考え，サリンの大掛かりな製造プラントをほぼ完成し作動させて殺人の予備をし（サリンプラント事件），約1000丁の自動小銃を製造しようとしてその部品を製作するなどしたがその目的を遂げず，また，小銃1丁を製造した（小銃製造等事件）」。

「被告人は，このような目標の妨げになるとみなした者は教団の内外を問わずこれを敵対視し，その悪業をこれ以上積ませないようにポアするすなわち殺害するという身勝手な教義の解釈の下に，その命を奪ってまでも排斥しようと考え，しかも，その一部の者に対しては，教団で製造した無差別大量殺りく目的の化学兵器であるサリンあるいは暗殺目的の最強の化学兵器であるVXを用いることとしてその殺傷力の効果を測るための実験台とみなし，弟子たちに指示し，以下のとおり，一連の殺人，殺人未遂等の犯行を敢行した。…のみならず，被告人は，ある男性が警察のスパイではないのに一方的にそのように疑った上，VXを掛けてその男性を殺害し（濱口VX事件），さらには，ある信者がスパイでないことを知りながら教団が敵対組織から毒ガス攻撃を受けているという話を真実味のあるものとし教団の武装化に向けて信者らの

危機意識や国家権力等に対する敵がい心をあおるためにその信者をスパイに仕立て上げようと拷問を加えた上，その信者を殺害した（冨田事件。更に死体をマイクロ波焼却装置で焼却損壊した）。

　また，被告人は，多額の布施を引き出す目的で資産家である信者の所在を聞き出そうとしてその兄をらち監禁し自白を強要するため全身麻酔薬を注射するなどして死亡するに至らせた（假谷事件。更に死体をマイクロ波焼却装置で焼却損壊した。）。……被告人の犯罪は，以上のような特定の者に対する殺害等にとどまらず，化学兵器であるサリンを使用した不特定多数の者に対する無差別テロにまで及ぶ。……また，阪神大震災に匹敵する大惨事を引き起こせば，間近に迫った教団に対する強制捜査を阻止できると考え，東京都心部を大混乱に陥れようと企て，地下鉄3路線5方面の電車内等にサリンを発散させて乗客，駅員ら不特定多数の人々を殺害し，かつ，殺害しようとしたがサリン中毒症を負わせたにとどまりその目的を遂げなかった（12人を殺害し，14人に重傷を負わせた。地下鉄サリン事件）。……松本サリン事件及び地下鉄サリン事件で多数の訴因が撤回された後においても死亡被害者27人，負傷被害者21人に上るこの13件の誠に凶悪かつ重大な一連の犯罪は，自分が解脱したものと空想してその旨周囲にも虚言を弄し，被告人に傾倒する多数の取り巻きの者らを得ると，更に自分が神仏にも等しい絶対的な存在である旨その空想を膨らませていき，自ら率いる宗教団体を名乗る集団の勢力の拡大を図り，ついには救済の名の下に日本国を支配しようと考えた，被告人の悪質極まりない空想虚言のもたらしたもの，換言すれば，被告人の自己を顕示し人を支配しようとする欲望の極度の発現の結果であり，多数の生命を奪い，奪おうとした犯行の動機・目的はあまりにもあさましく愚かしい限りというほかなく，極限ともいうべき非難に値する」。

(2)　同じく，井上嘉浩に対する東京地判平成12年6月6日判時1740号109頁も，その「量刑の理由」において，井上嘉浩が関わった各事件のもつ社会的意味を次のように総括している。

「一　本件は，オウム真理教の幹部であった被告人が，教団の代表者であ

るDや他の教団幹部らと共謀するなどして，無差別大量殺人を企て，朝の通勤時間帯を狙って首都東京の地下鉄内にサリンを撒布し，一二名を殺害し，一四名に傷害を負わせたが殺害するに至らなかった判示第八の殺人，殺人未遂（地下鉄サリン事件），教団の施設内で信者を殺害した判示第一の殺人（M事件），教団に敵対すると考えられた三名の者をVXを用いて殺害しようとし，一名を殺害し，二名に重傷を負わせた判示第二ないし第四の殺人，殺人未遂（S，T，U事件，総称してVX事件），教団から離脱するため身を隠した女性信者の実兄を不法に逮捕監禁し，死亡した同人の遺体を焼却して死体を損壊した判示第五，第六の逮捕監禁，死体損壊（B1事件），マンションに爆弾を仕掛けて爆発させた判示第七の一の爆発物取締罰則違反（乙山爆発事件），教団のビルに火炎瓶を投てきした判示第七の二の火炎びんの使用等の処罰に関する法律違反（火炎瓶事件），新宿駅地下道の公衆便所内に青酸ガス発生装置を設置し，利用者等の殺害を企てたが未遂に終わった判示第九の殺人未遂（新宿青酸事件）及び爆弾を製造して東京都知事宛に郵送し，都庁職員に重傷を負わせた判示第一〇の一，二の爆発物取締罰則違反，殺人未遂（都庁事件）の各事案である。

　本件各犯行は，教団に宗教弾圧を仕掛ける社会や国家権力に対抗するためには，教団の武力化が必要であると説いて武装化を推進し，反社会性の強い武装集団としての危険な性格を強め，殺人でさえも悪業を積む者の魂を救済することになるなどとの特異な教義を唱えていた教団組織を背景にして，オウム真理教の多数の信者（M事件のLは元信者）らが，教団代表者であるDの直接の指示，あるいは，その意思を推し量った上で行った組織的，計画的犯行である。……いずれの犯行も，結局はD個人や教団の利益，存続のためだけに，社会秩序や何ものにもかえがたい他者の尊い生命などを一顧だにせず，手段を選ばず犯された独善的犯行というほかなく，その態様は，反社会性が極めて高く，残虐かつ非道なもので，生じた結果はそれぞれに甚だ重大である。本件各犯行は，オウム真理教による一連の犯行として，世間の耳目を集め，国民の不安を招くなど社会的にも甚大な悪影響を及ぼした。加えて，これらの犯行の大半が，現代社会の矛盾や人生におけるさまざまな疑問に悩む通常の存在であるはずの者たちに，解脱や人類の救済という一見魅力的な大義名

分を掲げてDに対する信仰心を煽り，その結果，Dやその教義を信じて帰依した信者らの手によって，宗教の名の下に教義の実践と称して犯されたことは，およそ被害者らの生命，人権を全く無視し，愚弄するものであり，その悪質性は類を見ないというべきである」。

4 以上の意味で，麻原彰晃こと松本智津夫，井上嘉浩に対する検察官の主張を全面的に採用した裁判所の判決がある。そして，検察官は，本件を含む一連のオウム真理教関連事件についても基本的に宗教を背景とするテロ事件とみている。従って，検察官は，犯罪に至る経緯，犯行状況，犯行後の状況を含めて，刑事裁判の場に適切且つ必要な範囲の中で，かかる社会的な意味を明らかにするものと予想される。検察官の主張によれば，かかる「政治犯罪」に関与したもっとも重要な証人3名の証言内容は，公開の法廷において，直接に，さらには，マスコミを通して間接に，国民が共有するべきものである。検察官が本件3事件を含む一連のオウム真理教関連事件を「政治犯罪」と主張しながら，証人3名について非公開とする所在尋問を申し立てるのは，明らかに矛盾している。

憲法82条の趣旨に照らして，対審の非公開は許されない。

IV 被告人の公開裁判を受ける権利を二重に侵害すること
――本件での所在尋問は被告人の憲法上の権利を侵害すること

1 公開裁判の実施は，市民一般および刑事被告人たる市民に保障されている憲法上の権利である。
(1) 憲法82条が司法権の濫用を防ぐために，その制度的な制約として対審と判決を公開とするものと定めているが，この点について，憲法は，さらに，市民の裁判を受ける権利としても「公開」であることを求めている。

まず，民事・刑事を問わず，市民は，法律上の争訟を解決する場として，行政権による最終決着を受けるのではなく，「裁判所において裁判を受ける権利」が保障されている（憲法32条）。

行政権に市民の紛争処理を委ねると，政治的社会的な経済的な利害関係，イ

デオロギー等思想的背景などから，公正かつ適正な処理が妨げられるおそれがある。だから，「三権分立」の原理によって民主主義国家が支えられている。司法のあり方として，制度面では，憲法81条の違憲立法審査権を司法部に留保する条文がこれを支えるが，より根源的には，市民が裁判所で裁判を受ける基本的な人権を保障するものとする憲法原理が司法権を支える。

行政手続と異なる裁判手続の保障上，手続への当事者の参加とともに，これが市民の監視下にあって公開されていることは不可欠の要素である。その意味で，本条は，「公開裁判を受ける権利」も当然に含むものと理解できる。

(2) 加えて，憲法37条は，1項で公平な裁判所による迅速な「公開裁判」を受ける権利を保障しており，2項では，1項を前提にしつつ，証人に対する強制的な喚問を求める権利とその証人に対して充分な審問を行なう権利を保障している。1項，2項の権利保障を実質化するためにも弁護人の援助が不可欠なので，国選弁護人選任請求権が3項で保障されている。

繰り返すが，2項の証人喚問・審問権は，公開裁判の場での証人尋問を実現する権利である。被告人は，有利・不利を問わず，証人の出頭を確保するためには，国の責務でこれを召喚することを求める権利を有している。

従って，被告人に有利・不利を問わず，事案の解明に必要な証言については，市民もまた公開の裁判の場で証言するべき反射的な義務を負担することも意味する。

2 本件では，検察官は，証人3名の証言が事案解明上必要であることを摘示しつつ，死刑確定者としての処遇面から拘置所より東京地裁への出頭と公判廷での証言が死刑を受忍する心情に刺激を与えることをおそれ，またその理由から東京拘置所が裁判所の命令に従う国法上の義務を果たさないと宣言していることをそのまま是認する姿勢をみせている。

しかし，いずれも，憲法82条の枠内で，対審非公開を正当化することのできる事由には当たらず，むしろ，逆に，本件が20世紀末に発生した重大な「政治犯罪」であるからこそ検察官が主張する証人3名の証言の重要性が裏付けられると言えよう。

さらに，憲法82条による非公開の決定が，憲法32条，37条の定める基

本的人権としての公開裁判を受ける権利の実質的な侵害になるのであれば，そうした決定は違憲無効と見るべきである。

検察官が摘示する事由は刑罰権の行使を円滑に行うために刑事裁判を実施する視点から非公開を求めるだけであって，憲法 82 条によっても非公開を決定できる事由にはそもそもあたらない。

加えて，被告人に保障されている公開裁判への証人の喚問と充分な審問を行なう権利を制約できる事情にも当たらない。

3　3名の証人の証言の必要性と重要性は検察官も認めるところであるが，所在尋問を申し立てるにあたり，3名が証人として出頭することを明示的に拒否し，あるいは真意による回答ができない状態であることの疎明は，なされていない。

検察官は，刑罰権を行使する観点から，検察官の期待する証言をより迅速かつ効果的に得て証拠調べを終結する上で「対審非公開」が便利なので，これを申し立てたものである。

市民たる証人が非公開でなければ，証言できない各別の事情もなく，憲法 82 条にさえ該当しないのに，被告人が公開裁判で証人尋問を行なう権利を侵害できる正当な事由はない。

検察官の申し立てを現段階で認めることは，被告人に保障されている憲法 32 条の権利のみならず，憲法 37 条 1 項，2 項の諸権利を侵害するものである。

V　被告人の公開裁判を受ける権利と証人の市民としての権利
　——刑訴法上の諸措置の先行を欠如する所在尋問は憲法違反であること

1　憲法は，被告人たる市民には，「被告人」たる法的地位にある限りで，刑事裁判の場でえん罪のため処罰されることのないよう市民一般にはない一定の優越的な権利を保障している（これを包括的防御権と呼ぶ）。

ただ，被告人も一市民であり，証人も一市民である。だから，一般には，対審公開の原則が適用される場合であっても，証人の事情によっては，これを制限すべき場合も生じる。

そのときには，被告人が憲法上保障されている，公開裁判において証人を

充分に審問する権利について，例外的に制約が生じてもやむを得ない。

但し，憲法82条，同32条，37条の定める対審公開，証人尋問公開の原則に対する例外である以上，憲法31条の趣旨に従い，法定された手続によって適正に判断されるべきものであるし，その事由の解釈適用は厳格になされなければならない。

2 刑事訴訟法は，これに関連して，証人が証言義務を負う以上誠実に公判廷で証言することを原則としながら，証人の側に生じる諸事情を勘案して，証人の心情の安定，任意の証言の確保，虚偽証言の回避の必要上，公開裁判の場での証人尋問に対する制約を認めている。

(1) **被告人の退廷** 法304条の2は，「裁判所は，証人を尋問する場合において，証人が被告人の面前（第157条の3第一項に規定する措置を採る場合及び第157条の4第一項に規定する方法による場合を含む。）においては圧迫を受け充分な供述をすることができないと認めるとき」，被告人を退席させて証言を求め，証言後に入廷させて要旨を告知して尋問の機会を与えることができる。

(2) **証人の付添人** 法157条の2第1項は，「証人の年齢，心身の状態その他の事情を考慮し，証人が著しく不安又は緊張を覚えるおそれがあると認めるとき」に「その不安又は緊張を緩和するのに適当であり，かつ，裁判官若しくは訴訟関係人の尋問若しくは証人の供述を妨げ，又はその供述の内容に不当な影響を与えるおそれがないと認める者」の付添を認めている。

(3) **証人の法廷内での遮へい** 法157条の3第1項は，裁判所は，「犯罪の性質，証人の年齢，心身の状態，被告人との関係その他の事情により，証人が被告人の面前（次条第一項に規定する方法による場合を含む。）において供述するときは圧迫を受け精神の平穏を著しく害されるおそれがあると認める場合であって，相当と認めるとき」，証人と被告人の間を遮へいすることができる。「犯罪の性質，証人の年齢，心身の状態，名誉に対する影響その他の事情を考慮し，相当と認めるとき」は証人と傍聴人の間の遮へいもできる。

(4) **ビデオリンク方式による証人尋問** 法157条の4第1項3号では，「犯罪の性質，証人の年齢，心身の状態，被告人との関係その他の事情により，裁判官及び訴訟関係人が証人を尋問するために在席する場所において供述す

るときは圧迫を受け精神の平穏を著しく害されるおそれがあると認められる者」である場合，証人を別室に置いてビデオリンクで法廷と結ぶ証人尋問を認めている。

(5) **裁判所構内での期日外尋問**　裁判所は，証人に関する諸事情に照らして，公開裁判での証人尋問では正確かつ充分な証言を確保できない場合，期日外証人尋問の手続を取ることができる（法281条）。

法158条が定める「証人の重要性，年齢，職業，健康状態その他の事情と事案の軽重」を考慮しつつ，検察官及び被告人又は弁護人の意見を聞いた上で，「必要」と判断しなければならない。

このときは，非公開にした法廷などを利用して尋問を行うことができる。事前に予定することもできるし，公判廷開始後の事情に照らしてかかる措置を取ることも可能である。

(6) **いわゆる所在尋問**　法158条は，「裁判所は，証人の重要性，年齢，職業，健康状態その他の事情と事案の軽重とを考慮した上，検察官及び被告人又は弁護人の意見を聴き，必要と認めるときは，裁判所外にこれを召喚し，又はその現在場所でこれを尋問することができる」と定める。

3　ところで，その後，仄聞するところでは，証人予定者3名は，弁護団との面会に応じたという。そして，3名とも，公開の法廷における証言の意思を示し，遮蔽，ビデオリンクなどの措置も不要と伝え，その旨の書信も届いたと耳にする。加えて，麻原彰晃こと松本智津夫死刑確定者における3名の証人尋問の様子に照らしても，当初から，所在尋問を予定するべき積極的な事情は定かではない。

以下，念のため，所在尋問に関連して考慮すべき事由について概観しておく。

(1) **証人の重要性**　被告人は，假谷清志氏の逮捕監禁事件では犯行計画の知情性について，検察官とは異なる主張を予定している。従って，検察官側立証にとっても被告側の反証にあたっても，事件前後の事情を知る井上嘉浩，中川智正，林泰男の各証言は重要である。検察官は，被告人が假谷氏の死体遺棄を認識していたか否かについて，中川智正の証言が意味を持つものと位置付けているようである。被告人が爆発物取締罰則違反についても，故

意を争う以上，井上嘉浩，中川智正，林泰男の証言は検察官，被告人いずれの立証上も重要となる。

　さらに，検察官の主張を踏まえると，当時の教団幹部としての3名の証言は，かかる一連の事件の背景を知る上でも，また各犯行態様の悪質さなど量刑事情の有無・程度を明らかにする点から重要な内容である。

　それだけに，真実の証言を確保する必要性があることは当然である。

　(2)　**証人の年齢**　井上嘉浩（1969年12月28日生まれ），中川智正（1962年10月25日生まれ），林泰男（1957年12月15日生まれ）について，教団に入るまでの経歴，教団での活動等に照らしても，またすでに相当の年齢に達していることからも，若年層にみられる気後れ，暗示性，誘導性などはない。彼らの年齢は，公開裁判での証人尋問の支障となる積極的な事由ではない。

　(3)　**証人の職業**　出家信者の地位にあって犯行に至っているので，公開裁判での証人尋問によって社会的信用，名誉，地位に不当かつ回復できない損害を被ることはありえないし，すでに，3名とも特に麻原彰晃こと松本智津夫死刑確定者の公判廷において繰り返し出廷し，証言を充分に行っている。

　(4)　**証人の健康状態**　公開裁判での証人尋問に耐えられない病気などの事情があることについて，検察官はなんら疎明していないので，この点での支障はないものとみていい。

　(5)　**その他の事情**　結局，この包括条項との関係で，東京拘置所側が死刑確定者としての心情に波風がたつと困るので余計な刺激を与えたくないということが問題となる。

　だが，検察官は，3名が現に公開裁判への出頭を拒んでいるのかどうか取調べをしたのかどうか明らかにしていない。

　また，3名は，麻原彰晃こと松本智津夫死刑確定者の公判廷では，堂々と国民とマスコミの前で真相を語っている。ところが，その事件と比較すれば，本件被告人の事件は，被害者の数，規模の点で小さく，社会的反響も同じとは言えない。なのに，3人の証人には密室の法廷しか証言の機会を与えない事実が，かえって彼ら3名の心情を動揺させることは充分に考えられる。

　少なくとも，検察官は独自に証人等に事前に相談して，証人3名自身が所在尋問を強く希望する理由について上申書などを作成依頼するか，供述録取

書を作成して，疎明するべきである。

　かかるフェアな段取りをとることなく，拘置所の独自の見解を鵜呑みにした検察官の申し立てで，所在尋問にすることは彼ら誇りの高い元オウム真理教幹部等の名誉心を著しく毀損するおそれこそ強い。ひいては，拘置所，検察庁，法務省さらに日本国に対する不信感を強くするおそれなしとしない。そうした状態で，古い事件に関する記憶を誠実に喚起して証言することを期待できなくなる。死刑囚たる心情にもこの 3 名の場合であれば，かえって大きな動揺を与える可能性が残る。

　3 名の証人が，現に死刑確定者であるという身分自体では，所在尋問の理由にはならない。

　(6)　**事案の軽重**　　検察官の一連の証明予定事実記載書（平成 24 年 3 月 6 日，平成 24 年 8 月 3 日付け，平成 24 年 11 月 16 日付け）にも，また，今回の所在尋問実施の申立て（平成 25 年 3 月 19 日）にも，明らかなように，検察官の主張では，本件は，いわゆるオウム真理教に属する有能な人材が，当時の教組の特異な宗教観に従い，世俗国家の支配こそ正当であると信じ，教団を維持，発展，防衛するために行ったという特異な背景事情を持つこととなる。

　この一連の事情は，犯行態様自体の悪質性と犯行後の量刑事情であって，充分な解明を要するものである。そうした事実の解明こそ，国民が裁判員として参加し，市民が傍聴席で監視する中で明らかにするべきものである。

　事案は極めて重大であるからこそ，公開裁判における証人尋問を要する。

　4　　むろん，あらかじめ遮へい，ビデオリンクによる証人尋問の準備を整えておき，公判廷における証人尋問の状況によっては，裁判員も事実上交えた評議を経て，構成裁判官において，かかる措置を発動すればよい。

　5　　市民たる証人も，民主主義国家における公開裁判の重要性を認識し，基本的にはその原則に従って真相解明に協力するべき義務がある。被告人たる市民に限り，他の市民に対して，国を介して証人として強制的に喚問させ，さらには充分に審問する機会を保障するのは，えん罪防止，厳正処罰実現という国民共通の利益を実現するためのものである。司法の正義を支えるのも

市民の責務であって，法の定める原則に従い，公開裁判での証人尋問をまず優先するべきである。

　検察官は，市民たる証人3名と充分に協議し，公開裁判の重要性を充分に説明し，その納得を得て，協力させることこそまず優先させるべきである。そうした誠実な協議をした事情については全く疎明されていない。

　かかる状態で，裁判所が，所在尋問の実施を決定することは，被告人の憲法上の権利—公開裁判への証人の喚問と公開裁判での充分な審問の権利—を不当に制限するものであって，明白な憲法違反である。

Ⅵ　死刑確定者たる証人の裁判所出頭と拘置所の責務
―― 被告人の権利，裁判員裁判の公正さ，証人本人の出頭意欲の優先

　1　3名の証人予定者は，「死刑確定者」である（刑事収容施設及び被収容者等の処遇に関する法律2条15号。以下，刑事収容施設処遇法）。

　死刑の執行は，本来は，判決確定の日から6月以内に法務大臣の命令でこれをすることが法令上求められている（刑訴法475条）。死刑が法令に従って公正かつ厳正に執行される場合であっても，それまでの死刑確定者の処遇が必要となる。その基本原理は，死刑執行までの待機中，自省と覚悟の時間を静謐に持てることであることは，条理上当然のことである。

　したがって，法がこれを死刑確定者の処遇の原則とし，「死刑確定者の処遇に当たっては，その者が心情の安定を得られるようにすることに留意するものとする」（刑事収容処遇法32条1項）と定めることは適切なことである。

　だから，処遇の態様についても，居室処遇，単独室処遇，相互接触禁止などが規定されている（刑事収容施設処遇法35条2項，36条）。また，面会と信書の発受信について，それぞれ同趣旨の規制が働くこともそれ自体としては了解可能である。法は，次のように定めている。

　　○第120条（面会の相手方）　刑事施設の長は，死刑確定者（未決拘禁者としての地位を有するものを除く。以下この目において同じ。）に対し，次に掲げる者から面会の申出があったときは，第百四十八条第三項又は次節の規定により禁止される場合を除き，これを許すものとする。

……

三 面会により死刑確定者の心情の安定に資すると認められる者

○第139条（発受を許す信書）　刑事施設の長は，死刑確定者（未決拘禁者としての地位を有するものを除く。以下この目において同じ。）に対し，この目，第百四十八条第三項又は次節の規定により禁止される場合を除き，次に掲げる信書を発受することを許すものとする。

……

三 発受により死刑確定者の心情の安定に資すると認められる信書

2　しかし，我が国では，死刑執行にあたり，法務大臣と収容先拘置所の大幅な裁量が法令上の根拠なく認められている。死刑執行には法務大臣の執行命令が必要であるが，命令を出すかどうかは，法務大臣の政治的信条と打算も含めた裁量に委ねられていることは周知の事実である。

死刑制度の適否はさておき，死刑確定者の処遇は，法務大臣と拘置所の裁量に委ねられる結果，事実上，極めて不安定・不確実・不透明な状態に置かれる。これを立法上改善しようとする動きもない。

死刑執行手続に関する再審査手続，死刑判決確定後の事情による刑の執行猶予の手続，恩赦申立手続等など，死刑が誤判に基づかずに，適正かつ厳正に行われるのに必要な措置の導入は充分に可能である。だが，立法者の怠慢から，かかる立法措置の検討はなされず，法改正の見込みはない。

もとより，絞首刑という死刑執行の方法自体が，時代遅れであり，それ自体が，不要な苦痛と不安と恐怖をもたらすことについても，なんら再検討は加えられていない。

要するに，死刑確定者が，現在一般的に，法の本来予定する範囲を超えて，徒に精神的な不安と恐怖，心情の不安定状態に置かれるのは，ひとえに，国家の怠慢と瑕疵による。その意味で，死刑確定後の死刑執行までの過剰な苦痛を与える状態と絞首刑という方法は，現段階では，憲法36条の禁止する残虐な刑罰に該当するとみるべきだ。

これを前提にした上で，本件死刑確定者の証人としての出頭の当否につい

て，検討するべきである。

　3　検察官の説明では，東京拘置所が死刑確定者の証人出頭が上記の法令上の意味での心情の安定を阻害するという。これを理由に証人の出頭を事実上拒むと通告している。しかし，疑問がある。
　(1)　確かに，死刑確定者の処遇を安全・円滑・適正に行なうことも国家の責務であるが，同時にその死刑確定者が別個の法令上の根拠に基づき，証人として喚問された場合，裁判所への出頭を安全・円滑・適正に行うことも国家の責務である。
　司法が発する国法上の命令を国家組織が公然と無視すると宣言することは，法治国家の原則を否定するものでしかない。そもそも荒唐無稽の主張である。
　(2)　死刑確定者である証人等の心情の安定の有無は，拘置所の独断で決めるべきことではない。検察官，弁護人との面談，さらには裁判所による事実の取調べなど適切な措置によって，裁判への協力の重要性，証言の重要性，その義務としての意義を説明し，納得を得るように務めるべきである。
　かかる措置を欠いたまま，拘置所の独断で判断すること自体が，場合により，本件オウム真理教関係者たる死刑確定者3名については，かえってその心情を大きく動揺させかねない。その特殊な事情を，裁判所は，重く受けとめるべきである。
　(3)　次に，3名の証人に対する召喚命令だけでは，東京拘置所が事実上サボタージュをする前代未聞の事態が相当の蓋然性を以て予想されるというのであれば，裁判所はあらかじめ勾引状を発し，検察官がこれを法令に従って執行することとなる。すなわち，次の条文による。

　　　刑訴法第70条　勾引状又は勾留状は，検察官の指揮によつて，検察事務官又は司法警察職員がこれを執行する。但し，急速を要する場合には，裁判長，受命裁判官又は地方裁判所，家庭裁判所若しくは簡易裁判所の裁判官は，その執行を指揮することができる。
　　　②刑事施設にいる被告人に対して発せられた勾留状は，検察官の指揮によつて，刑事施設職員がこれを執行する。

愚劣なことであるが，ハリウッドの映画並みに，検察官が，武装する警察官を率いて，拘置所に乗り込み，証人3名の居室を開錠させて，裁判所に同行させるなどという珍場面を想定する議論は，我が国の法治国家のあり方にふさわしいものではない。

裁判所は，粛々と勾引状を発して，必要に応じて，法務大臣とも相談の上，法の予定するところに従い，拘置所職員において，3名を所定の日時に裁判所の所定の場所へ連行するべきである。

検察官は，市民も笑う主張を，もっともらしく述べるものではない。

Ⅶ 裁判員裁判と所在尋問の問題点

1 本件で，所在尋問を実施することは，裁判員裁判に参加する市民が自らの責務を実現する機会を奪うこととなる。

本件は，裁判員裁判を予定している。裁判員裁判は，第1条（趣旨）に規定するように，「国民の中から選任された裁判員が裁判官と共に刑事訴訟手続に関与することが司法に対する国民の理解の増進とその信頼の向上に資すること」にかんがみて，裁判員と裁判官を構成員とする合議体により，裁判を行なうものである。

市民が裁判員の職務を尽くすのは，裁判員法制定後，憲法上の市民の3義務（憲法26条2項，義務教育の義務。憲法27条1項，勤労の義務。憲法30条，納税の義務）に準ずるべき重みを持つ。つまり，司法に参加することが憲法の趣旨に由来する重要な責務となったと解してよい。

裁判員裁判を支える原理は，市民参加であり，法適用における市民良識の発露である。その裁判員裁判が適正かつ厳正に事件を処理していることを他の市民が確認し，監視し，支持し，理解することが裁判員法1条の趣旨である。そのためにも，裁判員裁判については，ことのほか公開裁判として実施するべきである。

以上のことは，責任ある裁判員の公正な裁判を受ける被告人の権利の側面からも捉え直すこともできる。

2　21世紀に入り，オウム真理教関連事件について裁判員が裁く機会を持つこととなった。本件被告人の事件もその一つである。市民たる裁判員は，20世紀末に起きた特異な宗教テロ犯罪が社会的にいかなる意味をもつものであったかという関心を持ちながら，法の枠組みの中で，犯罪の成否と量刑のあり方を吟味し，判断することとなる。

本件における被告人自身の主張はさておき，本事件が，市民が裁判員として日本社会を震撼させた未曾有の「政治犯罪」の一端を市民良識に照らして裁く場となる。それだけに，後に，「密室裁判」で重要な証人の証言を聞いて判断したとのそしりを残す手続のあり方は，裁判員裁判の健全なあり方として望ましくない。

3　現段階では，所在尋問を行なう旨決定するべきではない。公開裁判における証人尋問という真相解明の原則を不当に歪めてしまう。

かかる決定は，次の意味で裁判員裁判の趣旨を損なう。

(1) 裁判員裁判導入以降，憲法82条の「対審の公開」の原則は，より厳格なものに高められた。裁判員もまた公開の場で自らの審理が監視され，理解され，支持されているという手続のもとで充分な責務を果たすことを期待されている。この裁判員裁判のあり方をゆがめる。

(2) 3名の証人尋問は，今回の裁判においてきわめて重要な意味をもつ。従って，証人尋問の実施方法についても，仮にこれを非公開とするべきであるとしても，可能な限り，裁判員にも事実上判断し意見を述べる機会を与えるべきである。かかる裁判員の責任ある関与の機会も与えずに，法律家のみの判断で，本件における証人尋問のあり方を決定してしまうこと自体が，市民良識を活かす裁判員裁判の趣旨を損なう。

(3) 憲法32条の裁判を受ける権利，憲法37条1項の公正な裁判所の意味は，裁判員法施行後，実質的に意味内容を変えたとみていい。市民参加による市民良識が活きた裁判を受ける権利を被告人は保障されている。公判前整理手続における所在尋問の決定は，かかる被告人の権利を侵害する。

(4) オウム真理教に関わる一連の事件の意味は，日本の歴史と社会にとっても，公開の法廷で，市民が見守る中，市民たる裁判員と裁判官が裁くべき

である。審理の一部に，非公開対審を組み込むことにより，この事件の裁判員裁判の正当性を損なうこととなるのは避けるべきだ。

4　むしろ，裁判所は，まずは，証人尋問については通常通りに公開の公判廷での尋問とする旨証拠調べの方法を決定するべきである（法297条）。

他の証人の証人尋問を先行させて実施する中で，必要に応じて裁判員も事実上交えた評議を行い，3名の証人尋問の実施前に，あらかじめ，①被告人退廷，②遮へい尋問，ビデオリンクによる尋問，③裁判所構内での期日外尋問，④拘置所での所在尋問のいずれが真実の証言を得る上で適切か判断するべきものである。もとより，公開法廷での証人尋問を開始後にも，以上の諸措置を発動するべきかどうか，判断する機会はあるし，そこにも，事実上裁判員の参加を保障するべきである（なお，裁判員裁判法6条1項にもかかわらず，裁判長の訴訟指揮権によって評議に裁判員の出席を認めることはなんら禁止されていない）。

エピローグ——最近の新聞記事から

1　朝日新聞2013年6月18日（朝刊）は「3死刑囚，法廷尋問へ／オウム平田被告の裁判」と題する記事で，「オウム真理教の元幹部・平田信（まこと）被告（48）の裁判員裁判で，東京地裁……は17日，教団元幹部の死刑囚3人の証人尋問を，公開の法廷で実施すると決めた。法務省に残る記録では，拘置所以外での死刑囚の証人尋問は2例目。裁判員裁判では初めてで，異例の措置となる」と報道している。「地裁は今回，傍聴者も含めた一般市民にわかりやすい審理を目指す，裁判員制度の趣旨を尊重したとみられる。また，法務当局は死刑囚の心情の安定を理由に外部接触をほとんど認めず，日本弁護士連合会などが死刑に関する情報公開の遅れを批判してきた。その意味でも公開は画期的だ」と記事は摘示する。同じく，2013年7月4日（朝刊）の記事，「検察特別抗告，最高裁が棄却／オウム平田被告裁判」では，「最高裁第三小法廷……は，元教団幹部の死刑囚3人の証人尋問を『公開の法廷で行う』とした東京地裁の判断を不服とする検察側の特別抗告について，棄却する決定をした」という。9月21日（朝刊）の記事，「開廷「オウム公判だけに」

／死刑囚尋問で警備強化／法務省要請へ」は,「オウム真理教元幹部の死刑囚3人が,元幹部・平田信(まこと)被告(48)の裁判で証人として出廷するのを前に,法務省は近く,死刑囚の出廷当日には,他の刑事裁判を開かないよう東京地裁に要請する方針を固めた。『3人が襲撃されたり,教団関係者に奪還されたりする可能性も考えておく必要がある』と判断したためで,地裁も,要請に一定程度応じるとみられる」と紹介している。

2 こうした裁判所の毅然たる関係者のていねいな準備を踏まえて,3名の死刑囚の証人尋問が公開の法廷で粛々と実施され,我が国が体験した未曾有のテロ事件の真相の一端が解明されることを期待したい。

追記
　平成26年1月21日に中川智正の証人尋問が東京地裁で粛々とおこなわれた。防弾ガラスの設置がなされたが,これは法廷警察権によるものであって,不当と見る必要はない。が,傍聴席との間で遮蔽措置が採られている。新聞記事では,被告人席,検察官席(被害者参加人席)との間での遮へいはないようであった。証人は事件について真しに証言した様子が報道されているが,そうであればなおのこと遮へいのない,正常な証人尋問を実施するべきでなかったか。次回以降の死刑囚の証人尋問にあたり,弁護人において訴訟指揮に対して強く異議を申し立てるべきではなかったか。
　なお,その後2月3日に井上嘉浩,2月5日に林泰男がそれぞれ証人尋問を受け,3月7日に東京地裁の裁判員裁判法廷は被告人に懲役9年を宣告して,無事に一審は終了した。

第19章　証人審問権と伝聞例外

1　憲法 37 条 2 項は刑事被告人の「証人喚問・審問権」を保障し，法 320 条 1 項は，「人のことば」を証拠にする場合について「伝聞禁止原則」を定める。そして法 321 条以下にその例外としてこれを証拠にできる場合を定める。例えば，検察官面前調書については法 321 条 1 項 2 号の要件を満たすと証拠にしてよい。こうした憲法，刑事訴訟法の構造をどう理解するべきか。

2　「刑事被告人は，すべての証人に対して審問する機会を充分に与へられ，又，公費で自己のために強制的手続により証人を求める権利を有する」(憲法 37 条 2 項)。その趣旨について，判例は，裁判所が証人尋問を決定した場合，被告人は十分に審問する機会が保障されることを意味するものとする（最大判昭和 23・6・23（刑集 2 巻 7 号 734 頁。なお，伊藤正己憲法 3 版 347 頁，佐藤幸治編憲法 II 基本的人権（高橋正俊）359 頁等参照）。

しかし，十分な証人審問の機会の保障だけであれば，これは当事者追行主義の訴訟構造から導かれる刑事訴訟法上の「当事者」としての権利に留まる。憲法が「刑事被告人」の権利として定めるまでもない。「刑事被告人」の権利を保障した趣旨は，被告人の防御に必要かつ相当な範囲で証人を喚問して審問する実質的な防御権を保障した点にある。したがって「当事者の証拠調の請求は，例えば証拠能力がないとか，事件に関連がないとか，同じ点について他に同趣旨の証拠が充分にあってさらにその証拠を重複的に調べることが無意味であり訴訟経済に反するとかいつたような積極的な理由がないかぎり，これを却下することは許されない」((註解日本国憲法上 648 頁)。無制約に繰り返し証人尋問を求めることなどは，権利の濫用であり，裁判所の健全な裁量によって認めるべきではない。だが，被告人が防御上の関連性・重要性を疎明する限り証人尋問は憲法上の権利としてこれを認めるべきである（憲法 37 条 2 項後段が被告人の防御のため自己に有利な証拠を出す「証拠提出権」を保障す

ると解する光藤景皎「『被告人の証拠提出権』試論」吉川経夫先生古希祝賀・刑事法学の歴史と課題464頁参照)。

　以上を前提にした上で，一般には，同条項前段で被告人に不利益な供述をなす証人に対する尋問権を，後段で被告人にとって有利な供述をなすと思われる証人を喚問する権利を保障するものと解されている(注釈日本国憲法776頁(佐藤幸治))。かかる権利の割り振りの当否はさておき，同条項は実質的に，①被告人は強制的な喚問によって証人の出頭を確保できる(証人喚問)，②被告人は主尋問により自己の主張を裏付ける証言を証人から引き出し，③検察官が請求しまたは裁判所の職権で採用された証人については疑問点などを十分に審問する反対尋問を行うことができる(註解日本国憲法上649頁参照)。

　法320条以下で「人のことば」を証拠とする場合には，かかる憲法37条2項の趣旨に沿った解釈運用を要するが，同条項の求める訴訟の基本は，被告人が主尋問・反対尋問で引き出した証言をそのまま証拠とする公判中心主義が徹底された訴訟構造である(供述調書を裁判官室や自宅に持ち帰って自由に読み返すことを許す「自室証拠調主義」を是認する「調書裁判」にはなじまない。団藤重光博士古稀祝賀論集4巻420頁(平野龍一)参照)。

　3　法320条1項は，321条以下に定める伝聞例外のいずれかに該当しない限り「公判期日における供述に代えて書面を証拠とし，又は公判期日外における他の者の供述を内容とする供述を証拠とすることはできない」とする。「人のことば」を証拠にする場合，これを記載した書面(供述代用書面)，「人のことば」を聞いた者の説明(供述代用供述)によることを禁止し，本人が公判廷で直接証言することを要する(「伝聞禁止／本人尋問」原則)。ただ，法321条以下で例外として「人のことば」を証拠にできる要件を定めており，その内容を踏まえた場合「伝聞禁止／本人尋問」原則の対象となる「人のことば」の使い方とは，事実を立証するにあたり，これを観察した供述者の供述を証拠にする場合である。

　学界では一般に事実の観察と「ことば」による再現のプロセスを「知覚・記憶・表現・叙述」と分析し(「証言4過程」説)，各過程で信用性を損なう事情が入りやすいので，これを当事者自らの反対尋問により弾劾する必要が

あるとし，これを伝聞禁止原則の根拠とする（田口守一刑事訴訟法（6版）397頁，白取祐司刑事訴訟法（7版）396頁，上口裕刑事訴訟法（2版）376頁等参照。「反対尋問」基準説）。

しかし，当事者による反対尋問による弾劾がないことのみで「伝聞禁止／本人尋問」原則を説明するのは我が国の現行法の構造に照らすと不十分・不正確である（大コンメンタール刑訴法7巻（2版）568頁（中山善房）以下）。

まず，現行法は，証人の供述の証明力を争うには，「証人の観察，記憶又は表現の正確性等証言の信用性に関する事項」と「証人の利害関係，偏見，予断等証人の信用性に関する事項」（刑訴規則199条の6）に及ぶことを求める（「証言3過程／人柄3項目」説）。かかる供述の信用性の多面的な吟味の方法も多面的である。すなわち，①主尋問で証人に証言の信用性に関する疑義も問い質して信用できる証言を確保し，反対尋問で反対当事者が独自の視点から弾劾を行う（規199条の2）（当事者追行主義）。②被告人の反対尋問は憲法上の証人喚問・審問権として保障され，ことのほか尊重されなければならない。③裁判員・裁判官など事実認定者も証人に直接発問して疑義を糺す（法304条。規201条の定める裁判所の介入尋問も含む。職権探知主義）。裁判員裁判では裁判員自らの発問に対する証言から得た心証は重い意味を持つ。④被告人・弁護人，検察官が在廷する公判廷で事実認定者が直接見聞できる証言のみを証拠として事実認定を行なうことも供述の信用性確保の土台となっている（直接主義）。このように，伝聞供述は，公判廷において，当事者追行，証人喚問・審問権保障，職権探知により直接的に信用性の吟味ができないから証拠にしないものと解すべきだ（「公判中心主義」を経ない供述の排除基準説）。

4 「人のことば」でも「伝聞禁止／本人尋問」原則の対象とする必要のない場合がある。

(1) 供述者の判断，感情，認識，希望，予想など種々の「精神状態」を内容とする供述には同原則は不要だ。かかる供述は，日記，メモ，犯行計画等に記載されていたり，直接聞いた者が証言する等存在形態は多様である。供述内容の性質上，立証趣旨は「供述時の精神状態」を要証事実とするしかないが，「証言3過程」中外部の事実を「観察」する過程がなく，記憶，表現

固有の誤りも少ない。供述者自身の内心の叙述なので利害関係・偏見・予断の「人柄3項目」を疑問視する必要も乏しい。「精神状態」を正確に伝えていれば（法317条が求める証拠能力の要件である。関連性があればよく、ここでは真し性が求められる），事実認定の材料にしてよい（東京高判昭和58・1・27（判時1097号146頁。なお、最判昭和38・10・17刑集17巻10号1795頁参照）。

(2) 脅迫，名誉毀損，侮辱など「人のことば」が犯罪事実を構成する場合，酩酊・幻聴・幻覚を示す材料となる場合，悲鳴，叫び，号令，謝辞など行動と一体となっている場合，「人のことば」の存在に意味がある。内容の真実性立証には使わない（「非伝聞」ないし「非供述証拠」としての利用）。かかる場合，証拠物と同じく自然的関連性があれば証拠能力を認めてよい（法317条）。

5 通常，警察，検察は，捜査段階で，犯人と犯罪，量刑に関わる事情について被疑者や参考人を取り調べて供述調書にまとめる（被疑者供述調書または参考人供述調書。検察官作成の供述録取書（検面調書）または司法警察員作成の供述録取書（員面調書））。このうち，法321条1項2号は被告人以外の者の検面調書について証拠能力を認める。以下，伝聞例外を認める一般的な原理に沿って整理する。

(1) 供述者が死亡，心身の故障，所在不明，国外居住など公判廷で証人尋問を行うことができない事由があれば（供述不能），裁判所は証拠にしてよい（2号「前段書面」）。検面調書を作成する検察官は法曹資格があり，「検察官同一体の原則」の下にある検察庁に属し，捜査権，公訴権，公判立会権，裁判と刑罰の執行指揮権を有するものであって，その取調べでなされた供述は一般に信用してよい（信用性の状況的保障）。また，員面調書と異なり事件の核心をとりまとめる検面調書の証拠としての必要性も類型的に認められる（証拠の必要性）。これが前段書面に伝聞例外を認める実質的な理由である。

しかし，検察官の参考人取調べは密室で行われ録音録画など可視化がなされていない。一定の見込みに従って供述を誘導し威嚇・利益誘導など違法な取調べがなされることもある。だから，従前から絶対的特信性を要件に付加しない限り違憲とする説もある（例，鈴木茂嗣・刑事訴訟法（改訂版）207頁，平野龍一・刑事訴訟法209頁）。もっとも，条文自体を違憲とする解釈は不要であっ

て，被告側が法319条1項に準じて供述が任意にされたものでない疑いがあることを疎明した場合，検察官が十分に反証しない限り，裁判所の証拠採否に関する訴訟指揮権の内在的な制約として証拠採用はできないと解釈できる（法325条の任意性調査義務がこれを求める）。さらに，判例が認めるように，本条号が「法三二〇条の伝聞証拠禁止の例外を定めたものであり，憲法三七条二項が被告人に証人審問権を保障している趣旨」にかんがみ，検面調書が作成され証拠請求されるに至った事情や供述者が国外にいることになった事由のいかんなどにより「手続的正義の観点から公正さを欠くと認められるとき」同条号での証拠採用はするべきではない（最判平成7・6・20（刑集49巻6号741頁））。

(2) 供述者が証人尋問を受けたが，公判廷での証言と取調べ段階の供述が相反するか実質的に異なっている場合（相反性。証拠の必要性を意味する），公判廷での証言と比較して取調べ段階の供述を「信用すべき特別の情況」があるときには証拠としてよい（2号「後段書面」）。運用上主尋問，反対尋問，補充尋問を通して述べた証言内容と検面調書の内容に食いちがいがあれば相反性が認められる（東京高判昭和30・6・8（高刑集8巻4号623頁）参照。的場純男・刑事訴訟法の争点3版187頁）。主尋問では検面調書通りの証言がなされたが，反対尋問では異なる証言をした場合などでは，裁判所が「残る供述」といえる部分を探り当てて公判廷の限度ではこれを一応信用できるものと扱った上，検面調書との相反性の有無を判断して採用を決める運用となっている（一応の信用性基準説。石井一正・刑事実務証拠法（5版）168頁）。

確かに，主尋問段階から検面調書と異なる証言を行い，捜査段階の説明が公判廷で再現できない場合であれば，検面調書を証拠とする必要はある。だが，主尋問で検面調書の内容通り証言しこれが再現されているが，反対尋問でこれと異なる証言をした場合，矛盾する両証言の信用性の問題として裁判員・裁判官の自由心証に委ねればよい。検察官は再主尋問で捜査段階でも同趣旨の供述をしたことを確認して主尋問への証言の信用性を回復すればよく，検面調書自体を証拠にする必要はない。被告人の反対尋問が憲法上の証人喚問・審問権に由来するものであり，その行使は被告人の正当な防御活動であるのに，弾劾に成功したときは検面調書を利用してこれを覆すことは証人審問権の侵害にあたる。相反性の有無は，捜査段階供述の再現の有無で形式的

に決めればよい（再現性基準説。丹治初彦・季刊刑事弁護9号88頁）。加えて，裁判員裁判では，公判中心主義の運用がなされる。検面調書を採用しても公判廷で朗読した範囲でのみ証拠になる。結局，主尋問への証言の反復でしかなく，証拠厳選原則にも反する。

まとめ

　刑事裁判が刑罰を科す場である以上，「刑事被告人」は憲法上合理的な防御活動は適宜に行える「包括的防御権」が保障されるべきだ。証人喚問・審問権もその具体化だ。刑訴法への架橋は「公判中心主義」原理が果たす。刑訴法の伝聞禁止・伝聞例外各規定はその趣旨に沿った厳格な解釈と運用を要する。

第 3 部

刑事手続
――判例法と判例評釈の「方法」

第20章　昭和42年12月21日最判
——補強証拠

最高裁昭和42年12月21日第1小法廷判決
昭和42年（あ）第1362号，業務上過失致死，道路交通法違反被告事件，
上告棄却
刑集21巻10号1476頁

【事実の概要】
　被告人は大型貨物自動車を無免許で運転中に人身事故を起こし，業務上過失致死罪と道交法違反の併合罪で起訴された。一審は実刑判決を言い渡したが，被告人は無免許運転罪に関する自白に補強証拠が足りないことを理由不備として控訴した。
　控訴審は，「被告人の自白に補強証拠を必要とするのは，自白にかかる犯罪事実そのもの，即ち犯罪の客観的側面についてその真実性を保障せんがためであり，無免許という消極的身分の如きその主観的側面については，被告人の自白だけでこれを認定して差支えない」として控訴を棄却した。被告人は，右判断を憲法38条3項違反等として上告した。
　最高裁は，被告人が一審公判廷において自白しているところ，憲法38条3項にいう「本人の自白」には公判廷における被告人の自白を含めないとするのが判例であるとし憲法違反を認めず，上告を棄却した。ただ，括弧書きで原審の法319条2項の解釈を誤りとした。

【判決要旨】
　上告棄却
　「無免許運転の罪においては，運転行為のみならず，運転免許を受けていなかつたという事実についても，被告人の自白のほかに，補強証拠の存在することを要する」。「原判決が……無免許の点については……自白のみで認定

しても差支えないとしたのは，刑訴法三一九条二項の解釈をあやまったものといわざるを得ない。ただ，本件においては，第一審判決が証拠として掲げたSの司法巡査に対する供述調書に，同人が被告人と同じ職場の同僚として，被告人が運転免許を受けていなかつた事実を知つていたと思われる趣旨の供述が記載されており，この供述は，被告人の公判廷における自白を補強するに足りるものと認められるから，原判決の前記違法も，結局，判決に影響を及ぼさない」。

【解　説】

(1)　憲法38条3項，法319条2項は自白が「唯一の証拠」であれば有罪とすることを禁ずる。他の証拠による補強がいる（自白の補強法則）。ただ，我が国刑事手続は，捜査を経た送致（法246条），検察官の補充捜査，合理的嫌疑に基づく公訴提起が予定されている。自白しか証拠がない起訴は想定できない。だから，有罪・無罪が争われる場合も自白の裏づけが状況証拠全体として充分になされているかどうかが問われる。補強証拠の有無は陰に埋もれて問題にならない（刑事証拠法の諸問題（上）（杉田宗久）370頁）。それでも，補強法則は誤判防止の最後の歯止めであり，自白事件の証拠の質を高める役割もある。軽視できない。

補強法則については，①目的，②補強の意味，③補強を要する範囲，④補強証拠の証明力，⑤補強証拠の適格性などが問題になる。

(2)　補強法則の目的は何か。判例は自白の真実性担保とする。「被告人本人の自白だけを唯一の証拠として犯罪事実全部を肯認することができる場合であつても，それだけで有罪とされ又は刑罰を科せられないものとし，かかる自白の証明力（すなわち証拠価値）に対する自由心証を制限し，もつて，被告人本人を処罰するには，さらに，その自白の証明力を補充し又は強化すべき他の証拠（いわゆる補強証拠）を要するものとしている」（最大判昭33・5・28刑集12・8・1718。他に，最判昭24・4・7刑集3巻4号489頁）。他方，学説は，一般に自白偏重による誤判防止を目的とする。

確かに，自己に不利益なことを認める自白はそれ自体信用できる面があ

る。裁判所が経験則に基づき自白だけから有罪の心証を形成することも不合理ではない。万が一の過誤を補強証拠により防げばよい。学説も一般にこれを「本来の補強法則」とする（田宮裕・刑事訴訟法（新版）355頁。証明政策説とする）。だが，被疑者取調べでなされた自白やこれに影響された公判廷の自白は虚偽の危険も常に伴う。自白だけで有罪を認定することは証明政策上も問題だ。憲法38条3項は，補強証拠なき自白では「合理的疑いを超える証明」に至らないとする法原理に立脚する（刑事弁護コンメンタール・刑事訴訟法（高田昭正）299頁参照）。これを被告人の防御権として保障するねらいは，自白偏重・誤判防止にある。

(3) 補強証拠がある状態は何を意味するか。まず，自白の任意性とパラレルに自白の信用性の最小限度の要件とする説がある（刑事公判の諸問題（那須彰）445頁）。補強証拠がある状態は訴訟上の事実類似のものとなる（訴訟事実類似説）。だから，疎明程度の証明でもよいこととなる。今ひとつは，自白と補強証拠が揃ってはじめて自白事件における「合理的疑いを超える証明」の有無を吟味する証拠上の前提条件が整うとみる説だ。

前者に近い判断を示した裁判例もある。廃棄物の処理及び清掃に関する法律違反被告事件に関する広島高判平12・10・3高等裁判所刑事裁判速報集（平12）183頁は，「自白の信用性を肯定するためには，それが罪体を直接に立証するような客観的な証拠によって裏付けられることまでは必要でなく，自白の経緯や供述経過，自白した状況，自白の内容，秘密の暴露があるかどうか，虚偽の自白をするに至ったという弁解の合理性などをも総合し，信用性を担保するだけの客観的な証拠や事実関係と合致していれば足りる」とする。上記証明政策説もかかる訴訟事実類似説になじみやすい。

だが，自白偏重による誤判防止上補強証拠を重視すべきだ。憲法・刑訴法の文理もこれを求める。その意味で補強法則は自白の信用性に関する自由心証主義（法318条）の例外にとどまらず，「犯罪の証明」に必要な証拠構造（法333条）の最低要件でもある（証拠構造説）。

(4) 要補強範囲はどうか。判例は，自白の真実性が他の証拠により実質

上担保されていればよいとする（最判昭23・10・30刑集2巻11号1427頁，最判昭25・10・10刑集4巻10号1959頁。実質説）。この場合，犯罪と被告人との結びつきまで補強する必要はない（最判昭24・7・19刑集3巻8号1348頁，最判昭25・6・13刑集4巻6号995頁）。罪種・犯行態様により自白の真実性が補強されているか否かが異なる。本判決は，無免許運転罪の場合には無免許の事実こそ自白の核心をなすのでその点の補強が要るとした（三井誠・法教260号83頁。同旨，東京高判平11・5・25東高刑時報50巻1〜1239頁）。最近の裁判例では，常習累犯窃盗の場合の常習性（東京高判平2・5・10判タ741号245頁，福岡高判平4・8・17高検速報1376号，東京高判平12・10・2東高刑時報51巻1〜12号98頁），**無免許運転の場合の運転の事実**（大阪高判昭62・9・4判タ655号266頁），道交法上の報告義務違反の場合の報告しなかった事実（大阪高判平2・10・24高刑集43巻3号180頁）について補強を求める。

　学説の多くは，自白以外の証拠によって犯罪事実を立証する証明形式が整うことを求める（形式説）。補強の範囲については，①法益侵害事実（例，死体の存在），②犯罪性（他殺であること），③被告人の犯人性（例，被告人宅での兇器発見）まで幅がある。故意・過失（例，殺意）についても常に他の証拠を求めることは捜査や訴追を困難にするので補強を求めないのが一般である。通説は②までの立証で足りるとする（団藤重光・刑訴法綱要7版288頁，田宮裕前掲書356頁等。捜査段階の自白について形式説，公判廷の自白について実質説とする折衷説（鈴木茂嗣・刑訴法（新版）224頁）もある）。

　思うに，自白だけで「合理的疑いを超える証明」ができるという前提にたつなら，実質説で十分だ。しかし，刑事裁判における自白には本来虚偽の危険がある以上，形式説が妥当だ。その場合，避けたいのは，被告人を犯人と安易に認定することだ。ところが，犯罪の存在が一応立証されている状態を自白から眺め返すと，被告人を犯人と認定しても矛盾なく証拠全体を説明できる。このため，他の可能性を慎重に吟味しにくくなる。それが自白の与える予断と偏見の力だ。これを避けるのが補強法則の役割だ。それには自白を除く証拠により犯人性が証明されている状態が要る。

　また，公判廷での被告人質問では，固有の自白（犯罪事実の全部または一部の説明）以外に，犯行前後の状況や自白に至る経緯，秘密の暴露，反省状況な

ども聴取する。判例も，憲法38条の解釈上公判廷の自白については「更に他の補強証拠を要せずして犯罪事実の認定ができる」とするが，その理由として「裁判所はその心証が得られるまで種々の面と観点から被告人を根堀り葉堀り十分訊問することもできる」からとする（最大判昭23・7・29刑集2・9・1012）。自白の周辺供述は補強証拠に等しい。これに他の証拠を加えてもなお犯人性が浮き彫りにならない場合なのに，公判廷の自白と合体して有罪認定をすることは誤判の余地を残す。折衷説は採れない。③説が妥当だ。

(5) 補強証拠の証明力はどうか。判例は，被告人の自白と補強証拠によって自白内容が信用できると認定できればよく，そうであれば犯罪事実も認定できるとする（相対説。最判昭24・4・7刑集3巻4号489頁，最判昭28・5・29刑集7巻5号1132頁。同旨，松尾浩也・刑訴法下（新版）38頁）。本判決が，無免許の点について被告人の同僚がその旨耳にしたといった程度の供述証拠で足りるとしているのはこの理由による（新刑事手続Ⅲ（朝山芳史）249頁）。学説は，自白を除く他の証拠によっても犯罪事実が一応明らかになることを求める絶対説が有力だ（白取祐司・刑訴法（2版）335頁）。

さて，有罪・無罪の最終的判断の際には自白と補強証拠を総合判断する。その段階までに自白偏重・誤判の危険のない最小限度の状態にしたい。補強証拠の有無や質が問題になるのは，被告人側が事実を争っている場合である。とすれば，被告人側が補強法則の充足に関する争点を熟知し防御の機会を保障されなければならない。そして，被告人が提出する反対証拠よりも検察官側提出の証拠が優越していて，被告人による犯罪行為であることが認定できる場合でなければならない（争点顕在化・証拠の優越説）。相対説は採れない。

(6) 補強証拠の適格性は何か。判例は，「互に補強証拠を要する同一被告人の供述を幾ら集めてみたところで所詮有罪を認定するわけにはいかない」とする（最判昭25・7・12刑集4巻7号1298頁）。思うに，補強証拠は自白の真実性と被告人の犯人性の証明に使われるから，証拠能力が要る。それに加えて，実質的に自白と同一視すべき証拠で有罪とすることは補強法則潜脱となる。自白と独立した証拠を要する（補強証拠の独立性）。

裁判例によれば，公判廷の自白を捜査段階の自白で補強することはできない（東京高判昭 32・8・21 東高刑時報 8 巻 9 号 284 頁）。犯人が盗んだ事実を認めているなら盗難は間違いないと思う旨の被害顛末書については，併記されている被害物件の保管場所・保管者・保管状況等のみ補強証拠としての価値がある（最決昭 32・5・23 刑集 11 巻 5 号 1531 頁）。食料管理法違反事件で被告人が犯罪の嫌疑を受ける前からつけていた闇米を含む販売未収金帳は，法 323 条で証拠能力を認められる一方，被告人の自白との実質的な独立性があるので補強証拠にも使える（最決昭 32・11・2 刑集 11 巻 12 号 3047 頁）。

〈参考文献〉
　指宿信・争点（3 版）176 頁，三井誠・法教 257 号，259 号，260 号，鈴木茂嗣・百選（3 版）204 頁，福島至・百選（7 版）176 頁，基礎演習刑訴法（後藤昭）249 頁

第21章　昭和56年11月26日広島高判
──別件捜索差押

広島高裁昭和 56 年 11 月 26 日判決
昭和 55 年（う）第 32 号，業務上横領被告事件，破棄・無罪
判時 1047 号 162 頁，判タ 468 号 148 頁

【事実の概要】

　被告人は，以下の経緯を経て預かっていた会社給料の業務上横領罪（本件）で起訴されたものである。昭和 51 年 9 月 27 日の夕方から夜間にかけて呉市内にある勤務先会社の従業員の給料を預かっていたところ紛失したとして警察に届を出したが，警察は着服横領したとして捜査を開始した。他方，警察は本件事件発生までに同社下請け会社従業員甲の関与する別件モーターボート競走法違反被疑事件を捜査し，起訴に至っていた。その捜査の過程で被告人ものみ行為の相手方になっていたことを内偵していたが取調べなどは行っていなかった。

　本件被疑事実が浮上した後，警察は，別件に関して捜索差押許可状の発付を得て呉市内にある被告人宅の捜索を行った。犯罪事実の要旨は，前年同時期に施行の丸亀市主催の競艇の競走に関し甲がいわゆるのみ行為をして利益を図ったが，被告人はその情を知りながら勝舟を予想指定して舟券代相当金額 100 円を 1 口とした金銭 1,000 円を提供して申込み勝舟投票類似行為の相手方となったとするものである。差押えるべき物は「本件を立証するメモ，ノート類，日記帳，通信文，預金通帳，スポーツ新聞」とするものであった（別件のその後の処理は判旨参照）。

　右捜索の際，被告人が背広，ズボン姿で幼児を長時間抱えているのに不審を抱いた警察官 W が被告人に対し，持ち物の提示を求めた。その際 W は被告人の着衣，シャツの上から手で被告人の体に触れて所持品の有無を確かめた。但し，着衣，シャツの内側に無理に手を差入れるなど強制にわたる行

為はなかった。被告人はWから所持品を確認され，渋々普通預金通帳3冊を自ら提出したので，捜査機関はこれを領置した。これら通帳は，10月6日に福岡市で異なる銀行の普通預金口座を偽名で開設してそれぞれ51万円，52万円を預金したもの，10月8日に北九州市で以上と異なる銀行でも同一偽名で口座を開設し200万円を預けたものであり，本件起訴後検察側の証拠となっている。

　被告側は，本件の証拠収集目的で別件捜索が行われて通帳等が押収されたもので違法収集証拠として証拠能力がないこと，これに基づく公訴提起が公訴権濫用にあたることなどを控訴審で主張した。控訴審は，以下判旨(1)のように本件目的捜索を認めて違法としたが，同(2)のように違法収集証拠排除法則は適用せず証拠にした。しかし，犯罪の認定に「合理的疑い」が残ることを理由に被告人を無罪とした。

【判　旨】

　(1)「モーターボート競走法違反被疑事件は，被告人に対する被疑事実の内容，被告人の関与の態様，程度，当時の捜査状況からみて，多数関係者のうち特に被告人方だけを捜索する必要性が果してあったものかどうか，記録を検討してみてもすこぶる疑問であるばかりでなく……右捜索に際し，被告人が預金通帳三冊を所持しているのを発見したが，これが右被疑事件を立証する物とは認めなかった（したがって前記捜索差押調書の捜索差押の経過欄には，「室内を捜索したが，目的物を発見するに至らなかった。」旨記載されている。）のに，これをその場で被告人より提出させて領置していること，被告人は右被疑事件について逮捕，勾留されたが起訴されなかったことなどを併せ考えると，右被告人方の捜索は警察当局において，本件業務上横領事件の証拠を発見するため，ことさら被告人方を捜索する必要性に乏しい別件の軽微なモーターボート競走法違反事件を利用して，捜索差押令状を得て右捜索をしたもので，違法の疑いが強い」。

　(2)「捜索差押令状に基づく捜索の場に被疑者が居合わせた場合，差押えるべき物を被疑者が所持している疑いがある以上，限度を超えない限り被疑

者の所持品検査を行うことができることを考慮すると，本件捜索が前記認定のとおり違法の疑いが強く，右預金通帳等の押収が右捜索の際に行われたものであることを考慮しても，右押収は，叙上認定のような経緯で任意に提出されたものを領置したものであるから，その押収手続に令状主義の精神を没却するような重大な違法があるとまではいえず，その証拠能力を否定すべきものではなく，もとより本件の公訴提起が公訴権を濫用したものとして公訴を棄却すべきものとはいえない」。

【解　説】
　(1)　別件捜索差押とは，捜査価値または起訴価値が乏しい別件の証拠収集を口実にして本件に関する証拠収集のための捜索・差押を実施することをいう。
　最高裁は「別件差押え」について「憲法35条1項及びこれを受けた刑訴法218条1項，219条1項は，差押は差し押えるべき物を明示した令状によらなければすることができない旨を定めているが，その趣旨からすると，令状に明示されていない物の差押が禁止されるばかりでなく，捜査機関が専ら別罪の証拠に利用する目的で差押許可状に明示された物を差し押えることも禁止される」と述べている（最判昭和51・11・18判時837号104頁。以下，昭和51年判決）。別件捜索も同様に考えてよい。
　また，適法な逮捕に伴う無令状の捜索・差押について専ら本件の証拠収集を目的としてこれを実施することも許されない。札幌高判昭和58・12・26刑裁月報15巻11・12号1219頁は，法220条1項2号に関し「司法警察職員が被疑者を逮捕する場合において必要があるときは，逮捕の現場で捜索，差押をすることができる旨定めているが，その捜索，差押は，逮捕の原由たる被疑事実に関する証拠物の発見，収集，及びその場の状況からみて逮捕者の身体に危険を及ぼす可能性のある凶器等の発見，保全などに必要な範囲内で行われなければならず，この範囲を越え，余罪の証拠の発見，収集などのために行なうことが許されない」とする。

　(2)　今回の判例は，通帳等の証拠能力の有無を判断するにあたり，別件捜

索については違法としている。その際，次の事情を考慮した。①別件被疑事実に関する強制処分である捜索を実施する必要性，②押収した通帳等と別件被疑事実との関連性と証拠価値。③本件通帳の押収過程それ自体の相当性。④別件捜索・差押を実施する際の捜査機関の目的（本件に利用する意思の有無程度）。

　これは，別件逮捕勾留中の本件取調べの違法性を判断する際に多くの判例が採用する「令状主義の実質的潜脱」基準と類似の分析方法である。すなわち，「別件の逮捕・勾留についてその理由又は必要性が欠けているとまではいえないときでも……本件の取調べが具体的状況のもとにおいて実質的に令状主義を潜脱するものであるときは，本件の取調べは違法であつて許容されない」（大阪高判昭59・4・19高刑集37巻1号98頁）。

　例えば，札幌高判平成1・5・9判時1324号156頁は，女性に対する通り魔傷害事件発生後双眼鏡で他人宅をのぞき見ているとの通報を受けて臨場した警察官らが発見した被告人について，任意同行取調べ中に軽犯罪法違反被疑事件（のぞき見行為）で捜索差押許可状を得て自宅を捜索したところ，覚せい剤を発見した事案について，捜索差押許可状が発付された軽犯罪法違反被疑事件についても被告人の居宅及び付属建物（物置）の捜索の必要性を認め得ること，本件捜索は軽犯罪法違反被疑事件に関し裁判官の捜索差押許可状の発付を得たうえで実施されたこと等を踏まえ，「単に軽犯罪法違反被疑事件の捜索に名を藉りて，その実，傷害被疑事件に関する捜索を行ったものではなく，右軽犯罪法違反被疑事件の捜索をするに際して，これに併せて前記傷害被疑事件に関する証拠の発見をも意図したものと認めることのできる案件である。……傷害被疑事件に関する捜索の意図が併存したがゆえに，本件捜索の方法，程度，範囲等の点において，大きな行き過ぎがあったと評価すべき特段の事跡は認められないばかりでなく，右捜索の過程で発見された本件覚せい剤……は，捜索に当たった警察官らがあらかじめ見込みを付けて意図的に捜索したものではなく，右警察官らにとってはいわば慮外の発見であったと認められるところ，その量も少なくなく，包装の態様などから営利を目的とする頒布のために所持していたことが窺われ，覚せい剤所持罪として相当に重大な事案であることなどの事情に徴すると，たとえ捜索の主目

的が前記傷害被疑事件に関する証拠の発見・収集にあったからといって，そのことゆえに直ちに本件捜索に憲法の令状主義の精神を没却する程に重大な違法があるとは認め難く，また将来における違法な捜査の抑制のために，右捜索の過程で発見されて差押られた本件覚せい剤の証拠能力を否定するまでの必要のある事案とは認め難い」。

(3) 別件捜索が違法か否か判断する上で，差押えた本件証拠が別件の事案解明にも役立つ密接な関連性が両事実の間にあるか否かは重要である。ある裁判例は，有印私文書偽造・同行使等被疑事件の被疑者が大韓航空機爆破事件やよど号ハイジャック事件にも関係し北朝鮮の工作員とも海外で接触している疑いがある事例で，「犯罪捜査の過程においては，犯罪の構成要件に該当する事実の証拠のみならず，被疑者の罪質の軽重その他量刑の資料となる事実の証拠をも犯罪と関係のあるものとして収集すべきであり，特に北朝鮮諜報部員と接触を有する者がこれを援助するために本件犯行を敢行したと疑われる場合には，被疑事実との関連性も，その背後関係，共犯関係をも含めた事件の全貌を明確にする観点から，一般の単独犯行の場合に比べると，ある程度広範囲に認められるべき合理的根拠がある」とし，別件実行行為を直接証明する物の記載といえない物も含まれているが「それらは，本件犯行の量刑に影響を与える事実を明らかにするうえにおいて関連性を有する」とする (横浜地判平成8・5・8判時1606号68頁)。昭和51年判決も，暴力団員であることを被害者に認識させて行われた恐喝被疑事件に関する捜索差押許可状の執行にあたり，後に起訴された本件賭博被疑事件の直接の証拠となる賭け金の計算などのメモの押収を適法とした。このメモは「同時に恐喝被疑事件の証拠となりうるものであり，奥島連合名入りの腕章・ハッピ，組員名簿等とともに差し押えられているから，同被疑事件に関係のある「暴力団を標章する状，バッチ，メモ等」の一部として差し押えられたものと推認することができ，記録を調査しても，捜査機関が専ら別罪である賭博被疑事件の証拠に利用する目的でこれを差し押えたとみるべき証跡は，存在しない」とする。

以上を今回の事件についてみると，今回の捜索差押許可状の差押え物には銀行通帳の記載があり，実質上被告人の金銭の出入は別件解明上役立つ情報

となる蓋然性も否定できないから，別件の捜査の継続性があれば（結果として起訴されなくとも）違法な捜索とみる必要はなかったともいえる。

(4) 以上のように，別件被疑事実による捜索差押が本件との関係で適法か否かは，①別件に関する捜索・差押えとして適法であることを前提にして，②別件捜索・差押時における捜査方針（本件捜査目的の有無と程度），③押収物と別件・本件各被疑事実解明上の必要性と関連性（但し，有罪立証上の要否ではない），④別件の処分結果（押収物の利用度合いを含む）等諸事情を考慮し，令状審査を経て押収すべきなのにそうしていないことに合理的な理由があり相当といえるかどうかで判断すべきだろう（令状主義の実質的潜脱説）。なお，場合により本件が刑事事件としては表にでてこないまま，その捜査のために別件の捜索・差押えをいわば目的外流用する事例もありえるが，その場合には，別件の重大性と別件のための差押の必要性が合理的理由によって認められることが必要だ（東京地判平成12・2・29訟月47巻6号1267頁・判例地方自治204号97頁）。

〈参考文献〉
　石川才顯・別冊ジュリスト119号58頁，福井厚・別冊ジュリスト148号62頁，洲見光男・別冊ジュリスト174号64頁。酒巻匡・神戸法学雑誌43巻3号615頁，島伸一捜索・差押の理論171頁以下。

第22章　平成12年4月21日最決
——刑の執行猶予取消し手続と憲法34条

最高裁平成12年4月21日第1小法廷決定
最高裁平12（し）67号，刑の執行猶予の言渡し取消し請求に関する特別抗告事件，取消し・差戻し
判例時報1708号165頁

【事　実】

　確定裁判記録によると，本件の執行猶予取消しの被請求人は，自宅での覚せい剤自己使用により懲役1年6月，3年間の保護観察付き執行猶予の言渡しを受けた（東京地判平9・5・1，平9特（わ）812。同年5月16日自然確定）。保護観察中の者は，住居の設定・届出と①善行保持，②住居移転・1月以上の旅行の届出を義務づけられる（法定遵守事項。執行猶予者保護観察法5条。以下，保観法）。が，被請求人は，1999年10月に知人から預かった覚せい剤を所持したまま車を無免許・速度違反で運転し，パトカーの追跡を免れるため料金所で他人の車に玉突き衝突して乗員を負傷させ，パトカーにも車を衝突させた後，同乗させていた幼女をつれて自車から飛び降りその後これを別の車に衝突させて運転手と同乗者に傷害をおわせた一連の事件で（以下，再犯事件），道交法違反，傷害，公務執行妨害，器物損壊，業務上過失傷害，覚せい剤取締法違反に問われ，懲役2年の実刑判決を宣告された（水戸地判平12・2・1，平11（わ）686，800）。

　そこで，検察官は，再犯事件が未確定の段階で「第25条の2第1項の規定により保護観察に付せられた者が遵守すべき事項を遵守せず，その情状が重いとき」（刑法26条の2第2号。以下，2号取消し）に該当するとして刑訴法（以下，法）349条に従い水戸地裁に対して執行猶予の取消しを求めた。この場合，同349条の2第1項により被請求人の意見を聴取しなければならない。さらに，同2項により「猶予の言渡を受けた者の請求があるときは，口頭弁論を経なければならない」。また，同3項により，口頭弁論を経る場合には，「猶

予の言渡を受けた者は，弁護人を選任することができる」。右規定を受けて，刑訴規則（以下，規）222条の7第1項は，執行猶予の取消し請求があった場合，「遅滞なく，猶予の言渡しを受けた者に対し，口頭弁論を請求することができる旨及びこれを請求する場合には弁護人を選任することができる旨を知らせ，かつ，口頭弁論を請求するかどうかを確かめなければならない」と定める。

　ところが，地裁では，「求意見」と題する書面（通常は刑法26条の2第2号による取消し請求以外の請求があった場合に用いる）を送付し被請求人に意見のみ求める扱いをした。口頭弁論の請求に関する照会と弁護人選任権告知をまとめて行う「照会書」の書式を用いなかった（取消し事務と書式について，裁判所書記官研修所監修・刑事実務（公判準備等）講義案（再訂版，1999年）227頁以下参照）。被請求人は「異議がない」旨の回答をし，地裁は執行猶予を取り消した。

　被請求人は，原々決定に対して「やはり納得いかない所がある」として即時抗告を申し立てたが，高裁はこれを棄却した。そこで，本件特別抗告を申し立てた。最高裁は，「本件抗告申立書には，具体的な抗告理由の記載がなく，抗告提起期間内に理由書の提出もない」としながらも職権調査を行い，以下の理由で原々決定，原決定をともに取り消し事件を水戸地裁に差し戻した。

【判　旨】

　規222条の7第1項の「規定は，刑訴法349条の2が猶予の言渡しを受けた者に対して認めている口頭弁論を請求する権利及び口頭弁論を経る場合に弁護人を選任する権利につき，それらが防御のための重要な権利であることにかんがみ，その存在を知らせて行使の機会を手続的に保障しようとするものである。したがって，刑訴規則222条の7第1項に定める手続を経ることなく刑法26条の2第2号により刑の執行猶予の言渡しを取り消すことは，猶予の言渡しを受けた者が刑訴法によって付与された権利を侵害することになるから，許されない」。「そうすると，刑訴規則222条の7第1項に定める手続を経ることなく保護観察の遵守事項違反を理由として刑の執行猶予の言渡しを取り消した原原決定及びこれを是認した原決定には違法があり，これを取り消さなければ著しく正義に反する」。「よって，刑訴法411条1号を準用し，同法434条，426条2項により，原決定及び原原決定を取り消し，本

件を水戸地方裁判所に差し戻す」。

【評　釈】

結論妥当。ただし，理由について検討の余地がある。

1　本件原々決定が執行猶予を取り消した点について刑事政策上問題はなかったか。

第1に，同決定は「被請求人は……東京保護観察所の観察下にあったが，法定の遵守事項である善行を保持することなく，更に……刑の言い渡しを受けた。この行為は執行猶予者保護観察法5条1号，2号の遵守事項に違反し，その情状が重いことは1件記録によって明らかである」と認定したが（水戸地決平12・3・23，平12（む）55），2号取消しにあたり，再犯事件で有罪判決を受けたことも考慮するのは妥当か。

一般に，善行保持とは，社会通念上是認される範囲内の生活行動ないし一般の健全な社会人と同等の生活態度を維持することをいう[1]。ただ，単に法に触れない生活を消極的に送るのでは足りず，反省を踏まえて遵法精神を覚醒させ，自力更生に前向きに努力する姿勢を伴う生活態度をいうとみるべきではないか[2]。被請求人が執行猶予期間中に犯情が同質・異質を問わず再度の犯罪に及ぶことは，遵法精神の欠如と自力更生の姿勢が乏しいことを示し善行保持義務に反するとみていい[3]。

第2に，情状の重さとは，法定遵守事項違反の事実それ自体に注目したとき，「その内容，本人の生活態度全般からみて自力更生意欲の不足ないしは欠如に基因するものであり，保護観察による指導援助を継続しても自力更生

---

(1) 法務総合研究所・研修教材更生保護（1998年）39頁。他に，法務省保護局・更生保護執務提要（保護資料10号）（1957年）120頁，柳瀨大3「執行猶予の保護観察について」更生保護制度施行十周年記念・更生保護論集（1959年）251頁，保護局観察課「遵守事項について」更生保護47巻3号（1996年）13頁。

(2) 山田憲児・保護観察付執行猶予の取消し等に関する研究（法務研究報告書75集2号）（1988年）87頁（以下，山田・研究）。

(3) 同旨，東京地決昭39・7・8下刑集6巻7・8号957頁，東京地決昭40・10・20下刑集7巻10号1934頁，東京地決昭和41・6・7判時455号67頁，東京高決昭53・1・24刑裁月10巻1・2号125頁，東京高決昭55・1・30高検速報2397号。起訴されていない犯罪相当の不法行為の事実を考慮にいれた東京高決昭和47・5・9東高時報23巻5号89頁参照。

を期し難い場合」をいうと解してよいが（大阪高決昭56・7・16刑裁月13巻6・7号457頁。ただし、「執行猶予の言渡を取消さなければ正義に反するといわなければならないほど情状悪質である場合に限るものと解すべき根拠はない」），本件での認定は適切であったか。

　本件原々決定は、再犯事件に至る保護観察中の行状全般も善行保持義務に反したと認定している。ところで、2号取消しの場合、仮出獄者の保護観察と異なり、①正業従事、②犯罪性のある者または素行不良の者との交際禁止は法定遵守事項にはない（犯罪者予防更生法34条）。ただ、執行猶予を宣告した裁判所の特別説示事項（規220条の2）や保護観察実施にあたり保護観察所の与える遵守事項を守るための指示事項（保観法7条）で事実上かかる指示がなされる。本件では、前者として、麻薬・覚せい剤等の使用をしないことや悪友との関係を絶つことを説示され、後者として、誓約書中に「覚せい剤に手を出さない」「覚せい剤関係者とつきあわない」等の遵守を約束した。これらも善行保持義務の内容となる[4]。ところが、本件被請求人の場合、2年目は保護観察官・保護司との連絡も途絶えがちであって3年目に入って保護観察を離脱した状態にあり、周囲に暴力団関係者・覚せい剤使用者などがいて関係を断ち切れずにいた。その後に再犯事件を起こしている。自力更生が期待しにくく、覚せい剤自己使用など再犯に至るおそれも伺わせる事情があったといえる。また、住居の確定と移転住居および長期旅行の届出を怠らず、保護司を定期に訪問し指導を受けることも自力更生を目指す姿勢の表れであるから、一般に善行保持義務の1内容となる。本件被請求人も「毎月2回担当保護司を訪ねること」を指示されていたのに、再犯事件の4月ほど前から所在が不明の状態になっていた[5]。以上の善行保持義務違反、住所の届

---

(4)　山田・研究75頁以下。東京高決昭47・5・9東高時報23巻5号89頁、広島高裁岡山支決昭49・7・2判時756号119頁参照。

(5)　移転住所届出義務違反だけでも情状の重さを認定できる。大阪高決昭63・10・20判時1301号158頁は、「およそ保護観察における処遇の中心は、保護観察に付された本人と処遇者である担当保護司及び保護観察官との面接にあるのであって、処遇者は、この面接を通じて本人の生活の実態や問題点を適時的確に把握することが可能となり、それに基づいて必要な補導援護を行い、具体的な指示を与えることにより、はじめて再犯を防止し、本人の自立更生を期することができるものであるから、本人が転居に際してあらかじめ、保護観察所の長にその旨を届け出てその所在を明らかにしておくことは、処遇者と本人との

出違反と再犯事実の態様・罪質に照らして原々決定のした情状の重さの認定は理由のあるものであった。

　第3に，本件の場合，再犯事件の1審判決宣告後，検察官の執行猶予取消し申立の時点では，3年の執行猶予の残期間が約2月に迫っていたが，裁判所はこの点を執行猶予取消しを不相当とする事由とみる余地がなかったか。

　善行保持義務違反，情状の重さは裁量の余地が入る要件であり，さらに相当性要件を加味すると，2号取消しの基準が不安定になるおそれがなくもない。だが，刑法26条の2は，裁判所が法定遵守事項違反と情状の重さを認定したときに執行猶予取消しが「できる」と定め，26条の必要的取消しと区別する。ここに相当性の要件を読みとることができる。執行猶予制度は，可能な限り自力更生を期することを趣旨とするので，かかる裁量権限を残すことは不合理とはいえない。但し，裁判例は，保護観察の継続による自力更生の期待可能性を相当性として考慮するが[6]，むしろ本人の改善更生が期待できない状況にあることだけではなく，本人の生活態度に照らしたとき，施設内処遇など刑罰執行を強制しなければ，厳正処罰による応報と一般抑止の各効果の適正な実現がはかれなくなることも考慮すべきである。

　　面接の当然の前提であり，保護観察を実施するうえで必要不可欠な，きわめて重要な手続であって，これを単なる形式的要件とみることのできないことは，まさに所論の指摘するとおりである」とする。他に，東京地決昭40・11・24下刑集7巻11号2110頁，東京地決昭41・6・7判時455号67頁，大阪高決昭61・3・20判時1229号157頁，東京高決昭61・8・27判時1229号157頁参照。

(6)　仙台高決昭59・5・9刑裁月16巻5・6号431頁。東京高決昭32・12・28東高時報8巻12号451頁もほぼ同旨。1号について同旨，名古屋高決昭40・2・23下刑集7巻2号133頁。
　　相当性判断の例として，東京高決昭54・1・27判時929号136頁参照。窃盗，有価証券偽造，同行使，詐欺で懲役2年，保護観察付き執行猶予5年を宣告されていた被請求人が内妻の友人からゴルフクラブの購入やレッスンプロの紹介名下に金員を騙取した別件で1年の実刑を受けて控訴中であった事件で，原審は執行猶予を取り消したのに対して，執行猶予期間満了の2日前の申立であったことなどを考慮し，執行猶予取消しは相当ではないとした。もっとも，東京高決昭55・6・27刑裁月12巻6号455頁は，「執行猶予期間が満了に近い時期に，それを取り消すことは許されない」との主張に対して，「その期間の大部分を経過したということだけで，その取消が許されないとすべき理由はなく，右の点は他の諸事情とともに総合考慮すべき1事由であるに過ぎない」としている。なお，山口地決昭55・8・13刑裁月12巻8号797頁は，保護観察の法定遵守事項違反が精神分裂病に基づくものであるのに，保護観察機関が被請求人の主治医との連携を図らないまま「保護観察業務を進めて来た補導処遇の科学性の欠如」等を考慮し，さらに「責任主義の原理」に照らして2号取消しの要件に当たらないとしている（古田佑紀・研修401号（1981年）716頁参照）。

本件では，保護観察官は再犯事件の実刑判決のみを考慮したわけではなく，他の法定遵守事項違反の事情も考慮して執行猶予取消しを検察官に申し出た（保観法9条）。再犯事件の実刑宣告後の検察官の申立時を基準にすると残期間は2月であるが，本件の場合執行猶予取消しを不相当とする要素にはなりえなかったものと思われる。

2 未確定の有罪判決を考慮することが刑事政策上許されるとしても，憲法との関連で問題はないか。

第1に，原決定・東京高決平12・3・29（平12（く）119）は，再犯事件が未確定なのに，覚せい剤取締法違反罪等の犯罪を犯し実刑判決を受けたことなどの事情に照らして遵守事項違反・情状の重さを認められるとし，「実刑判決に対する控訴申立ての有無は右結論を左右しない」とするが，これは憲法31条の適正手続に反しないか。

この点は，判例上遵守事項違反が犯罪の場合「その裁判の確定を待たずに同号の取消し事由として認めることができる」とされている。別事件の裁判で被請求人が争っていたとしても，執行猶予取消し請求を受けた裁判所において「その当否を判断するにあたり必要な事実を認めることができる」（東京高決昭53・1・24刑裁月10巻1・2号125頁）[7]。

思うに，執行猶予は，社会における自力更正の可能性に期待して，施設内処遇を控える処分であって刑罰の執行ないし処遇方法である（最判昭23・6・22刑集2巻7号694頁）。その取消し手続は，有罪・無罪を決める手続ではない。審判対象は，法定遵守事項違反，情状の重さ，相当性の有無である。この場合，証拠調べについては厳格な証明手続を要しない。事実の取調べとして適正であれば足りる[8]。むろん，被請求人の請求または職権で口頭弁論を行い，可能な限り罪体立証手続に近い形で証拠などについて取調べを行うことが望ましいが[9]，基本的には疎明手続で足りる。ただし，各要件の認定については「合

---

(7) 同旨，東京高決昭55・12・22高検速報2480号。
(8) 実務はかかる理解で運用されている。改訂刑事事件に関する特殊調書作成についての研究（裁判所書記官研修所実務研究報告書）（1990年）259頁参照。
(9) 大田原簡決平9・11・5判時1640号175頁は，告訴取消しのあった強姦罪等を理由に善行保持義務違反・情状の重さを認定するにあたり，弁護人が選任された口頭弁論手続で被

理的疑いを超える証明」を要する[10]。右手続により，未確定の再犯事件にかかる犯罪事実を認定することは不合理ではなく，適正手続違反は生じまい。

　第2に，社会内処遇ではあっても刑罰の執行を受けている事件について，その後再度収監等の不利益を科すことは，実質上「同一の犯罪について，重ねて刑事上の責任を問はれない」原理（憲法39条）に反しないか。

　が，「刑の執行猶予の判決は，刑の執行猶予を継続するのにふさわしくない法定の事由が存在するに至り又はその存在することが明らかになつた場合には，その言渡を取り消して刑の執行をすべきものとして，刑の執行を一定期間猶予するという内容の判決であるから，右の法定事由が存在するに至り又は存在することが明らかになつたため，刑の執行猶予の言渡が取り消されることになつたとしても，それは刑の執行猶予の判決に内在するものとして予定されていたことが実現したというだけのことであつて，処罰はあくまで一回あるだけであり，同一の犯罪について重ねて処罰するものではない」（最大決昭42・3・8刑集21巻2号423頁，最決昭49・12・2裁判集（刑事）194号1頁，最決昭52・4・13裁判集（刑事）203号595頁）。

　第3に，再犯事件で実刑が予定されているのに，本件執行猶予取消しの事情としても考慮することは，再犯事件について2重処罰にならないか。

　これについて，東京高決昭49・1・29高検速報1997号は，「原決定は，申立本人が保護観察期間中，長期にわたり保護司訪問を怠つたこと，暴力団に

　　　害者の証人尋問を実施し，「その他証拠調手続についても，できる限り通常の刑事事件の場合の手続に準じて，審理を進めた」点を摘示している。前掲東京高決昭53・1・24も，執行猶予取消し手続における事実取調べの範囲・程度について参考になる。被請求人は別件大麻所持で1審において有罪を認定されて懲役6月を宣告され控訴中であるところ，被請求人は「再犯事実認定の資料としては被請求人の供述があるだけで，重要な関係者たる，大麻樹脂入り筆入れを預けられた当時被請求人に同行していたSや麻薬取締官Tの取調べがされていないのは審理を尽さないものであり，また大麻樹脂についての押収調書も提出されていないのは，被請求人の供述のみで執行猶予が取り消されることになり憲法38条3項に違反する」と主張したが，「被請求人の供述，捜査官に対する各供述調書（謄本をふくむ）のみならず，執行猶予者保護観察事件調査票（写し），再犯事件についての1審判決の謄本（その中には，所論TおよびSの証人としての供述も掲げられている，なお本件記録には右Tの証人尋問調書の写しが編綴されている）等が提出されているのであり，原決定はこれらを総合して再犯事実を認めたものと解される」とし，即時抗告を棄却した。

(10)　山田・研究249頁以下は，証拠調べ手続について自由な証明で足りるので証明の程度も証拠の優越程度でよいとするが，両者は区別すべきだ。

加入しみずからその組長となつたこと，家庭を顧みず，妻以外の女性と関係を続けたこと，単独又は他の暴力団組員と共謀で多くの犯罪を行ない検挙され，そのうち2件については既に罰金刑に処せられたが，7件について前橋地裁あるいは東京地裁において公判審理中であること等の諸点を掲げているのであるが，これらはすべて申立本人が善行を保持しなかつたことの具体的な現われとされているわけである。従つて，原決定は，右罰金刑をうけた事実について再度処罰をしようとしたものではなく，現に公判審理中の事件についてその犯罪事実の認定あるいはこれに対する科刑をしようとしたものでもない」とする。

つまり，再犯事件の有罪宣告を考慮するのは，本事件に関する量刑の範囲内で処遇方法を刑事政策上より適切なものに修正するためである。施設外処遇から施設内処遇になるのは事実上重大な制約ではあるが，再犯事件との関連で憲法が禁ずる二重処罰をもたらす効果はない。

3 仮に2号取消しの実体面に問題がないのであれば，最高裁が職権で調査する実質的な必要性は乏しかったのではないか。ことに，本件では特別抗告申立書には「私の代理人として私選弁護人が裁判所へ答弁書を提出いたしますのでよろしくお願い致します」と記載されているのみで，申立期間内にも理由書の提出がなかった。かかる場合も，最高裁は職権により事案に関する調査と不服の当否に関する判断を行うべきか。

裁判例は，「申立人の特別抗告の理由は，その申立書の記載によれば，原決定は不服であり，刑訴405条の理由ありと考えるので，右決定に対し同433条により抗告を申立てる，抗告申立理由書は近日提出するというのであるが，抗告提起期間内に理由書の提出もなく，何ら具体的に原決定に同405条に規定する事由のあることを主張するものではない」場合，特別抗告を棄却する（最決昭34・4・13刑集13巻4号448頁）。本件決定は，右解釈を前提にしつつ[11]，裁量により職権調査をした上で，411条違反を認定したものであ

---

(11) 上告棄却決定に対する異議申立手続について最決昭42・9・25刑集21巻7号1010頁，高裁における即時抗告に代わる異議の申立手続について最決昭54・11・6刑集33巻7号865頁が，それぞれほぼ同旨の理由で申立を棄却している。上告審の判決訂正申立期経

る⁽¹²⁾。

　確かに，特別抗告にあたり，遅くとも申立期間内に⁽¹³⁾理由書の提出を必要とすると解すべきだ⁽¹⁴⁾。次の理由による。①抗告一般について理由記載を求める条文はないが（法423条参照），最高裁が最終審であることは市民の常識である。裁判所に不服を申し立てる場合はもとより，最高裁に対する特別抗告にあたり，しかるべき理由を摘示することを求めるのは不服申立権者に格別の法的知識を要求することにならない。②抗告の場合，被疑者・被告人その他利害関係人が自ら申し立てることが少なくないが，控訴審の控訴理由のように専門的な法律知識によって根拠を整理する必要はなく，実質的に不服の内容を示せばたりる⁽¹⁵⁾。規274条は特別抗告の申立書に「抗告の趣旨を簡潔に記載しなければならない」と定めるが，この程度の負担は，最高裁に救済を求める権利を実質的に損なわない。③抗告は，覆審ではなく原裁判の瑕疵の有無を審判の対象とする。この点からも当事者が瑕疵の内容を摘示しなければならない。④特別抗告も原裁判所に申し立てて再度の考案の機会を予定している（434条，423条）。また，特別抗告の提起期間は5日である（法422条，433条2項）。その趣旨からも申立時に理由が明示され迅速に審査できることが予定されている⁽¹⁶⁾。⑤刑事裁判は全体として職権主義を避け，当事

　　　過後の理由書の提出を不適法とする最決昭27・11・25刑集6巻10号1262頁も参照。
(12)　規275条ただし書は「法第405条に規定する事由については，職権で調査することができる」とする。また，法411条は特別抗告に準用される。さしあたり最大決昭37・2・14刑集16巻2号85頁参照。その限度で，411条の事由に関する職権調査もできる。
(13)　最決昭48・10・11裁判集（刑事）190号503頁は，理由についての具体的な主張を欠き，抗告期間内にもその補充もなされないので適法な抗告理由はないとする。同旨，最決昭52・4・15裁判集（刑事）203号603頁，最決昭53・6・17裁判集（刑事）210号281頁。したがって，抗告申立期間経過後に理由を追加提出することは不適法であり「これに対しては判断を要しない」（最決昭40・11・27裁判集（刑事）157号413頁）。
(14)　即時抗告またはこれに代わる異議の申立について申立理由が示されない場合との関連で，佐藤文哉・最判解明54年度308頁以下，長沼範良・警察研究（1982年）77頁以下が詳しく検討している。抗告一般について理由記載必要説として，学界ではさしあたり，松尾浩也・刑訴法（下）（新版，1993年）192頁，田宮裕・刑訴法（新版，1996年）497頁など参照。註釈刑訴法4巻（1981年）338頁（河上和雄），松尾浩也編・刑事訴訟法Ⅱ（1992年）444頁（佐藤文哉）など検察・裁判実務家は理由記載説を支持する。
(15)　戸田弘・法律実務講座（刑事編）11巻（1956年）2665頁。
(16)　通常抗告に関して，大コンメンタール刑訴法6巻（1996年）649頁（古田佑紀）は，法421条が通常抗告の時期的制限として実益の有無の判断を予定し，法423条2項が原裁判

者主義を貫くことが好ましい[17]。

　もっとも，本件では，次の事情を考慮すると右原則の例外として職権調査義務があったとみるべきではなかったか。

　第1に，判例上「抗告理由記載の通り」とする特別抗告申立について規274条によれば「他の文書の記載を引用することは許されない」とし，しかも「特別抗告の理由は，原決定に刑訴405条に規定する事由があることを主張するものでなければならない」とするなど技術的・技巧的な理由で申立を不適法に扱う場合を認める[18]。だが，法は上訴の場合，その申立と理由の摘示（上訴に関する趣意書の提出）を区分するが（法407条，414条，374条，376条），特別抗告については申立のほかに理由書の提出は義務づけていない（法423条）。理由が記載されていない場合も直ちに違法と扱うべきではない[19]。法律に疎い被疑者・被告人等がおこなうことのある申立を形式の不備を根拠に棄却し，救済の道を閉ざすのは適当ではないからだ。

　第2に，本件では，法定遵守事項違反を構成する事実の有無に不服があるのではなく，情状の重さまたは相当性に関する裁判所の法的判断を争う趣旨は1件記録から読みとれる[20]。ただ，被請求人は申立書では弁護人が答弁書を出すと述べているのにその提出がなかった。その場合，特別抗告を受理した即時抗告審か最高裁が，理由の補充を促す釈明を被請求人本人にすべきではなかったか。この程度の職権調査・求釈明を義務づけても手続の職権主義化を招かない。釈明に対して理由の提出がない場合にはじめて調査義務がなくなるとみるべきだ。

　第3に，上告の場合でも適法な申立があれば，上告趣意書の提出がなされ

　　　所の再度の考案の手続を定めていることも根拠にする。
(17)　松尾浩也・前掲書192頁。
(18)　最決昭39・2・12裁判集（刑事）150号433頁。最決昭40・6・14裁判集（刑事）156号29頁は「特別抗告の理由は，すべて申立書自体にその内容を記載すべきであつて，抗告書又は抗告追加申立書の記載を援用することは許されない」とする。同旨，最決昭41・1・28刑集20巻1号1頁，最決昭41・2・2裁判集（刑事）158号227頁。
(19)　理由記載不要説として，平野龍1・刑事訴訟法（1958年）335頁，鈴木茂嗣・刑事訴訟法（新版，1990年）305頁，福井厚・刑事訴訟法講義（1994年）403頁など参照。
(20)　かかる場合は申立書に形式的に理由にあたる説明がなくとも不適法とすべきではない（香城敏麿「刑事抗告審の構造」司法研修所論集1979年号63頁）。

ていなくても，裁判権の存続に不可欠の絶対的訴訟条件（法337条, 338条, 339条, 377条, 378条, 404条, 414条）については職権調査の義務がある扱いだが[21]，本件では法349条の2に基づく規222条の7の手続の履践がなかった。この手続は，2号取消しの裁判が有効に存続する条件である。この手続上の瑕疵は裁判所が調査すべき事項ではなかったか。

4　本件決定は，規222条の7の口頭弁論請求権および口頭弁論を請求する場合の弁護人選任権の告知を欠いた瑕疵を理由に原々決定，原決定を取り消した。その際，両権利につき「防御のための重要な権利であることにかんがみ，その存在を知らせて行使の機会を手続的に保障しようとするものである」ことは認めたものの，あくまで「猶予の言渡しを受けた者が刑訴法によって付与された権利」と認識している。かかる解釈は妥当か。

先例として，名古屋高決昭和43・11・1判時562号86頁がある。2号取消しにあたり，原審は職権で口頭弁論を行ったが，規222条の7の告知を事前に行わなかった。口頭弁論当日にも裁判官が弁護人を選任する意思があるかどうか尋ねたにとどまる。被請求人は，別件で起訴勾留中であり，執行猶予取消しについても弁護人と相談中であったが，結局弁護人立会がないまま期日を終えた。決定は，刑訴規則違反を理由に執行猶予取消しを認めた原決定を取り消した。また，東京高決昭55・6・27刑裁月12巻6号455頁は，弁護人選任については，規222条の7に従い，口頭弁論の請求とその際の弁護人依頼権を告知する手続を一定の猶予期間を経て行えばたりるとする。被請求人が弁護人を選任する旨回答しており，妻に弁護人への連絡，口頭弁論期日の連絡を依頼している事実を踏まえて，「被請求人において，本件手続での弁護人選任権を熟知し，その選任に十分な余裕を与えられながら，弁護人を選任しないまま本件口頭弁論期日に出頭したものといわざるをえない。そうとすると，原裁判所の手続に憲法37条3項，刑訴法349条の2, 3項に違反する点は存しない」。

このように，右瑕疵を刑訴法違反とする理解にも理由がないではない。先

---

[21] 最大判昭32・2・27刑集11巻2号935頁は，上告趣意書が提出されていなくても，法411条5号により大赦による公訴権の消滅を理由に被告人を免訴とした。

述のように2号取消しは犯罪事実と量刑事情を認定する手続ではないから，憲法37条などの規律するところではなく，大枠として憲法31条の適正手続を充足すればよい，と考えることができるからだ。とすると，口頭弁論請求権を与え，口頭弁論の場合の弁護人選任権を明示したのは立法政策にとどまる。「遵守事項違反の場合には，事実につき争のあること，従って取消の当否についての判断に困難を伴うことが予想されるので，取消手続の適切妥当な運用を期するため」である，と理解することになる[22]。仮に口頭弁論を開くことなく非公開の裁判をしても憲法37条1項に反することにはならないし（最決昭42・8・1裁判集（刑事）164号1頁），弁護人の出席は必要的ではなく憲法37条3項の国選弁護人請求権もないこととなろう[23]。

だが，疑問である。むしろ，右瑕疵は憲法34条に反するとみるべきである。同条は，「抑留又は拘禁」の条件として，①正当な理由の存在，②直ちに弁護人に依頼する権利を与えること，③拘禁の理由の公開法廷での開示を求める。一般に身体の一時的拘束を抑留，比較的継続的な拘束を拘禁と解釈されている[24]。刑訴法上の逮捕・勾留がそれぞれに該当することは一般にも認められている。ただ，抑留・拘禁を未決の身柄拘束に限定する必要はない。要するに，公権力の発動として市民の自由を一時的または継続的に拘束する処分であり，かつその理由の有無と正当性，自由拘束中の処遇の適正さを監視し救済を求める必要上被処分者が専門的法律的知識を持つ弁護人の援助を要する場合をいう。

本件の懲役刑の執行猶予取消し手続では，被請求人が社会で自由に過ごす法的地位を剥奪して社会内自力更生の機会を奪い，現に刑罰に服させるべきか否か決める。まさに拘禁の当否を判断する手続であり，事実上は新たな刑事裁判に匹敵する。被請求人が弁護人の専門的な援助を要する性質の手続である。また，2号取消しは，善行保持義務違反，情状の重さおよび執行猶予

---

[22] ポケット刑訴法（下）（新版，1986年）1004頁，注解刑訴法（中）（全訂新版，1982年）926頁（中武靖夫）。

[23] ポケット刑訴法（下）前掲1005頁，注解刑訴法（中）前掲927頁（中武靖夫）。なお，最大決昭28・6・10刑集7巻6号1419頁は旧刑訴法374条による執行猶予取消手続にあたり新憲法に照らしても国選弁護人を選任する必要はないとする。

[24] さしあたり，佐藤幸治・憲法（3版，1995年）594頁。

取消しの相当性を要件とするが，前提となる事実認定と法的評価が争いになりやすい。要件の適正な認定のためにも，公開の場で理由を示す手続を要する。本件でも，弁護人が選任された上で，口頭弁論が開かれていた場合，一般論としては，取消しの相当性などの要件認定が異なった可能性を否定するわけにはいかない。

　その意味で，取消し手続については，憲法の適正手続原理一般だけではなく，憲法34条の抑留・拘禁に関する規制原理を及ぼすべきである[25]。弁護人選任権の告知は同条の求めるところと解すべきであり，その告知を欠き弁護人の弁護を受ける機会を保障されずになされた2号取消しは違憲である[26]。口頭弁論の請求権不告知も，同条違反と解すべきである。

　5　以下，補足する。①原々審の手続の瑕疵は，即時抗告時および特別抗告時の再度の考案の機会（法423条2項）を含めると下級裁判所では都合3回点検されたが看過され，結局最高裁主任裁判官と調査官の吟味により発見・是正された。最高裁が，憲法上瑕疵ある手続による執行猶予取消し手続を無効とした点は評価すべきだが，表のように2号取消しは少なくないだけに今後慎重な手続運用が望まれる。②特別抗告の理由書を私選弁護人（再犯事件担当の弁護人と推測される）が提出しなかった事情は，確定裁判記録上はわからない。万が一にも被請求人との意思疎通の不十分さや手違いなどはなかったと期待したい（その場合は，救済手続はさておき弁護人による明白な憲法34条違反行為とみるべきだ）。③記録によると，事件は地裁に差し戻された後，規222条の7によってあらためて意見の聴取・口頭弁論の請求の有無，弁護人選任権の告知などを行う照会書が被請求人に送付され，同人は意見なし・口頭弁論を請求せずと回答したが，検察官が本請求を取り下げたので終結・確定した。判時1708号166頁のコメントによると，再犯事件の有罪判決が確定したの

---

(25) 福岡高決昭54・1・22判時933号161頁は，弁護人は法40条により口頭弁論期日前に記録閲覧ができるとするが，これも憲法34条の弁護人「依頼」権の内容とみるべきだ。
(26) 大阪高決昭63・10・20判時1301号158頁は，被請求人が弁論期日前日に弁護人を解任した場合，新たな弁護人が期日変更を求めていてもそのまま弁論を開くことは許されるとするが，手続を遅延させて期日を徒過させ執行猶予期間の満了を図る等悪意で弁護人選任権を濫用していると疑う事情などがない限り，憲法34条に照らして疑義が残る。

で刑法26条1号により執行猶予取消しを請求した模様である。

刑法第26条の2第2号の取消し人員

	A	B	C
1995年	4842	1423	83 (5.9%)
1996年	4879	1522	105 (7.0%)
1997年	5093	1646	105 (6.5%)
1998年	4930	1608	131 (8.2%)
1999年	4845	1526	126 (8.3%)

＊「執行猶予付き保護観察」が終了した総人員（A），その理由として執行猶予が取り消された人員（B），2号取消しの人員（C）（取消し人員中の％）を示す（各年の保護統計年報，検察統計年報による）。

第23章　平成12年6月27日最決
―― 刑事訴訟書類の送達と被告人の「裁判を受ける権利」

最高裁平成12年6月27日第1小法廷決定
最高裁平11（あ）1298，窃盗被告事件，上告棄却
刑集54巻5号445頁

【事　実】
　本決定は，被告人に対する上告趣意書差出最終日通知書の送達手続の適法性・有効性を認めた。経緯は次の通りである。

　被告人は，平成10年9月に，金沢市内のパチンコ店内において遊戯中の客が足下に落とした財布を拾って窃取した事実で，同年10月公訴を提起された（新民訴法施行後になる）。一審判決は，検察官主張通りの事実を認め，懲役6月，執行猶予3年，未決勾留日数120日算入を言渡した（金沢簡判平11・5・14，平10（ろ）113）。この結果，勾留状が失効し，被告人は釈放された（刑訴法（以下，法）345条）。被告人は，即日控訴した。

　確定裁判記録をみると，平11年6月9日付けで，「私に対する書類は左の送達場所，送達受取人あてに送達して下さい」と記し，石川県小松市内の被告人の住民登録上の住所（以下，甲住所）と自己の氏名を記載した，被告人直筆の書面が簡易裁判所に提出されている。この日，被告人は記録閲覧を申し出ているが（刑事事件記録閲覧・謄写票，平成11年6月9日付。その「住所又は弁護士会」欄にも甲住所の町名まで記載されている），その機会に提出したようだ。甲住所は，戸籍関係の証拠上，被告人，妹の1人が20数年前に住所として届けているものだが，被告人の員面調書では，被告人の両親が住んでいた土地であり名義は被告人だが「この家は妹の乙が人に貸しているので，僕は住めないのです」との説明がある。他方，一審の被告人質問では，同所に「家があります。家財道具もあります」と述べている。本決定は「被告人の妹が第三者に賃貸していた家屋の所在地であって，被告人は右場所には居住していなかった」

と認定した。

　さて，控訴審も，事実誤認を認めず控訴を棄却したので（名古屋高裁金沢支判平 11・9・21，平 11（う）43），被告人は，上告を申し立てた。受訴裁判所たる第 1 小法廷は，上告趣意書差出最終日を平成 11 年 12 月 15 日に指定した（平 11 年 11 月 4 日付け）。同日，最高裁は東京在住の弁護士を弁護人に選任し，書記官名で被告人宛に上記年月日と弁護人の氏名・事務所の住所などを記載した「上告趣意書差出最終日及び弁護人選任通知書」（以下，本通知書）が作成された。本通知書は，送達を要する（法 407 条，376 条，414 条，54 条，刑訴規則（以下，規）252 条，266 条，236 条）。

　送達は[1]，民訴法を準用する（法 54 条）。但し，公示送達はできない。また，刑訴規則に特則がある。規 62 条によると，被告人は，「書類の送達を受けるため，書面でその住居又は事務所を裁判所に届けなければならない」（以下，住居届出義務）。また「裁判所の所在地に住居又は事務所を有しないときは，その所在地に住居又は事務所を有する者を送達受取人に選任し，その者と連署した書面でこれを届け出なければならない」（以下，送達受取人届出義務）。そして，「住居，事務所又は送達受取人を届け出なければならない者がその届

---

[1] 「送達」とは裁判所による書類の交付行為である（新版注釈刑訴法 1 巻（2000 年）389 頁（香城敏麿），大コンメンタール刑訴法 1 巻（1995 年）558 頁（中山善房））。ただ，受送達者が書類内容を了知したことを前提として法効果が生じる（起訴の有効性，公判期日への召喚，控訴趣意書・上告趣意書提出ができる期間の確定，裁判の確定，執行猶予取消しなど）。そこで，送達事実の公証を含めて定義をする必要がある（刑事訴訟書類の受理及び送達に関する研究（昭 54 年度裁判所書記官実務研究報告書）135 頁参照。以下，受理送達に関する研究と略）。つまり，裁判所が被疑者・被告人・弁護人・検察官その他の受送達者に訴訟上の書類の内容を了知させるため，書記官を取扱機関として，法令の定める手続と形式により書類を交付し，送達報告書（民訴法 109 条）などによって送達の事実を公証する訴訟行為をいう。但し，①送達に不備があっても受送達者が事実上書類を受領し，これを前提にした訴訟行為をしていれば瑕疵は治癒される（例えば，東京高判昭 25・3・4 高刑集 3 巻 1 号 76 頁，東京高判昭 44・11・4 高検速報 1768 号など）。②送達報告書に不備がないわけではないので（鳶田悟「郵便送達事務の取扱に関する若干の考察」全国書協会報 25 号（1969 年）30 頁），送達の証明は必ずしも同書に限るわけでなく，他の適正な方法でもよい（東京高判昭 29・3・4 高判特 40 号 36 頁，東京高判昭 30・4・20 東高時報 6 巻 4 号 11 頁）。

　送達手続について，裁判所書記官研修所監修・刑事実務（公判準備等）講義案（再訂補正版，1999 年）32 頁以下参照。刑訴法に準用される新民訴法下の送達について，新民事訴訟法における書記官事務の研究Ⅱ（書記官実務研究，1998 年），荒木浩「新民事訴訟法における送達手続について」書記官 176 号（1998 年）47 頁参照。概観として，新堂幸司・新民事訴訟法（1998 年）344 頁以下参照。

出をしないときは，裁判所書記官は，書類を書留郵便に付して，その送達をすることができる」（規63条1項本文。付郵便送達手続）。この場合，「前項の送達は，書類を書留郵便に付した時に，これをしたものとみなす」（同2項）。

【最高裁決定】

1　最高裁は，まず本通知書を郵便で送る通常送達を行った（以下，特別送達。法54条，民訴法99条1項，同103条，郵便法66条）[(2)]。宛先は，甲住所である。が，郵便は「転居先不明で配達できません」との印が押されて裁判所に還付された（郵便法52条）。確定裁判記録に編綴されている封筒には，「最高裁判所事務総局受付11・11・－9」の印が押されている。同日，付郵便送達手続が取られている。書記官名義の「送達報告書」によると，甲住所宛に「前記書類は，平成11年11月9日午後4時最高裁判所内郵便局の書留郵便に付して送達した」旨記載されている。

その後，最高裁は，上告趣意書差出最終日について，平成11年12月8日に，「弁護人につき，平成12年1月17日まで延期すること」と決定した。これは即日弁護人に通知された。弁護人は，最終日付けで上告趣意書を提出し，4点にわたる上告趣意中「第二，訴訟手続の適正手続違反」の一理由として，本通知書に関して「付郵便によって送達した旨の通知がなく，かつ，被告人が所在しないことが明らかな住所に対する付郵便送達は送達としての効力がない」とし，「適正手続を保障した憲法31条，裁判を受ける権利，弁護人の弁護を受ける権利を保障した憲法37条1項，3項に違反する」と主張した。被告人の上告趣意書は提出されていない。

最高裁は，弁護人のその余の主張も含め，「法405条の上告理由に当たらない」としつつ，「なお書き」を付し，本通知書の付郵便送達に関して次のように判示した。

2　「被告人が原審に提出した各書面に送達場所又は住居として記載された場所は，被告人の住居又は事務所とは認め難い場所であるから，刑訴規

---

(2)　運用の実際について，小神野利夫「特別不送達考」書記官33号（1963年）10頁，蔵本貢「『特別不送達考』再考」書記官34号（1963年）17頁。

則62条1項の住居又は事務所の届出があったものと解することはできない。しかし，被告人は，原判決を不服として上告を申し立てておきながら，住居又は事務所を届け出ず，送達受取人を選任して届け出ることもなく，住居としての実体のない場所を送達場所等として届け出たのであるから，右場所にあてて送付された書類が現実に被告人に届かないことがあったとしても，その不利益を被告人が被るのはやむを得ないというべきである。したがって，被告人に対する上告趣意書差出最終日通知書等の書類は，刑訴規則63条1項の趣旨に照らし，右場所にあてて書留郵便に付してその送達をすることができるものと解するのが相当であって，当審において右場所にあてて行った書留郵便に付する送達は，有効である」。

【評　釈】

本通知書の付郵便送達を適法・有効としたのは不当である。

1　被告人が，控訴申立後，控訴審に真の住居の届出をしなかったのは，決定が述べるように「62条1項の住居又は事務所の届出があったものと解することはできない」。では，この点と上告審に対し住居・送達受取人の届出義務を履行しなかった点に鑑みて，最高裁書記官が甲住所宛に付郵便送達を行った結果，「書類が現実に被告人に届かない……不利益を被告人が被るのはやむを得ない」とみていいか。

確かに，被告人は裁判所に住居の実体のない甲住所を届け続けている。しかし，被告人が，自ら申立てた裁判から逃避する姿勢があったのか不分明

---

(3)　住居届出義務は，起訴状謄本の送達とともに生じると解されている（例えば，受理送達に関する研究193頁）。消滅の時期については，各審級の終局により消滅するとする説（岩田誠「検察官の上訴と被告人に対する上訴通知書の送達」曹時16巻1号（1964年）14頁，坂本武志「送達事務について」全国書協会報76号（1981年）7頁，高田元三郎「控訴審における所在不明の被告人に対する書類の送達について」書記官106号（1981年）71頁），ならびに，判決確定まで義務継続を認める説（高田祐吉「刑事送達事務(2)」書記官67号（1971年）39頁，受理送達に関する研究194頁）がある。が，同一の地に在る裁判所であれば審級が異なっても一回の届出の有効性を認め（規62条2項），勾留中の者には義務を負わせない（同3項）。このため，どちらの説も条文との整合性をやや欠く。また，控訴・上告との関係では，被告人の住居が裁判所の所在地外になることが少なくないが，規62条1項後段によると送達受取人の届出が新たに義務づけられる。いずれも裁判所の処理の都合を優先した規定内容で，かかる法技術的な義務は，被告人への告知・了解がなされた時点以降生じると解すべきだ（本文3参照）。

だ⁽⁴⁾。しかも，次の経緯に照らすと，書類不到達は被告人の義務不履行だけでなく，裁判所の対応にも原因がある。

　(1)　一審記録が控訴審に送付された後，受訴裁判所が控訴趣意書差出最終日を同年7月22日と指定し，その通知書と公判期日召喚状の二通を書記官が甲住所宛に特別送達した。が，郵便は「転居先不明」で裁判所に還付された（同年6月22日付・郵便送達報告書，6月24日裁判所受付印の封筒。郵便法52条）。この段階で，控訴審裁判所は，甲住所が送達場所たるべき「住居又は事務所」（規62条）でないと強く疑うべきであった。

　(2)　ところが，同年6月30日付けで，右通知書の他，被告人の控訴審第1回公判期日への召喚状，国選弁護人選任通知書に関する「送達報告書」が控訴審の書記官名で作成されている。これは，同日午前11時10分に「当庁において交付した」とする「交付送達」の記録である（規65条参照。なお，民訴法100条参照）。被告人が裁判所に足を運んでおり，そこで書記官と接触する機会があったことになる。

　検察官の答弁書謄本については，控訴審第1回公判の開廷時間5分前，書記官による交付送達によって送達がなされている（規243条5項。平成11年9月7日付送達報告書）。いずれの機会にも，書記官は甲住所では届かないことを伝え，規62条の届出の意味と重要性を説明し，送達可能な現在地を被告人に確認できたはずだ。

　(3)　控訴審の第1回公判の被告人人定質問では，住居は一審と同様に「不定」と確認された。しかし，被告人質問で，弁護人は事件のあった平成10年9月頃「どこに住んでいましたか」と質問し，被告人は「テレビで宣伝しているルネス金沢に住んでいました」とし，真偽はともかくさらに「今も住み続けています」と供述している。(1)(2)の経緯を踏まえれば，本来は，控訴審裁判所は被告人人定質問のときに，住居不定か住居があるのか，甲住所とどのような関係があるのか確認すべきなのに，ごく形式的に終えただけだ。被告人質問の段階でも特に関心を示していない。

---

　(4)　被告人は，逮捕後勾留され一審段階でも勾留更新が繰り返されているが，平成11年1月26日更新決定では，まだ目撃証人の証人尋問未了の段階で，住居不定・罪証隠滅を疑う相当の理由のみが理由とされ，逃亡を疑う相当の理由は除外された。

(4) 控訴審判決後，書記官は「判決結果通知書」を甲住所宛特別送達をしているが，郵便局から還付されている。ところが，被告人は，9月30日付けで直筆の上告申立書を作成している。同時に，「弁護人選任について（回答書）」も提出し，国選弁護人の選任を請求したが，被告人名の横には再度甲住所が記載されている。つまり，被告人は控訴審の判決結果をなんらかの方法で知ったことがわかるが，同時に甲住所を裁判所に届ける意味についてさほど理解していないことも推測される。被告人が上告申立書を名古屋高裁金沢支部に持参したのであれば，書記官はこの折りにも被告人と接触して事情を問うことができたはずだ。

(5) 上告審段階では，甲住所では郵便物が届かないことは明らかだった。が，上記のように，特別送達郵便の還付と同日に付郵便送達が行われている。上告審書記官がなんらかの所在調査をする余裕を持とうとしたのか疑問が残る。

かくして，住居に関する調査・確認の点で書記官を含む裁判所の不作為が読みとれる。それが本通知書不受理の事態を生じた軽くない原因だ[5]。その

---

(5) 裁判所の落ち度を考慮し送達を違法・無効とする裁判例もある。例えば，最決昭26・4・13刑集5巻5号902頁は，控訴趣意書提出最終日通知書につき，保釈決定謄本に書記官の過失で原本と異なる制限住居が記載され，被告人が現にそこに住っていたため，後に原本記載の住居に送達された右通知書が到達しなかった場合，送達手続を不適法とした。最決昭33・2・4裁判集（刑事）123号163頁は，上告趣意書提出最終日通知書につき，被告人は保釈決定を受けていたが保証金未納のため拘置所勾留中であった場合，送達は監獄の長宛てになすべきであり（旧民訴法168条）被告人および家族の居住する住所宛郵便送達されて家族が受領していても，提出最終日告知は適法になされたことにならないとした。最決昭38・9・10裁判集（刑事）148号65頁も，「記録上被告人の住居と認められる○○市○○区○○町○○番地あてに送達した」とされている送達報告書があり，被告人の雇人が同所で受領したことになっているが，裁判所の郵便局宛て照会の結果，被告人は転居し，受領者は被告人の雇人・事務員・同居者いずれでもなく同人から被告人に「交付されたか疑わしいことが明らかになった」場合，送達は無効とする。最決昭43・9・17裁判集（刑事）168号717頁は，控訴趣意書差出最終日通知書につき，被告人が公判期日召喚状・弁護人選任に関する通知書・弁護人選任に関する回答書用紙は特別送達で受領したが右通知書はなかった旨主張した場合，書記官がこれを入れ忘れたおそれや被告人と同居する者が受領に際して郵便送達報告書記載の各書類を確認して受領印を押捺したものか明らかでないことなどを考慮し，「異議申立を受けた原裁判所としては，郵便送達報告書の記載上送達されたとされている書類の内容に疑いの余地があるのであるから，申立人に控訴趣意書差出最終日通知書が送達されたかどうかを判断するには，なお，関係者の取調等事実の取調を必要とする」とした。これをなさずに適法な送達があると認定し異議を棄却した措置は審理不尽であるとし，法411条1号により原決定を取消し差戻とした。他に，仙台高決

結果，被告人は上告審に争点を提出できる期間を知らないまま上告趣意書を提出しなかった。甲住所届出の事実，及び上告審にあらためて住居・送達受取人を届け出ていない事実を根拠にして，被告人が本通知書不受理の不利益を被ることを「やむを得ない」とみるのは，司法の利益に傾きすぎた判断だ。

　　2　とは言え，被告人が住居届出義務を履行していないのと同じ状態であることは事実だ。判時1715号175頁のコメント（以下，判時コメントと略）は本件被告人を「ホームレス」と断ずる。これが記録に照らして適切か否かはさておき，裁判記録をみても本件被告人の現実の連絡先が把握しにくかったことは推測できる。そこで，規63条は，本件のような住居不定・所在不明者への付郵便送達も含む，と趣旨の拡張をしてもよいのではないか。

　本決定が，付郵便送達を「刑訴規則63条1項の趣旨に照らし」適法・有効とする意味はやや不分明であるものの，かかる趣旨ではないか（規63条の趣旨拡張）[6]。そして，右解釈にも次のような理由がないではない。

　(1)　被告人が各種書類を滞りなく受領し必要な訴訟行為を行うことが，裁判の迅速かつ効率的な実施に不可欠だ[7]。被告人も司法制度を持つ憲法のもとで生活の安全を享受している以上，司法の円滑な運用を支えるため連絡先を知らせるのは市民良識として期待してよい。ことに被告人自ら控訴・上告した場合，裁判所に連絡先を届けるのは当然の負担だ[8]。しかも，住居届出

　　　昭49・7・10判時764号106頁参照。実務上の落ち度の諸態様について，高田祐吉「刑事送達漫歩」全国書協会報60号（1977年）42頁。
　(6)　実務家はかかる運用を支持する。例えば，植村立郎「刑事書記官事務に関連した若干の問題」全国書協会報84号（1983年）15頁，陶山博生「刑事書記官事務における諸問題」全国書協会報102号（1988年）96頁など。
　　　また，東京高判平6・10・27判時1536号118頁は，退去強制処分を受けた外国人に対する公判期日召喚状を国内最後の住居地および外国人登録原票中の本国の住居地宛てに付郵便送達した手続を有効とする。その際，「訴訟の実際においても，所在不明等により特別送達できない被告人にはこの付郵便による送達が行われている」こと，強制送還された外国人宛公判期日召喚状を国内最後の住居地宛てに付郵便送達して審理を行った事例があることを考慮している。
　(7)　民事における送達が家人の昼間不在のため滞る状況について，清水祐三「昼間不在者に対する送達について」書研所報31号（1980年）283頁参照。
　(8)　東京高決昭52・3・15高検速報2223号は，控訴趣意書差出期日指定書について，一審判決に記載してある住居宛の特別送達に続く付郵便送達を適法とするにあたり，「被告人

義務は，被告人に経済的・時間的に加重な負担を強いない。

(2) 送達に関し裁判所には格別の事実の取調べ権限が定められてない。民訴法186条（旧262条）は法54条で準用の対象にならない。書記官は送達の事務取り扱い責務を負うが，独自の調査権限はない[9]。裁判所法60条3項は，事件に関する裁判官の調査補助の責務と権限を書記官に与えているが，その結果を送達に関する疎明資料と扱っていいか不分明で活用しがたい。本件でも，裁判記録の丹念な調査は書記官の責務だが，他に住居と扱える場所に関する情報がない。上告審の書記官としては，法的には甲住所を送達の宛先とするしかない[10]。

(3) その場合でも，送達は，法令の根拠なく条理に基づいては実施できない（判時コメント176頁はこれを示唆するが，不当だ）。規63条の枠内で処理するしかない。確かに，書類発送時に送達の効果を認める同条の手続の性質上，本来は裁判所が住居でないと認識している場所宛に郵送はすべきでない。が，送達手続は，法54条で最高裁が定める刑訴規則に授権された事項だ。最高裁が，事案に即して解釈により規63条の趣旨を適切な範囲で拡張してもよい。規63条が特段送達場所を特定していない点も，この程度の拡張を許す趣旨を含むとみてよい。

としては……控訴申立後転居した際，その旨を控訴裁判所である当裁判所に届け出るべきであつたのである。そして，そのことは，法令の規定をまつまでもなく，通常人の常識をもつてしても，容易に理解されるところ」であるとする。

(9) 例えば，アパート管理人の同居者としての書留郵便受領権限の有無に関する書記官の調査の可否についても，「送達が適法に行なわれたかどうかを送達報告書に基づいて調べるのであつて，管理人の受領権限まで調べる方法がないので，裁判官の指示を求めてもらいたい」と扱われている（裁判所書記官会同協議要録・訟廷執務資料41号（1969年）8頁参照）。

(10) 受理送達に関する研究317頁も「一般的に所在不明者に対しては，記録上判明した住居等……をあて先として付郵便送達ができると解したい」とする。なお，最決昭30・9・13裁判集(刑事)108号373頁は，上告趣意書提出最終日通知書につき，勾留満期釈放後，「被告人が釈放された際に申出た帰住地『○○市東中州料理屋『○○』隣』に宛て書留郵便に付して送達した」ので適法・有効とする。東京高決昭38・1・23下刑集5巻1・2号19頁は，判決宣告期日の召喚状について，保釈中の被告人が別件で刑の執行を受けていた間，刑務所所長宛に送達されていたが，服役を終えたのち，書記官が保釈の制限住居宛てに執行吏による送達を試みて不送達であったので，同住居宛に付郵便送達としたのは適法・有効とする。どちらも，書記官が記録上把握できる住居宛に送達すればよいとの判断を含む。

しかし，規63条の趣旨拡張は次の理由で不当だ[11]。

第1。現刑訴法は，大正刑訴法など先行する法と較べて，被告人等受送達者の利益を重視し，書類の「現実の到達」を送達の効果発生の要件とする方向へと改正されてきた。特に刑事公示送達の廃止と，法54条による民訴法の公示送達手続の準用除外がこれを示す[12]。規63条の趣旨拡張は，「現実の

---

[11] 前掲・最判昭26・10・18も，付郵便送達は「通常の場合においては必ずや到達するであろうことを期待し得る郵便」とし，裁判所が当初から居住でないと知っている場所への送達までは認めていない。水戸地決昭34・11・9下刑集1巻11号2523頁は，起訴状謄本について，被告人が妻と同居していた場所を送達の1月ほど前に「無断で同所を離れ爾来今日にいたるまで音信不通，その所在が不明の状態にあり右送達を受けた当時被告人において同所とは居住その他の右所掲の関係のないことを認めることができる」場合，この場所に対する起訴状謄本送達を無効とする。

最判昭32・12・27刑集11巻12号3444頁は，窃盗・強盗・強姦致傷事件で一審が無罪を言渡し，控訴審がこれを破棄して実刑を言い渡したところ，みずから事実の取調べをすることなく有罪を言い渡すことは許されないとして破棄・差戻としたものであるが，第一審の無罪判決の後，検察官の控訴申立通知書，訴訟記録受領通知書，弁護人選任に関する通知書，控訴趣意書謄本，各公判期日召喚状，証拠調決定謄本は某住所宛に規63条による付郵便送達に付されたが，「送達不能」で還付されていた。藤田裁判官の補足意見は，被告人が規62条の届出をしていない場合，「書留郵便に付する送達といえども，被告人の住所，居所，営業所又は事務所に宛てて発送しなければならないことは民訴170条2項，169条1項，刑訴54条の規定するところである」が，宛先が「被告人の住所居所等に該当することはを知るべき何等の資料もない」ので違法とする。

他に，ほぼ同旨，辻辰三郎・総合判例研究叢書・刑訴法(2)(1957年)122頁，豊田久吾・藤沢和由「被告人に対する保釈許可決定(命令)謄本を保釈制限住居宛に送達(告知)した場合の問題点」全国書協会報51号(1975年)59頁，高田元三郎・前掲70頁，小西秀宣・研修417号(1983年)53頁。なお，日景聡「付郵便送達実施の要件について」書記官180号(1999年)180頁は，民訴法上の付郵便送達実施の要件として，送達先に受送達者が居住していることの疎明を求めていることを紹介している。

[12] 明治13年に布告された治罪法は，送達の基本として「訴訟関係人ハ裁判所所在ノ地ニ住セサル時ハ其地ニ仮住所ヲ定メ書記局ニ届置ク可シ否ラサル時ハ書類ノ送達ナシト雖モ異議ヲ申立ルヿヲ得ス」とする(21条)。これについては，「仮リニ其住所ヲ裁判所所在ノ地ニ移ササル時ハ固ト其管係人ノ過チナルヲ以テ仮令書類ノ送達ナシト雖モ之カ為メ異議故障ヲ述フルノ権ナキ者ナリ」と解されていた(立野胤政・治罪法註解(明治14年)33頁)。明治23年に制定された明治刑訴法も同一の規定を置く(18条)。ただ，送達手続は民訴法の規定を準用するものとした(19条)。以上の法制上，裁判所所在地外に居住する場合に限り，仮住所の届出義務を科すとともにこれを怠ったとき一種の制裁として書類送達手続の省略が認められていた。だが，これは大正刑訴法で改められた(矢追秀作・刑訴法要義(昭10年)194頁)。

大正11年制定の旧刑訴法では，①被告人など訴訟関係人に受送達のための住居届出を義務づけ，裁判所所在地に住居などがない場合には送達受取人を置く義務を定めた(75条)。②右届出義務の不履行の場合，「書類ヲ郵便ニ付シテ其ノ送達ヲスコトヲ得」とし(76条)，付郵便送達手続を設けた。③所在不明者に対する手続として，被告人に関して公示送達手続を新設した。「被告人ノ住居，事務所及現在地知レサルトキハ公示送達ヲ為スコ

到達」の原則に反する。同条が認める規則への授権の範囲を超えたものとなる。

　第2。新刑訴法制定時の旧民訴法は公示送達手続を定めていたが (178条)、これと別に付郵便送達手続もあった (同172条)。後者は現に到達可能と裁判所が判断できる場所を宛先とする。同条はその後刑訴法にも準用されるに至ったが[13]、同種手続を定めた規63条についても裁判所は現実の住居またはこれと同視できる宛先に送付することが予定されていたとみるべきだ。規63条自体は宛先たる送達場所を規定していないが、これは法54条の原則に従い、民訴法103条準用を予定しているからである。裁判所が、住居でないことを明白に認識している宛先に対する付郵便送達を認めると、被告人が書類を受領する機会は公示送達手続のあった大正刑訴法よりも縮減し、被告人にきわめて不利な法状態を生む。規則の解釈で特異な送達手続を創出するのに等しい[14]。

　第3。裁判所は、住居を確認する一般的な権限がある。送達は裁判所の職

トヲ得」(78条1項)。原則として、書類またはその抄本を裁判所の掲示場に公示すれば送達の効力を認める手続である。

　他方、現行法策定の経緯をみると、昭和21年8月策定の改正刑訴法第1次案 (総7) 第1条 (75) 以下 (法協93巻4号569頁)、昭和22年3月に策定された第6次案82条以下 (95巻12号1902頁) には、大正刑訴法とほぼ同一の諸規定が置かれており特段の修正はなかった。総司令部との協議に付された昭和22年10月策定の第9次案47条に至り、「書類の送達については、裁判所の規則に特別の定のある場合を除いては、民事訴訟に関する規定を準用する」とされた (検察資料28)。国会に提出された「刑事訴訟法を改正する法律案」54条では、「民事訴訟に関する法令 (公示送達に関する規定を除く。) を準用する」と修正され、これが現行法となった (同法案について、第2回国会衆議院司法委員会議録22号 (1948年5月28日) 参照)。

　公示送達手続を廃止した理由は、「被告人の保護をはかつた」ためである (第2回国会衆議院司法委員会議録23号 (1948年5月31日)、木内政府委員説明)。なお、改正刑事訴訟法提案理由書 (法務庁検務局、1948年) 19頁参照。他に、「被告人の利益を害するおそれがあるから」(団藤重光・刑訴法綱要 (第1版、1948年) 116頁)、「被告人の利益を保障するため」(野木新一・宮下明義・横井大三・新刑事訴訟法概説 (追補版、1948年) 54頁) 等、同旨の解説がある。

(13) 最決昭52・3・4刑集31巻2号69頁。最判解昭52年度14頁 (本吉邦夫)、伊藤栄樹・警論30巻7号108頁参照。東京高決昭53・5・18高検速報2294号同旨。これに反対する福井厚・警研49巻6号 (1978年) 57頁参照。

(14) 最高裁判所事務総局・刑事手続法規に関する通達・質疑回答集・刑裁資67号 (1952年) 371頁は「被告人の所在不明の場合 (公示送達に代えて) これに対する召喚状を郵便に付し送達することができるか」との問に「新法が公示送達の制度を廃止した趣旨に鑑みて被告人の住居であるか何うか不明の場所を住居として送達することには疑問がある。但し、最高裁判所においては、ある程度行つている模様である」とする。

権でする（民訴法98条）。右規定自体にも調査権限が内在している。また，送達実施に必要な限度で，一般的な調査権限を用いることもできる（民訴法旧262条, 現186条）。場合により被告人の所在確認のための公務所照会（法279条）もできる。いずれかの権限により，現実の住居を調査するため警察・検察への電話聴取・協力依頼が可能だ。また，書記官・調査官は裁判官の命令で事件に関する調査責務を負う。被告人の所在場所等住居に関する調査を命ずることもできる（裁判所法57条3項，同60条3項）。さらに，書記官は送達事務取扱いの権限と責務を与えられている（民訴法98条2項）。送達の方法選択と送達場所の選定を行う必要上[15]，その限度の調査・確認の権限も内在する。

第4。裁判所は，本件で具体的に被告人の住居確認の働きかけができた。まず，控訴審の書記官が被告人に交付送達する機会に被告人本人に問い合わせれば，現実の連絡場所を伝えたかもしれない。書記官の専権で処理することによる過誤を防ぎ，記録に留める必要があるなら，調査に関する復命書を作成し記録に編綴すればよい。さらに裁判所に住居確認を促し[16]，控訴審段階では被告人質問でこれを確認する機会をもてた。上告審段階でも，主任裁判官の命令で，調査官または書記官に被告人の所在確認のため石川県警・金沢地検への協力依頼をさせ，書記官（単独か調査官帯同で）の金沢市出張，被告人の所在確認，人定確認，交付送達実施等運用の工夫はできた[17]。

---

[15] 高田祐吉「刑事送達事務（1）」書記官66号（1971年）23頁。

[16] 高田元三郎・前掲76頁は，特別送達・付郵便送達で書類が還付されてきた場合，「被告人の住居等の存否が不明となった状態が現出したわけである。この場合には，裁判所は送達場所とした被告人の住居等がなお被告人の現在の住居等と認め得るかどうかを調査しなければならない……右の調査は裁判所に課せられた義務ともいえる」とする。植村立郎「控訴審からみた刑事書記官事務」書記官182号（2000年）11頁も書記官の「コートマネジャー」としての役割を評価して，裁判官・書記官の「協働」を強調する。「被告人の住居が保釈によって変わった場合，証人尋問や被告人質問によって，被告人の本籍，住居，職業に変更のあったことが判明した場合などでは，そのままにせずに公判調書の人定事項の所にもその旨の記載をしておいてもらうと，判決の記載の点検にも役立つのです。そのためには，裁判官に人定質問をしてもらう必要がありますから，書記官としてもそのことを裁判官に促してはどうかと思います。」書記官の権限ないし責務について，他に，「書協実務研究室コーナー」全国書協会報34号（1971年）44頁参照。

[17] 永井和憲「被告人の所在地における書記官の事実調査」全国書協会報113号（1991年）89頁以下は，被告人が窃盗事件に対する執行猶予付有罪判決に控訴を申し立てたが，東京高裁に移審した段階で所在不明となった事例で，「新潟駅周辺で浮浪生活をしている」と検察官から回答を得た上，書記官が裁判所法60条3項の裁判官の調査補助として所在

3 それにしても，本件被告人は単に義務不履行であったのではなく，住居の実体のない甲住所を控訴審にも上告審宛にも届け続けた。裁判所側の対応が事実上不十分な面があっても，被告人の重い「帰責事由」がある。その場合，規63条の趣旨拡張としてではなく，端的に同条本来の適用として甲住所宛の付郵便送達はできるのではないか[18]。

調査と控訴趣意書差出期日通知書などの交付送達のため，新潟市に出張し，警察の協力で警察署への任意同行を依頼し，検察庁職員立会の上，署内で本人と接触できたことを紹介している。本人は，控訴を取り下げた。なお，書記官の送達のための出張について，実務上，「穏当でない」（前掲・刑裁資67号371頁），各庁の取り扱いとして「送達のための出張はしていない」（裁判所書記官会同協議要録（刑事関係）・訟廷執務資料32号（1962年）63頁などとされているので，この点も改善を要する。

[18] 届出義務不履行を帰責事由と捉えて，かかる結論を支持するものとして，青柳文雄・5訂刑訴法通論（上，1976年）264頁。他に，伊達秋雄・判解昭29年44頁，同・警察研究29巻4号（1958年）86頁，出田孝一「書類の送達」刑訴法の争点（別冊ジュリスト，1979年）155頁，ポケット刑訴法（上）（1986年）141頁。

裁判例では，例えば，最判昭26・10・18刑集5巻11号2259頁は，召喚状送達につき，規62，63条と同旨の規定であった旧刑訴法75，76条の解釈について，被告人が住居変更届けを出すまで，保釈制限住居宛に付郵便送達した手続を適法・有効とするにあたり，「届出義務を懈怠したものに対する送達は，その書類を，通常の場合においては必ずや到達するであろうことを期待し得る郵便に付せば事足りるのであって万一その書類が到達しないようなことがあっても，それはかかる義務の懈怠者において，止むを得ない希有の不利益として甘受すべきものとし，以て訴訟手続の円滑な進展を計ったものに外ならない」とする。届出義務不履行の他に，制限住居に居住しないことの不当性を踏まえ，なお住居性がないとはいえない場所であること（「非住居の明白性不存在」基準，注(23)参照）を総合考量したものだ。東京高判昭57・3・16判時1060号153頁は，召喚状につき，弁護人が書類送達の場所として届け出た住居に宛てた規63条の付郵便送達について，被告人が転出したため住居の実体を欠くに至っているが被告人が新たな届出をする義務を履行していないので，適法・有効とする。東京高決昭54・6・27東高時報30巻6号95頁は，付審判請求棄却決定について，「二つの住居をもちながら，送達場所を明確に届出ることもしておらず」という事情を重視し，帰責事由も認めて，裁判所が把握している住所への付郵便送達を適法とした。

控訴趣意書差出期間通知書に関する東京高決昭29・10・29東高時報5巻10号416頁も，被告人が，控訴棄却決定に対して異議申立をした事案において，一審で弁護人名義の転居届出がなされ公判廷での人定質問でも被告人がここを住居と認め，原判決書の住居欄，被告人作成名義の控訴申立書いずれも同住居が記載されていた場合，ここを宛先として郵便送達された右通知書を家主であり同居者たる者に交付した手続は適法・有効とする。被告人が転居して上記住居に居住していないとしても，「その事実は，控訴審たる当庁第一刑事部には明白でない」ことの他，本通知書を受領できず控訴趣意書を指定期間内に提出できなかったのは，「申立人がほしいままに住居を転じ，所定の手続をなすことを怠った結果に由来するものに外ならず，裁判所の措置には何等間然するところはないのであるから，その不利益は申立人自らこれを甘受すべきが当然」とする。届出済み住居から転居したことを連絡しない点に被告人の帰責事由を認めこれを重視した。

本決定が本付郵便送達を「刑訴規則63条1項の趣旨に照らし」有効とする意味をこのように理解することもでき，これにも理由がないではない。

被告人が裁判所に住居を知らせる以上，なんらかの意味で連絡可能な場所であるべきことは当然だ。一般的な住居の届出，確認の趣旨が，被告人の人定を明らかにするのにとどまるとしても，当人と関わりのない住所を知らせること自体不当である。しかも，住居は，罪体立証の証拠ではないから，憲法38条1項の禁ずる自己に不利益な「供述」の「強要」に当たらず，量刑面で不利な事情にもならない。ただ，地方在住の被告人が上告した場合，必ず送達受取人届出義務を負担することになるが，住居届出義務を誠実に履行していれば特別送達または付郵便送達で結局書類は手元に届く[19]。逆に，裁判所が，虚偽を届けるような被告人の真の住居の調査義務まで負担すると，ことのほか送達が滞る。かかる場合，書類不受理の不利益は，被告人が自らの不誠実な訴訟行為を自己責任で是正することにより解消すべきだ。重い帰責事由がある以上，真の住居でない宛先への本件付郵便送達も規63条に含めてよい。

だが，帰責事由の認定に基づく送達場所のかかる決定は，次の理由で不当である。

第1。被告人たる地位は国家が強制した。有罪宣告を是認する控訴審判決への上告もやむなき応訴だ。しかも，上告申立の他，一定期間内に上告趣意書提出を要することは，裁判所の告知・説明がない限り被告人は一般に知らない。その差出期日に関する通知書を受け取るためにも，住居・送達受取人の届出義務履行が求められているが，かかる極めて法技術的な義務について，一般市民の良識で予想できるわけがない。実際にも，住居届出義務は実務に定着していない[20]。裁判の迅速性・効率性のため，被告人も司法に協力する

---

[19] 受理送達に関する研究197頁は，「実務の運用としては規63条の要件を満たせば直ちに付郵便送達をするのではなく，他の送達方法が円滑にいかない場合に行うのが望ましく，実際にそのように運用されている」とする。本件でも，特別送達を先行させている。

[20] 裁判例を中心とした刑事訴訟書類の受理および送達に関する研究（昭38年度書記官実務研究）117頁以下では，1961年8月から2年の間に全国の高裁・地裁本庁で届出がなされたのは12庁約150人と報告されており，受理送達に関する研究198頁では，1977年8月から2年の間に届出を受理したのは7庁12件と報告されている。これに関連して，前掲・訟廷執務資料32号62頁参照。民事訴訟でも状況は同じである。民事訴訟関係書

負担があってやむをえないが，裁判所が適宜に義務の内容・目的・効果を十分に告知する責務が先行していなければ，書類不受理に伴い被告人が不利益を負担することを正当化できない。被告人が人定事項として住所を届けたり答えれば，規62条の住居届出があるとみなす裁判例もあるが[21]，これは司法の側の便宜的な取扱いである。被告人の意思で確実に書類を受領できる住居を選択して，これを届けさせる規62条の趣旨に照らして不当な運用だ。

　第2。住居届出義務に関する告知は裁判所の責務だ。もともと受訴裁判所の裁判長は「必要と認めるときは，被告人に対し……被告人が充分に理解していないと思料される被告人保護のための権利を説明しなければならない」(規197条2項)。書類の送達を受ける権利とこれに伴う住居・送達受取人の届出義務履行に関する告知も右責務に含めてよい。また，憲法が保障する黙秘権の行使についても，被告人に不利益にならないことを司法が告知すべき責務がある（法311条1項，規197条1項）。住居届出を強いるなら，裁判で被告人に不利益にならないことを裁判所が告知すべきだ。具体的には，一審や控訴審の裁判所は，被告人に上訴に関する告知をする機会などを利用できた（規220条，250条）[22]。

　　　類の送達実務の研究（書記官実務研究，昭43年度）51頁以下，同（改訂版，昭56年度）84頁。
(21)　東京高判昭56・9・3東高時報32巻9号57頁は，控訴趣意書差出期日の通知書について，書面による住居等の届出はなされていないが，被告人が自署押印の控訴申立書と弁護人選任回答書を提出した上で，「被告人が原審公判廷で自己の住居として供述し，原判決にもその旨記載された肩書住居が控訴事件の審判に際しても被告人の住居として取り扱われることを当然に認し，むしろこれを希望し，そのことは裁判所にも明らかであったと認められるから，被告人の右住居は前示刑訴規則62条1項前段により裁判所に対し届けられた住居に当る」こと，書類送達場所の届出の義務があるのに「住居変更の届もなされていない」ことを考慮し，「被告人に対し裁判所からする書類の送達は肩書住居にあててなされなければならないとともにそれで足りる」とし，特別送達の後にした旧民訴法172条の付郵便送達を適法・有効とする。住居届出の「みなし処理」を認める実務家として，小野慶二・警察研究45巻3号（1974年）132頁，植村立郎・前掲全国書協会報84号15頁。
(22)　一審は身柄を拘束されていない被告人に対して，起訴後直ちに書面で住居届出義務を告知すべきだし，控訴を受理した時点で送達受取人届出義務の告知をすべきだ。ただ，以下では本件にあわせて，一審の執行猶予付有罪判決後に口頭で告知する例を示す。「この判決には執行猶予がついていますが，有罪判決です。あなたに不服があれば上級の裁判所でさらに審理を受けるため，控訴を申し立てられます。控訴する場合，○○高等裁判所宛の控訴状をこの裁判所に明日から14日以内に提出してください。その場合，裁判所はいろいろな書類をあなたに送る必要があります。書類を実際に受け取ることのできる

第3。本件被告人が住居および送達受取人の届出義務の目的・内容・効果・重要性をよく認識・理解した上でなお虚偽の住居を届け，書類送達をことさら妨げたと疑うべき事情は裁判記録上伺えない。他方，被告人に住居届出義務履行を促すため，裁判所がその内容を告知・説明・説得することは容易にできた。司法の側が，現実の住居が不明な状態を改善する姿勢を示さないまま，真の住居の届出をしていない被告人の態度のみ責めるのは適切でない。
　第4。甲住所について，規62条適用上は，無効な住居であって住居届出義務不履行とみなし，規63条適用上はなお民訴法103条の住所等に含めることになる。が，これは司法の利益のみ優先させる便宜的な法解釈で，それ自体不当だ。

まとめ——判例法か

　では，本決定は，一般法命題を読みとれる「判例」とみていいか。
　この点で，例えば，「被告人が請求または申立をした手続の実施に必要な書類の送達にあたり，同人が現実の住居ではない住所を送達場所として届出をしたことを裁判所が認識している場合でも，右住所宛に規63条の付郵便送達を行える」などの判例性を認める余地がなくはない。次の理由による。
　従来の裁判例は，通常の送達に関して，被告人がなんらかの形で裁判所に届け出た住居に送達しても転居・家出などのため到達しないことが裁判所に明白でない限り，右住居に対する送達を適法・有効と解していた（「非住居の明白性不存在」基準）[23]。本決定は，付郵便送達に関して，この基準を及ぼさず，

　　　　現住居など確実な連絡場所を教えてください。刑訴規則の上でも住居の届出が義務になっています。書類を受け取らないと，あなたが高等裁判所で裁判を受けられない不利益を受けることもありますので，あなたのためでもあります。書記官に連絡先を伝えて下さい」。
　　　無罪判決言渡しの場合にも告知が必要だ。「検察官が控訴することもあります。その場合，あなたにも控訴状の写しなどいろいろな書類を送らなければなりません。書類を実際に受け取ることのできる現住居など確実な連絡場所を教えてください。刑訴規則の上でも住居の届出が義務となっています。書類を受け取らないと，あなたの知らない間に裁判が行われることもありますから，あなたのためでもあります。書記官に連絡先を伝えて下さい」。
(23)　控訴趣意書提出差出期日通知書につき，最決昭29・3・20刑集8巻3号280頁は，特別送達の宛先に関して，「保釈の制限住居の定めある場合‥‥裁判所はたとえ被告人が制限住居に居住していないときでも，その事実が裁判所に明白でない限りは，右制限住居においてその住居の居住者であつて同人と目される者に書類を交付してこれを為し得る」とする。「非住居の明白性不存在」基準を示したものだ。他に，東京高判昭29・

住居でないことが明白な場合でも適法・有効に行えるとした。最高裁の新判断であって重視すべきだ。他方で，本通知書の送達は，刑訴規則上裁判手続の円滑・迅速な進行と被告人等関係者の裁判関与の利益を考慮して策定された手続である。被告人はその反射的な利益を享受するのにとどまる，ともみれる。従来の裁判例に照らせば，憲法上の権利に係わるほどのものと扱う必要はない[24]。刑訴規則の制定権限は，最高裁にある（憲法 77 条）。規 63 条の

5・4 高判特 40 号 84 頁も同旨である。被告人住居で同居していた妻が補充送達を受けた当時，被告人は離婚話があって実家におり住居に不在であったとしても，「かかる事由は未だ以て右送達を無効とする事由とはならない」とする。前掲・東京高決昭 29・10・29 東高時報 5 巻 10 号 416 頁も，被告人が届出のある住居から転居した事情が控訴裁判所に「明白でない」場合，届出住所への送達を適法・有効とした。東京高決昭 46・7・10 判時 652 号 98 頁は，被告人が起訴時および一審判決時の住居を一審係属中に転居したが，これを裁判所に届けなかった場合，本人と妻の経営する会社事務所所在地でもある先の住居で会社事務員に郵便配達員が交付していれば，補充送達として適法・有効とする。他に，東京高決昭 49・3・3 東高時報（民事）25 巻 3 号 42 頁も参照。

　なお，保釈後逃亡中の被告人について，「裁判所書記官としては，記録を精査して住居と認められる場所，それが判明しなければ判明している最後の住居地（多くの場合制限住居であろう）にあてて送達するほかはない」とされている（受理送達に関する研究 242 頁）。逃亡の認定，被告人側の逃亡状態の解消，途中での立ち寄りなど流動的な要素が多い以上，書類送達の関係で従前の制限住居を付郵便送達の宛先とすることは「非住居の明白性不存在」基準からも許容される。例えば，保釈許可取消し決定と保証金没取決定に関する福岡高裁宮崎支決昭 34・9・8 高刑集 12 巻 7 号 714 頁は，制限住居宛で付郵便送達を有効とするが，あくまで提出資料限りで逃亡を認定しただけで「真実は逃亡したものではないかも知れないし，一時所在不明であっても右取消決定がなされた際には制限住居に復帰しており現実に送達が為され得る場合がないとはいわれない」とする。

　この点につき，伊藤栄樹・三訂刑訴法の実際問題（1984 年）194 頁，新版註釈刑訴 1 巻（1995 年）570 頁（香城敏麿），増補令状基本問題（下，1997 年）72 頁，84 頁（秋山規雄）参照。

(24) 最決昭 26・4・13 刑集 5 巻 5 号 902 頁は，申立人が控訴趣意書提出最終日通知書の送達手続の違法・無効について「控訴審判請求権ヲ喪失スルニ至リシコトハ憲法 11 条ニ所謂申立人ニ対スル基本的人権ノ享有ヲ妨ゲル重大ナ結果ヲ来ス」と主張したのに対し，「原決定は刑訴規則 63 条の解釈を誤った違法はあるが，これをさして憲法違反の問題であるということはできない」とする。最決昭 27・5・31 刑集 6 巻 5 号 788 頁は，起訴状謄本が代用監獄たる警視庁の警察署長宛ではなく警視総監宛になっていた点は違法であるが，現に謄本が被告人に示されて読み聞けもなされ，同人の承諾を得て代用監獄で保管していた場合，同謄本の有効な交付があったとするとともに，右送達手続の瑕疵について「被告人の防御権が害されたと認むべき何等の事跡はない」ので 411 条を適用すべき著反正義事由はないとする。最決昭 29・5・21 裁判集（刑事）95 号 499 頁は，証人召喚状不送達による証人尋問不実施について上告理由を認めていない。最決昭 27・5・6 刑集 6 巻 5 号 733 頁は，控訴趣意書提出最終日の指定がなされた後に選任された弁護人にはその通知をしない扱いを適法とし，これを憲法 37 条の弁護人依頼権の侵害とする主張を斥けている。最決昭 37・9・27 裁判集（刑事）144 号 683 頁も，控訴趣意書提出最終日指定がなされた後に選任された弁護人にこれを通知しない扱いについて，憲法 32 条，14 条に

新解釈・新運用を示す本決定は，規則改正に準ずる，といえなくもない。しかも，本通知書は最終審たる上告審の係属に影響するものだ。その付郵便送達を認めた以上，不受理の不利益がより軽微な書類にも類推していい。最高裁も，本上告棄却決定を特別送達後に付郵便送達にする扱いをし（平12年7月3日付け付郵便送達に関する送達報告書），同種運用を広げる姿勢を自ら示している。

が，「判例」性は乏しく，事例判断とみるべきだ（結論同旨，判時コメント177頁）。

第1。送達に関する理論・実務を主導する判例の基礎とするには，事案の適格性に疑義がある。①控訴審・上告審の書記官と裁判所が住居の調査・確認を積極的に行わなかった不作為（1，2参照）を，権威主義・形式主義とまで非難する必要はないものの，是正すべき面が多々ある。かかる運用を基礎に判例を築くのは適切でない。②弁護の不作為を放任するおそれも残る。というのも，弁護人が被告人のために上告趣意書提出最終日延期の上申をした記録がなく，また弁護人の上告趣意書に本通知書不到達との関連で，「被告人には，選任された自己の弁護人と連絡をとる機会も与えられず」と記述されている。この点を上告審と協議したかどうかは記録からは伺えない。とすると，被告人と連絡不能のままであり，上告趣意書の内容を被告人に知らせていないおそれがある。万が一にも，弁護人のかかる不作為が被告人の裁判を受ける権利を妨げる一因となっていたとすれば，再審で弁護の瑕疵を問う道を開かざるをえない[25]。

抵触するとする主張について，「単なる刑訴法又は刑訴規則違背の主張」として扱う。同旨，最決昭40・7・29裁判集（刑事）156号273頁，最決昭42・10・17裁判集（刑事）164号815頁，東京高決昭和52・10・26高検速報2264号，東京高決昭61・6・27東高時報37巻6・7号51頁，大阪高決平4・9・4高刑集45巻3号53頁。他に，最決昭38・11・8裁判集（刑事）149号61頁は　略式命令謄本の送達について，現実に被告人がこれを知ることを要するとし，送達日を基準に告知の日から14日（法464条）を計算したのは，憲法32条の裁判を受ける権利を奪うもの等との主張を斥け，法465条，規34条の解釈問題であって法405条の事由の主張ではないとする。他に，最決昭47・7・28刑集26巻6号397頁参照。

(25) 念のため，えん罪の可能性についてふれておく。弁護人は，上告趣意書の「第一，事実認定の適正手続違反」の項で，被害者Kがパチンコ中に財布を落としたことに気づかなかったと一審で証言し，被告人が何かをひろう動作を目撃した証人も赤茶ぽいものを拾ったが，財布かどうかはっきりとはわからないと証言した点などを摘示し，「被告人が拾った物とK証人の落とした財布との結びつきについては証拠がない」とする。そして，

第2。決定は本付郵便送達を規63条の「趣旨に照らし」相当と判断したが，同条が本来予定する手続として当然に適法・有効としたのか，これに準ずる趣旨の拡張をしたものか，条理に基づく事例判断をしたものか定かでない。その点も含め，一般法命題が明示されていない[26]。対象となる書類，被告人の帰責事由と裁判所の落ち度の程度，通常の送達手続との関係など不分

「裁判は証拠に基づきなされるという証拠裁判主義を含意する」憲法31条に反する事実認定であると主張した。

被告人も捜査段階，一審，控訴審と否認を貫いていて，自白調書はない。身上経歴に関する員面調書が一通証拠採用されただけだ。しかも，証拠関係をみると，確かに被害品たる財布の存在に関する証拠は，被害者の一審公判証言くらいであって客観証拠に乏しい。それなのに，本通知書不受理の結果，上告審で自らの主張を述べる機会がなかった。それだけに，無罪主張の根拠の有無は気にかかる。

だが，妻とともに娯楽のためパチンコに来ていた被害者が事件をでっち上げねばならぬ事情はない。被害者と同じ列でパチンコ中の客2名が被告人がなにかを拾う動作を目撃している。しかも，事件当日の夜，この3名が立会して犯行再現がなされ，写真撮影報告書が作成されている。目撃の場所，方向について記憶が鮮明な段階で証拠保全されている。さらに，防犯カメラに被告人が被害者の椅子付近で何かを拾う動作をしてそのまま手前に歩いてくる姿，被害者がパチンコ台に向かっている姿，2名の証人の姿が映り，そのビデオから5葉の写真を現像して作成された写真撮影報告書も証拠調べされている。写真の状況は公判廷における証人2名，被害者の証言と一致している。証人らが顔を曲げて被告人の方向をみている姿も写っている。他方，被告人の弁解内容の変遷は不自然・不合理だ。一審では，上記5枚の写真中かがんだ姿の映る写真では，後ろ向きに通路を出ていく人が自分でありかがむ姿は他人だ，しかし，その直後の態度を写す2枚の姿は自分だと弁解するが，写真をみると人物の同一性を見誤ることはない。控訴審では，事件のあった時期にその店にいったことはなく，写真には一切自分は写っていないなどと弁解し，一審の弁解内容も否定した。無罪主張の合理性を疑わせる。被告人の財布窃取行為は，重畳的な証拠構造から合理的に推認できる事実の範囲におさまる。検察官は「合理的疑いを超える証明」の責務を果たしている。一審の有罪認定が経験則・合理則を逸脱して法317条の証拠裁判主義に反し，控訴審もこれを看過した，と法的に評価すべき証拠状態ではない。最高裁が，憲法31条違反について，「実質は単なる……事実誤認の主張であって」上告理由を構成しないとし，著反正義・重大な事実誤認（法411条3号）の有無に関する判断も示さなかったのは理由のあることだ。

なお，ささいな点だが，2点補足する。①弁護人は，本件送達を民訴法107条1項2号によるとみて，民訴規則44条の付郵便送達をした旨の通知がない点も上告理由に加えたが，住居届出義務違反の場合，付郵便送達は規63条による。この場合，その旨通知する手続は予定されていない。上告理由の構成に不備がある。規63条が別途の通知手続を伴わないのは，被告人など受送達者に現に届くことが合理的に見込まれる住居宛になすことを予定しているからであり，この点からも裁判所が非住居性を明白に認識している場合は本手続を採れない，と主張すべきではなかったか。②弁護人の上告趣意書の日付けは「平成12年1月17日」であるが，最高裁の受付印は「12・1・13」だ。弁護人が提出日付けを実際とは異なる上告趣意書提出最終日にあわせ，裁判所がこれを黙認している。右慣行が「調書偽造」の病理を伴う「調書裁判」構造を支える遠因でないことを祈る。

(26) 中野次雄編・判例とその読み方（1986年）5頁以下。

明の点が多い。下級裁判所にとって指針になりにくい。判例としての安定性を欠く。

　第3。本付郵便送達の結果，被告人は上告審で裁判を受ける法律上の利益（法351条，405条）を失う（法386条，404条）。被告人の住居・送達受取人の届出義務違反は規則上の事由だ。これで法律上の利益を奪っていいかどうかは，法律事項だ。最高裁が，規則の解釈・運用によって解決するのは立法の肩代わりであり，司法権の限界を超える。刑訴法に公示送達手続がない不備があるなら，その是正は法54条の改正によるべきだ[27]。

　第4。本件の経緯に照らすと（一参照），本通知書の送達手続は憲法に反する。憲法は，裁判を受ける権利を保障する一方（32条），最高裁を憲法解釈に関する最終審と定める（81条）。被告人は，最高裁で合憲性を争点とする審理を求める権利を抽象的には保障されている。規則が本通知書の送達を義務づけることで被告人が享受する利益は，憲法32条の趣旨を充実させるため不可欠だ。形式的根拠は法律と規則であっても，単なる法政策上の利益ではない。その実質は憲法32条の趣旨に由来する権利とみるべき重みがある。住居・送達受取人の届出義務の不履行に伴う不利益を甘受させるには，最高裁で裁判を受ける抽象的な憲法上の権利を奪っていいほど被告人の明白かつ重大な帰責事由が認められる場合に限るべきだ。右事由なく（3参照）行われた本件送達手続は違憲だ。

---

(27)　現在，IT技術が格段に進歩している。送達用の住居が不明な者に関し「受け取るべき書類がある」旨インターネットを通じ告知することなどを含め，新たな公示送達手続を立法で定めるべきだ。横井大三・刑訴裁判例ノート（1971年）152頁参照。

第24章　平成14年6月5日最決
——軽微事件と長期の身柄拘束の救済

最高裁平成14年6月5日第2小法廷決定
平成13（あ）898号，公衆に著しく迷惑をかける暴力的不良行為等の防止に関する条例違反被告事件，上告棄却
判例時報1786号160頁

【事実の概要】

　被告人は，通勤電車内で被害女性にいわゆる「痴漢」行為を行ったものとして東京都の公衆に著しく迷惑をかける暴力的不良行為等の防止に関する条例（以下，本条例）違反により起訴された。本条例5条1項は，人に対し公共の乗物において人を著しくしゅう恥させまたは人に不安を覚えさせるような卑わいな言動を禁止し，事件当時，法定刑は5万円以下の罰金であった（現在の法定刑は，6月以下の懲役または50万円以下の罰金）。

　被告人は，平成12年6月27日に現行犯逮捕され，同月29日に勾留され，勾留期間延長後7月14日に起訴された。9月5日，勾留期間更新決定がなされ，同13日に第1回公判期日が開かれた。被告人は無罪を主張した。9月26日に弁護人が保釈を請求し，29日，第2回公判期日で被害者女性の証人尋問が終了した後保釈が許可された。一審は罰金5万円とし，控訴審もこれを是認した。そこで，被告人は，事実誤認の主張の他，保釈までの自由拘束期間の「異常な長さ」が憲法34条違反となる等を摘示して上告した。最高裁は，405条の上告理由なしとして上告を棄却したが，法定刑が5万円以下の罰金である犯罪について未決勾留日数が93日間であり，保釈までの起訴後勾留がうち78日間である点について次のような職権判断を示した。

【決定要旨】

　「このような法定刑の軽微な事件について身柄拘束の不必要な長期化を避

けるための配慮が十分であったとはいえない上，上記未決勾留期間のすべてが本件の審理にとって通常必要な期間であったとも認めがたい。そうすると，第一審判決が未決勾留日数を本刑に全く算入しなかったのは，刑法21条の趣旨に照らして問題があり，刑の量定に関する判断を誤ったものといわざるを得ないが，未決勾留日数の算入に関する判断は，本来判決裁判所の裁量にかかるものであることなどにかんがみると，上記第一審判決を是認した原判決を破棄しなければ著しく正義に反するとまでは認められない」。

【解　説】

1　軽微事件について身柄拘束の不必要な長期化を避けるための「配慮」とは何を意味するか。また，審理にとって通常必要な期間とは何を意味するか。

本決定は本件の逮捕勾留保釈など自由の拘束に関する諸手続に明白な違法があるとは認めておらず，全般的に審理に必要な期間と勾留の期間との均衡に疑問を投ずるのに留めた。ただ，いくぶん踏み込んだ解釈の余地は残る。

第1に，起訴前勾留の期間について10日より短い期間を定めることも考えられる。というのも，運用上起訴前勾留期間は捜査に必要なものとして算入の対象にしないとされている（大コンメンタール刑法1巻（1991年）380頁（新矢悦二））。刑訴法（以下法）198条1項が逮捕勾留中の被疑者について取調べがなされる場合に出頭滞留が義務づけられることを間接的に支えるものだが，痴漢事件などで被疑者が否認すると勾留が長引くことを摘示して自白を迫る例もないではない。捜査の力点が取調べによって自白を得ることに置かれがちな現状を追認することになる。その意味で，不当な取調べと防御の萎縮を防ぐためにも勾留期間の短縮を認めるべき必要はある。

もっとも，勾留当初の10日は期間として法定されており，裁判官の裁判で変更できないともいえ，従前は期間を短縮する勾留決定は無効と扱われている（例えば，大阪地決昭40・8・16下刑集7巻8号1762頁）。しかし，法208条は勾留請求日から「10日以内に」公訴を提起しないとき検察官は被疑者を釈放しなければならないとする。身体拘束自体の期間を明示的に定めたものとはいえない。むしろ，検察官が処分を決めるまでの猶予期間を定めたものである（法60条が起訴後の勾留期間を2カ月と定めるのとは異なる）。また，裁判官は

勾留延長については10日以内で検察官が処分を決するのに必要な日数を決定できる点に照らしても，起訴前の勾留については10日と法定されていると解釈する必要はなく，裁判官の裁量で事件毎に検察官が処分を決するのに相当な日数に短縮が可能なものとみる余地がある。

　第2に，起訴後第1回公判期日まで2月も経ずにより早期に期日指定をする余地もある。むろん，被告人が外国籍を有するため，起訴状の要旨の通訳の準備，弁護人の接見のための通訳人の確保などに若干日時を要すべき事情はある。その他検察官の証拠整理，弁護人への開示，弁護人の調査など当事者双方の事前準備に要する時間が必要であったとしても，法定刑との均衡も考慮に入れた適切な期間内に裁判を実施しなければ，勾留自体が過大な負担となり，結果として被告人の防御への意欲をそぐ効果をもたらす。

　第3に，保釈の運用にも改善の余地がある。弁護人は保釈請求の申立を遅らせた。否認事案では裁判所が被害者の証人尋問終了まで保釈を認めない運用を考慮したとも推測できる。被告人に無駄な期待を抱かせることは防御の意欲をそぐからだ。しかし，法89条4号の「被告人が罪証を隠滅すると疑うに足りる相当な理由」は勾留理由となる罪証隠滅の相当の理由（法60条1項2号）よりも個別的・具体的でなければならない。保釈後被告人が隠滅を工作でき，しかも回復，代替ができない性質の証拠があり，かつ当該被告人が隠滅の意思と手段を持つと推測することが一般人からみても相当の理由がある場合でなければならない。本件では，被告人は現行犯逮捕されており，被害者の供述調書が作成されている。外国人とはいえ企業活動に従事する被告人が被害者に働きかけるとみるべき特段の事情はあるかどうか慎重な見極めがいる。さもなければ，被告人が事実を争えば裁判所は保釈を認めないという結果となり，これも防御権行使に対する一種の制裁を与えるのに等しくなる。自由の拘束が事実上防御権を抑制する運用となることは避けるべきだ。

2　刑法21条は「未決勾留の日数は，その全部または一部を本刑に算入することができる」と定めるが，本件の場合未決勾留日数不参入はいかなる意味で「問題」であり「刑の量定に関する判断を誤ったもの」か。

　確かに，勾留により相当期間自由を拘束される状態が刑罰と同じく心理的

にも社会的にも大きな負担となる事実は無視できない。運用上も被告人側の弁論で相当期間の勾留によって事実上社会的な意味での制裁を受けた点を摘示することは多い。かかる主張が裁判所の量刑判断に影響することも少なくない。そこで，刑法 21 条は，後に有罪とされた場合には事実上刑罰に関連して自由を拘束されていた点に注目し，一種の衡平性の見地から両者を合体して 1 個の刑罰と扱うことを認めたと理解するのも一理ある（自由刑類似説。さしあたり，大コンメンタール刑法 1 巻（1991 年）369 頁（新矢悦二），条解刑法（2002 年）42 頁）。

この場合にも犯罪に対する量刑ではないから，「算入の要否およびその量は事件審理の状況のみによって決定されるべきで，犯罪の情状とは無関係でなければならない」（さしあたり，ポケット註釈刑法（3 版，1980 年）103 頁，大塚仁・刑法概説（総論）（1997 年，3 版）550 頁など）。一般には勾留期間中通常審判のために必要な期間かどうかを基準にする（一部算入説。最大判昭 24・10・13 裁判集（刑事）14 号 187 頁，高松高判昭 48・11・14 刑事月報 5 巻 11 号 1430 頁，福岡高宮崎支判昭 59・4・24 高検速報 1307 号参照。前田雅英編・条解刑法（2002 年）42 頁参照）。その他被告人の責めに帰すべき事由による勾留期間か否かも検討し算入期間を決定する。

もっとも，刑罰に組み込むことが公平に適うか否かという視点で判断する場合，刑事政策的な視点が入る（福岡高判昭 48・2・1 判時 710 号 111 頁，福岡高判昭 60・9・12 高検速報 1336 号参照）。裁判所が罪証隠滅の相当の理由があると認定して勾留した場合，これを被告人の責めに帰すべき事由と扱う説もこれを示す（注釈刑法（1）（1964 年）169 頁（高田卓爾））。かかる観点を加味すると，本件で未決勾留日数を算入しなかったのは不当ともいえる。一般的に，有期懲役刑を宣告する場合に未決勾留日数を全く算入しないのは不当とする裁判例があり（福岡高判昭 52・12・6 判時 889 号 112 頁），また，本件のように罰金刑を宣告する場合，法定刑の上限に比してバランスを失した勾留を続けていた点を考慮しないと特別予防の点からは疑問が残る。刑罰に対する国民の信頼にも陰りをさす。

しかし，未決勾留日数算入の趣旨を刑罰執行方法の衡平性から理解するのには疑義がある。本件では，被告人の無罪主張に伴い証人尋問が必要になり

その終了まで勾留が継続した。右期間を審理に要するものとし本刑算入の対象にしないとすれば，刑法21条は憲法37条2項が保障する証人喚問の権利行使を事実上不利に扱うことになる。それを避ける意味で，被疑者・被告人がことさら手続の進行を妨害するなどの事情が具体的に認定されない限り，防御権の行使に伴う審理の延長を被告人の負担とすべきではない。未決勾留算入はむしろ，被告人の防御権行使に対する萎縮効果を防ぐ措置と理解すべきだ。原則として全部算入が妥当だ。

かかる解釈は条文上全部または一部算入の裁量権限を認めていることと矛盾する。だが，法は，上訴提起期間中の勾留日数，検察官上訴後判決宣告前日までの勾留日数，被告人など上訴後原判決破棄の場合破棄判決前日までの勾留日数，原判決破棄後差戻・移送等の後の2次原審判決宣告前日までの勾留は当然に算入する（法定通算。法495条）。これも刑罰執行の衡平性を根拠とするのが一般だが（さしあたり，大コンメンタール刑訴法7巻（2000年）380頁（近藤康利））、むしろ，勾留長期化が，上訴権行使を妨げず，また検察官上訴の場合に防御権行使を妨げないようにする政策に基づくとみるべきだ（防御権説。同旨，刑事弁護コンメンタール刑訴法（1998年）441頁（福島至））。その奥底には，上告趣意書が指摘するように，正当な理由なき拘禁を禁止する憲法34条の原理がある（但し，今のところ，未決勾留日数算入を請求する具体的権利が憲法上被告人にあるとまでは解釈できない。参照，さしあたり最大判昭和23・4・7刑集2巻4号298頁，最判昭26・2・27刑集5巻4号475頁）。刑法21条も，被告人の防御権保障の原理に即し全部算入を原則としつつ，被告人の防御権濫用が理由となって必要となった勾留期間について算入をしないものと解釈すべきである。本件は，かかる全部算入原則に照らしても不当だ。

3 未決勾留日数を算入していないのに，法411条によって破棄すべきことにならないとしたのは妥当か。

法411条は「刑の量定が甚だしく不当であること」（2号，量刑甚不当）および「原判決を破棄しなければ著しく正義に反する」（著反正義）ことが認められれば職権により原判決を破棄できると定めている。上告審としての最高裁の機能は，憲法違反・判例違反の審査を通じて司法の統一性を実現する一方，

411条所定の事由がある場合には個別事件の救済も図ることにある。もっとも，本件のように，未決勾留日数不参入は判決主文から明白であって，仮に被告人からの指摘がなくとも（無罪主張をする本件の控訴趣意書ではこの点を問題にできなかった），控訴審で職権調査の対象になる。にも拘らず，特段の是正がなされなかった場合，これを上告審が量刑甚不当と判断するには，原審が特別な事情を看過しあるいはこれが後に生じたことが要る。もともと量刑判断は処断刑の範囲内で刑罰の多様な目的に照らし，当該事案を巡る種々の事情を総合衡量してなされる。裁判所の裁量の幅がひろい。また，裁判所は量刑事由について厳格な証明を要せず，自由な証明で得られた証拠から認定してよい。ところが，上告審は一般に被告人を召喚して自ら事実の取調べをすることはない。書面審査の範囲で量刑甚不当に値する事由を見いだすことには自ずから限界がある（法律実務講座刑事編（1956年）2606頁（青柳文雄））。

さらに，職権破棄のためには著反正義の要件を充足しなければならない。この点について，司法の権威を維持し公正な司法を保障するという国家目的に矛盾する状態を指すとするとらえ方（さしあたり，平場安治・刑事法講座（6）1295頁）ではなく，個別的救済が司法一般のありかたとしても必要不可欠であることを意味するとみるべきだ（柴田孝夫「職権破棄事由」公判法大系Ⅳ（1975年）334頁）。原判決の存在自体または原判決の効果として生じた法的状態が法の理念に照らして耐え難い場合をいうとする解釈（総合判例研究叢書・刑訴法（13）（龍岡資久）（1962年）17頁）も，かかる観点から理解できる。ただ，本件では，仮に有罪認定を前提にしたとすれば，罰金額はことさら過剰と言えない。未決勾留日数相当分を算入するとかなり減額される。これは執行猶予を付さないこととした判断とも矛盾する。その意味で，最高裁の視座からは量刑を是正すべき個別的具体的な差し迫った事情は乏しいともいえる。

まとめ——判例法か？

本裁判例はいかなる意味で判例となるか。本決定は，(1) 軽微な事件では裁判所は勾留が長期にわたるのを避ける配慮をするべきである，(2) 勾留期間すべてが審理に通常必要な期間と認めがたい場合に未決勾留日数を算入しないのは刑法21条に反すると宣言した。ともに原判決を量刑甚不当・著反

正義にあたらないとする結論の理由付けではないから傍論だ。もっとも，最高裁は一般的法解釈や運用基準を示すことがあり，これも判例としての意味を持つ（さしあたり，三井誠他編・新刑事手続Ⅲ（二〇〇二年，大渕敏和）四五〇頁）。(1)(2)も「広義の判例」の役割を果たす。この限度で上告趣意書の指摘する憲法34条違反を実質的には是認したといえる。本決定以降，事案の軽微性との関連で勾留長期化を裁判所の懈怠として争う道が開かれたとみていい。

第25章　平成17年10月12日最決
——麻薬特例法と業態犯の訴因の特定

最高裁平成17年10月12日第1小法廷決定
平成17年（あ）第660号，国際的な協力の下に規制薬物に係る不正行為を助長する行為等の防止を図るための麻薬及び向精神薬取締法等の特例等に関する法律違反，覚せい剤取締法違反被告事件，上告棄却
判時1914号160頁・判タ1197号145頁

【事実の概要】

1　被告人Hと共犯者Mは，平成16年4月14日付けでまず起訴された。訴因は，同年3月4日に各自の自宅及び路上の3カ所で営利の目的で覚せい剤を所持したとするものである（3個の営利目的所持の併合罪起訴。第1起訴）。次に，5月10日付け起訴状では，3月3日に大阪市阿倍野区某所においてNに対して覚せい剤を販売したとされている（第2起訴）。最後に5月31日付け起訴状では，同2日にも少し距離の離れた場所でやはり覚せい剤をOことRに販売したとされた（第3起訴）。

5月14日の第1回公判では，第1，第2起訴について審理がなされた。共犯者Mが被告人Hの自宅にあった覚せい剤営利目的所持について共謀共同正犯であることを否認したが，その他の訴因事実については，HもMもこれらを認めた。6月18日の第2回公判期日では，第3起訴事実について審理がなされ，被告人HもMも争わなかった。検察官がここまでに請求した80点ほどの証拠についても，Mの上記無罪主張に関わる部分を除き，証拠調べに同意した。

2　次回期日は，なお追起訴予定があるため，時間を空けて8月13日に開かれることとなった。ところが，その期日前の7月9日に検察官が訴因変更を請求した（変更後の訴因は後掲《参考》参照）。

訴因変更の内容は、まず、3月1日と3日にZに対してそれぞれ異なる場所で覚せい剤を販売したとする個別の営利目的譲渡を付加するものであった。さらに、後掲《参考》の公訴事実欄のように、包括的に同種販売行為を行った事実も付け加えた。
　そして、これらの事実全体を「国際的な協力の下に規制薬物に係る不正行為を助長する行為等の防止を図るための麻薬及び向精神薬取締法等の特例等に関する法律」（以下、麻薬特例法）5条4号、同8条2項に違反する業として行なった覚せい剤譲渡罪とした。（なお、当初の第1起訴については変更後の新訴因では第2の事実に位置付けられた。また、個別の所持事実を表でも表して添付する形式とした）。
　変更後の新訴因では、第1の事実と第2の覚せい剤取締法違反の営利目的所持罪は併合罪とされた。しかし、第1審は、全体として包括して麻薬特例法5条に該当するものとした。この罪数処理は上級審でも維持されている。
　8月13日の第3回公判期日で、被告人Hも共犯者Mも訴因変更自体に反対した。被告人Hの主張は、以下の通りである。
　①審理の進行に照らして不意打であり防御権を侵害すること。②検察官が密売組織のトップにHとM以外に人がいるものとして第2回公判期日後にも被告人取調べを行って自白を迫ったが、事実に反することなので被告人は検察官の意向に沿った供述をしなかったところ、これに対する報復として訴因変更がなされたこと。③訴因変更に先立ち、6月30日に検察官による被告人取調べがなされて、訴因変更は仕方がないとする趣旨の調書が作成されているが、被告人は組織の「社長」にあたるなら麻薬特例法違反になると説明されたものでやむなく署名したものであること。④以上を踏まえて、検察官のこの時点での訴因変更については権利濫用であること。

　3　しかし、裁判所は訴因変更を許可した。これを踏まえて、罪状認否手続では、被告人両名とも変更後の訴因について事実を認めた。弁護人も同意見であると述べた。検察官はこの段階でさらに33点ほどの証拠の追加請求をしたが、被告人・弁護人はすべての証拠の取調べに同意した。この後、HとMの公判は分離された。

8月27日に，M事件に関する第4回公判期日が開かれて，Mが否認している事実に関連して，被告人Hが証人として尋問を受け，Mの被告人質問も実施された。8月31日に，H事件に関する第5回公判期日が開かれ，情状証人尋問，被告人質問を経て，検察官の論告求刑がなされた。9月17日に，Mの関係では，第6回公判期日が開かれ，情状関係について証人尋問と再度の被告人質問が実施された。その後検察官の論告求刑，弁護人の弁論が実施された。

被告人Hの弁論で，弁護人は訴因変更の問題にも触れ，結審間際において，検察官請求証拠に対する証拠調べの同意を撤回できない段階に到っており，防御に多大な不利益を与えたと摘示した。

4 被告人Hについては，9月28日に，Mについては，10月12日に判決が宣告された。このうち，被告人Hに対する大阪地判平成16・9・28（平成16（わ）2042，2562，3050号）は，懲役7年，罰金200万円の実刑を宣告した。判決は，未決勾留日数中100日を懲役刑に算入するものとし，覚せい剤の没収のほか，さらに3100万円の追徴金を課した。

訴因変更の不当性については，弁護人は弁論では摘示したものの，その内容が裁判所が法的に応答を義務づけられる主張としては構成されていなかった。このため，一審判決は訴因変更の当否の問題に触れなかった。

被告人Hは控訴した。控訴趣旨書では，他の控訴理由とともに，訴因変更手続を訴訟手続の法令違反とした。理由は，次の通りである。

①検察官による被告人取調べのときに，被告人が他の黒幕の存在を自白しなかったことへの報復であること，②公判審理の最終局面で突然なされたもので時期に遅れていること，③捜査段階では，覚せい剤取締法違反被疑事件であることを前提にして供述しているところ，「その後になって，被告人が検察官の意図した供述をしなかったため，これら取調にかかる調書を利用して，特例法の要件を立証したというものであり，明らかに，だまし討ちであって，黙秘権の侵害にあたる」こと，④一審における証拠の同意も覚せい剤取締法違反事件を前提にしたものであること等である。

大阪高判平成17・2・22（平成16（う）1783号）は，控訴を棄却した。訴因

変更手続の当否に関して，①の事情は窺われず，また，③の黙秘権告知は，被疑事実単位で必要なものではないとした。その上で，上記1で述べた審理経過に照らして，次のように述べた。

「弁護人において，上記請求に対し異議がある旨述べたものの，原審裁判所においてこれを許可した上，同期日において，変更後の公訴事実について，被告人及び弁護人に対して陳述を求めたのに対し，被告人及び弁護人は，いずれも，『事実はそのとおり間違いない』旨の各陳述をし，かつ，検察官の追加請求があった証拠に対しても，全て同意，取調べ済みとなり，しかも，その後の期日における情状立証と被告人質問を経て，論告，弁論の上，結審していることが認められるのであって……本件訴因変更請求が，殊更時期に遅れるなどし，これによって，被告人の法的地位が著しく不安定になるおそれがあったとまでいえないことが明らかである」。

5　被告人Hは上告した。弁護人の上告趣意書は，訴因変更も争点とした。控訴趣意書と同旨の主張の他に，次の点を加えた。

「(2)　時期に遅れた訴因変更は，すでになされた検察官請求証拠に対する同意の撤回を不可能ならしめる」点で被告人の防御に重大な不利益を与えること。(2)　不特定多数の者に対する覚せい剤販売の概括的記述が含まれている点で訴因の特定がなく，該当部分は裁判官に予断を生じさせる余事記載であること。

しかし，最高裁は，適法な上告理由はないとし上告を棄却した上で，上記(2)に関して特に次の職権判断を示した。

【決定要旨】

「国際的な協力の下に規制薬物に係る不正行為を助長する行為等の防止を図るための麻薬及び向精神薬取締法等の特例等に関する法律5条違反の罪（以下「本罪」という。）は，規制薬物を譲り渡すなどの行為をすることを業とし，又はこれらの行為と薬物犯罪を犯す意思をもって薬物その他の物品を規制薬物として譲り渡すなどの行為を併せてすることを業とすることをその構成要件とするものであり，専ら不正な利益の獲得を目的として反復継続して行わ

れるこの種の薬物犯罪の特質にかんがみ，一定期間内に業として行われた一連の行為を総体として重く処罰することにより，薬物犯罪を広く禁圧することを目的としたものと解される。このような本罪の罪質等に照らせば，4回の覚せい剤譲渡につき，譲渡年月日，譲渡場所，譲渡相手，譲渡量，譲渡代金を記載した別表を添付した上，『被告人は，平成14年6月ころから平成16年3月4日までの間，営利の目的で，みだりに，別表記載のとおり，4回にわたり，大阪市阿倍野区王子町2丁目5番13号先路上に停車中の軽自動車内ほか4か所において，Zほか2名に対し，覚せい剤である塩酸フエニルメチルアミノプロパンの結晶合計約0.5gを代金合計5万円で譲り渡すとともに，薬物犯罪を犯す意思をもって，多数回にわたり，同市内において，上記Zほか氏名不詳の多数人に対し，覚せい剤様の結晶を覚せい剤として有償で譲り渡し，もって，覚せい剤を譲り渡す行為と薬物その他の物品を規制薬物として譲り渡す行為を併せてすることを業としたものである。』旨を記載した本件公訴事実は，本罪の訴因の特定として欠けるところはないというべきである」。

【評　釈】

　1　業態犯の罪質，罪数はどう理解すべきか。

　上告趣意書は，変更後の訴因が包括一罪として構成されていると理解し，個々の犯行の回数，譲受人の氏名，覚せい剤様結晶の数量，譲渡代金額を個別的に記載していない点を問題とする。

　ところで，覚せい剤取締法は，営利目的による覚せい剤の譲渡を単純譲渡よりも重く処罰する（同法41条の2。1年以上の有期懲役。情状により500万円以下の罰金を併科できる）。

　他方，麻薬特例法5条は，かかる覚せい剤営利目的譲渡等を「業とした者」については（業態犯[1]），さらに加重して無期または5年以上の懲役及び1000

---

(1)　「業態犯」の用語について，売春防止法に関する第24回国会衆議院法務委員会の政府委員の説明参照（昭和31・5・11，衆議院法務委員会33号）。判例は，反復・継続の意思をもって該当行為を行なう場合または多数回反復する場合とする（売春防止法に関する最決昭和37・5・17刑集16巻5号520頁，最決昭和39・2・8刑集18巻2号43頁）。なお，売春防止法の「業とした」犯罪の解釈について，伊藤栄樹他編・注釈特別刑法（8巻）（1990年）

万円以下の罰金を科す。併せて通常の犯罪組成物の没収（覚せい剤取締法41条の8）に加えて，薬物犯罪収益の没収と追徴も科すことができる（麻薬特例法11条，13条）。

　この点について，本判決は，「一定期間内に業として行われた一連の行為を総体として重く処罰すること」を「業とした」罪の罪質とみている。これは業態犯を包括一罪の一種とする趣旨ともみれる。が，それでは覚せい剤取締法上の営利目的譲渡罪の包括一罪と変わらない。罪質上の差がないのに，加重処罰は根拠づけられない。

　では，どう考えるべきか。覚せい剤の販売は暴力団などが組織を背景として収益を得る目的で反復継続的になされることが多い。その場合，実際上各個別の譲渡をすべて裏付ける詳細な証拠を収集することは容易ではない。

　ただ，社会常識的にみて相当数の販売行為を反復している状態それ自体を認定する証拠を整えることができる場合もある。これを処罰し，右犯罪に係る収益を剥奪するのが麻薬特例法の立法趣旨である[(2)]。

　要するに，同法は営利性，継続性，組織性ないし計画性を伴う薬物取引犯

　　730頁参照。
(2)　第121回臨時国会・衆議院厚生委員会（平成3・9・20）9号において，政府委員が麻薬特例法の犯罪収益没収手続の説明を兼ねて次のように説明している。
　　「○古田説明員　まず，これまで薬物犯罪による不法な収益がどうしてうまく没収できなかったかということについて，主な理由を申し上げます。
　　一つは，現在の没収の規定は，物がなければ没収ができない。つまり，例えば売り上げたお金を現金で受け取った場合でないと没収ができない。銀行振り込みみたいな形になりますと，これは形がないものですから，それは没収の対象にならない，こういう問題があったわけでございます。
　　それともう一つ，今委員御指摘のように，暴力団が覚せい剤の密売などをやっておりますのは，いわば商売としてやっているわけでございまして，何度も繰り返してやって，それで利益を上げている。しかしながら，没収をするためには，一つ一つの取引について，だれにいつ売ったというようなことを細かく立証して，それを起訴してやらなければならなかった，こういうような点に没収が働かない主な理由があったわけでございます。
　　今回御提案申し上げております特例法におきましては，まず第一点の，物がなくても，例えば銀行預金の形のものを没収ができるようにする，こういうような点が一つございます。それからもう一つは，覚せい剤などの密売をいわば商売としてやるということ自体を犯罪とする。したがいまして，商売としてやったということが立証できて，それで幾らの利益が上がったということがわかりますれば，これを没収することができる。こういう点で，今後この特例法が成立いたしますと，没収については相当しっかりした剥奪ができるというふうに考えております。」
　　なお，藤永幸治他・薬物犯罪（1995年）205頁（中川清明）参照。

罪の禁圧とかかる犯罪収益の剝奪を目的とする。したがって，単に個別・具体的な覚せい剤譲渡を営利目的で行っただけでなく，これを「業とした」生活態度ないし行為自体に注目して処罰を加重している。

だから，業としてなされる複合的な犯罪行為を一個の構成要件と構成するものであって，個々の譲渡行為自体を実行行為とするものではない[3]。

2 業態犯の構成要件の要素，従って訴因の特定に必要な要素は何か。

訴因として記載すべき「罪となるべき事実」は，実際のできごとを犯罪構成要件に該当するように整理した事実をいう。

通常，検察官は，法256条3項の罪となるべき事実の特定と同4項の罪名標記を連結するために，公訴事実欄に事実を整理した上でその可罰性評価も示す（後掲［参考］記載の本件公訴事実欄の「もって」以下の叙述部分）。

単なる営利目的覚せい剤譲渡罪であれば，その訴因は，例えば，本件第3起訴事実のように，「被告人両名は，共謀の上，営利の目的で，みだりに，平成16年3月2日ころ，大阪市阿倍野区阿倍野元町5番1号先路上に停車中の軽自動車内において，OことRに対し，フェニルメチルアミノプロパン塩酸塩を含有する覚せい剤結晶約0.1グラムを代金1万円で譲り渡したものである」と記載される。

上記記載であれば，訴因の特定について特段の疑義はない。構成要件該当事実について日時，場所，方法を個別・具体的に示しているので，同種の事件との識別は可能である。被告人が無罪主張など事実を争う場合，防御対象が明示されているから，防御方針も個別・具体的に策定できる。

他方，業態犯としての故意，実行行為（結果にあたる状態を含む）を記載するのには，個別の譲渡行為を単純に足し算をしただけでは足りない。訴因としては「業とした」事実の摘示が不可欠である。「密売自体が客観的にみて業態的・営業的活動といえるかが問題となる」からである[4]。

そこで，営利目的覚せい剤譲渡行為の存在だけではなく，営利性・継続性・

---

[3] さしあたり，古田佑紀・斎藤勲編・大コンメンタールⅠ薬物五法（1994年）30頁（古田佑紀），遠藤秀一「麻薬特例法事犯の証拠収集のポイント（1）」捜研646号（2005年）6頁。

[4] 東京地判平15・9・19（平14（合わ）188，（特わ）2732）。

組織性ないし計画性自体を示すべき事情を記載しなければならない。

もっとも,「業として」ではなく,「業とした」状態が業態犯の要件であるから,個別具体的な覚せい剤譲渡行為が現に実行されている必要がある[5]。また,訴因記載上個々の具体的な行為を全く欠く場合には「業」の存在自体に疑いが生じる[6]。ただ,個々の譲渡自体を処罰の対象とするものではないし,それらを包括して処罰するものでもない。

だから,個々の譲渡の詳細を訴因として列挙・叙述する必要はない。とすれば,本件訴因のように,個別的譲渡が現にあったことは公訴事実欄に摘示するが,その詳細を別表にとりまとめて公訴事実欄からは外す方式が適切である。

さらに,個別的具体的に摘示できる譲渡と別に,幅のある期間内に多数の譲渡を行っている事実を叙述することは,業態犯の罪質上是認せざるを得ない。この点については,包括的記載に含まれる譲渡を個別的に列挙する必要はない。覚せい剤譲渡を業として実施した日時,場所,方法が記載されていればよい。

本件でも,変更後の訴因では,公訴事実欄の本文には,個別・具体的な覚せい剤譲渡の事実のあることを摘示し,詳細については別表にまとめ,さらに次の記述を加えた。

「薬物犯罪を犯す意思をもって,多数回にわたり,同市内において,上記Zほか氏名不詳の多数人に対し,覚せい剤様の結晶を覚せい剤として有償で譲り渡し」た。

包括的記載部分については,通常現に譲渡したものを「覚せい剤」と特定できるまでの証拠がないことが多く,このような外観の記述に留めている。

以上のように法律要件にそって整理された事実に対する検察官の可罰的評価として,訴因末尾には「もって,覚せい剤を譲り渡す行為と薬物その他の物品を規制薬物として譲り渡す行為を併せてすることを業としたものである」と記載がなされている。

---

(5) さしあたり,特別刑法研究会・犯罪事実記載例(特別法犯)(2003年)113頁参照。
(6) 司法研修所編・没収保全及び追徴保全に関する実務上の諸問題(2004年)66頁。

従前も麻薬特例法違反事件の被疑事実[7]，訴因，罪となるべき事実[8]の記述上かかる業態犯特有の包括記載がなされてきた。本判決はこれまでの運用[9]を是認したものである。

その意味で，罪となるべき事実の記載にあたり，事案特有の困難や特殊の事情があって，日時，場所，方法を具体的に記述できず緩やかな記載にせざ

---

[7] さしあたり，遠藤秀一「麻薬特例法事犯の証拠収集のポイント（3）」捜研648号（2005年）37頁。

[8] 例えば，神戸地判平15・1・20（平14（わ）91）は，本件と同じく麻薬特例法5条4号等の違反事件について，「被告人は，X及びYと共謀の上，みだりに，営利の目的で，平成12年6月26日，大阪市A区B町c番先路上付近において，Dに対し，覚せい剤であるフェニルメチルアミノプロパンの塩類を含有する結晶粉末約0.3グラム及び大麻樹脂約1グラムを代金2万円で譲り渡したほか，同年4月11日から同年9月12日までの間，多数回にわたり，同市内及び大阪府吹田市内において，氏名不詳の多数の者に対し，覚せい剤であるフェニルメチルアミノプロパンの塩類等を含有する結晶粉末，大麻樹脂，乾燥大麻，麻薬であるコカイン塩類を含有する粉末，麻薬であるN・α―ジメチル―3・4―（メチレンジオキシ）フェネチルアミン（別名MDMA）を含有する錠剤を，代金合計3945万8000円で譲り渡し，もって，規制薬物を譲り渡すことを業とした」とする認定を行っている。

他に，函館地判平14・4・16（平13（わ）337等），広島地判平成14・9・20（平14（わ）91），東京地判平15・6・9（平14（合わ）188），さいたま地判平15・9・30（平15（わ）374），新潟地判平15・11・4（平15（わ）307等），東京地判平16・7・1（平15（合わ）588，16（特わ）347），東京地判平16・10・12（平15（合わ）588）等の罪となるべき事実には本件訴因と同種の譲渡行為等の包括的記述が含まれている。

他の業態犯の罪となるべき事実の記載例は次のとおりである。

職業選択の自由の制約のあり方が問題となったあん摩師はり師きゅう師及び柔道整復師法違反被告事件に関する最大判昭和35・1・27刑集14巻1号33頁の一審，平簡判昭和28・4・16は，「何人も，第一条に掲げるものを除く外，医業類似行為を業としてはならない」と定め医師または免許を得た者以外の者の医療類似行為を処罰する同法12条，14条2号違反の罪となるべき事実として，「被告人は法定の除外事由がないのに拘らず昭和26年9月1日から同月4日迄の間前後4回に亘り肩書住居等に於てT・S外二名に対しH・S式無熱高周波療法と称する療法を1回百円の料金を徴して施し以て医業類似行為を業としたものである」と認定している。

売春防止法11条2項は，「売春を行う場所を提供することを業とした者は，七年以下の懲役及び三十万円以下の罰金に処する」と定めるが，広島地判昭和37・12・19下刑集4巻11=12号1084頁は，「被告人大西卓男，同福留照義，同岩岡紀子は，別表第一記載の期間，同別表記載のとおりそれぞれ共謀または単独で，みどりこと下鳴愛子ほか十数名の売春婦に対し，同女等がそれぞれ不特定の客多数を相手に毎回対価を得て売春するに際し，その情を知りながら，被告人大西において賃借していた広島市松原町六六七番地一二三食堂二階の五部屋および同町七〇八番地通称わさび屋こと松村進方二階の三部屋で，一部屋一時間一〇〇円，一泊三〇〇円の料金で貸与し，もつて売春を行なう場所を提供するを業とした」と認定し，別表には共犯者・期間・提供場所を記している。場所を借りて売春を行った者は上記のように包括的概括的にしか認定していない。

[9] さしあたり，前掲・犯罪事実記載例（特別法犯）（2003年）111頁以下，捜査実務研究会編著・刑法犯特別法犯犯罪事実記載要領（改訂版，2004年）236頁参照。

るをえなかった事例(例えば,最大判昭37・11・28刑集16巻11号1633頁・白山丸事件,)とは異なる。本判決は,訴因特定の基本原理に従い,業態犯の訴因の記載方法の原則型を是認したものである。

業態犯としての訴因として,同種他事案との識別は可能であり,これに対応した防御範囲も自ずから明らかとなる。特定性には問題はない。

3 本件訴因変更請求手続を是認した一審裁判所の措置は適法か。

一般には判例も「訴因変更が,被告人側に回復し難い防御活動の不利益を与える場合,変更しようとする訴因による処罰については,既に検察官が実質的に放棄したと認められる場合,迅速な裁判の要請に反する場合などについて,許されないことがある」とする[10]。

では,最高裁は,この点について特に職権判断も示さなかったが,適切か。

本件上告趣意書が摘示するように,覚せい剤取締法違反事件の審理について証拠調べに同意した場合,後に業態犯たる譲渡へと訴因が変更されれば,書証のままではなく,あらためて証人尋問によって問い質すべき点が生じるなど防御上支障が生じるおそれは残る。

そうした場合,被告人・弁護人としては同意の撤回を求めざるを得なくなるし,裁判所も同意の撤回はさておき少なくとも証人尋問を認めざるを得ないであろう。

ただ,本件の場合のように,従前の訴因構成事実を残したまま,あらたな事実を加え,事実全体に対する法的規範的評価を麻薬特例法違反と修正した場合には,従前の同意を撤回するべき必要性・相当性は当然には生じない。あらたな事実や法的主張との関連であらたに請求された証拠について,適宜同意・不同意を争う機会があれば防御の利益は保障されるとも言える。

また,本件の場合,起訴後になってさらに検察官などによる当該訴因を被疑事実とする被告人取調べが実施され,検察官作成調書が作成されている。

---

(10) 仙台高判平13・10・4(平13(う)81)。本件は,覚せい剤取締法違反の覚せい剤所持で起訴されたが結審後に,弁論が再開されて予備的に麻薬特例法違反の規制薬物所持の訴因追加が認められたものである。所持したものが覚せい剤か否かが当初から争点であったこと等審理の経過を踏まえ,法定刑の軽い罪への訴因変更であることも考慮して不意打等防御の利益を損なうものではないとした。

そこには，後に訴因変更の内容となる継続的・連続的な覚せい剤譲渡を行ったことを認める記述がある[11]。加えて，一定の期間の取引メモなどの客観証拠もあるから，個々の譲渡行為の詳細な態様は不明でも，被告人が長期にわたり商売として覚せい剤を顧客に販売していたことは証拠上合理的に推認できる。

だから，被告人が業態犯であることを争う予定であれば，上記検察官作成調書など変更された訴因の立証に関して請求された書証について不同意とするなどの防御が可能であった。

しかし，本件被告人は，訴因変更後の罪状認否で事実を認め，弁護人も変更後訴因の立証のため証拠調べ請求された証拠についてすべて同意している。控訴審，上告審段階でも，弁護人は一般論として時宜に遅れた訴因変更であると摘示したが，証拠調べの同意を撤回する申立などの格別の措置を講じていない。

結局，本件に関しては，被告人の防御の具体的個別的な利益侵害は不存在か，または責問権の放棄があったとみてよい。その意味で，本件訴因変更は被告人の防御の利益を回復できないまでに侵害したものではない。時宜に遅れた訴因変更には当たらない。

4　被告人が同一期間内に同種覚せい剤営利譲渡などを行っていた個別具体的な事実が後に発覚し覚せい剤取締法違反事件として起訴された場合，後者には一事不再理効が及ぶか。

---

(11)　起訴後の6月に入り訴因事実そのものについて警察官ならびに検察官による取調べが再開されている。このこと自体は疑問とする余地があるが，ともあれ警察官作成供述調書，検察官作成調書複数が作成された。そして，6月30日付け検乙56号証・検察官作成供述調書には，次のような叙述がなされている。
　「私には，平成14年6月ころ，覚せい剤の密売をMと一緒にはじめたころから，今回逮捕されるまでの間，平均して30人くらいの客がいました」。「私は，5グラム〜10グラムずつ，4，5回に分けて，月20グラム〜30グラムの覚せい剤を仕入れていました。ですから，少なくとも月に20グラムは覚せい剤を仕入れていました。さらに，私たちは，主にGと呼んでいる1グラムパケ5万円，PまたはSと呼んでいる0.2グラムパケ1万円を売っていました。そしてだいたい同じペースで覚せい剤を売っていました」。「私の記憶ですと，平成14年と平成15年は，月の売上は，150万から200万くらいあったと記憶しています。また，平成16年の月の売上は，月200万円はあったと記憶しています」。

基本的には，後に起訴された訴因を構成する事実が「公訴事実の同一性」の範囲内か否か，つまり確定裁判の対象となった訴因と一体として処罰すべき事実であったか否かで判断することとなる。

　ただ，業態犯として有罪判決が確定している場合には，後訴の訴因事実がこれと重なる時期の覚せい剤営利目的譲渡であるときには，訴因のみの検討ではすでに前訴に含めて包括的に評価し尽くされているとみていいかどうか直ちには判断できない。

　逆に後訴の事実が単独に処罰できるものか否か，その点に関する検察官の処罰意思のあり方についても，訴因のみの比較では不明である。後訴の訴因事実に関する諸事情を検討しなければならない [12]。

　もっとも，その場合でも，特段の事情がない限り，検察官は一定期間の営利目的覚せい剤譲渡などを内容とする業態犯を訴追した段階で，同時期における同種行為については公訴権を一度のみ行使することを宣言したものとみて一事不再理効を及ぼすべきこととなろう [13]。

5　本件も含めて，最近の訴因の記載の適否に関する裁判例の特徴は何か。

　近年裁判例全体として事実を抽象化しあるいは概括的に記載する訴因を是認し，また，固有の訴因（別言すると，逸脱認定には訴因変更手続を要する要素）を構成要件該当性の判断自体に近いものに限定する傾向がみられる。訴因を現実のできごとの法律構成とする傾向といってもよい。本件の業態犯処罰規定や組織犯罪処罰法3条（団体活動，組織実行を要件とする犯罪）など構成要件自体が規範的要素を主とする立法例の存在もこうした傾向を促進している。

　訴因事実が抽象化し規範化すると，その後の証拠調べでは，職権探知主義の運用につながりやすくなる。訴因変更の要否や時期について職権介入の余地も広がり，糾問的運用になりかねない。

　それだけに，訴因の特定，訴因変更手続のありかたについては，常に弾劾

---

(12)　この点では，最判平15・10・7刑集57巻9号1002頁が求めているように，公訴権を尊重するため一事不再理の及ぶ範囲に関する事実の取調べを訴因のみの比較に限定すべき事案とは異なる。

(13)　後藤昭「訴因の特定・明示」刑事訴訟法判例百選（8版，2005年）101頁。

主義と当事者主義の徹底を視点にして運用の点検をしなければならない。

【参考】 変更後の訴因

「公　訴　事　実

　被告人H及び同Mは，共謀の上
1　平成14年6月ころから平成16年3月4日までの間，営利の目的で，みだりに，別表1記載のとおり，4回にわたり，大阪市阿倍野区王子町○丁目○番○号先路上に停車中の軽自動車内ほか4か所において，Zほか2名に対し，覚せい剤である塩酸フエニルメチルアミノプロパンの結晶合計約0.5グラムを代金合計5万円で譲り渡すとともに，薬物犯罪を犯す意思をもって，多数回にわたり，同市内において，上記Zほか氏名不詳の多数人に対し，覚せい剤様の結晶を覚せい剤として有償で譲り渡し，もって，覚せい剤を譲り渡す行為と薬物その他の物品を規制薬物として譲り渡す行為を併せてすることを業とし
2　営利の目的で，みだりに，同月4日，別表2記載のとおり，同市西成区天下茶屋○丁目○番○号先路上ほか2か所において，覚せい剤である塩酸フエニルメチルアミノプロパンの結晶合計約7.361グラムを所持し
たものである。

　　　　　　　　罪　名　及　び　罰　条
1　国際的な協力の下に規制薬物に係る不正行為を助長する行為等の防止を図るための麻薬及び向精神薬取締法等の特例等に関する法律違反同法律第5条第4号，第8条第2項覚せい剤取締法第41条の2第2項，第1項
2　覚せい剤取締法違反同法第41条の2第2項，第1項両事実につき，更に刑法第60条」

別　表

別表1

番号	譲渡年月日	譲渡場所（大阪市阿倍野区）	譲渡相手	譲渡量（約）	譲渡代金
1	平成16年3月1日	王子町○丁目○番○号先路上に停車中の軽自動車内	Z	0.1グラム	1万円
2	同月2日	阿倍野元町○番○号先路上に停車中の軽自動車内	OR	0.1グラム	1万円
3	同月3日	王子町○丁目○番○号先路上に停車中の軽自動車内	前記Z	0.1グラム	1万円
4	同日	松崎町○丁目○番○号ロイヤルホスト○○店駐車場に停車中の普通乗用自動車内 三明町○丁目○番○号大阪市水道局田辺営業所○サービスステーション駐車場に停車中の同車両内	N	0.2グラム	2万円

合計譲渡量0.5グラム
合計譲渡代金5万円

別表2

番号	所持場所（大阪市）	所持量（約）
1	西成区天下茶屋○丁目○番○号先路上	0.09グラム
2	阿倍野区王子町○丁目○番○号久保田マンション○号室被告人○方	6.053グラム
3	西成区花園南○丁目○番○号信和ビル○号室分離前の相被告人○方	1.218グラム

合計所持量約7.361グラム

第 26 章　平成 20 年 3 月 14 日最決
――横浜事件再審請求事件と大赦による免訴事由

最高裁平成 20 年 3 月 14 日第 2 小法廷決定
平成 19 年（れ）第 1 号，治安維持法違反被告事件・横浜事件最審上告審，
上告棄却
刑集 62 巻 3 号 185 頁

【事実の概要】

　1　本件は，いわゆる横浜事件再審請求事件の最高裁判決である[1]。第二次世界大戦下，雑誌改造に掲載された細川嘉六「世界史の動向と日本」と題する論文出版を巡り，特高等司法当局は背後に治安維持法に違反する組織的な動きがあるとして関係者多数を検挙し 30 数名を起訴した。本件再審請求の対象となる有罪判決（本件原確定判決という）を受けた被告人等 5 名も含まれる。横浜地裁は，昭和 20 年 8 月 29 日から同年 9 月 15 日までの間，拷問等によって強制された自白等を証拠として同法 1 条後段及び 10 条違反の事実を認定し，本件再審申立て事件の被告人等 5 名に対し懲役 2 年・執行猶予 3 年の各有罪判決を言い渡した。その後被告人等 5 名はいずれも死亡したが，平成 10 年 8 月 14 日，被告人 5 名の妻または子である請求人らが原確定判決

---

(1)　事件の経緯と再審の意義について，佐藤博史「再審請求における証拠構造分析の意義」鈴木茂嗣先生古稀記念論文集（下，2007 年）643 頁の他，同「横浜事件に真の救済を」世界 720 号（2003 年）271 頁，同「横浜事件（第四次請求）再審開始決定の意義」世界 786 号（2009 年）29 頁，同「横浜事件第四次再審請求・免訴判決の意味」世界 792 号（2009 年）29 頁が第 3 次，第 4 次再審申立ての違いも含めて分かりやすい。本件最高裁決定までの経緯の素描として，大島久明「横浜事件再審上告審」法セミ 651 号（2009 年）22 頁。治安維持法体制の歴史的意味と横浜事件の位置付けについては，さしあたり，荻野富士夫・横浜事件と治安維持法（2006 年）8 ～ 168 頁，同「横浜事件再審免訴判決の確定に寄せて」出版ニュース 2138 号（2008 年）6 頁，同「『横浜事件』第四次再審『免訴』判決を聞いて」出版ニュース 2174 号（2009 年）14 頁の他，田中伸尚「『横浜事件』は現在を問う（上）（下）」世界 750 号 61 頁，同 751 号 49 頁（2006 年）等参照。なお，事件でっち上げの発端となった「泊会議」の写真は，例えば，森川金壽・細川嘉六獄中調書（1989 年）表紙裏や橋本進「横浜事件再審への道」世界 555 号（1991 年）202 頁が鮮明である。

につきポツダム宣言受諾に伴い治安維持法は失効したことを理由とする無罪または免訴を求めて本件再審請求を行った[2]。

2 本件の再審申立手続の経緯の概略は以下の通りである。

ア：横浜地決平成15・4・15（判時1820号45頁）は，本件再審請求につき，昭和20年8月14日に我が国がポツダム宣言を受諾し同宣言が国内法的効力を有するに至ったことにより，本件で適用された治安維持法1条，10条は実質的にその効力を失ったと解され，旧刑訴法363条2号にいう「犯罪後ノ法令ニ因リ刑ノ廃止アリタルトキ」にあたるから，同法485条6号にいう「免訴ヲ言渡（ス）……ヘキ明確ナル証拠ヲ新ニ発見シタル」場合に該当すると判断して被告人5名の再審を開始する決定をした[3][4]。

イ：検察官が各即時抗告を申し立てたが，東京高決平成17・3・10（判タ1179号137頁）は，免訴を言い渡すべき明確なる証拠を新たに発見した場合にあたるとした原審再審開始決定の理由は認しなかったものの，横浜事件の捜査に従事した警察官らが他の関係者に対する取調べにおける拷問について特別公務員暴行陵虐罪で有罪判決を受けたことを踏まえて，被告人らの自白の信用性には顕著な疑いが生じたので再審請求の理由があるとした[5]。

ウ：再審公判の審理にあたり，弁護人らは，再審の理念・目的が無辜の救済にあり原判決により有罪の刻印を押された無辜の被告人を救済することが

---

(2) ここまでの経緯について，竹澤哲夫「横浜事件再審の新たな展開」刑事弁護27号（2001年）10頁以下，同「横浜事件第三次再審請求審の意義と経過」法時74巻6号（2002年）72頁以下参照。

(3) 本決定について，大島久明「横浜事件第三次再審請求に対する再審開始決定について」法と民主主義379号（2003年）40頁，小田中聰樹「横浜事件再審開始決定の事理と法理」能勢弘之先生追悼論集（2003年）12頁。

(4) ポツダム宣言受諾と治安維持法の効力に焦点をあてた研究として，櫻井大三・法学新法111巻3・4号（2004年）381頁，古川純「『横浜事件』第3次再審請求事件・横浜地裁再審開始決定の研究」専修法学論集90号（2004年）21頁以下，斎藤正彰・ジュリスト重要判例解説平成15年度版（2004年）6頁。なお，「資料・横浜事件の再審請求事件にかかる鑑定意見書」法時74巻13号（2002年）304頁参照。

(5) ここまでの経緯について，さしあたり，小田中聰樹「横浜事件再審の現代史的意義と再審公判のあり方」法時77巻8号（2005年）1頁，環直彌「横浜事件第三次再審請求事件の経緯と特徴」自正56巻12号（2005年）45頁。なお，「ロー・フォーラム・横浜事件，再審決定」法セミ605号（2005年）132頁。

再審手続の究極の趣旨であって，すべての手続はこの目的のために尽くされなければならず，実体審理において無罪と判断し得る場合に形式的な判断を先行させることはこの理念・目的に適うものではないとした上で，「無罪を言い渡すべき，新たに発見した明確な証拠がある」事案で免訴判決を言い渡すことは無実の罪に問われ，人間としての尊厳を踏みにじられたままに無念の死を遂げた被告人らから再度名誉回復や刑事補償等の具体的な法的利益を奪うものである等と主張した。

エ：しかし，横浜地裁判決平成18・2・9（刑集62巻3号236頁）は，治安維持法が昭和20年10月15日に「治安維持法廃止等ノ件」と題する昭和20年勅令第575号が公布・施行されたことにより同日廃止され，同月17日，同年勅令第579号による治安維持法違反の罪について大赦令が公布・施行されたことにより大赦を受けたことを踏まえて，被告人5名には旧刑訴法363条2号（刑の廃止）及び3号（大赦）に該当する免訴事由があるとして，免訴判決を宣告した[6]。弁護人等が控訴を申し立てたが，東京高判平成19・1・19（高刑集60巻1号1頁，判タ1239号349頁）は，「およそ免訴の判決は，被告人に対する公訴権が後の事情で消滅したとして被告人を刑事裁判手続から解放するものであり，これによって被告人はもはや処罰されることがなくなるのであるから，免訴の判決に対し，被告人の側から，免訴の判決自体の誤りを主張し，あるいは無罪の判決を求めて上訴の申立てをするのはその利益を欠き，不適法である」として控訴を棄却した[7]。

上記控訴審の判断に対してさらに上告がなされたものである。

【判　旨】

上告棄却。

最高裁は，弁護人等が掲げた判例違反の主張を認めず，他に，免訴判決に対する被告人の上訴の利益を認めないことが再審公判を踏まえた場合には憲

---

[6] 地裁判決については，さしあたり，環直彌「難題・難問の山を切り崩しながら―横浜事件再審判決を受けて」法と民主主義406号（2006年）44頁の他，同号の上田誠吉，新井章の論文参照。

[7] 本件に関連して，新屋達之「横浜事件再審判決の問題点(1)」大宮ローレビュー4号（2008年）43頁。

法32条，31条に違反するとする憲法違反の主張も排斥した。その上で，以下の職権判断を示した。

「再審制度がいわゆる非常救済制度であり，再審開始決定が確定した後の事件の審判手続（以下「再審の審判手続」という）が，通常の刑事事件における審判手続（以下「通常の審判手続」という）と，種々の面で差異があるとしても，同制度は，所定の事由が認められる場合に，当該審級の審判を改めて行うものであって，その審判は再審が開始された理由に拘束されるものではないことなどに照らすと，その審判手続は，原則として，通常の審判手続によるべきものと解されるところ，本件に適用される旧刑訴法等の諸規定が，再審の審判手続において，免訴事由が存する場合に，免訴に関する規定の適用を排除して実体判決をすることを予定しているとは解されない。これを，本件に即していえば，原確定判決後に刑の廃止又は大赦が行われた場合に，旧刑訴法363条2号及び3号の適用がないということはできない。したがって，被告人5名を免訴した本件第1審判決は正当である。そして，通常の審判手続において，免訴判決に対し被告人が無罪を主張して上訴できないことは，当裁判所の確定した判例であるところ……再審の審判手続につき，これと別異に解すべき理由はないから，再審の審判手続においても，免訴判決に対し被告人が無罪を主張して上訴することはできないと解するのが相当である」。

【評　釈】

1　本件再審手続では，訴訟条件欠如に基づく免訴判決と無罪判決宣告のいずれを選択するべきかが主たる争点となる。すなわち，旧法下で宣言された本件原確定判決については，まずポツダム宣言受諾により治安維持法が無効とされ，次に戦後同法違反事件について刑の廃止に伴う大赦がなされている。そこで，本件原確定判決について再審開始決定がなされている場合，再審公判では，「犯罪後ノ法令ニ因リ刑ノ廃止アリタルトキ」及び「大赦アリタルトキ」（旧刑訴法363条2号，同3号）に該当するものとして免訴を宣告するべきか，それとも実体審理を行い無罪を宣告するべきか問題となる。

2　一般に，通常第1審では，各種の訴訟条件が具備していることが検察

官による公訴権の有効な行使の条件であり，同時に裁判所による公判審理追行の条件でもある。例えば，現行法も，犯罪後の法令により刑が廃止されたときや大赦があったときには判決で免訴を宣告する（法337条2号，3号）。仮に検察官の判断としてはかかる訴訟条件ありとして起訴した訴因について，裁判所が訴訟条件欠如を認定した場合，国家は当該事件に関して刑罰権を行使する資格を欠くこととなる。そこで，一般には，訴訟条件欠如を理由とする形式裁判による手続打切りが優先される[8]。

　理由はいくつか考えられる。（ア）国家刑罰権行使ができない裁判を継続すること自体が国家制度としての司法手続として無意味である。（イ）司法の機能は，被告人が犯罪を行ったか否かという実体審理だけでなく，国家が被告人を処罰する資格を有するのかも点検する機能を持つところ，国家刑罰権の発動ができない場合には迅速に手続を打ち切るべきである。（ウ）訴訟条件の有無について裁判所が職権による事実の取調べによって簡易迅速に判断できるのに，さらに厳格な証明手続を要する実体審理により重い訴訟負担を被告人に強いるのは不相当である。（エ）通常第1審では結審して最終の評議を経なければ無罪なのか，有罪の「合理的疑いを超える証明」がなされたか否か不明であるのに，被告人に実体審理か手続打切りか選択権を与えるのは訴訟経済の点でも手続の安定した運用の上でも適切ではない（例えば，結局有罪と認定されても，その段階で手続を打切らざるをえなくなる）。

　しかし，この場合でも，被告人が無罪を争って実体審理を求める利益は否定できない。だから，例外的に免訴事由等手続打切り事由の認定と罪体の立証が重複しており，両者を一体として認定せざるを得ない場合であって，評議の段階で無罪と免訴事由の存在がともに認定できるときには例外的に無罪を宣言しても不都合は生じない。

　3　では，再審公判の場合，通常第1審と異なり，大赦が発令されていてもなお実体審理の上無罪の宣告を行えないか。
　(1)　本件最高裁判決は，通常の審判手続と同じく，形式裁判（免訴）によ

---

[8]　さしあたり，条解刑事訴訟法（2006年）791頁。

り手続を打ち切るべきであるとする。(ア)実質的理由としては，再審公判は再審理由が認められる場合に当該審級の審判を改めて行うものであり，その審判は再審が開始された理由に拘束されるものではないこと等に照らすと，その審判手続は，原則として，通常の審判手続によるべきものと解されることである。(イ)形式的理由として，旧刑訴法等の諸規定が再審の審判手続において免訴事由が存する場合，免訴に関する規定の適用を排除して実体判決をすることを予定しているとは解されないことである。

(2) しかし，再審公判の審判が再審開始決定で認定された理由に拘束されないとする点，並びにこれを理由として再審公判と通常第1審の公判のあり方は「原則として」同じであるとする点で最高裁の解釈には疑問がある。

我が国の再審公判には，(ア)被告人の利益にのみこれを認めるものであること，(イ)再審請求審と再審公判の2段階構造になっていること，(ウ)憲法39条「二重の危険禁止」の法理が働いていること等の特徴点がある。従って，再審公判は，付審判決定を踏まえた公判，通常第1審の手続更新手続，破棄自判時点における控訴審の手続，控訴審が有罪判決を破棄し差戻とした場合の第1審の手続等いずれとも類似点も持ちながら，やはり「無辜の救済」を目的とする特殊な事実審として構成されるべきである。

その場合，上記の特徴を踏まえると，第1審通常公判と異なる点こそ意味を持つ。①なによりも本件最高裁決定の判示事項のひとつとして認めるように，死亡した被告人のために再審請求を行った者が再審の審判手続が開始されその第1審及び控訴審判決がそれぞれ言い渡され更に上告に及んだ後に死亡しても，同人が上告審の弁護人を選任し同弁護人が同請求人の死亡後も引き続き弁護活動を継続する意思を有する限り再審の審判手続は終了しない扱いである。②再審公判の審判対象は，再審開始決定で認定された再審理由に基づく原確定判決の有罪認定の合理性，つまり「合理的疑いを超える証明」が維持できるかどうかに限定される。③検察官による訴因変更は被告人に新たな防御の負担を負わせる場合（縮小認定でも）許されない（撤回は許される）。④再審請求審で取調べ済みの証拠は，手続の更新に準じて再審公判に引き継がれるべきである。⑤原確定判決までの取調べ済み証拠は，原確定審の手続と再審手続が上訴の関係にたたないため包括的に引き継ぐ根拠条文はないも

のの，当事者の請求または職権で採用するべきである。⑥被告人は再審開始事由の立証に必要な新たな証拠調べ請求ができ，検察官はその弾劾のための証拠調べ請求はできる。しかし，検察官が事実認定に関する新たな争点を設定しこれに伴う新たな証拠調べ請求をすることは被告人に「二重の危険」の負担を負わせるものであり許されない。⑦ 435 条 6 号の新規明白な証拠の存在が再審請求審で確認されて再審開始が決定されている場合等原確定判決の有罪認定に「合理的疑い」が生じていることが前提になっている場合，再審公判の証拠調べを踏まえたとき，証拠全体に照らして「合理的疑い」がないことについて裁判所が確信しない限り無罪を宣告することとなる[9]。

(3) つまり，再審公判は，えん罪の救済という手続の目的に沿った形式をとるべきものである。その観点からみれば，本件再審請求人等が大赦による有罪判決の失効では満足せず，無罪の確認を求め，これに伴って有罪を認定した原確定判決を失効させることを求めていたことは無視できない。しかも，本件では，再審請求審段階で，拷問による自白があったとされ有罪の認定に「合理的疑い」があることが確認されてもいる。再審手続の 2 段階構造に照らすと，再審開始決定は上訴審による破棄差戻判決と類似の拘束力を有すると解するべきで上記イの再審公判の証拠調べ手続の特殊性に照らすと，一般的には無罪が認定されることが予定された手続構造となる。だから，通常第 1 審一般において，有罪・無罪の判断そのものが結審，評議・評決に至るまで未確定であるのとは手続の構造が異なる。かかる再審公判で免訴で裁判を終結させることは，被告人にとって真相解明を踏まえて，犯人とされた事実に伴う不名誉からの回復を図ることにはならない。大赦の対象となった原確定判決の有罪認定自体が誤りであり，被告人が無罪であることを宣言することこそ再審手続の目的にも手続の構造にも合致する。

その意味で，本件の再審公判では，通常第 1 審と異なり，免訴事由が認定される場合にもなお被告人は無罪判断を求めて実体審理を受ける利益がある

---

[9] 再審公判手続のあり方については，さしあたり，光藤景皎「再審の基本構造」鴨良弼編・刑事再審の研究（1980 年）63 頁以下，三井誠「再審手続の構造」同上 189 頁以下，大コンメンタール刑訴法 7 巻（2000 年）（髙田昭正）170 頁以下等参照。
　実際の再審公判の運用については，さしあたり，日弁連・続再審（1986 年）紹介の各再審事件の公判の紹介が参考になる。

と解すべきであろう[10]。

このように解しても，被告人に手続打切りと実体裁判（無罪判決）の選択に関する自由裁量を与えるものでもない。再審事由中原確定裁判の有罪認定に「合理的疑い」が生じる場合に限るから，運用の不安定化は生じない（例えば，435条7号事由による再審開始決定の場合，有罪認定が直ちに揺らいでいるものではないから，再審公判で訴訟条件が欠如しているとき形式裁判で手続を打ち切ることは可能である）。

4 再審公判で免訴の判決が宣告された場合，被告人は訴訟法上上訴の利益を欠くか。

(1) 最高裁は，ここでも通常の審判手続において免訴判決に対し被告人が無罪を主張して上訴できないとする判例が確定していること（最大判昭23・5・26刑集2巻6号529頁。いわゆるプラカード事件）を根拠にして，再審の審判手続についてもこれと別異に解すべき理由はないとする[11]。

これに関連して，控訴審は，「免訴の判決は，被告人に対する公訴権が後の事情で消滅したとして被告人を刑事裁判手続から解放するものであり，これによって被告人はもはや処罰されることがなくなるのであるから，免訴の判決に対し，被告人の側から，免訴の判決自体の誤りを主張し，あるいは無罪の判決を求めて上訴の申立をするのはその利益を欠き，不適法である」，「そもそも免訴事由というものはそれが存在すると，公訴事実の存否について審理，判断することが許されなくなる性質のもの，すなわち公訴事実に内在する訴訟追行の可能性ないし利益がなくなるという性質のものである」と実質的な理由を説明する。

(2) しかし，再審手続で第1審の免訴判決に対して，被告人の上訴の利益を認めないのは不当である。

ア：まず，通常の第1審では訴訟条件欠如を先に判断するのに熟した等の理由で免訴判決がなされた場合，被告人が無罪を主張して控訴したとき，自

---

(10) 小田中聰樹「横浜事件再審上告審への法律的意見書」法時80巻3号（2008年）76頁，鈴木茂嗣「免訴と再審事由」小田中聰樹先生古稀祝賀論文集（上，2005年）421頁参照。他に，同趣旨の見解として，新屋達之「再審公判と訴訟条件」法時79巻8号（2007年）155頁。
(11) 最決昭53・10・31刑集32巻7号1793頁も被告人死亡を理由とする公訴棄却の決定に対する即時抗告を認めないとする。

ら手続上の負担を覚悟して実体審理を求めている以上，少なくとも「上訴の利益」を認めるべきである。

　(ア) 法定の上訴の理由を見ても，「裁判所が実体審理も終了しているから無罪の宣告も可能であったのに，不当に免訴を言渡したこと」を排除できる規定は見あたらない。むしろ，「無罪を求める上訴」はもっとも率直に「上訴の利益」の所在を示す。だから，訴訟手続の法令違反に該る[12]。(イ) 確かに，通常第1審でも，欠如が明白な訴訟条件の性質によっては，被告人が無罪の判断を求めていても手続を打ち切らざるを得ない場合はある。例えば，強姦罪で起訴され無罪を主張しているが，有効な告訴がないことが判明した場合，親告罪の性質上判決で公訴棄却とするしかない。これは告訴権者の処分権との競合上性犯罪等の被害者の権利を当事者の処分権よりも優越させるためである。他方，土地管轄については被告人に処分権を認め，実体審理継続を選択できるものとしている (331条1項)。従って，被告人が免訴事由と無罪宣告事由が競合して存在すると主張する場合には，上訴により手続を継続させる当事者の処分を尊重しても刑訴法の趣旨に反しない。(ウ) だから，少なくとも免訴事由等と無罪判断を一体として審理し，無罪判断を受けるべき利益があると被告人が判断して控訴する場合に，形式的理由でこれを棄却するべきではない。

　イ：本件再審の場合，再審開始決定で第1審の有罪認定自体が虚偽自白に基づくものであって「合理的疑いを超える証明」があったとはおよそ言えないことが確認され確定している。再審公判でこれをくつがえすに足りる積極的な証拠調べが見込めない以上，事実上は無罪を宣告すべき場合である。通常第1審で例外的に無罪を宣告すべき場合と共通の手続構造，証拠構造になっている。

　ウ：また，両者に共通することであるが，(ア) 免訴事由をみると，いずれも検察官が起訴した事件について，国家刑罰権を自己抑制せざるを得ない事由が発生ないし存在する場合であって，犯罪の存否，被告人の犯人性の有無自体とは関わりのない事由である。従って，免訴事由が存在していること

---

(12) 白取祐司・刑事訴訟法 (5版, 2008年) 441頁参照。

を宣言することと、起訴された事件について被告人が無罪または有罪と宣告することに矛盾は生じない。むしろ、刑事司法の機能は、国家が刑罰権を行使する適格性要件を充足しているかどうか（訴訟条件を備えているかどうか）と同時に、被告人が処罰に値する適格性を有しているかどうか（犯罪の存在と犯人としての同一性）両者を確認することにある。その意味では、訴訟条件の存在が常に論理的な前提になると理解すべき必然性はない[13]。（イ）条文上も旧法363条本文は免訴事由がある場合「判決ヲ以テ免訴ノ言渡ヲ為スヘシ」と定め、現行法337条本文も免訴事由があるとき「判決で免訴の言渡をしなければならない」とは定めているが、判決で免訴を言い渡せばよく、無罪の宣告との競合を排除するものではない。従って、主文において「被告人は無罪。但し、大赦の発令による免訴事由もある」、「被告人は有罪であるが、公訴時効が成立している」という判断があってもよく、これを排斥する規定はない。

エ：当事者主義構造の刑事手続においては、職権主義に基づく司法手続の形式性の尊重よりも、通常の第1審でも再審公判においても被告人が上訴して防御を尽くし裁判を実質的に受ける利益を実現することこそ尊重するべきである[14]。

まとめ——再審免訴と憲法の精神

本件で免訴判決に対する上訴を認めないことは、本件原確定判決を受けた被告人乃至その地位を継承する再審申立人（以下、本件被告人等とする）の憲法上の権利を侵害しないか。従って、憲法違反としての適法な上告理由を構成しないか。

最高裁は「憲法違反をいう点を含め、実質は単なる法令違反の主張であって、いずれも適法な上告理由に当たらない」として本件被告人等の側の憲法論を排斥する。

しかし、少なくとも本件被告人等については、免訴に対する上訴を認めないとする解釈は憲法32条が保障する「裁判所において、裁判を受ける権利」

---

[13] 免訴事由がある場合にも無罪の宣告の可能性を示唆するものとして、例えば、松尾浩也・刑事訴訟法・下（2003年）165頁、175頁参照。反対、鈴木茂嗣・刑事訴訟法（改訂版、1990年）243頁。

[14] 以上までの論点については、座談会「横浜事件第一審免訴判決をどうみるか」法時78巻12号（2006年）68頁以下の議論が参考になる。

を侵害するものである。理由は以下の通りである。

1 刑事裁判の審級構成は，立法政策に委ねられている。ただ，憲法が司法権を最高裁判所と下級裁判所に属するものとしていること（憲法76条1項），最高裁が違憲審査に関する終審裁判所として予定されていること（憲法81条）に照らして，裁判が一定の審級の利益を市民に保障するものとして構成されるべきことは司法権に内在する制約である。反射的に，市民の側は審級の利益を含む刑事裁判を受ける権利を保障されているとみてよい。憲法32条はかかる構造を前提にした裁判を受ける権利を保障する。

2 ところで，本件では，犯罪後の法令で刑が廃止された場合であり大赦があった場合なので免訴事由があるとして手続が打ち切られたものであるが，被告人等が有罪を宣告された事実は残る。免訴判決はあくまでも刑罰権不行使事由の確認の意味しかない。被告人等が治安維持法の下でもそもそもこれに該当する犯罪さえ行っていなかったという真相が判決に反映していない。また，本件では事実上意味のないことではあるが，一般論としては免訴判決には一事不再理効は発生しない。国家の側が再度の訴追の権限を留保しているとさえ言える。他方，有罪判決が拷問等による虚偽自白に基づくものであることは再審開始決定で確認されている。かかる状態に置かれた本件被告人等については，「免訴」ではなく端的に訴因について犯人ではないこと，犯罪は存在しないことつまり「無罪」の裁判を求める具体的な利益が発生している。刑事訴追に対して市民たる被告人が憲法32条により一般的に保障されるべき「裁判を受ける権利」の中核は，本件被告人等については「無罪判決を受ける機会の保障」として実現されなければならない[15][16]。

---

(15) 前掲最決昭53・10・31の少数意見を付した団藤重光・元最高裁判事は，「訴訟条件は実体的審判の条件であつて，訴訟条件が具備するかぎりは，被告人は自己に利益的実体裁判（ことに無罪判決）を求める権利を有する。憲法三二条に規定する「裁判を受ける権利」は，刑事訴訟においては，被告人のかような権利を意味するものといわなければならない」とする。従って，一般論として「もし被告人が実際には生存しているのにかかわらず，死亡したものとして公訴棄却の決定がされたと仮定するならば，被告人・弁護人はその公訴棄却の決定に対して上訴を申し立てて争うことができる」とし，被告人の生存の事実と被告人の無罪をあわせて上訴で争う機会を保障されるべきであるとする。訴訟条件の存否に関する不服申立と併せて形式裁判に対する無罪主張のための上訴を認める趣旨を含む。

(16) 本件判例評釈として，松田俊哉・ジュリスト1363号（2008年）116頁，渕野貴生・法セミ増刊速報判例解説（2009年）155頁。

第27章　平成20年6月25日最決
——公判前整理手続における捜査メモの証拠開示命令

最高裁平成20年6月25日第3小法廷決定
最高裁平成20年（し）第159号，証拠開示決定に対する即時抗告棄却決
定に対する特別抗告事件，特別抗告棄却
刑集62巻6号1886頁

【事　実】

　1　本件は福岡市内における覚せい剤自己使用の事件である。起訴後期日間整理手続が開かれて，争点は，「被告人が天神交番に立ち寄ってから中央署で尿を提出するまでの警察官らの被告人に対する行為の適法性」との点に絞り込まれた。

　検察官は，天神交番で勤務中の警察官らは被告人に覚せい剤使用の嫌疑を認めたので承諾を得て同人を中央署に任意同行しようとした，被告人が同交番で異常な挙動を示したので警察官らは警察官職務執行法に基づき被告人を保護した，警察官らは被告人をパトカーに乗せ中央署に向かったが，車内で同人が落ち着きを取り戻したので，中央署に到着後，同人の保護を解除した，被告人は中央署において尿を任意提出した旨主張した。

　弁護人は，警察官らは保護手続の要件があるように装い，天神交番で被告人の身体を違法に拘束し，そのまま中央署に連行して強制的に尿を提出させたと主張した。この結果，弁護人は，被告人の尿の任意提出書，領置調書，鑑定嘱託書謄本，鑑定書，被告人の腕を撮影した写真撮影報告書及び被告人の検察官調書，警察官調書について違法収集証拠であって採用すべきではない旨主張した。

　これに関連して，双方申請に係る現場にいたT警察官ほか3名の警察官が証人採用され，弁護人申請の2名の証人も採用された。なお，T警察官は，警察官C，同Dと共に検察官請求証拠である「保護状況に関する報告書」

の作成者の一人である。

2　期日間整理手続が進行する中，弁護人が主張関連証拠として「警察官C，同T，同Dの各供述調書，捜査報告書，メモ」その他を検察官に開示を求めたところ，検察官は上記のものについて「存在しない」あるいは「証拠を識別するに足りる事項を具体的に明らかにされたい」等の理由で開示しなかった。このため，弁護人は上記引用の証拠等の開示命令を申し立て，第1審裁判所は，検察官が「供述調書については不存在。捜査報告書については開示済みのもの以外は不存在。メモについては個人的メモ以外は不存在」と回答したことを踏まえて，T警察官ら作成のメモについて提示をまず命令した。だが，検察官がこれに応じなかったので，最終的に，「本件保護状況ないし採尿状況に関する記載のある警察官T作成のメモ」の開示を命じた（本件メモ）。

3　検察官がこれに対して即時抗告を申し立てたが，福岡高裁は，実質的には犯罪捜査規範13条について「犯罪捜査の過程で警察官がその経過等を記録したメモは，同条に基づいて作成されたものと解するのが相当かつ自然であって，捜査に従事しその経過等を記録しながら，それが同条に基づくものではない，あるいは，『専ら自己が使用するために作成したもので，他に見せたり提出することを全く想定していない』個人的メモにとどまるとの主張を許す場面はおよそ考えられない」と解釈してこれを棄却した。
　これに対して検察官が特別抗告を申し立てたものである。

【決定要旨】
　最高裁は，本件抗告を棄却したが，判例違反をいう本件抗告の趣意は実質は単なる法令違反の主張であって，刑訴法433条の抗告理由に当たらないとし，引き続き職権により次のように判断した。
　「犯罪捜査に当たった警察官が犯罪捜査規範13条に基づき作成した備忘録であって，捜査の経過その他参考となるべき事項が記録され，捜査機関において保管されている書面は，当該事件の公判審理において，当該捜査状況に

関する証拠調べが行われる場合，証拠開示の対象となり得るものと解するのが相当である……。そして，警察官が捜査の過程で作成し保管するメモが証拠開示命令の対象となるものであるか否かの判断は，裁判所が行うべきものであるから，裁判所は，その判断をするために必要があると認めるときは，検察官に対し，同メモの提示を命ずることができるというべきである。これを本件について見るに，本件メモは，本件捜査等の過程で作成されたもので警察官によって保管されているというのであるから，証拠開示命令の対象となる備忘録に該当する可能性があることは否定することができないのであり，原々審が検察官に対し本件メモの提示を命じたことは相当である。検察官がこの提示命令に応じなかった本件事実関係の下においては，本件メモの開示を命じた原々決定は，違法ということはできない。したがって，本件メモの開示を命じた原々決定を是認した原決定は結論において相当である」。

【評　釈】

　本決定は（平成20年6月決定），捜査官が本件捜査の過程で作成したメモであって，心覚え，記憶喚起等のため上司などへの報告自体を目的としない記録であっても，起訴後被告側の主張関連証拠として証拠開示の対象にふくめることが出来ると判断した。本決定が，最決平19・12・25刑集61巻9号895頁（平成19年決定），最決平20・9・30刑集62巻8号2753頁（平成20年9月決定）と共に（三決定を併せて証拠開示に関する「最高裁平成三判例」とする）[1]，公

---

(1)　起点にあるのは最決平成18・11・14判時1947号167頁である（平18年決定）。取調べ状況報告書の開示にあたり，検察官が不開示希望調書の有無，通数の欄を一律に塗りつぶして開示する運用を認めなかった。決定は，検察官不開示の理由は個別的具体的であることを求め，その疎明のない限り開示を要するとした。

　平19年決定は，警察官の取調べメモの開示を命令した原審判断を是認したものである。その際，検察官が開示の対象とすべきものとして，公務員が通常業務の過程で作成・入手・保管などする書面であって検察官が容易に入手できるものも開示の対象になると宣言した。

　平20年9月決定は，強盗致傷事件の参考人が，検察官に被告人が犯行関与を自認する言動をした旨の供述を行っており，その証人尋問を検察官が請求しているのを踏まえて，弁護人がその信用性を争うとの予定主張との関連で，参考人取調べにあたり警察官が私費で購入した大学ノートに記載したメモの開示を求めたことについて，最高裁は，「本件メモは，T警察官がAの取調べを行う前ないしは取調べの際に作成したものであり，T警察官は，記憶喚起のために本件メモを使用して，Aの警察官調書を作成した」と認定した上で，「本件メモは，T警察官が，警察官としての職務を執行するに際して，その職務の執行の

判前整理手続に伴って行われる,証拠開示の対象となる「開示をすべき証拠」(316条の26第1項)の範囲を解釈によって拡大したことは明白である。

では,本決定は,公判前整理手続(以下,整理手続)の要と言うべき証拠開示制度のあり方との関連ではいかなる意味を持つか。

1　公判前整理手続の導入まで現行法は検察官の証拠調べ請求予定証拠の開示(閲覧)を規定するのみで(299条),他に検察官が公訴提起にあたり検討した捜査資料を開示する規定はなかった。ただ,最高裁は,昭和44年に裁判所に帰属し,裁判長が行使する訴訟指揮権(294条)を権限の根拠にした上で,要件と手続を厳格に設定して,特定された個別の証拠について開示命令を発動できるとした(訴訟指揮権に基づく個別証拠開示命令)[2]。ただ,昭和44年の決定にも拘わらずここ40年あまり判例・運用によって裁判所が主導して証拠開示の範囲を拡大することはなかった。理由は,いくつかある[3]。第1に,証拠開示命令は立法によらずに創設された強制処分であって非常救済的措置の面が強く,日常の運用にはなりにくかった。第2に,検察官が任意の証拠開示に応じる等柔軟な運用が定着し,裁判所の介入が不要でもあった。第3に,弾劾主義を原理とする我が国刑訴法上有罪立証のための捜査と証拠の取捨選択は検察官の権限に属し,これに司法権が直接介入することには慎重でなければならなかった。

　　ために作成したものであり,その意味で公的な性質を有するものであって,職務上保管しているものというべきである。したがって,本件メモは,本件犯行の捜査の過程で作成され,公務員が職務上現に保管し,かつ,検察官において入手が容易なものに該当する」との判断を示し証拠開示命令を是認した。

(2)　つまり,証拠調べの段階に入った後,弁護人から,具体的必要性を示して,一定の証拠を弁護人に閲覧させるよう検察官に命ぜられたい旨の申出がなされた場合,事案の性質,審理の状況,閲覧を求める証拠の種類および内容,閲覧の時期,程度および方法,その他諸般の事情を勘案し,その閲覧が被告人の防御のため特に重要であり,かつ,これにより罪証隠滅,証人威迫等の弊害を招来するおそれがなく,相当と認めるときは,その訴訟指揮権に基づき,検察官に対し,その所持する証拠を弁護人に閲覧させることを命ずることができるとした(最決昭44・4・25刑集23巻4号248頁,最決昭44・4・25刑集23巻4号275頁)

(3)　拙稿「証拠開示の問題状況」刑事手続の最前線(1996年)218頁以下参照。

2 21世紀に入り裁判員制度の導入とともに設計された公判前整理手続を踏まえて、最高裁平成三判例は証拠開示の範囲を拡張したが、その大局的な意義は、次の点にある。

第1に、整理手続に関する法制度が整ったことが主たる要因であろうが、最高裁がその趣旨を踏まえて証拠開示の範囲を拡大する解釈と運用を是認したのは注目に値する。最高裁が、司法積極主義の姿勢を示し、「公共性の空間」としての役割を十分に発揮しつつあると言える。すなわち、平成13年に公表された司法改革に関する意見書は、このように宣言している（司法制度改革審議会『司法制度改革審議会意見書－21世紀の日本を支える司法制度』（平成13年6月12日））。

「法の支配の理念に基づき、すべての当事者を対等の地位に置き、公平な第三者が適正かつ透明な手続により公正な法的ルール・原理に基づいて判断を示す司法部門が、政治部門と並んで、『公共性の空間』を支える柱とならなければならない」。

最高裁平成三判例は、証拠開示の場面で、司法の場が、検察官と被告側の対立する点を裁くフォーラムとしての役割を十分に果たしていることを示している。土台設定はすでに立法によってなされたが、証拠開示の範囲を条文解釈により拡張することによって争点と証拠の円滑な整理を行ない、公判の継続的で計画的な進行を可能にしようとしている。

その意味で、大局的・歴史的には、20世紀における司法消極主義から21世紀における司法積極主義へのシフトがみられるといってよい。

第2に、最高裁が証拠開示手続を介して「被疑者対象捜査手続の可視化」に前向きの姿勢であることが読み取れる。まず、本決定を除く最高裁の各裁判例に共通するのは、被疑者または参考人取調べに関する捜査機関の手控えメモの開示であったり、取調べ時に作成する調書の存否に関わる事項であるなど、取調べ過程を事後に明らかにすることなく、供述の任意性・信用性は判断できないというごく自然な理由に基づいて証拠開示を是認している点である。最高裁は、証拠開示の範囲拡大を通じて、取調べを適正化し適正自白による事実認定を行なう土台作りを進めていると評価してよい。密室取調べにおける供述の任意性・信用性は将来的には取調べの全過程録音録画によっ

て裏付ける運用が確立するであろうが，最高裁の姿勢はこれと矛盾しないものである。これに加えて，本決定は，採尿状況に関する警察官作成メモの開示を是認するものである。全体として，「被疑者を対象とする捜査手続の可視化」を最高裁判例群は示唆するものとみてよい[4]。

　第3に，以上を踏まえて(1)に触れた点との関連では，職権探知主義の強化も見逃せない。つまり，整理手続が弾劾主義と糾問主義(裁判所が訴追機能も担う刑事裁判のモデル型)のいわば中間的形態であって，検察官が設定した訴因が審判対象であるが，その審理のあり方について裁判所が職権で争点と証拠調べの順序範囲方法をあらかじめ策定してしまう職権強化の手続である。証拠開示命令も立法上の裏づけがあるだけに，裁判所の積極介入が容易になっている。このため，争点と証拠の採否，証拠調べの範囲・順序・方法の決定における職権優位を支えることともなる。従って，当事者主義の維持のためには，証拠開示について，検察官の任意証拠開示の拡大も含め，検察官と被告側の交渉によって迅速・効果的に処理する運用の確立が求められる。

　3　証拠開示の対象となる証拠について，検察官が現に保管・保持・管理している必要はないか。本件の対象となったメモのようにこれを作成した警察官個人がいわば個人的に所持しているものも裁判所による開示命令の対象にできるか(従って，316条の20による主張関連証拠開示の範囲だけではなく，316条の15による類型証拠開示の範囲にも含まれるか)。

　ア：開示すべき証拠が検察官手持のものに限るのかどうか，関連条文の文理だけでは明確ではない。むしろ，証拠開示に関する裁定手続の一貫として認められている検察官に対する証拠の標目の一覧表の提示命令に関しては「検察官に対し，その保管する証拠であつて，裁判所の指定する範囲に属するもの」と規定している(316条の27第2項)。だから，解釈上検察官手持証拠に限定することも可能である。

　何故なら，公訴の提起は検察官の処分に委ねられている。整理手続は，検察官による公訴提起を踏まえ公判廷における争点と証拠の整理による迅速か

---

　(4)　拙稿「裁判員裁判制度実施を前にした諸課題」刑法雑誌48巻3号(2009年)382頁以下参照。

つ効率的な審理の実施を目的とする。また，警察等司法警察職員は法246条によって捜査終了後事件送致にあたり事件との関連性のある書類・証拠物を検察官に送致する責務を負うが，独自の捜査能力を持っているものであってその関連性判断を十分に行える。検察官はこれを尊重して，送致を受けた証拠の範囲で訴追の当否を判断することとなる。従って，検察官が訴追の判断にあたり手元にあって判断材料にした範囲内の証拠を開示の対象にすればよく，検察官が訴追の判断にあたり材料にしていないものまで検察官に証拠開示の責務を負わせる必要はない。証拠開示制度は，被告人・弁護人のための証拠保全手続ではないから，検察官が訴追要否の判断に必要な範囲を超えて被告側のために証拠を収集するべき責務を負担させることはできない。

　イ：しかし，この点については，すでに平19年決定で最高裁は「公判前整理手続及び期日間整理手続における証拠開示制度は，争点整理と証拠調べを有効かつ効率的に行うためのものであり，このような証拠開示制度の趣旨にかんがみれば，刑訴法316条の26第1項の証拠開示命令の対象となる証拠は，必ずしも検察官が現に保管している証拠に限られず，当該事件の捜査の過程で作成され，又は入手した書面等であって，公務員が職務上現に保管し，かつ，検察官において入手が容易なものを含むと解するのが相当である」との解釈を示している[5]。

　このため，本決定自身は，特に詳述することなく，「本件捜査等の過程で作成されたもので警察官によって保管されている」と判断できる関係にあることを理由として検察官に対する提示命令も開示命令も適法に成立すると解している。

　ウ：もっとも，整理手続における証拠開示制度の「趣旨」が有効かつ効率的な争点整理，証拠調べの実現にあることが，開示の対象を検察官手持証拠に限定しないとする解釈にどう結びつくのかは，必ずしも明らかではない。

　これを，ひと言で言えば，「公判中心主義」，「直接主義」，「口頭弁論主義」の実現にある。

---

　(5)　平19年決定が，検察官が現に保管するもののみ証拠開示命令の対象となり得るとする原審について破棄し高裁レベルの判例を変更した経緯について，斎藤司・法時（2008年）80巻9号114頁以下，松代剛枝・判タ1281号（2009年）60頁以下が詳しい。

裁判員裁判の導入に伴い，真相解明の主たる舞台は「裁判員の居る公判廷」になる。捜査機関は検察官の指揮命令の下に事件捜査を行っている以上，捜査機関として収集済みの証拠について個別具体的な弊害または罪証隠滅の相当の理由が見込まれない一方，被告側が防御上の関連性・必要性を主張しているのに，検察官の手元にないことのみを理由に，被告側に開示しない事態は裁判員に了解も納得もされない。むしろ，証拠隠しと映る。公判廷で被告側がそうした摘示を行えば，裁判員は証拠調べをした証拠に基づく事実認定の前提自体について疑惑を持つ。裁判官も評議などの場で検察官が証拠開示をしない事態の説明を余儀なくされる。従って，裁判員・裁判官の評議が整理手続で調整された争点に関する必要・十分な証拠に基づく審理を行う「核心司法」の前提が崩れる。

　そうした事態を招かないためには，当該事件に関して捜査機関が収集している資料を対象にして類型証拠開示，主張関連証拠開示を十分に認めて，被告側が十分な防御準備の機会をもった上で審理をするのが望ましい。しかも，訴訟指揮権に基づく個別証拠開示命令しかできない場合と異なり，裁判員裁判では整理手続が必要的である（裁判員法49条）。整理手続の目的は，公判審理の継続的・計画的・迅速な実施の準備にある（316条の3第1項）。そうであれば，被告側の防御準備上必要な証拠であって，現に捜査機関が収集し保管しているものについて，検察官が事実上または法律上適宜の手段で入手して自らも検討しつつ，これを被告側に開示すべき証拠の範囲に加えるのを相当と判断したものである。

　エ：最高裁平成3判例のいう「検察官が容易に入手できるもの」というやや柔軟な要件は本件に限って言えば刑訴法の条文の裏付がある。当該事件の捜査を担当する捜査機関が保管する証拠に関する場合，事件担当の捜査検事は個別的指揮権がある（193条3項）。本件でも司法警察職員に本件メモの持参を命令することはできる。本件メモの場合を含め，検察官が特定の証拠について入手に困難をきたすことは実際上はない。

　従って，本件メモが当該事件の犯罪捜査に従事した警察官が保管していることが明らかである以上，これが証拠提示命令，証拠開示命令の対象になることは自明のことなので本決定において特段詳細な解釈を示さなかったもの

であろう。

4 犯罪捜査規範13条に基づいて作成された備忘録が開示の対象になるのかどうか，またその判断権者は誰か。

ア：本件では検察官が特別抗告申立書において，要するに，「警察官が捜査において作成する多様なメモ」について「専ら自己が使用するために作成されたもの」（「個人的メモ」とも表現している）と「犯罪捜査規範13条に従って作成された明細な記録」とは区別すべきであり，かつその判断権は捜査機関自身にあると主張している。本件メモの場合，福岡県警察本部から検察官に対して，警察本部としても担当警察官に本件メモの提出を求めないので，検察官への提出にも応じないとの意見書の趣旨をそのまま尊重し，裁判所の提示命令について自ら「履行不能」であると宣言しこれを正当化している。「個人的メモ」の提示と開示に検察官が消極的な実質的理由は次のような点にあろう。

「その開示に伴う一般的弊害として，いわゆる全面開示を行った場合の弊害と同様，関係者のプライバシーを侵害し，あるいは，新たな弁解の作出や罪証隠滅の契機を生じさせるほか，メモの記載内容やその意味等に関して新たに様々な無用の争点を発生させ，むしろ証拠開示制度の目的にも逆行する事態に陥ることも懸念される」[6]。

イ：しかし，この点について，最高裁は，第1に，警察官が捜査の過程で作成し保管するメモが証拠開示命令の対象となるものであるか否かの判断は裁判所の権限に属すると宣言した。第2に，提示命令ならびに証拠開示命令の対象にできるか否かの判断基準として，本件メモが本件捜査等の過程で作成されたもので警察官によって保管されているという事実の経緯等を踏まえ，「証拠開示命令の対象となる備忘録に該当する可能性があることは否定する

---

[6] 土本武司・捜査研究681号（2008年）101頁は「検察官自身が存否を知らない物にまで開示命令が及ぶことになるし，一体，どこまでが開示命令の範囲に入るのかその境界が明確でなく，実務上混乱が生じる」として最高裁判例を批判するが，本末転倒である。証拠開示の範囲は本来的に争点の有無と検察官請求の特定証拠の信用性の程度，主張内容に関連する証拠であって相対的にしか決定できない。一般的固定的な「境界」を作ることは整理手続に伴う証拠開示の制度趣旨に反する。

ことができない」という程度の関連性で足りるとした。

　従前から犯罪捜査規範13条に定める備忘録について，実務上も司法警察職員捜査書類基本書式令等が定める簿冊とは区別して「この記録はあくまでも警察官のメモとして保存すべきもの」とし，ただ簿冊を利用した作成でも差し支えないとされてきている[7]。従って，本件メモのように，警察官が私費で購入したノートを使い，特段上司への報告や証人尋問の際の利用を意識していない場合であっても，事後的にみて，争点整理の結果被告側主張に関連する内容が記載されているのであれば，証拠開示の観点からは本条に言う備忘録として取り扱うこととなる[8]。

　メモの趣旨・形状に照らして，不正確な記載，多義的な表現なども予想されるが，そのことが直ちに争点の拡大につながったり，被告側によるためにする不当な争点拡散に至るものではない。それらは整理手続の中で裁判所による適切な訴訟指揮により調整がなされることとなる。

　5　本件メモの提示命令並びに提示命令に検察官が従わない状態での証拠開示命令は許されるか。検察官が提示命令，開示命令に従わない場合，制裁は可能か。

　ア：最高裁は，証拠開示命令の対象となる備忘録に該当する可能性があることを否定できない場合，提示命令を発することを是認した。整理手続に伴う両当事者の紛争を解決する前提として対象となる本件メモの存在と内容を確認しなければならない責務を負う以上，適切な措置である。この場合，検察官が存在形態について疎明しているところに従い，警察官が私費で購入し

---

(7)　例えば,刑事法令研究会・逐条解説犯罪捜査規範(新版2訂,2002年)25頁。警察庁刑事局・逐条解説犯罪捜査規範（1995年）21頁も「捜査の経過その他参考事項を手帳や日誌等にできるだけ明細に記録しておき」証人出廷等に備えるべきであると指摘する。他に，古田佑紀編集・刑訴法からみた犯罪捜査規範（1999年）18頁参照。

(8)　警察庁訓令8号（平成20・5・13）「取調べに係る事項を記載した書面の保管に関する訓令」は，「捜査主任官は……取調べ警察官が被疑者又は被告人の取調べについてその供述の内容，取調べの状況その他取調べに係る事項を記載した書面（当該取調べ警察官が専ら自己が使用するために作成したものであつて，他人に見せ，又は提出することを想定していないものを除く。）であって，捜査指揮のため，又は公判の審理に関する用務に備えるため必要があると認めるものを，必要と認める期間，事件ごとに適切に保管しなければならない」と定める。

た私物ノート全体を提示させる趣旨であることは当然であろう。

次に，本件では，検察官が提示命令に応じなかったため，原々審がメモ開示を命じ，原審も最高裁もかかる程度の特定があれば足りるものと判断してこれを是認した。観念的には被告側の主張関連の部分に限定した開示命令もありえたのであろうが，検察官の不誠実な態度も含めて被告側が点検できる証拠の範囲を拡張して提示を命じたものとみてよい。

イ：一般的に提示命令，証拠開示命令が発された場合，検察官は国法上これに従うべき義務を負うので，通常は，検察官が故意または悪意で裁判所の命令に背く異常事態を想定する必要はない。もっとも，観念的には検察官が提示命令，証拠開示命令に背く場合は想定できる。その場合，裁判所の対応は多様であり得る。不提示，不開示が悪質な場合には関連証拠の証拠調べを取りやめること，検察官証拠調べ請求にかかる特定の証拠に関する被告側の弾劾が不十分であるとき，該当証拠による検察官側の立証は不公正な証拠状態に基づくものとして信用性を極めて低いものとして心証を形成すること，アリバイ等争点に関する被告側の主張のための積極的な立証が不十分であっても，検察官が被告側に有利な証拠を隠匿している可能性を含めて被告側の証明の成否を判断すること等などであろうか。

とりわけ，裁判員裁判では，弁護人も裁判所も検察官が「なにか隠している事実」を十分に裁判員に説明して「疑念」を共有することが可能であろう。

まとめ——本決定の射程はどうか[9]

捜査官が作成するメモに関する事例判断と見るべきであり，主張関連証拠開示の対象となるかどうか一般的に限定する解釈指針は含まれていない。従って，証拠開示の範囲に入るか否かを判断する基準は，被告側の事実上法律上の主張に関連しており防御の準備上必要性があることである（316条の20）。この角度からいくつか指摘する。

1　捜査機関が作成するメモについて，犯罪捜査規範13条が規定する備

---

[9]　判例の射程について，後藤昭・ジュリスト重要判例解説1376号（2009年）213頁。他に，「証拠開示の最前線」自正59巻8号（2008年）87頁以下のパネルトークが参考になる。

忘録に該当する場合に限定する趣旨ではない。刑訴法上も犯罪捜査規範の対象となる警察組織以外にも検察庁他多様な捜査機関が予定されている。各捜査機関において本条にいう当該事件捜査に関する捜査官の備忘録に実質的に該当するものは開示の対象となる。例えば，検察官の被疑者取調べに関するメモも証拠開示の対象となる。また，当該被告事件の捜査の過程で捜査機関が作成した備忘録に限定されない[10]。被告側が提示する具体的個別的な主張に関連する証拠に当たるか否かで判断することとなる。

2　検察官による入手の容易性，被告側による入手の困難性は一つの基準となる。何故なら裁判所も提出命令，照会等の他場合により捜索・差押の権限によって独自に証拠を収集しうる。被告側も第１回公判期日前は証拠保全を請求する権利がある。従って，当該事件の訴追を行った検察官の責務において確保すべき証拠なのか，これと別に被告側独自にまたは裁判所の権限を介して収集すべき証拠なのか判断する必要がある。証拠開示としてではなく，証拠保全として確保すべきか否かは検察官に対する証拠開示命令の限界を画する基準となろう。

3　捜査機関または検察官による証拠の評価，捜査・訴追の方針，立証の指針，法律構成など事実の存否自体に関する証拠ではなく，これらを元にして作成される捜査機関・検察官の判断事項をとりまとめた資料は，その内容上「メモ」風であっても証拠開示の対象にはできない。他方，捜査官が，執務時間と離れて全く私的な時間に日記など業務と区分できる態様で作成した日記，手紙，手記などはここでいう検察官を介して行うべき証拠開示の対象にはならない。

4　本件メモに関する開示命令とこれに基づく検察官開示の本件メモは，

---

(10)　例えば，他事件捜査の過程で被告人の特定時間・場所での所在を示す証拠があったり，参考人等の本件に関する証言の信用性を検討するのに参考となる供述を他事件捜査の過程で同人が述べている場合はありえる。これらも被告人のアリバイが争点となりこれを否定する検察官側証拠の信用性の弾劾上必要であれば証拠開示の対象にできる。

本案の裁判にとって意味があったのか。

　本件最高裁決定が出された時点ではすでに本件メモを作成した警察官の証人尋問は一度行われていた。その後検察官において本件メモの開示に応じた。これを踏まえて再度の証人尋問がなされることとなった。もっとも，検察官は「本件保護状況ないし採尿状況に関する記載のある警察官T作成のメモ」該当部分に限って開示した。開示された本件メモは「THIS IS NOTE」と印刷された市販の大学ノート（A4版）表紙と本文一頁分（一部抹消）であるが，次の記載がある。

「17：23　交番で暴れ押えつける
　17：35　中央署到着　17：35　採尿
　　　鑑定承諾書　任提　所有権放棄
　任意同行に関する報告書
　　　発見時の状況　任意同行
　　　覚せい剤等薬物を使用していたことが濃こうと
　　　認められたため，本人承諾のもと中央署
　　　警察に任意同行し，刑事当直に引継いだ
　保護状況に関する報告
　　　保ゴ解除後
　　　任意採尿」

　被告側は，開示された本件メモに基づいて，警察官Tについて再度の証人尋問を行った。その結果，適法に保護手続を実施しまた解除したとする警察官等の証言と上記記載の矛盾が明らかになった。

　かかる証人尋問などを踏まえて，福岡地決平成20・10・17（平成19（わ）1452）は，検察官請求証拠のうち被告人による尿の任意提出書・領置書，尿中覚せい剤の検出結果に関する鑑定結果回答書，その鑑定嘱託書について違法収集証拠であるとして排除を決定した。理由は，被告人の身体拘束が警職法3条1項の要件を満たさない違法なものである上，身体拘束のための警察官等による制圧行為が態様・継続期間ともに強度であり，これはその後の警

察署における採尿手続に向けられたものとし「被告人の身体拘束にはその根拠として令状が必要となるにもかかわらず，警察官らは，令状なしに被告人の身体拘束を行ったこととなり，令状主義を潜脱するもの」であって令状主義の精神を没却する重大な違法があり将来における違法な捜査抑制の見地から相当ではないというものであった。しかも，理由の一部として，同決定は，「本件ノートを素直に見れば，記載された当時は，被告人を制圧して中央署へ連行した法的根拠として任意同行を考えていたのではないか，中央署へ連行した後，任意同行では説明しにくいので，警職法上の保護ということを根拠として持ち出したのではないかという疑いが払拭できない」と摘示し，本件ノートの記載は，公判廷における適法な保護手続の実施を主張する警察官等の「証言を減殺するものと理解すべきである」とした。

　この結果，覚せい剤自己使用に関しては，公判廷における自白のみが証拠として残ることとなり，他に補強証拠がないため，福岡地判平成20・11・25（平成19（わ）1452）は被告人に無罪を宣告した。

　このように，本件の主張関連証拠開示手続によって検察官が開示した本件メモは，公判廷における警察官等の証言の弾劾に直接役だち，さらに関連証拠の違法収集証拠排除法則適用の根拠を提供し，最終的には第一審における無罪判決を導くこととなった。その意味で，本件では整理手続における証拠開示が本案裁判の結果を左右する重要な意味をもつものとなった[11]。

---

(11) 第一審の無罪判決に対して，検察官が控訴し，平成21年9月14日現在，控訴審が継続中である。筆者が傍聴した平成21年9月12日の控訴審公判では，検察官請求証拠に関する採否判断がなされた。控訴審裁判所は，一審で排除法則が適用されて証拠能力が否定された鑑定書等を証拠採用した。一審と異なり，保護手続は適法になされたと評価したものである。本件メモの記載についても，本件事件捜査と全く無関係に，交番勤務の警察官であるTが刑事に参考事項として教示してもらったことをメモしたとする一審での弁明を是認した。
　このように，開示された本件メモの趣旨が有罪・無罪を決める証拠の証拠能力を決定する重要な意味をもつものであるとすれば，一審裁判所の提示命令に対して検察官がこれを拒み，後に検察官の判断で該当部分に限定して証拠開示したことの相当性が問題となる。裁判所の提示命令，開示命令に従わない瑕疵自体が場合により証拠排除，公訴棄却の理由とされるべきだろう。
　追記　福岡高判平成22年2月26日高裁刑事裁判速報集（平22）号187頁は，一審を破棄し，保護手続の適法性を認めて尿の鑑定書等の証拠能力を認めて有罪を認定した。

第28章　平成21年5月15日大阪地決
——別件逮捕勾留と余罪取調べの限界

大阪地裁平成21年5月15日決定
平成21年（む）557号，勾留命令に対する準抗告申立事件，勾留取消し

I　別件起訴後勾留と本件取調べ——事件の概要と今回の決定

1　本件被告人は，別表のように，平成21年3月25日に，別件（建造物侵入，窃盗）で勾留され，同4月13日に起訴されることとなる。別件の概要は，平成20年12月29日早朝に他2名の者と共謀の上，大阪市内のブティックに侵入して商品多数（650万円強相当）を窃取したものである。

その後に，本件である強盗殺人未遂被疑事件で勾留状が発付された。これは，その前日に，別件と同じ共犯者2名とともに，同市内の別の場所で風俗店経営者が売上代金を持って帰宅するところを襲撃した強盗殺人未遂被疑事実である（なお，平成21年6月1日付け起訴状では，強盗傷人被告事件として起訴されている）。

表　平成21年における被告人の勾留関係の時系列

3月25日	建造物侵入・窃盗（別件）	勾留開始
4月13日	建造物侵入・窃盗（別件）	公訴提起
5月13日	強盗殺人未遂（本件）	勾留状発付
5月14日	準抗告申立	
5月15日	今回の決定（本件勾留取消）	

別件起訴後も，同一警察署留置場で拘束が続き，4月13日以降，捜査機関は，本件強盗殺人未遂事件に関する被疑者としての取調べを行っている。

2　今回の決定が認定したところでは,「被疑者は,その後も,引き続き同警察署留置施設に留置され,5月11日に本件で逮捕されるまでの間に,主として本件被疑事実について,17日間,合計約56時間の取調べを受けた。その間,被疑者は本件への関与を一貫して否認していた。4月17日以後5月8日までは,連日のように取調べが行われ,取調べの時間は長い日でおよそ7時間45分に及び,同日以外の取調べが行われた日についても,概ね2,3時間以上の取調べがなされた」。

別件被告事件の弁護人は,以上の経過を踏まえて,本件の逮捕後,そのまま勾留されることが見込まれたので,あらかじめ裁判所に面談を申し入れた。さらに,勾留が認められた後に,これを取消すものとする準抗告を申し立てた。

3　準抗告審裁判所は,これを容れて,次の理由で勾留を取り消した。
「これらの事情を考慮すると,捜査機関は,4月17日以後,別件窃盗等事件での起訴後の被告人勾留を利用し,被疑者に対して任意捜査として許容される限度を超える被疑者取調べを行っていた疑いを払拭できず,同日以後,被疑者に対する取調べを行った16日間は,実質上被疑者を本件について勾留していたのと同視されるべきである（弁護人は,4月15日から本件について実質的に被疑者を身柄拘束している状態に立ち至っていたと主張するが,同日の取調べは30分にとどまっており,上記状態に至っていたとまでは認められない。）。そうすると,被疑者に対する勾留期間の上限に近似する期間を本件の強制捜査に利用した後になされた本件勾留請求は,実質的には本件について再度の勾留を求めるものとみざるを得ず,不適法なものである」。

II　今回の決定の争点と評価

1　今回の決定の争点は簡単である。別件で起訴勾留中に,本件について,相当日数にわたり相当時間の取調べが継続され本件での勾留期間の上限近くに達していた場合,その後に本件で勾留を認めることは,許されるか,というものである。

今回の決定は,これを是認することなく,勾留裁判官が認めた勾留を取消

すものとした。かかる決定の結論自体は今回の事件に関しては妥当というべきである。理由は3つある。

(1) 勾留を認めない措置は，今回の事件について言えば，衡平性ないし具体的妥当性が認められる。というのも，あえて本件勾留を認めなくても，別件起訴後勾留が続くので，いわば身柄の確保はできる。他方，仮に本件に関する取調べが必要であるとしても，勾留を付けないことによってむしろ任意の取調べに留めるよう捜査機関において注意を払うことになる。取調べが違法にならないよう抑制的となる。そもそも別件では被告人である地位にある以上，可能な限り警察・検察が取調べの客体に置く扱いを避けた方が好ましい。

(2) 本件に関する自白追及のための厳しい取調べが予想され，黙秘権・供述の自由を侵害するおそれが非常に高かった。というのも，別件（窃盗）起訴勾留中，本件（捜査時，強盗殺人未遂被疑事件）についてすでに17日間取調べがなされている。本件被疑者は，別件では被告人である。余罪取調べは「任意」であるといえども，事実上警察署に留置されているときに，本件取調べについて出房を促されたとき，気軽にこれを拒める心理的状態にはない。取調べ拒否を明示するのは相当に勇気がいる。その上，本件勾留が正式に認められたら，捜査機関は本件の自白追及のための本格的な取調べをすることが容易に予想される。被疑者が黙秘権を行使しているのに，捜査機関が自白を追及することは，虚偽自白の危険性をそれ自体生じる。また，17日の取調べが継続したことの他，下記(3)で述べる取調べ態様に照らすと，別件被告人であり，本件について身体拘束を伴わない任意取調べでなければならないのに，その実態を失っているし，今後もこれを失う危険が高いことを推認させる。

(3) 今回の事件では，強制，拷問等による取調べへと発展する危険性が極めて高かった。現に，弁護人が疎明した本件取調べ態様をみると，不相当な方法がとられている。例えば，署の剣道場や屋上への連行，尿意を訴えても応じない，体調不良を訴えて房に戻ることを求めても応じないなどがなされている。今後，本件勾留に至ると，さらに自白を強制する違法な取調べに発展する危険性が読み取れる。

2　ただ，今回の決定をつぶさにみると，解明を要する理論面の疑問点も残る。以下，検討する。

(1)　本件勾留が実質上再勾留にあたるから「不適法」とするのは妥当か。

決定文は「実質的には本件について再度の勾留を求めるもの」なので，不適法とする。つまり，同一被疑事実による再勾留にあたるからこれを許容できないとする。しかし，疑問がある。

確かに，刑事訴訟法の条文構造上一個の被疑事実については逮捕勾留が1回であることが予定されているとみるべきだ（法199条3項が逮捕状請求にあたり同一被疑事実についてすでにその請求または発付があったときにいずれもこれを裁判所に通知することとしていることは形式上も再逮捕・再勾留を例外とする趣旨を含む）。実質的にも同一被疑事実について少なくとも同一の嫌疑等しかないのに逮捕勾留を反復することはこれに種々の期間制限を置いた趣旨にそぐわない。ことに，勾留については検察官はその決定後10日以内に事件処理をすることが求められている（法208条）。それができないときには勾留延長の枠内で基本的には処理することを予定している。同一事件での勾留の反復は予定されていないとみるべきだ。

しかし，本件は共犯事件であり，また本件被疑者は，類似の盗犯を繰り返している。捜査の進展に応じて犯罪の嫌疑等逮捕の理由と必要性も変容しやすい事件だ。その場合，罪を犯したと疑うに足りる相当な理由はもとより，逃亡の相当の理由，罪証隠滅の相当の理由も変容する。しかも，本件被疑者としては否認を貫いている。補充捜査などで嫌疑が明確になってきているのであれば，さらに取調べを継続して事情を聞く必要性がある。だから，今回の事件の場合同一被疑事実について再度の勾留が禁止されるという前提に立って事案処理をすることが妥当であったか疑問が残る。別件起訴後勾留をそのまま利用するのではなく，本件勾留中取調べとしてさらに事情を聞くことが再勾留にあたるから，違法となるとするのでは説明として不十分である。

3　違法な本件取調べがなされていた場合，その間の別件起訴後勾留の法的性質は何か。

本件勾留請求を認めることが，再度の勾留を認めることとなるので不適法

とした場合，本件取調べが行われた期間中の別件起訴後勾留の期間は違法と見ざるを得ない。現に，今回の決定は，別件起訴勾留中の本件取調べを行った17日間内，16日間について本件勾留と同視されるべきとした。とすると，この期間は，観念的規範的には違法な身体拘束状態であった。とすれば，本件逮捕自体がその違法性を継承しており，逮捕前置主義の原理に照らして，本件での勾留も違法性を観念的には継承している。

ただし，この結果，直ちに本件勾留を不適法とするか否かは慎重に判断する必要がある。なにより，弁護人も違法となる別件勾留の期間との関連では，特段の措置を求めなかった。

念のため，別件起訴勾留が違法である期間ないし状態については，本案裁判で量刑上未決勾留日数算入にあたりこの日数を組み込んだ形跡はない。

とすると，本件勾留請求の視点からは，別件起訴後勾留は，違法であるが，この法的な効果と切り離すと，違法性は他には波及しないという相対的な評価をすることとなる。これは，理論的には説明がつかない状態となる。但し，この点は今回の事例で，別件起訴後勾留中の本件取調べ実施の結果，別件勾留自体を違法とする説では共通する未解明の問題点となる。

4 別件起訴後勾留中の，本件取調べの法的性質をどうみるのか。

この点について，今回の決定は，「被疑者に対する勾留期間の上限に近似する期間を本件の強制捜査に利用した」と摘示する。また，別の箇所では，「被疑者に対して任意捜査として許容される限度を超える被疑者取調べを行っていた疑いを払拭できず」，実質上被疑者を本件で勾留したのと同視できると続ける。これはなにを意味するのか。

(1) 決定は，逮捕勾留には取調べのための出頭滞留義務が伴うことを暗黙の裡に前提にしていると解してよい。また，出頭滞留義務に基づく取調べと，任意の取調べとは態様が異なることも前提にしている。そして，今回の事例は，別件起訴後勾留中の本件取調べである。したがって，身体拘束の効果として出頭滞留の義務は生じない。その点では，任意の取調べでなければならない。

ところが，記録をみても，別件起訴後勾留中，本件取調べにあたり，特に

任意取調べであることを被疑者に明示するなどの措置はとられていない。むしろ，房に戻るのを拒むなど出頭滞留義務があるのと同じ扱いをしている面がある。その上，1日あたりの本件取調べは長時間に及んでいる。

被告人たる地位にもある被疑者は，本件について否認をしていた。であれば，取調べに自発的に協力しているとは思えない。

にも関わらず，取調べが長時間に及んでいるのは，被疑者は出頭し滞留せざるを得ないと認識していることを推認させる。別件被告人・本件被疑者は，捜査機関が終了を宣言しない限り，取調べは終わらない，房に戻れないと認識せざるを得ない状況が推認できる。

その意味で，強制捜査としての本件取調べが事実上なされていたと認定したものと思われる。

(2) ただ，逆に，ふたつの疑問がある。

(ア) まず，取調べが違法であるとする判断自体への疑問である。

すでに別件起訴後なので弁護人がいる。本件余罪取調べの事実を知りながら，特段の措置を講じた様子がない。違法取調べに対する捜査機関に対する抗議などを踏まえて今回の準抗告を申し立てたものなのか定かではない。余罪取調べを阻止するため明示的な事実上の措置はなんら採っていない。また，本件の取調べのあり方について，弁護人立会，全過程録音録画など踏み込んだ申入れをした様子もない。

とすると，必ずしも，被疑者たる被告人にとって，実質的な意味で黙秘権を貫くことが心理的肉体的に困難な状態に追い込まれたものであったとは考えられない。

また，被疑者取調べ態様の点だけからみれば，仮にこの段階で自白が得られていた場合でも任意性を否定しなければならない事情は必ずしもくみ取れない（念のため，この段階では被疑者は自白はしていない）。

それでも，今回の決定はこれを強制捜査とするものであるが，これは単純に期間の長さを基準にしたとしか思えない。取調べの時間の長さを基準とするとき，そもそも基準時間が不分明である。それに，違法な取調べの範囲が各段と広くなり，相当と思われない [1]。

(イ) 本件勾留を認めない理由との整合性についても疑問がある。

仮に，この程度の態様の取調べも強制捜査としての取調べであるとすると，本件勾留を認めない理由は，令状主義の実質的な潜脱[2]に求めるべきではないか。

逮捕勾留には，出頭滞留義務が伴う（むろん，学説上争いがあるが，私は肯定説にたつ。判例も同旨である）。別件起訴後，自動的に2月の間とりあえず勾留が認められているのは，被告人について逃亡の相当の理由または罪証隠滅の相

---

(1) 別件起訴後勾留中に本件取調べをおこなった場合に，その後の本件勾留を認めることができるかどうかを判断する上でいわばリーディングケースとなる判例があるわけではない。ただ，別件起訴後勾留中本件取調べ時に得られた自白に関して，最高裁・帝銀事件は，次の理由で証拠能力を肯定している（最大判昭和30・4・6刑集9巻4号663頁）。「検事がはじめから帝銀事件の取調に利用する目的または意図をもつてことさらに日本堂事件を起訴しかつ勾留を請求するに足る事実は認められず，かえつて検事は，帝銀事件の取調中たまたま日本堂事件を覚知し，後の事件について公訴を提起する条件が具わつたためこれを起訴し，かつ勾留を請求する必要を認めその手続をとつたに過ぎない」のでかかる本件取調べは違法・違憲ではなく，自白の強制，強要にもならないとする。さらに，「被告人に対し日本堂事件の勾留を利用し，さらに帝銀事件の被疑者として昭和23年9月4日より10月12日までの約39日間連続約50回にわたり右勾留中の被告人の取調を行い，その間に被告人が帝銀事件につき自白をするに至つたことは，被告人に不利益な供述を強要したことにほかならないと主張するが，この勾留中に帝銀事件を取り調べたこと自体が違法でなく，またこのことが直ちに不利益な供述を強要したことにならない・・・刑事事件の捜査において，その取調の期間回数は，事件の内容によってその程度に差異を生ずることは当然であるから，期間回数のみによって直ちに所論のように「強要」の理由とすることはできない」。

最決昭42・8・31刑集21巻7号890頁（勾留取消請求に関する特別抗告事件。棄却）は，甲事実（住居侵入・窃盗被疑事実）による勾留を利用して乙事実（放火未遂被疑事実）につき取り調べた後いつたん釈放し直ちに乙被疑事実により逮捕勾留した場合で，後に乙事実について公訴が提起され勾留が継続している事案について，勾留取消し請求がなされたものであるが，原決定は，「本件第一の勾留直後に，引き続き別件である放火の事実について取り調べされている事実はあるにせよ，本件第一の逮捕・勾留が専ら所論放火事件捜査の目的のみでなされたと認めるに足る根拠を見いだすことは困難である。従つて，本件第一の逮捕・勾留の違憲違法を前提とする所論はいずれも採り難い」とした。最高裁も，「原決定によれば，現段階においても被告人には刑訴法六〇条一項所定の勾留理由があるというのであるから，かかる事実関係のもとにおける本件の場合においては，起訴前の段階における勾留およびその勾留中の捜査官の取調べの当否は，現在における本件勾留の効力に何ら影響を及ぼさないものである」とした。

(2) いわゆる「別件逮捕勾留」に関する判例の動向を一定の理論で説明することはできないが，全体としては，別件逮捕勾留段階における捜査機関の本件取調べ目的の有無・程度を含めて，本件取調べの態様，別件逮捕勾留に続く本件逮捕勾留の態様を中心として捜査全般，取調べ状況，身体拘束状況に関する諸般の事情を総合的に考慮して，令状審査を経ない身体拘束が継続しこれが不相当であるか否かを検討しているとみてよい。

例えば，いわゆる狭山事件では，強盗強姦殺人，死体遺棄，恐喝未遂という一連の被疑

当の理由などの60条1項各号要件が備わっている以上，別件の審理を円滑に進める上で身体拘束を継続するのが相当であるからである。

今回の事例では，別件起訴後勾留期間が積極的に本件取調べのために利用されたことになる。これを許すに足りる勾留の要件の存否については，裁判所は判断をする機会が与えられていない。

逮捕・勾留に出頭滞留義務が法律上付随するのは，身体拘束の要件について原則として令状審査が及ぶからである。その場合には，出頭滞留義務を伴

事実について総合的な捜査を行い，別件逮捕の時点でも既に捜査官は被告人に対する強盗強姦殺人，死体遺棄の嫌疑を抱いて捜査を進めていた。最決昭和52・8・9刑集31巻5号821頁は，この点を前提にしつつ，別件逮捕勾留中の本件捜査一般の実行については，それ自体として違法ないし不当なものとは見ることなく，事実行為として是認している。

「捜査官は，第一次逮捕・勾留中被告人から唾液の任意提出をさせて血液型を検査したことや，ポリグラフ検査及び供述調書の内容から，「本件」についても，被告人を取調べたことが窺えるが，その間「別件」の捜査と並行して「本件」に関する客観的証拠の収集，整理により事実を解明し，その結果，スコップ，被告人の血液型，筆跡，足跡，被害者の所持品，タオル及び手拭に関する捜査結果等を資料として「本件」について逮捕状を請求し，その発付を受けて被告人を逮捕したのが第二次逮捕である」。

ついで，いわゆる「別件逮捕勾留」の違法性判断について次の2点を摘示している。

(1)「第一次逮捕・勾留は，その基礎となった被疑事実について逮捕・勾留の理由と必要性があったことは明らかである。そして，「別件」中の恐喝未遂と「本件」とは社会的事実として一連の密接な関連があり，「別件」の捜査として事件当時の被告人の行動状況について被告人を取調べることは，他面においては「本件」の捜査ともなるのであるから，第一次逮捕・勾留中に「別件」のみならず「本件」についても被告人を取調べているとしても，それは，専ら「本件」のためにする取調というべきではなく，「別件」について当然しなければならない取調をしたものにほかならない。それ故，第一次逮捕・勾留は，専ら，いまだ証拠の揃っていない「本件」について被告人を取調べる目的で，証拠の揃っている「別件」の逮捕・勾留に名を借り，その身柄の拘束を利用して，「本件」について逮捕・勾留して取調べるのと同様な効果を得ることをねらいとしたものである，とすることはできない」。

(2)「「別件」中の恐喝未遂と「本件」とは，社会的事実として一連の密接な関連があるとはいえ，両者は併合罪の関係にあり，各事件ごとに身柄拘束の理由と必要性について司法審査を受けるべきものであるから，一般に各別の事件として逮捕・勾留の請求が許されるのである。しかも，第一次逮捕・勾留当時「本件」について逮捕・勾留するだけの証拠が揃っておらず，その後に発見，収集した証拠を併せて事実を解明することによって，初めて「本件」について逮捕・勾留の理由と必要性を明らかにして，第二次逮捕・勾留を請求することができるに至ったものと認められるのであるから，「別件」と「本件」とについて同時に逮捕・勾留して捜査することができるのに，専ら，逮捕・勾留の期間の制限を免れるため罪名を小出しにして逮捕・勾留を繰り返す意図のもとに，各別に請求したものとすることはできない」。

いわゆる「別件逮捕勾留」に関わるその他の裁判例は，各事案毎にそれぞれ解決すべき争点との関連で諸事情を総合衡量しつつ妥当な結論を探るから，学界における方程式としての理論からみて不揃い・不統一であることは当然である。その中で，次に紹介する大阪

う取調べを認める必要性を一般的に肯定してよいからである。

とすると，今回の事例で，裁判所が，本件勾留を認めないとする理由は，

高判（控訴審）昭 59・4・19 日高刑集 37 巻 1 号 98 頁（神戸まつり事件。無罪判決に対する検察官控訴事件。控訴棄却）が，本文で述べた「令状主義の実質的潜脱」状態か否かを判断する手法を提示している。次のように言う。

「一般に甲事実について逮捕・勾留した被疑者に対し，捜査官が甲事実のみでなく余罪である乙事実についても取調べを行うことは，これを禁止する訴訟法上の明文もなく，また逮捕・勾留を被疑事実ごとに繰り返していたずらに被疑者の身柄拘束期間を長期化させる弊害を防止する利点もあり，一概にこれを禁止すべきでないことはいうまでもない。しかしながら，憲法 31 条が刑事の手続に関する適正性の要求を掲げ，憲法 33 条，34 条及びこれらの規定を具体化している刑事訴訟法の諸規定が，現行犯として逮捕される場合を除いて，何人も裁判官の発する令状によらなければ逮捕・勾留されないこと，逮捕状・勾留状には，理由となっている犯罪が明示されなければならないこと，逮捕・勾留された者に対してはただちにその理由を告知せねばならず，勾留については，請求があれば公開の法廷でその理由を告知すべきことを規定し，いわゆる令状主義の原則を定めている趣旨に照らし，かつ，刑事訴訟法 198 条 1 項が逮捕・勾留中の被疑者についていわゆる取調受忍義務を認めたものであるか否か，受忍義務はどの範囲の取調べに及ぶか等に関する同条項の解釈如何にかかわらず，外部から隔離され弁護人の立会もなく行われる逮捕・勾留中の被疑者の取調べが，紛れもなく事実上の強制処分性をもつことを併せ考えると，逮捕・勾留中の被疑者に対する余罪の取調べには一定の制約があることを認めなければならない。

とくに，もっぱらいまだ逮捕状・勾留状の発付を請求しうるだけの証拠の揃っていない乙事実（本件）について被疑者を取り調べる目的で，すでにこのような証拠の揃っている甲事実（別件）について逮捕状・勾留状の発付を受け，同事実に基づく逮捕・勾留に名を借りて，その身柄拘束を利用して，本件について逮捕・勾留して取り調べるのと同様の効果を得ることをねらいとして本件の取調べを行う，いわゆる別件逮捕・勾留の場合，別件による逮捕・勾留がその理由や必要性を欠いて違法であれば，本件についての取調べも違法で許容されないことはいうまでもないが，別件の逮捕・勾留についてその理由又は必要性が欠けているとまではいえないときでも，右のような本件の取調べが具体的状況のもとにおいて実質的に令状主義を潜脱するものであるときは，本件の取調べは違法であつて許容されないといわなければならない」。

「別件（甲事実）による逮捕・勾留中の本件（乙事実）についての取調べが，右のような目的のもとで，別件の逮捕・勾留に名を借りその身柄拘束を利用して本件について取調べを行うものであって，実質的に令状主義の原則を潜脱するものであるか否かは，①甲事実と乙事実との罪質及び態様の相違，法定刑の軽重，並びに捜査当局の両事実に対する捜査上の重点の置き方の違いの程度，②乙事実についての証拠とくに客観的な証拠がどの程度揃っていたか，③甲事実についての身柄拘束の必要性の程度，④甲事実と乙事実との関連性の有無及び程度，特に甲事実について取り調べることが他面において乙事実についても取り調べることとなるような密接な関連性が両事実の間にあるか否か，⑤乙事実に関する捜査の重点が被疑者の供述（自白）を追求する点にあつたか，客観的物的資料や被疑者以外の者の供述を得る点にあつたか，⑥取調担当者の主観的意図がどうであつたか等を含め，具体的状況を総合して判断するという方法をとるほかはない」。

最近の裁判例の動向の概観として，さしあたり，加藤康榮「別件逮捕・勾留論」の終結と適正捜査 (1)(2)(3) 逮捕・勾留の目的の再検討」，日本法学 73 (3)，73 (4)，74 (1)(2008 年)，亀井源太郎「別件逮捕・勾留管見」法学会雑誌 48 (2)(2007 年) 237 頁参照。

本件に関する取調べが 17 日間にわたり行なわれたこと，うち勾留が認められていなければできない取調べを 16 日にわたって実施した点にある。

その法的な含意は，二度の勾留を認めることにはない。むしろ，本件に関する令状審査がなされていない点で，令状主義の実質的潜脱があり，これを放置せず本件勾留を認めないものとすることが，将来の同種の取調べを抑制する見地からも相当であることではないか。従来の同種問題に関する裁判例との整合性を重視するのであれば，むしろ本件勾留を否定すべき理由はここに求めたほうが説得的であった（後述のように，私見は別である）。

5　勾留請求に対する裁判官の勾留審査は適法であったのか。また，勾留の裁判に対する準抗告審では，事実の取調べをどこまで行なうべきか。

(1)　本件では，別件被告人の弁護人は，本件勾留請求が予想される段階で，裁判官面談を申し入れている（実際に面談したかどうか不明）。しかし，結果として，今回の事件では本件の勾留請求を受けて，裁判官はいったんは勾留状を発している。他方，準抗告審では，弁護人作成の準抗告申立書と検察官の意見書以外にどこまで事実の取調べを行ったのかは不明である。だが，16 日間の本件取調べをすでに本件の強制捜査を実施しているのと同じであると認定した。この点に関する事情について少なくとも「証拠の優越」程度の疎明が必要であったと思われる。それには，準抗告審裁判所が，取調べ状況報告書の提出を，検察官に求める等事実の取調べを行なう必要がある。

遡って勾留裁判官も弁護人の事実上の申入れがあったとすれば本件取調べ状況に関する事実の取調べをさらに行わうべきではなかったか。裁判官は，検察官に対する取調べ状況報告書の提出の命令などは容易にできるし，その提出に時間がかかるものでもない。電話等での事情聴取でもよい。

その意味で，今回の事例では当初の勾留審査は，いわば「審理不尽」にあたる状態であった。だから，準抗告審では，あらためて事実の取調べも行い，申立に理由があるとして，勾留裁判の取消しを決定したものである。

(2)　要するに，今回の場合のように，起訴事件の別件弁護人が，一定の申立をしている場合等被疑者取調べのあり方の相当性ないし違法性を疑うべき相当の端緒が認められる場合，勾留裁判官は，職権で事実の取調べをするべ

き義務が生じるとみるべきではないか。

　勾留を認めない実質的な基準として，本件取調べに関する令状主義の実質的潜脱の有無に求めるのであれば，少なくとも理論上はこれに対応して実体的要件を確認するのに相応しい程度の事実の取調べは義務づけられるとみるべきである。

　従来は，別件逮捕勾留の問題は実体的要件の側面からのみ検討されている。しかし，同時に，各実体的要件を審査する事実の取調べの範囲も明示しなければならない。

　準抗告審は，まず勾留審査でなされた事実取調べの範囲を確認するとともに，実体的要件にそった範囲の事実の取調べを義務づけられる。

Ⅲ　学界の動向と本決定について

1　次に，学界の動向を概観しておきたい[3]。最近の主たる学説は別表のように整理できる。

〈学界の動向〉
ア：別件基準説（ないし形式説）
イ：実体喪失説（中谷裁判官）
ウ：本件基準説（ないし実質説）
エ：本件取調べ目的基準説（後藤昭説）
オ：本件捜査実体基準説（「期間の趣旨」説一川出説）
カ：事実上の事件単位基準説（鈴木茂嗣説）

(1)　別件基準説は，要するに，身体拘束の適法性と被疑者・被告人取調べの違法性を関連付けない考え方である。

　今回の事件では，別件窃盗についてすでに起訴されており，審理準備に相当の時間を要する状態になっている。この点での身体拘束の適法・違法の問

---

(3)　学説の整理として，さしあたり，三井誠「刑事手続法入門(130)別件逮捕・勾留と自白の証拠能力(4)」月刊法学教室253～256（2001～2002年）参照。なお，従来の別件基準説を形式説，本件基準説を実質説と命名している。

題は取調べ態様如何によって変化することはない。被疑者または被告人取調べの適法性はそれ自体として法197条，198条などの趣旨に照らして判断することとなる。

　従って，一般則に従い，別件起訴後勾留中の被疑者に関する本件取調べとして，その必要性・緊急性・相当性で判断することとなる。今回の事件の場合，本件取調べについては，いくぶん不相当な態様が見られるが，これが継続的に執拗になされたものでもない。他には，別件で弁護人がいる状態で，1日一定の期間の取調べが行われた程度の事実しかない。特段の事情がなければ，別件で被告人でもあることを考慮しても，本件に関する被疑者取調べの限度を超えたとは言えない。

　(2)　実体喪失説は[4]，別件逮捕勾留については，その要件の充足があるかないかによって適法性を判断する。

　ただ，別件自体の勾留取消し，本件の逮捕勾留の当否，勾留中の自白等の証拠能力の有無などが問題になった時点で，本件の取調べに費やされている時間などを考慮して，別件逮捕勾留がその実体を喪失し事実上本件での勾留と同じ状態であれば，令状審査を経ない点で違法とみる。

　では，今回の事例の場合はどうか。これはこの方程式を用いる論者によって使い方が変わる可能性があるので，一概にはいえない。ただ，例えば，次のようなケース分析になるのではないか。

　まず，勾留請求の時点で，別件起訴後勾留中に16日にわたり本件の取調べが実質的に行われている状態が，別件起訴後勾留を認める法の目的からみて実体を喪失した状態にまで至ったか否かを見極めることとなる。これ自体事情の総合評価をすることになるので，一義的な答がでるわけでもない。ただ，起訴後勾留を利用した本件取調べの場合，別件の審理には相当の準備期間を要することは明白であり，そのとき，被告人自体の身柄を利用しないで

---

[4]　中谷雄二郎「別件逮捕・勾留－裁判の立場から」新刑事手続Ⅰ(2002年)4頁，中谷雄二郎「別件逮捕・勾留－裁判の立場から」刑事手続（上）(1988年) 199頁参照。なお，平良木登規男「別件逮捕・勾留」警察学論集53・5（2005）181頁もこれを支持する。実体喪失説の意義を中心とする最近の別件逮捕勾留を巡る問題状況について，さしあたり，長沼範良；佐藤博史「判例講座 対話で学ぶ刑訴法判例（3）別件逮捕・勾留と余罪取調べ（東京地決平成12.11.13判タ1067号283頁）」法学教室310号（2006年）74頁参照。

準備をすすめることのほうが長い。そうであれば，別件起訴後勾留がその実体を喪失した状態とみることはかなり困難になる。

　(3)　本件基準説が学界の通説であるが，後の議論の発展から見返したときには，要するに，実体喪失説か，「期間の趣旨」説か，本件取調べ目的基準説かどれかに集約してよい。

　(4)　もっとも明確でドライな判断をするのが，本件取調べ目的基準説である[5]。別件勾留状態と本件取調べ目的が共存している場合には，ただちにその全体を違法と断定するものである。この場合，身体拘束も違法であり，そうした取調べも違法となり，成果物としての自白も証拠能力を認めるべきものではない，という効果を伴う。身体拘束を利用した取調べの実施が黙秘権の侵害にあたりうること，その結果，虚偽自白を生む危険性が高まりこれを防ぐ必要があることがその主な理由であろう。

　これは，法解釈論としてよりも法政策として大きな意味をもつ。我が国捜査の病理に対するドラスティックな処方を提供するからである。

　今回の事例の場合には，別件起訴後勾留継続中の段階で，本件取調べの意図と捜査方針は明白であるから，その段階にあった別件勾留は違法となる。また，これに続く本件逮捕，勾留もともに違法状態となる。その下で行われた本件取調べも違法であった。もしこの間に自白調書が作成されていても証拠能力は違法収集証拠として排除される。

　ただ，被疑者取調べ態様自体に特段の問題がない場合にも，本件取調べ目的と勾留が結びつくときにはこれを違法とし自白の任意性も否定することとなろう。だが，これは法319条1項に反する。法198条1項が適法に行うことを予定している取調べ態様ともかなり逸脱する。ここまで被疑者取調べによる供述を証拠として収集することを排除する必要もない。法政策目的に照らしても過剰な法効果をもたらす。妥当ではない。

　(5)　本件捜査実体基準ないし勾留の「期間の趣旨」基準説はどうか[6]。

―――――――――
(5)　後藤昭・捜査法の原理（2001年）69～84頁。
(6)　川出敏裕「別件逮捕・勾留の意味と問題点（特集 身柄拘束をめぐる諸問題）」現代刑事法（現代法律出版）5 (2) (2003年) 39頁，川出敏裕；神山啓史；高田昭正「ロー・クラス論争・刑事訴訟法 (13) (14) 別件逮捕・勾留」法学セミナー47 (11)，47 (12) (2002年)，川出敏裕・別件逮捕勾留の研究（1998年）281～299頁，同「別件逮捕・勾留と余罪取調べ」

身体拘束の期間は，その被疑事実または公訴事実に関する捜査または審理準備に集中すべきであり，検察官が迅速に当該事件の処分を決定できる状態にするために費消されなければならないという前提に立つ。

だから，これから逸脱して本件の捜査または取調べに利用している場合に，その全般的な事情を総合衡量して，期間の趣旨に反する状態になっているのであれば，これを違法と評価する考え方がある。

これを今回の事件にあてはめた場合，別件起訴後勾留の趣旨は，別件の審理の準備のためにのみ利用すべき期間となる。その間に本件取調べを実施することは期間の趣旨に沿わないとも言える。ただ，別件の審理準備といっても被告人の身柄そのものを利用するべき準備はほぼありえない。検察，弁護，裁判の各準備のために勾留期間を使うこととなる。ただ，別件以外の事件の準備に使うことはあるが，それが別件勾留状態を潜脱するものかどうかを具体的に示すことは難しい。

むしろ，今回の事件のように，「別件起訴後，本件捜査中，追起訴待ち」である場合には，被告側としても本件捜査の進展をまちつつ，別件の準備もして，起訴された場合には併合の利益をも確保することを視野に入れて準備する。だから，別件起訴後勾留の期間の趣旨に反する被疑者取調べであるとしてこれを違法と断定できる根拠はみつけにくくなる。

仮に本件について法定の身体拘束可能な時間，23日を超えて取調べなどをしてはならないという基準を持ち込むとしても，期間の趣旨基準との論理的な整合性は疑わしい。

この結果，今回の事件に関しては，余罪取調べ自体の適法性を検討する限度でしか問題を捉えることができなくなる。

今回の本件勾留について，これを認めないとする結論には至りにくい。

刑法雑誌（1995年）35（1）1頁参照。
　期間の趣旨基準説は，画期的な分析を含む。勾留の期間の意味を検察官の事件処理に必要相当な枠内に限定して整理することはさほど意識されてこなかった。だが，本説の摘示を踏まえると，例えば，勾留当初の身体拘束継続が可能な10日の意味についても内在的には適切な事件処理ができないことが「やむを得ない」場合であることが常に求められていることとなる。明文でも勾留延長にあたってはこの要件を明示的に検察官が疎明しなければならない。そうであれば，当初の勾留可能な10日の期間について，個別的に裁判官が4日，7日と限定した勾留決定をすることも可能となる。

(6) 事実上の事件単位説は[7]，取調べが事実上強制的であるという現状を前提にして，本来は出頭滞留義務はないと説明しつつ，政策的に，別件逮捕勾留，本件取調べの適否を判断するときに限り，事実上事件単位を基準にして取調べの対象を区分して，事件単位を超える取調べをしている状態を違法とするものである。

今回の事件の場合には，別件と本件について，同じ共犯関係にある者の犯罪であるという共通性があるから，密接に関連する事件とも言え，その場合には，この説でも例外的に取調べを認めることとなる。今回の決定のように勾留を認めないという結論にはなりにくい。

但し，事実上強制というべき実態があるときには，事件単位の基準を持ち出すまでもなく，違法な取調べ実施を根拠にこれを許容する土台である勾留もまた違法になるとみれば足り，一般的な基準としては説得性はない。

Ⅳ 出頭滞留義務，事件単位，取調べの任意性
―― 「包括的防御権」の原理

では，今回の事件のように，別件起訴後勾留中に本件の被疑者取調べがなされた場合，その後の本件勾留についてどう考えるべきか。

1 出頭滞留義務について

まず，被疑者が身体拘束を受けているときその被疑事実に関する取調べを目的とする場合，取調べにふさわしい場所，通常は警察本部，警察署等の取調べ室または検察庁の事件担当検事の執務室に出頭しそこに滞在する義務がある（法198条1項）。ただし，そのことは取調べそのものが「強制」であってよいことを意味しない。黙秘権の保障と供述の自由が確保されている状態であることが取調べの適法性，自白の任意性の前提である。

むろん，出頭・滞留と黙秘・供述の選択とが衝突するグレイゾーンは生じる。例えば，勾留中の被疑者が「もう取調べは受けない。房に戻る」といって取調べ室を退去しようとするときに有形力を行使してそこに留める場面を想定

---

[7] 鈴木茂嗣・刑事訴訟法の基本問題（1988年）67頁。

しよう。滞留義務を尽くさせる限度で必要性・緊急性・相当性の枠内にある有形力の行使は許されてよい。しかし，その直後の取調べ自体は黙秘・供述を自由かつ任意に選択できる状態でなければならない。その状態確保は，捜査機関の責任である。被疑者滞留のため有形力を行使したことが，取調べ自体の強制と受けとめられる状態にすることは許されない。説明，弁護人との相談，その様子の録音録画など任意性確保に努めるべきである。それが欠けるとき，取調べは違法となり，得られた自白の任意性に疑義が生じることとなる。

2 事件単位原則について

出頭滞留義務は，身体拘束の根拠となる被疑事実にしか及ばない（但し，公訴事実の同一性と同一の基準でみたときに被疑事実の同一性があると言える範囲の事実および犯行態様等情状事実を含む）[8]。

ところが，今回の事件のように，起訴されても併合罪にしかできない被疑事実について，別件起訴後勾留を利用した場合，そもそも出頭滞留義務は発生していない。したがって，全くの任意の取調べとしてこれを実施しなければならない。

ところが，今回の事件をみると，別件起訴後勾留が本件の事件捜査を担当する同じ警察署で執行されている。このときには，捜査機関は相当慎重に別件被告人たる本件被疑者に出頭滞留義務がないこと，その意味で任意に取調べを行なうものであることを説明しなければならない。

本件取調べが，出頭滞留義務のある強制であると別件被告人・本件被疑者に受けとめられないようにする措置をとるのは捜査機関の責務である。

こうした措置を怠ったため，本件被疑者・別件被告人が後に「事実上本件取調べを受けざるを得ないと心理的に思っていた，自由に拒める状態とは思えなかった」と訴えたとき，これに反証できなくなる。

---

(8) 小林充「別件逮捕・勾留中の本件取調べ」研修 683号（2005年）3頁。

3　取調べの任意性について

やや一般化して別件逮捕勾留中の本件取調べ（逮捕勾留を基準にすると余罪取調べ）の「任意性」確保については，様々な条件設定が可能である。実務家・学者が自由に条件設定をすることができるものである。筆者が取調べの任意性を認めるのに必要と考える条件を整理すると次のようになる。

基本的には，かかる取調べについて被疑者または弁護人の同意が条件となる。その上で，
 (1)　取調べの全過程録音録画（記録写しの事後交付）
 (2)　弁護人との秘密接見の優先（弁護人と相談したいとの申出を優先させること）
 (3)　弁護人の取調べ立会（弁護人が供述について助言し，取調べに異議を申し立てることも含む）
 (4)　別件で弁護人がいても本件で選任されない限り弁護人として防御活動ができないこと，逮捕勾留されていなくとも，本件で弁護人を選任できることを被疑者に説明すること。

4　今回の事件について

以上を前提にして，今回の事件を振り返るとき，別件起訴後勾留中に行われた被疑者取調べの態様は，被疑者からみたときには充分に任意性があるものとは認識できなかったと推認される。少なくとも，捜査機関側は任意の取調べであることを充分に告知し説明したものとは思われない。別件で弁護人がいるとしても，本件についても同一弁護士が弁護人として選任されていない限り，抗議などを特に行ってないことは取調べの任意性を肯定するべき事情にはならない。本件で逮捕された段階では，同一弁護士が本件に関しても弁護人または弁護人となろうとする者として活動することとなったと思われる。だが，その段階では，先行した本件取調べが事実上事件単位原則に反する状態になっていた。また，被疑者は出頭滞留義務があると受けとめざるを得ない状態に長く置かれていた。つまりすでに事件単位原則に反して，本件についても出頭滞留義務があるかのような取調べが16日間続いた状態であったとみるべきだ。

この場合，細かく言えば，形式上本件での勾留が可能な期間（20日）との

差を計算し数日間の勾留は観念的にできるとは考えられる[9]。しかし，現行法上当初の勾留については固有の期間を決定する権限を裁判官は持たない。勾留による身体拘束に対応して，検察官の処分をすべき期間が法律上10日に限定されるのである。したがって，当初の10日分についてこれを裁判官が短縮する権限がない。とすれば，ほぼ本件勾留が許される20日を費消したとみていい以上，勾留の反復はできない。

V 結語──「包括的防御権」の原理

1 以上別件逮捕勾留中本件取調べにあたり捜査機関がとるべき措置を列挙した。これらは特段の立法がなくても，個々の取調べ実施のありかたとして捜査機関が受け入れるべきことである。なぜなら，被疑者・被告人は，取調べに対応して，自己の言い分を適切に述べ記録を残しこれを点検すること，これを防御のために保障されなければならない。被疑者・被告人たる地位に置かれた市民は，かかる措置を「権利」として保障されなければ国家権力の発動として行われる訴追に対して充分な防御はできない。

---

[9] 例えば，東京地決昭49・4・25日刑事裁判月報6巻4号523頁（勾留延長許可の裁判に対する準抗告申立事件）では，別件の勾留期間のうち3日間が実質上本件の強制捜査に利用されたと認めて，10日間拘留期間を延長した原裁判のうち7日を超える部分を取り消している。「被疑者の勾留は，最大限20日を越えては許されないとされているが（刑訴法208条。ただ，同条の2の例外のあることは別論である。），右期間は，たんに被疑者に対し勾留請求がなされた日以後の日数を形式的に計算するのでは足りず，右勾留請求の日以前における別件の勾留が，本件についての強制捜査に実質上利用されたと認められる状況があるときは，右期間は実質上被疑者を本件について勾留したのと同視することができるから，これを本件の勾留期間から差引いて考えるのが相当である。

これを本件についてみると，被疑者が別件で勾留中の4月6日から3日間，本件についての取調べを受けたことは，前認定のとおりであつて，その取調時間は，いずれも，相当長時間にわたつているのであるから，捜査官は，少なくとも，右3日間については別件の勾留を本件の強制捜査に利用したものと認めるのが相当であり，そうだとすると，被疑者に対する本件の勾留は，最大限度20日から右の3日間を差引いた17日間を越えては許されないというべきである。

一件記録によると，本件については，被疑者の勾留を延長すべきやむをえない事由は認められるが，右に述べた理由により，その勾留は，勾留請求の日から17日間を経過した同年5月1日を越えては許されないことになる。

そうとすると，原裁判中，同年5月2日以降について勾留期間を延長した部分は，失当としてこれを取消すべきであり，本件申立は右の限度で理由があるが，その余の部分（同月1日までの延長部分の取消を求める部分）については，その理由がない。」

2 その意味で，被疑者・被告人は，憲法上「包括的防御権」が保障されている。その取調べにおける具体的態様が以上の請求として表れる。

その反射として，捜査機関が被疑者・被告人の取調べにあたり，運用上全過程録音録画をすることは，取調べの適法性と自白（不利益事実の承認を含む）の任意性確保上強く求められていることである。これも立法なくして運用上可能なことである。

本件取調べは，事件単位原則に反するから違法である。

別件と本件とは，併合罪の関係にある。本件の取調べをすることが，別件の事案の解明につながる性質のものではない。一般情状としての意味はある。だが，出頭滞留義務の及ぶ取調べを是認する根拠にならない。

出頭滞留義務がある取調べと同様の取調べを継続したのに，本件について令状審査を経ていない。捜査機関が意図してこれを行っている点でも悪意性が明白である。

この場合，後の本件勾留を認めることは，事件単位での勾留を認める強制処分法定主義に反する（法197条1項，憲法31条）。

＊著者業績一覧

職務質問の研究（1985年，成文堂）

実務刑事弁護（1991年，三省堂，共編著）

正当防衛—ゲッツ事件とアメリカ刑事司法のディレンマ（1991，成文堂，共訳）

被疑者取調べの法的規制（1992年，三省堂）

聴覚障害者と刑事手続（1992年，ぎょうせい，共編著）

大コンメンタール警察官職務執行法（1993年，青林書院，共著）

現代令状実務25講（1993年，日本評論社，分担執筆）

刑事弁護（1993年，日本評論社，分担執筆）

基本法コンメンタール・刑事訴訟法（第3版）（1993年，日本評論社，分担執筆）

捜査と防御（1995年，三省堂）

新・判例コンメンタール・刑事訴訟法（2）（1995年，三省堂，分担執筆）

基礎演習刑事訴訟法（1996年，有斐閣，共著）

刑事手続の最前線（1996年，三省堂，編著）

刑事裁判と防御（1998年，日本評論社）

外国人と刑事手続（1998年，成文堂，共編著）

刑事法入門　刑事裁判の風景（2000年，新世社）

刑事法を考える（2002年，法律文化社，共著）

取調べ可視化—密室への挑戦（2003年，成文堂，共同監修・共著）

司法通訳—Q&Aで学ぶ通訳現場（2004年，松柏社，共著）

取調べ可視化のために—オーストラリアの録音・録画システムに学ぶ（2005年，現代人文社，共同監修・共著）

刑事裁判を考える（2006年，現代人文社）

プリメール刑事訴訟法（2007年，法律文化社，共著）

実践・司法通訳（裁判員裁判編）（2010年，現代人文社，共著）

大コンメンタール刑事訴訟法7巻（初版1998年，2版2012年，青林書院，分担執筆）

刑事訴訟法（Sシリーズ）（初版1991年，5版2013年，有斐閣，共著）

基本講義刑事訴訟法（2014年，法律文化社）

模範六法，模範小六法（2001～2014年現在，三省堂，刑事訴訟法担当編集委員）

著者紹介
渡辺　修（わたなべ　おさむ）

本名　渡辺顗修

現職　甲南大学法科大学院・教授，法学博士，弁護士（大阪弁護士会）

学歴　京都大学法学部卒業。京都大学大学院法学研究科修士課程修了，同博士後期課程修了。コーネル大学ロー・スクール修士課程修了（フルブライトプログラム助成，LLM）

現代の刑事裁判

2014年9月20日　初版第1刷発行

著　者	渡辺　　修	
発行者	阿部　耕一	

162-0041　東京都新宿区早稲田鶴巻町514

発行所　株式会社　成文堂

電話 03(3203)9201(代)　FAX 03(3203)9206
http://www.seibundoh.co.jp

製版・印刷　シナノ印刷　　　　製本　弘伸製本
©2014 O.Watanabe　　Printed in Japan
☆乱丁・落丁本はおとりかえいたします☆
ISBN978-4-7923-5120-5　C3032　　検印省略

定価（本体8,000円＋税）